Werner Hadorn Mario Cortesi
Mensch und Medien
1

Werner Hadorn Mario Cortesi

Mensch und Medien

Die Geschichte der Massenkommunikation
Band 1

AT Verlag Aarau · Stuttgart

Vorspann

Die beiden Autoren dieser Geschichte der Massenkommunikation haben in den Monaten, seit sie mit diesem Projekt im Kopf schwanger gehen, manch müdes Lächeln von lieben Kollegen über sich ergehen lassen müssen. «Da habt ihr euch aber einen schönen Brocken vorgenommen» war noch eine der höflicheren Formulierungen für die Skepsis, mit der im Zeitalter des grassierenden Spezialistentums auch im Bereich der Medientätigkeit dem Ansinnen begegnet wird, so etwas wie eine Gesamtschau der Entwicklung der menschlichen Kommunikationswerkzeuge und der damit hergestellten Produkte zu liefern. Der halbe Brocken liegt nun vor. Und ein Brocken ist es fürwahr. Denn obwohl wir beide seit zwanzig Jahren «im Geschäft» sind, ist uns erst im Laufe der konkreten Schreib- und Sammelarbeit so recht bewusst geworden, wie weitläufig das Gebiet ist, das wir uns vorgeknöpft haben, aber auch wie verhängt und verbunden die Äste und Verästelungen dieses Themas sind, das uns immer mehr wie ein mächtiger Baum vorkam, an dem jedes Blatt mit jeder Wurzel, das kleinste und das grösste miteinander zu tun haben.

Es ist ein Hauptgedanke dieses Buches (und vorab des ersten Bandes), zu zeigen, dass Kommunikation, Massenkommunikation und Massenmedien nicht einfach aus Zeitung, Radio, Film und Fernsehen bestehen, wie das im landläufigen Sprachgebrauch zum Ausdruck kommt; dass man deren Geschichte auch nicht auf die Entwicklung und Perfektionierung dieser Werkzeuge reduzieren darf, sondern dass sie alle Teile eines grossen Ganzen sind; dass *Print* und Elektronik, Foto und Film und alle anderen Kommunikationsformen, die die Natur und insbesondere der Mensch im Laufe ihres Daseins entwickelt haben, ein dichtes Netz bilden, in welchem die Veränderung eines Elements stets die Veränderung des ganzen Systems zur Folge hat – etwa so, wie in einem Satz die Wörter zusammenwirken und das Auswechseln eines einzigen Wortes die ganze Aussage verändert.

Unter diesem Gesichtspunkt wird uns der Leser verzeihen, wenn wir sozusagen mit einer Entschuldigung ins Haus platzen: Zu den primären Quellen haben wir in diesem Buch nur jeweils in Einzelfällen vorstossen können. Häufig waren wir auf – uns nur durch ihre Publikationen bekannte – Kollegen angewiesen, die Teilbereiche oder Abschnitte der Kulturgeschichte der Massenkommunikation mit mehr Akribie in ihren Studien verfolgt haben, als uns dies möglich war. Oft müssen wir uns auf sie verlassen – wenn uns auch beim Lesen der verschiedenen «Geschichten» von Medien aufgefallen ist, dass man sich auch unter Sachbuchautoren mitunter eher aufs Nach- denn aufs Vorbeten verlässt. Fehler, das ist uns bewusst, mögen sich so hier und dort bisweilen eingeschlichen haben, auch wenn wir dem Leser versichern können, dass wir uns nach guter, alter Journalistenmanier bemüht haben, für jede Aussage zwei voneinander unabhängige Quellen zu finden und diese Quellen auch auf ihre Zuverlässigkeit hin abzuklopfen. Ein schönes Stück Vertrauen in die Arbeit anderer ist dabei aber unumgänglich.

Ihnen, diesen vielen andern, gilt denn auch der erste Dank. Ohne die mehr oder minder «wissenschaftliche» Arbeit einer langen Reihe von Autoren, die sich irgendeiner Thematik im Bereich der menschlichen Kommunikation angenommen haben, wären diese beiden Bände nicht zustande gekommen. Wir können diese Autoren nicht alle namentlich aufzählen – im zweiten Band soll eine ausführliche Bibliographie die nötige Reverenz erweisen.

Einigen engeren Mitarbeitern möchte der «federführende» Autor dieser Mediengeschichte aber an dieser Stelle doch ganz besonders danken. In erster Linie natürlich seinem lieben Kollegen und Mitautor Mario Cortesi, der in diesem ersten Band nicht nur für das Kapitel über den Film verantwortlich zeichnet und in allen übrigen Kapiteln überall dort, wo es um Film und (vorab im zweiten Band) um Fernsehen geht, das Wort hat. Mario Cortesi war auch massgeblich deshalb am Entstehen dieses Werkes beteiligt, weil er vom ersten Konzept bis zum letzten gesetzten Komma den ständigen Dialog mit mir geführt hat, ohne den ein solches Projekt in Gefahr geriete, schlicht Amok zu laufen. Und schliesslich hat er mir auch die Zeit freigeschaufelt, die eine solche Arbeit benötigt, auch wenn daneben unser gemeinsamer journalistischer Alltag weiterlief.

Ein spezieller Dank gilt auch Nadia Casagrande und Ines Balzli. Nadia Casagrande hat als Bildbeschaffe-

rin auf der Suche nach dem richtigen Dia und «genau der Fotografie, die wir auf dieser Seite einfach brauchen», mitunter detektivische Fähigkeiten an den Tag legen müssen. Ines Balzli ihrerseits hat aus dem zerklüfteten Manuskript eine satzfertige Vorlage gemacht und dabei, was durchaus nicht immer selbstverständlich ist, immer wieder in wertvoller Weise auf Fehler und Fehlerchen hingewiesen.
Im weiteren geht unser Dank natürlich an den AT Verlag, dessen Mitarbeiter in Verlagsleitung, Lektorat und Herstellung sich mit viel Engagement für die Verwirklichung dieses grossen Projekts eingesetzt haben.
Ein spezieller Dank geht schliesslich an Dr. Martin Welke, der uns mit seiner fantastischen Bildersammlung zur Pressegeschichte schon in diesem Band manch mühsame Suche erspart hat, sowie an die vielen Institute, Bibliotheken und Buchhändler, die uns bei der Beschaffung der Quellen geholfen haben.

Werner Hadorn
März 1985

Inhalt

Eine unendliche Geschichte

Ein Drittel seines wachen Lebens
verbringt der Mensch
heute mit den Massenmedien.
Und einen grossen
Teil seiner übrigen Zeit nutzt er zur Kommunikation.
Kein Wesen auf dieser Erde ist so schwatzhaft und
mitteilungssüchtig wie jener Zweibeiner, der vor
Jahrmillionen in Ostafrika von den Bäumen stieg
und miterlebte, wie sein Kopf sich plötzlich wie
ein Ballon aufblies...
Die Kommunikationssucht unseres eigenen Zeitalters ist die
Frucht einer Saat, die lange vor den ersten Kulturvölkern
unserer dokumentierten Geschichte ausgestreut worden ist...

Vor 4700 Jahren begannen steinzeitliche Bauern in der Nähe der heutigen Stadt Salisbury in Südengland eine kreisrunde, merkwürdige Anlage zu bauen, die sich im Laufe der folgenden Jahrhunderte zu einem tempelartigen Gebilde weiterentwickelte. Einige der bis zu 50 Tonnen schweren Steine, die sie meilenweit herschleppten, stehen heute noch – und bilden einen der frühesten Zeugen urmenschlicher Massenkommunikation: Stonehenge. Denn hier müssen sich während Jahrhunderten Menschen getroffen haben, hier lasen sie den für sie lebenswichtigen Kalender ab, feierten sie ihre Rituale und wurden sich durch die Beobachtung ausserweltlicher Vorgänge ihrer Menschhaftigkeit bewusst.

Hier, in der ostafrikanischen Savanne, stand die Wiege der Menschheit. Die offene Landschaft mit den frei stehenden Bäumen begünstigte die Entwicklung der Affen und Primaten, aus deren fleischfressenden Verwandten sich die Evolutionslinie des Menschen abspaltete.

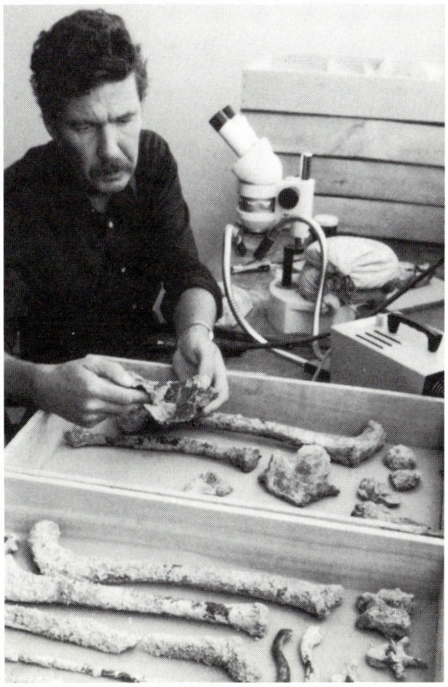

Ein Wissenschaftler putzt die Knochen des ältesten frühmenschlichen Skeletts, das bisher gefunden worden ist. Es stammt aus dem Westufer des Lake Turkana in Kenia und stellt die Überreste eines Homo erectus dar, der vor 1,6 Millionen Jahren hier gelebt hat.

Konnte der Urmensch bereits sprechen? Der Schädel des Australopithecus, der in der südafrikanischen Höhle von Swartkrans gefunden wurde und an die zwei Millionen Jahre alt ist, zeigt eine Ausbuchtung an der linken Seite. Die Beule ist wahrscheinlich ein Beweis für die Existenz der Brocaschen Windung – eines Teils des Sprachzentrums im menschlichen Gehirn.

Wie Flut und Ebbe entstehen, wie Vulkane, wie Gebirge usw., hat Herr Geiser einmal gewusst. Wann sind die ersten Säugetiere entstanden? Statt dessen weiss man, wieviel Liter der Heizöltank fasst und wann der erste Post-Bus fährt, sofern die Strasse nicht gesperrt ist, und wann der letzte. Wann ist der Mensch entstanden und wieso? Trias, Jura, Kreide usw., keine Ahnung, wie viele Jahrmillionen die einzelnen Erdzeitalter gedauert haben.

Max Frisch
Der Mensch erscheint im Holozän

Als der Universalhistoriker *Oswald Spengler* («Der Untergang des Abendlandes») sich im Jahre 1935 anschickte, eine «Weltgeschichte von Anfang an» zu schreiben, da rechnete er diesen Anfang *«... von der Zeit an, wo die menschliche Seele sich innerlich von der Tierseele abzuheben beginnt»*. Damit meinte Spengler das zweite vorchristliche Jahrtausend – da beginnt seine «Weltgeschichte».

Diese Auffassung – sie hat ihr populärstes Gegenstück in vielen Schulgeschichtsbüchern – ist Irrtum und Überheblichkeit zugleich: Überheblichkeit, weil sie von der Vorstellung ausgeht, dass der Mensch erst Mensch ist, seit er seine Geschichte aufschreibt oder in schriftähnlicher Form festhält. Wenn er dies nicht tut, so meint offenbar *Spengler*, dann ist er noch eher Tier denn Mensch. Das stimmt freilich für die «vorgeschichtlichen» Menschen ebensowenig, wie es auf jene Hälfte der heutigen Weltbevölkerung nicht zutrifft, die weder lesen noch schreiben kann.

Ein Irrtum ist diese Sicht der Geschichte sodann, weil sie einen Wellenschlag in der Geschichte für das ganze Meer ausgibt. In Wirklichkeit beginnt die Geschichte der Menschheit natürlich unendlich viel früher – und damit auch die Geschichte der Kommunikation. Da ist nicht in Tausenden, sondern in Hunderttausenden und Millionen von Jahren zu rechnen.

Eine Bootsfahrt auf dem Meer der Zeit

Stellen wir uns die Zeit als ein grosses, stilles Meer vor. Nur unmerklich dringt die Wassergrenze der Gegenwart aufs Land vor und lässt das Plätschern der Zeit den Strand der Zukunft zur Vergangenheit werden. Was das Wasser zudeckt, ist tot.

Mindestens 3,5 Milliarden Jahre sind es her, seit die Erde als Planet mit Wasser- und Landmassen entstanden ist. Nehmen wir einmal an, die Beweisstücke für dieses Ereignis befänden sich 3,5 Kilometer weit draussen im Meer. Wir sitzen nun in einem Boot, rudern langsam dem Strand entgegen und blicken auf den Meeresgrund. Lange bleibt er im Dunkel der Tiefe verborgen.

Nach einiger Zeit erst erkennen wir die ersten, urtümlichen Formen von Leben, das allerdings noch nicht sterben kann, sondern sich in einer bis heute andauernden Kette immer wieder aufteilt: einfache Zellen zuerst, später Amöben, Algen und Würmer, die am einen Ende abfaulen und am andern weiterwachsen.

Das ist, genetisch gesprochen, bereits ein *Kommunikationsvorgang:* Die Zellen teilen sich und übermitteln den neuen Zellen die *Informationen,* die ihr Leben steuern. Auf die ersten Spuren dieser Lebewesen müssen wir allerdings warten, bis wir etwa einen Kilometer vom Ufer entfernt sind – die ältesten Steine, die Reste von organischem Leben zeigen, sind 1 Milliarde Jahre alt.

Wir müssen über vier Fünftel der Distanz zum Strand zurücklegen, bis wir auf die ersten Leichen stossen: tote Muscheln – Zeugnisse einer Zeit, in der die Evolution den Tod erfand und die *Vermehrung* neben die *Teilung* trat, um Leben herzustellen. Von jetzt an überlebt, wer sein Leben besser zu organisieren versteht: Der natürliche Ausleseprozess setzt ein.

400 Meter von der Uferlinie unserer Gegenwart entfernt, stossen wir bereits auf Dutzende von Millionen verschiedener Lebensformen: Haifische, Insekten, Lurche, Pilze, Spinnen, Farne. Am Strand werden wir noch etwa ein Prozent davon antreffen. Die übrigen sind untergegangen. Sie alle haben bereits unzählige Kommunikationsformen

entwickelt, mit denen sie sich ihre Lebensbedürfnisse mitteilen. Sie können Liebeslust und Todesangst, Fressbegier und mangelndes Wohlbefinden auf verschiedenen *Kanälen* artikulieren – durch sichtbare, riechbare, hörbare, fühlbare *Signale,* die mitunter schon kleine «Sprach»-Systeme bilden.

Wir rudern weiter auf dem Meer des Todes – landeinwärts. Gut 300 Meter vom Strand entfernt – in unserem Massstab sind das über 300 Millionen Jahre – sehen wir die ersten Spuren von Landbewohnern. Das wird die grosse Zeit der Reptilien. Ihre prominentesten Vertreter, die Saurier, verschwinden freilich in etwa 80 Meter Entfernung vom Strand. 200 Meter bis zum Ufer der Gegenwart sind es, wenn die ersten Überreste von Säugetieren auftauchen. Sie leben in Gruppen, und damit wird Kommunikation zu einem wichtigen sozialen Steuerungsinstrument.

Später – 70 Meter vom Ufer entfernt – stossen wir auf die ersten Wesen, die den Menschen erahnen lassen: Affenleichen liegen im seichten Meer der Vergangenheit. Daneben die ersten Gerippe von *Primaten,* den Menschenaffen: die Körper noch ohne menschliche Spezialisierungen, aber mit schon unüblich grossem Hirn und einem von der Brunstzeit unabhängigen und deshalb die sozialen Bindungen stimulierenden Sexualleben.

Es ist noch gar nicht so lange her, dass man sich über die Anfänge der Menschheitsgeschichte völlig falsche Vorstellungen machte. Der irische Erzbischof James Ussher (1581–1656) etwa glaubte auf Grund von Bibelstudien, den Weltanfang aufs Jahr 4004 v. Chr. ansetzen zu können. Selbst der Universalhistoriker Oswald Spengler (1880–1936, linkes Bild) war noch im Jahre 1935 der Auffassung, unsere Vergangenheit habe im zweiten vorchristlichen Jahrtausend begonnen. Erst die Archäologen haben bewiesen, dass die Menschheit viel älter ist. Die grosse Urgeschichtsforscherin Mary Leakey untersucht in Laetoli (Tansania) die Fussspuren, die drei eindeutige Zweibeiner (links ein Kind, rechts zwei Erwachsene hintereinander) während eines Regens im feuchten Boden hinterliessen. Ein Vulkanausbruch zementierte die Abdrücke. Sie sind 3,75 Millionen Jahre alt . . .

Nur noch etwa 20 Meter vom Ufer entfernt dann die ersten Spuren von *Dryopithecinen.* Auch sie sind Primaten und gehören damit zu jener Ordnung von Lebewesen, aus denen sich die Menschen entwickelt haben. Es sind noch kleine, eichhörnchenartige Wesen, die heute noch als *Lemuren* oder *Makis* auf Madagaskar vorkommen. Zwei Merkmale ähneln bereits dem Menschen: Die Augen sind nach vorne gerutscht, der Maki kann deshalb räumlich sehen, und die Hände haben Daumen zum Greifen. Diese Tiere sind somit ausgerüstet zum Denken und zum Werkzeuggebrauch – wenn auch nur die höchsten Primaten, etwa Schimpansen und Gorillas, Äste oder Knochen bereits als Werkzeug gebrauchen und damit ihre Anlagen zu nutzen beginnen.

Von den Bäumen herunter, in die Welt hinaus

Das Meer ist jetzt schon sehr seicht. Wir blicken zurück, woher wir gekommen sind: 99 Prozent unserer Fahrt haben wir bereits zurückgelegt, wenn wir von der Entstehung der Erde an rechnen; gut neun Zehntel sind es, wenn wir uns an die Stelle erinnern, wo wir die Überreste der ersten Lebewesen gefunden haben.

Unter den Spuren der *Dryopithecinen* finden wir auch den Schädel eines Wesens, das die Paläontologen auf den ehrwürdigen Namen *Proconsul* getauft haben. Der Kopf, den die berühmte Urmenschen-Forscherin *Mary Leakey* im Jahre 1948 entdecken wird, stammt aus Afrika, dem Ursprungskontinent des Menschen, und er reicht in eine Zeit zurück, in der das Klima immer kühler und trockener wurde und die Wälder den Savannen wichen. 12 Millionen Jahre Dürre liegen jetzt vor uns. Der *Proconsul* gehört zu einer Reihe von erdgebundenen, den Bäumen entflohenen Wesen, die sich nun schon durch eine Reihe von Merkmalen von den andern Menschenaffen unterscheiden und «menschliche Züge» angenommen haben: Er hat fensterartige, viereckige (statt runde) Augenhöhlen. Er ist ein jagender Fleischfresser und besitzt die grossen Reisszähne der Raubtiere, die wir bei uns nur noch als Überreste spüren, wenn wir mit dem Finger über das Zahnfleisch oberhalb der Eckzähne fahren. Er hat die Augen, die nach vorne blicken und räumlich sehen können. Unter dem Kinn fehlt wie beim Menschen (aber im Gegensatz zu den Affen) eine Knochenplatte, und er besitzt Hände, denen der Daumen nach aussen gewachsen ist.

Ein Mensch ist es noch nicht, was uns da aus dem Wasser der Vergangenheit entgegenblickt, aber ein Wesen, das alle Chancen besitzt, zum Menschen zu werden: kein Menschenaffe mehr, sondern ein *Hominide.*

Der nächste unserer Urahnen – der *Ramapithecus* – nutzt die Erdkräfte, die vor 8 Millionen Jahren eine Landverbindung zwischen Asien und Afrika hergestellt haben, und verlässt das heimische Afrika: Wir treffen Überreste von ihm überall in Afrika, Asien und Europa an.

Er lebt zum Teil auf den Bäumen, zum Teil auf dem Boden und variiert beträchtlich in der Grösse. Mitunter geht er sicher bereits auf zwei Beinen und kann seine Arme und Hände für neue Dinge gebrauchen.

Was aus dem *Ramapithecus* geworden ist, wissen wir nicht: Acht Meter vom Ufer entfernt verliert sich jede Spur von ihm. Wenn wir nun sachte der Uferlinie entgegenfahren, bemerken wir nämlich plötzlich eine merkwürdige Lücke: In einem Band, das bis etwa 4 Meter zur Uferlinie reicht, fehlen uns jegliche Überreste. Die Urgeschichtler suchen in diesem Band seit hundert Jahren nach dem, was sie den *missing link* – das fehlende Glied in der Kette der menschlichen Entwicklungsstufen – nennen. Warum dieses Stück fehlt, ist bis heute ein Rätsel geblieben. Vielleicht haben wir es einfach noch nicht gefunden, vielleicht aber haben sich die einzelnen Stufen der Menschheit auch nicht allmählich, sondern gewissermassen sprungweise entwickelt. Möglicherweise stellen selbst die Urformen des Menschen, die uns nun erwarten, bloss untergegangene Nebenlinien unserer Entwicklung dar. Die Forschung tappt hier immer noch im dunkeln.

Ein Merkmal, das man – neben dem Werkzeuggebrauch – immer wieder als Hauptwerkzeug der *Hominiden* bezeichnet hat, ist das im Verhältnis zur Körpergrösse einzigartig grosse Gehirn des Menschen. Noch drei Meter von unserem Strand entfernt – also vor drei Millionen Jahren – war das Hirn unserer fossilen Vorfahren noch nicht grösser als jenes von Menschenaffen. Zu menschlichen Dimensionen anzuwachsen beginnt es erst etwa zweieinhalb Meter vor der Uferlinie! Der *Homo habilis,* wie jene Kreatur genannt worden ist (weil sie auch schon Werkzeuge benutzte), hat da schon soviel Hirn wie zwei Schimpansen zusammen.

Im Laufe des nächsten Meters erreicht dann das Gehirn des *Homo erectus* (so benannt, weil die «Aufhängung» seines Schädels eindeutig auf aufrechten Gang schliessen lässt) vor 1,5 Millionen Jahren ein Volumen von über 1000 Kubikzentimetern. Und zehn Zentimeter vor der Uferlinie – vor 100 000 Jahren – misst es die heutigen etwa 1360 Kubikzentimeter. Im Jahre 1984 nach Christus wird ein eifriger Helfer namens *Kamoya Kimen* im Team des Sohnes von *Mary Leakey,* des Anthropologen *Richard E. Leakey,* am Westufer des Turkanasees im Norden Kenias das erste praktisch vollständige Skelett eines 12jährigen *Homo-erectus*-Knaben ausgraben. Das Fossil ist 1,6 Millionen Jahre alt.

Weil sich Madagaskar vor 200 Millionen Jahren von Afrika abzuspalten begann, haben sich hier uralte Lebensformen erhalten: unter anderem auch die Lemuren (Makis) – Frühprimaten mit nach vorne gerichteten Augen und Greifhänden.

Es ist auch heute noch ein Rätsel, weshalb der Schädelinhalt des Vormenschen in dieser erdgeschichtlich äusserst knappen Zeit dermassen gewachsen ist. Im Zeitraffer der Evolutionsperspektive bläst sich der Kopf des Urmenschen plötzlich wie ein Ballon auf. Die *Hirngrösse* ist freilich ein trügerisches Merkmal für die Intelligenz eines Lebewesens. Sie variiert noch heute gewaltig – selbst unter Genies: Der irische Journalist und Schriftsteller *Jonathan Swift* (der Autor des «Gulliver») nannte ein Hirnvolumen von mehr als zwei Litern sein eigen. Aber auch *Swifts* französischer Berufskollege *Anatole France* brachte es mit vergleichsweise kärglichen 1000 Kubikzentimetern zu Weltruf. Auf die Struktur des Gehirns kommt es offenbar mindestens so sehr an...

Ebenso riskant ist es, den *Werkzeuggebrauch* als Merkmal für den Menschen anzunehmen. Der Urmensch ist nicht das einzige Wesen, das Werkzeuge braucht. Aber er ist das einzige, das Werkzeuge selber herstellt und ohne sie nicht auskommt – so wenig wie ohne ausgereifte Kommunikationsformen, die er nun mit den vielen Muskeln seines Gesichts entwickelt, mit den freigewordenen Armen und den Lauten, die er artikulieren und differenzieren kann.

Homo habilis und *Homo erectus* leben schon nicht mehr in den Wäldern. Sie jagen sich ihr Fleisch auch auf den Savannen, die in den Jahrmillionen zuvor eine unwahrscheinliche Dürre erlebt haben. Die Jagd hat nur Erfolg, weil der Mensch sich organisieren kann. Denn körperlich ist er seinen Opfern unterlegen. Vielleicht hat er darum schon zu dieser Zeit eine frühe Form von Sprache entwickelt.

Der Mensch erscheint im Pleistozän

Um den nächsten Streifen, der uns interessiert, genauer zu beobachten, müssen wir das Boot nun bereits verlassen. Wir können diese Zeit schon recht genau ausmessen: Das Band beginnt 60 Zentimeter vor der Uferlinie und endet 1,2 Zentimeter davor. Das ist das *Pleistozän* – die Periode der vier letzten Eiszeiten, die auf die Namen Günz, Minder, Riss und Würm hören.

Das *Pleistozän* ist die Geburtszone des heutigen Menschen. In diesem erdgeschichtlich äusserst schmalen Zeitraum zwischen 600 000 und 12 000 Jahren vor der Gegenwart hat man eine ganze Reihe von Knochen und Werkzeugen gefunden, die die Forscher verschiedenen menschlichen Vorfahren zuordnen: dem *Australopithecus,* dem *Pithecantropus,* dem *Neandertaler* und den ersten Formen des *Homo sapiens.* Die *Australopithecinen* waren erst etwa 1 Meter 20 grosse Vormenschen. Und doch war ihr Gehirn schon so gross wie das eines Gorillas. Deshalb zählt man den *Australopithecus* auch nicht mehr zu den *Pongiden* (Schimpanse, Gorilla, Orang-Utan), sondern zu den *Hominiden.* Die Linie der *Australopithecinen,* die über 3 Millionen Jahre alt ist, gilt heute als Sackgasse: Weiterentwickelt hat sich der *Homo erectus*; die *Australopithecinen* starben aus. Dennoch: Diese kleinwüchsigen Vormenschen kannten wahrscheinlich schon Waffen, vielleicht konnten sie Feuer anfachen, sie gingen aufrecht, und ihr Hirn hatte im Verhältnis zur Körpergrösse schon fast menschliche Dimensionen angenommen. Das alles hat man aus Werkzeug- und Knochenfunden herauslesen können.

Weil der *Australopithecus* die Schläge, die er den wahrscheinlich von ihm verspeisten Pavianen verabreichte, nach Funden in einer Höhle in Südafrika überwiegend von rechts nach links ausführte, nimmt man auch an, dass er

Lange Zeit sah man das enorme Ausmass der menschlichen Hirnmasse im Vergleich zur Körpergrösse als wichtigstes Merkmal des Menschen an. Aber die Grösse allein spielt nicht allein eine Rolle. Ebenso wichtig ist der Organisationsgrad der Hirnwindungen – die Struktur unseres «Bio-Computers». So erklärt es sich, dass ein Mensch mit 2000 Kubikzentimetern Hirnmasse wie Jonathan Swift (1667–1745, links) ebenso zum Genie werden konnte wie Anatole France (1844–1924), dessen Schädel bloss kümmerliche 1000 Kubikzentimeter fasste.

bereits Rechtshänder war. Die «Lateralisation» aber – die unterschiedliche Ausbildung der beiden Hirnhälften – lässt noch einen weiteren Schluss zu: Sie ist ein ziemlich eindeutiges Anzeichen dafür, dass sich im Hirn eine Zone ausgebildet hat, die, menschheitsgeschichtlich gesagt, «reif» für Sprache ist. Abgüsse von Australopithecinen-Schädeln lassen auch vermuten, dass die sogenannte *Brocasche Windung* – in der ein Teil des Sprachvermögens sitzt – in diesem Zeitpunkt bereits vorhanden ist. Ob der Australopithecus auch wirklich spricht, ist damit noch nicht gesagt. Aber theoretisch kann er sprechen.

Wir machen einen Schritt näher zum Ufer. Wir sind jetzt noch ganze 30 Zentimeter von jener Linie entfernt, die das Wasser vom Land trennt und die wir als Gegenwart bezeichnet haben. In diesem Streifen stossen wir auf die nächste Stufe der Menschheitsentwicklung – auf den *Pithecanthropus*. Er gilt als der erste echte Menschentypus. Man hat Knochen von diesem Nachfahren des *Homo erectus* in Peking, Java, Deutschland (Heidelberg) und Afrika entdeckt.

Die berühmteste Fundstelle des *Pithecanthropus* befindet sich eine Autostunde südwestlich von Peking entfernt in der kleinen Industriestadt Choukoutien. Dort fand am 2. Dezember 1929 der chinesische Paläontologe *Pei Wenchung* den ersten von 45 Schädeln einer Urmenschenrasse, die als «Peking-Mensch» *(Sinanthropus)* in die Geschichte eingegangen ist. Mit seinen 500 000 Jahren galt der «Peking-Mensch» bis zu den *Australopithecus*-Funden in den Olduvai-Höhlen in Ostafrika als ältestes Exemplar eines menschlichen Vorfahren. Unglücklicherweise sind die wertvollsten Fossilien verloren – als sie wegen der Gefahr eines Krieges zwischen Japan und China im Jahre 1937 in Sicherheit gebracht werden sollten, verschwanden die Kisten irgendwo auf dem Weg zum Hafen. Zum Glück waren vorher Gipsabdrücke und genügend Aufzeichnungen gemacht worden, um wenigstens eindeutig die wichtigste Erkenntnis zu belegen: Der Peking-Mensch konnte Feuer anfachen! Ausserdem fertigte er Steinwerkzeuge, war ein geschickter Jäger und hatte wohl bereits ein ausgeprägtes Gemeinschaftsleben entwikkelt. Und wahrscheinlich war er der menschlichen Sprache fähig.

Und nun müssen wir uns bereits bükken, wenn wir die letzten verbleibenden Zentimeter Vergangenheit gewordener Erdgeschichte studieren wollen. Vor der letzten, der «Würm-Eiszeit», tauchen im Sand die Fossilien eines Urmenschen auf, den man schon 1856 in einer Höhle bei Düsseldorf im *Neandertal* gefunden und auch danach benannt hat. Denselben Urmenschentyp hat man auch in andern Gebieten Europas, im Mittleren Osten und in Afrika nachweisen können. Er lebt allerdings nur in einem schmalen Band von acht Zentimetern Breite – das war vor 110 000 bis 30 000 Jahren. Dann verschwindet dieses Wesen so plötzlich von der Bildfläche, wie es aufgetaucht ist.

Das kretinartige Bild, das man sich vom *Neandertaler* im allgemeinen macht, tut ihm Unrecht. Sehr wahrscheinlich war er viel kultivierter und weniger brutal, als es das Schimpfwort «Du Neandertaler!» vermuten liesse. Neuere Forschungen zeigen jedenfalls, dass er zwar ein starker Kerl gewesen sein muss und mit seiner fliehenden Stirn heute kaum zum Fotomodell getaugt hätte. Er verehrte aber auch die Toten, brachte Opfer dar und kannte bereits Kleidung und Krankenpflege. Es gab unter den *Neandertalern* Metzger, Holzarbeiter, Steinmetze und Priester, die ihren Kult mit dem mächtigen Höhlenbären trieben, wie er bei den sibirischen Schamanen noch erhalten ist. Und mit grösster Wahrscheinlichkeit hat der *Neandertaler* nicht bloss unartikuliert in der Höhle herumgebrüllt, sondern kannte schon eine menschliche Form von Sprache.

Der Proconsul verschwand vor 8 Millionen Jahren von der Erde.

Der Dryopithecus kam vor 20 Millionen Jahren auf die Welt und existierte während 12 Millionen Jahren.

Der Ramapithecus wanderte nach Asien und Europa aus.

Der Australopithecus africanus war bereits Rechthänder

Der Australopithecus robustus hatte in der Evolution keine Nachfolger.

Wir müssen nun schon fast eine Lupe zu Hilfe nehmen, um die verbleibenden Zeitunterschiede auszumachen. Nur fünf Zentimeter von der Uferlinie entfernt, stossen wir auf die ersten Spuren des *Cro-Magnon-Menschen,* des *Homo sapiens,* unter den uns auch heute noch die Anthropologen einreihen: Er erscheint etwa 30 000 Jahre vor unserer Gegenwart am Ende der letzten Eiszeit (dem *Holozän*) und unterscheidet sich äusserlich kaum mehr von einem unserer Zeitgenossen: Er geht aufrecht, hat ein Gehirnvolumen, das im Verhältnis zur Körpergrösse das grösste in der ganzen Natur darstellt, besitzt ein flaches Gesicht, annähernd unsere Körpergrösse, lebt in Familien, kommt vor allem in Frankreich, im östlichen Mittelmeer, in China und in Mittelamerika in etwa 5 bis 10 Millionen Exemplaren vor, baut Hütten und Zelte, kämpft mit Pfeil und Speer, macht Musik und verfügt über Kunst, Werkzeuge, Lampen und Sprache.
Zwei Zentimeter vom Ufer entfernt finden wir seine Höhlenzeichnungen und Frauenstatuetten, fünf Millimeter weiter erlegt er das letzte Mammut, einen Zentimeter vom Ufer entfernt beginnt er dann Landwirtschaft zu betreiben – ein Ereignis, das zur Folge hat, dass er sich auf dem letzten Stück seiner Geschichte unheimlich vermehren, Krieg führen und vielen andern Lebensformen den Garaus machen wird.
Und erst jetzt – vier Millimeter vor der Ufergrenze, kommt jene Zeit in Sicht, die für *Oswald Spengler* den Anfang der Geschichte ausmachte – die 4000 Jahre, die uns noch von der Gegenwart trennen! Dreieinhalb Kilometer Erdgeschichte aber liegen ebenso hinter uns wie die Zehntausende von Jahren undokumentierter Menschheitsgeschichte ...

Der zweite Gott

Aus der Perspektive der Erdgeschichte schrumpft die historisch überlieferte Vergangenheit zu einem Tropfen im Meer der Zeit. Bis zur Gegenwart bleibt jetzt nur noch der kleine Wulst von Wasser, der langsam den Sand hinaufkriecht ... Und da, auf der Uferlinie, sitzt nun heute einer der Autoren dieses Buches – und rechnet. Leise murmelt er vor sich hin:
«Ich bin im Jahre 1941 geboren und habe in meinem bisherigen Leben 374 280 Stunden erlebt. Davon habe ich 109 165 Stunden geschlafen. Verbleiben 265 115 wache Stunden. Wieviel davon habe ich wohl zur Kommunikation genutzt? Wie viele Sätze habe ich gesprochen? Wie viele Buchstaben geschrieben? Wie viele Zeichen habe ich beachtet? Wie viele Gebärden habe ich gemacht?
Schwer zu schätzen.
Aber eines lässt sich wohl berechnen: meine Konsumation von Informationen aus den Massenmedien ...
Von den 265 115 wachen Stunden meines Lebens habe ich wahrscheinlich rund 13 870 Stunden Radio gehört – seit etwa 1946. 10 950 Stunden sass ich am Fernsehapparat – seit 1964 (vorher musste ich dazu in ein Restaurant gehen). Ich habe wahrscheinlich während 41 610 Stunden Bücher gelesen, während 18 250 Stunden in Zeitungen und Magazine geguckt, etwa 730 Stunden am Plattenspieler zugebracht, vielleicht 1460 Stunden im Kino gesessen. Die Plakate, die ich flüchtig gesehen, die Reklameschriften, die ich zufällig gelesen, die Flugblätter, die ich überflogen, die Prospekte, die ich durchgeblättert habe, will ich gar nicht einrechnen – aber ich habe mit Sicherheit in meinem Leben 86 870 Stunden mit Massenmedien verbracht. Das sind genau 33 Prozent meiner wachen Zeit.»
Jedermann kann diese Rechnung machen. Jeder wird auf andere Anteile kommen. Die Autoren dieses Buches gehören zu einer Generation, die noch ohne Fernsehen aufgewachsen ist. Wir

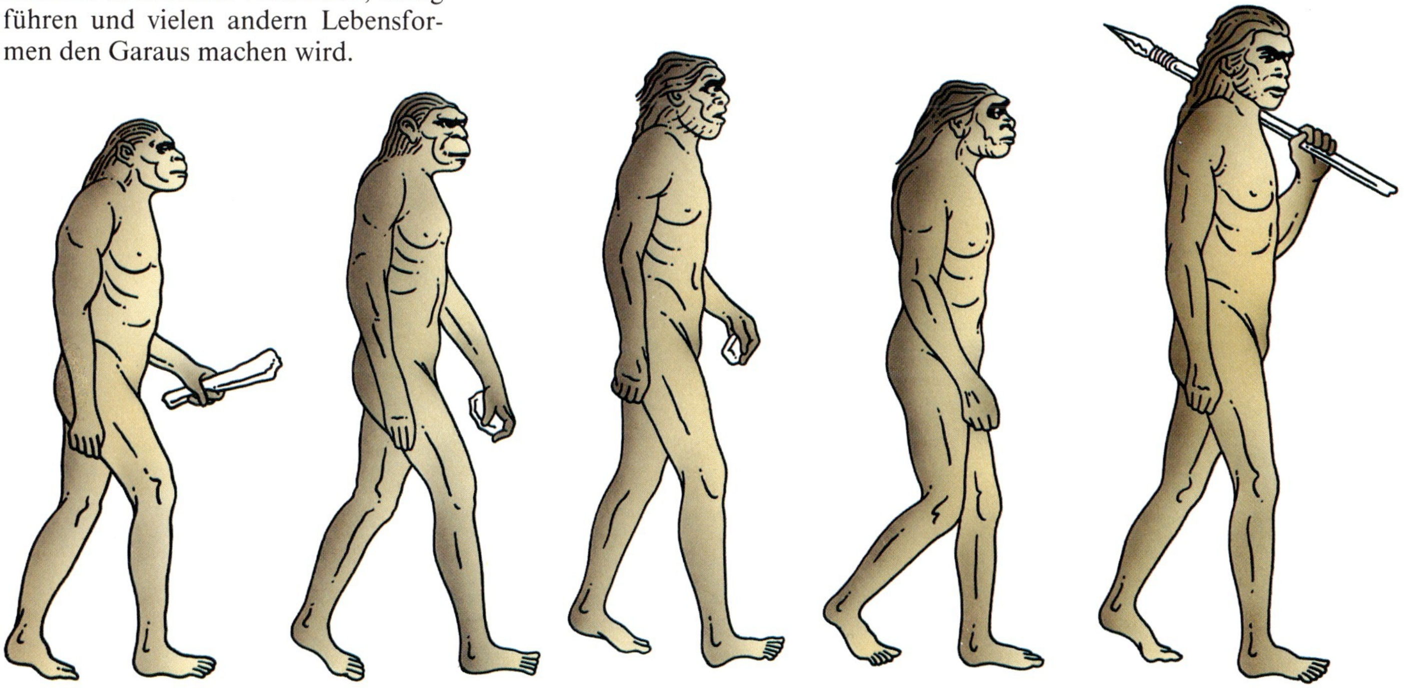

Der späte Australopithecus verwendete schon Geräte.

Der Homo erectus machte vor 2 bis 3 Millionen Jahren Feuer und verspeiste in Ritualen seine Artgenossen.

Der frühe Homo sapiens lebte vor 250 000 Jahren auch in Europa.

Der Neandertaler stellt eine ausgestorbene Nebenlinie des Menschen dar.

Der Cro-Magnon-Mensch – unser eigentlicher Urahne – malte vor 30 000 Jahren Zeichnungen an Höhlenwände.

In den USA ist die Beschäftigung mit den Massenmedien viel weiter fortgeschritten als bei uns in Europa. Einer der bekanntesten Medienexperten ist der New Yorker Universitätsprofessor, Werbefachmann und bekannte Radiomoderator Tony Schwartz, der sich mit seinen Büchern und Publikationen den Beinamen «Guru der elektronischen Medien» einhandelte. Er prägte das Wort von der elektronischen Medienwelt als dem «Zweiten Gott» des zwanzigsten Jahrhunderts.

hörten am Samstagabend in der Familie noch das Quiz am Radio oder das Kriminalhörspiel.
Anders die Generation, die uns gefolgt ist. Sie ist mit und vor dem Fernseher aufgewachsen. Wir wollen zwar nicht hoffen, dass *Kojak,* der Sportreporter oder der Discjockey von der Hitparade mehr mit Kindern gesprochen haben als ihre Eltern (man hat solches von amerikanischen Kindern allen Ernstes behauptet). Trotzdem: Sie haben ihr Wissen von der Welt auf andere Weise bekommen als wir.
Oder als unsere Eltern.
Oder die Grosseltern.
Oder Sie.
Wir hören den Einwand: Journalisten sind eine Ausnahme. Sie haben diesen Beruf gelernt, sie sind Medienprofis, sie müssen mit den modernen Kommunikationsmitteln tagtäglich umgehen.
Aber stimmt das wirklich?
Ist Informieren und Informiert-Werden mit oder ohne Massenmedien nicht in fast jedem Beruf heute zu einer Notwendigkeit geworden? Von der Freizeit gar nicht zu reden, die zum mindesten die Menschen der Industriegesellschaften täglich mehrere Stunden in Beschlag nimmt... Und ausserdem: Auch wer bei der Arbeit nicht fernsieht, Radio hört oder Zeitung liest – das Telefon ist schliesslich ebenfalls ein Kind der Massenkommunikation...
Dies ist uns Angehörigen der zweiten Hälfte des 20. Jahrhunderts allen gemeinsam: Ausser der Arbeit und dem Schlaf hat uns in unserem Leben nichts so häufig beschäftigt wie die Massenmedien: Zeitungen, Zeitschriften, Bücher, Comics, Tonbänder, Schallplatten, Radio, Fernsehen, Videorecorder, Plakate, Prospekte und und und...
Ein Drittel bis die Hälfte unseres wachen Seins verbringen wir alle damit. Seit der Mensch von seinen ostafrikanischen Bäumen herunterstieg, aufrecht herumzuspazieren begann, den ersten Stein in die Hand nahm, um damit auf einen zweiten zu klopfen, seit sich in seinem Hirn jene Zone ausgebildet hat, die wir Sprachzentrum nennen, ist er zum schwatzhaftesten und kommunikationssüchtigsten Wesen dieses Planeten geworden.
Aber noch nie in seiner jahrhunderttausendealten Vergangenheit bombardierten sich die Menschen gegenseitig mit so viel Informationen wie heute.
Einer der gewieftesten Kenner und Nutzer der Massenmedien, der amerikanische Werbe- und PR-Spezialist *Tony Schwartz,* gab einmal folgende Definition des Begriffs «Gott»:
«Gott ist allmächtig und allwissend. Er ist ein Geist, nicht ein Körper, und er existiert sowohl in uns wie ausserhalb von uns. Gott ist immer bei uns, denn er ist überall. Wir können ihn nie vollständig verstehen, denn sein Handeln vollzieht sich auf geheimnisvolle Art.»
Tony Schwartz bemerkt zu dieser Beschreibung:
«Diese Worte bezeichnen das, was unsere Väter Gott nannten. Aber es beschreibt auch die elektronischen Medien – den zweiten Gott, den sich der Mensch geschaffen hat.»
In der Tat: Der zweite Gott beeinflusst unsere Generation mindestens in dem Ausmass, wie dies früher die Religionen taten. Die Massenkommunikation wirkt auf unsern Alltag ebenso wie auf die Weltgeschichte: Den Medien hat es Amerika zu verdanken, dass es in Vietnam seinen ersten grossen Krieg verlor und dass ein Präsident erstmals zurücktreten musste. In den zwanziger Jahren prophezeite der US-Präsidentschafts-Kandidat *John W. Davis,* ein Bewerber um das mächtigste Amt der Welt müsse vor allem zwei Anforderungen erfüllen: «Er muss im Film gut aussehen und eine gute Radiostimme besitzen.» Heute ist diese utopische Figur in der Person des «Medienpräsi-

denten» und Exschauspielers *Ronald Reagan* Wirklichkeit geworden...
Wie bestimmend scheinbar belanglose «Verhaltensänderungen» bei den Medien für unsern Alltag werden können, das zeigt sich jeweils dann, wenn eine Fernsehstation eine Änderung ihres Strukturplans und damit verbunden beispielsweise eine Verschiebung des Krimiabends oder der Tagesschau beschliesst: Das wirft die Gewohnheiten von Millionen von Menschen über den Haufen.
Aber die Massenmedien verändern nicht nur unsere äussere Welt. Sie haben auch unsere Innenwelt umgekrempelt: unsere Art zu lernen, Informationen einzuholen, Verhaltensnormen zu imitieren, Vorbilder nachzuahmen.
Es gibt viele, die darin in erster Linie Gefahren sehen. Greifen wir ein paar Vorwürfe aus dem Negativkatalog der Medienkritiker heraus:
Vorwurf 1: Wir werden *durch Reize überflutet* und werden mit dieser Situation nicht fertig. Ein Amerikaner liest pro Monat 40 Kilo Zeitungen. Kinder sitzen bis zu sechs Stunden täglich vor dem Fernsehapparat. Was sollen sie mit der Reizflut anfangen?
Vorwurf 2: Wir leben nur noch aus zweiter Hand und *verlieren den Sinn für die Wirklichkeit.* Primärerfahrungen fehlen uns – vor allem den Kindern. Sie schauen sich die Frösche lieber im Fernsehen an als in der Natur. Da sind sie grösser, sagen sie. Und was heisst schon Frösche: die Muppets sind allemal attraktiver. Oder die Figuren aus den Werbespots...
Vorwurf 3: Fernsehen wird zur *Droge.* Wir können nicht mehr leben ohne sie. In Berlin haben Medienforscher versuchsweise einer Familie für vier Wochen den Fernsehapparat entzogen und sie danach vor laufender Kamera interviewt. Schluchzend wünschte sich die Mutter das Gerät zurück; die Familie gehe sonst zugrunde.
Vorwurf 4: Die *Brutalität am Fernsehen* verdirbt den Charakter. Wir sehen im Fernsehen wöchentlich Dutzende von Toten – ohne mitunter genau unterscheiden zu können, ob das jetzt Reportagebilder oder Filmtote sind. So wächst die Furcht vor Kriminalität.

Was dem amerikanischen Präsidentschaftskandidaten John W. Davies in den zwanziger Jahren als schreckliche Zukunft erschien, ist heute Wirklichkeit geworden: Amerikanische Präsidenten müssen «im Film gut aussehen und eine gute Radiostimme besitzen». Ronald Reagan (links im Film «Hong Kong», rechts bei einer Rede vor den Vereinten Nationen am 26. September 1983) ist der Beweis dafür, dass hohe politische Ämter heute ohne mediengerechtes Auftreten kaum mehr erreicht werden können.

Vorwurf 5: Wir verlernen das Lesen und Schreiben immer mehr. Eine *Analphabetisierung* der (Industrie-)Gesellschaft beginnt sich abzuzeichnen.
Vorwurf 6: Medien können *Massen manipulieren: Adolf Hitler* und *Joseph Goebbels* haben die entsetzlichen Folgen dieser Kraft erstmals vorgeführt.
Vorwurf 7: Die Medien zerstören die *Familie*. Der Zuschauer bleibt passiv, und da das Programm pausenlos aus Kasten und Lautsprechern rinnt, verstummen die Gespräche. Anlass zu Gesprächen bietet bald nur noch der Streit um die Wahl des Senders.
Vorwurf 8: Wir beherrschen die Welt mit den Massenmedien, und die Mächtigen werden so immer mächtiger. Die Länder der Dritten Welt etwa wehren sich dagegen, dass die *Informationsmonopole* von den westlichen Presseagenturen ausgeübt werden und dass die neu entstehenden Fernsehsender ihre Programme vornehmlich mit europäischen und amerikanischen Serienprodukten füllen müssen.
Vorwurf 9: Information wird zur *Ware*, der Leser (oder Zuschauer) zum blossen Konsumenten: Der Scheckbuch-Journalismus treibt Blüten, die die sachliche Information gefährden.
Vorwurf 10: Wissen ist *Macht:* Der Präsident der Vereinigten Staaten kann innerhalb 20 Minuten einen Weltbrand auslösen. Und er wird seine Entscheidungen aufgrund von Meldungen treffen, an deren Entstehung Massenmedien entscheidend beteiligt waren.

Ein empfindliches Nervensystem

Gibt es diesen Schreckensvisionen, an deren Ende *George Orwells* «1984» steht, etwas entgegenzusetzen?
Freilich.
In den Massenmedien stecken ja auch ungewöhnliche Chancen.
Unsere Kinder mögen zwar weniger lesen, als unsere Grossväter das (angeblich) noch taten. Man braucht nur eine Zeitung von 1884 und eine von 1984 nebeneinanderzuhalten, und sofort wird klar, wer in einer Lesekultur lebte. Nur: Lasen unsere Grossväter auch wirklich? Und die Urgrossväter? Und die Generationen davor, die manchen immer noch vorkommen wie das Goldene Zeitalter?
In Wirklichkeit waren unsere westlichen Gesellschaften erst um die Jahrhundertwende voll alphabetisiert. Kein Wunder: Eine Zeitung kostete vor 100 Jahren im Verhältnis zum Tageslohn siebenmal mehr als heute.
Dagegen unsere Kinder: Die Haushalte der Industrieländer sind zu praktisch 100 Prozent mit Fernsehgeräten bestückt. Fast nur noch ein paar Lehrer und Ärzte gefallen sich als bewusste TV-Abstinenten. Ein Radio haben sie sich freilich inzwischen alle auch schon angeschafft, und aufs Telefon wird sicher keiner mehr verzichten wollen. Unsere Kinder aber können über den Bildschirm an einer Welt teilnehmen, für die es vorgängig keine mühsame Alphabetisierung braucht. Fernsehen versteht – mit Grenzen – jeder, der sehen und hören kann und der die Sprache versteht.
Darin liegt eine enorme Chance: Erwachsene können heute mit Kindern über Dinge reden, die ihnen vor zwei Generationen noch einfach deswegen verschlossen waren, weil sie nicht lesen und schreiben konnten. Es hat auch sein Gutes, wenn der Begriff «Kindheit» (ein Begriff des Schriftzeitalters, den es früher gar nicht gab) ausstirbt.
Die modernen Massenmedien, die elektronischen zumal, tragen in sich eine ungeheure *demokratisierende Kraft* und bieten die Chance, dass sich mehr Menschen besser in dieser Welt zurechtfinden und verstehen: Die Welt ist, dank und wegen der Medien, zum Dorf geworden – ein Europäer kann heute mit einem Afrikaner in Zukunft leichter und selbstverständlicher kommunizieren, als dies früher der Fall war.
Und wenn die grösste Medienrevolution, die sich derzeit auf unserem Planeten vollzieht – die Einführung des Fernsehens in der Volksrepublik China (wo jeder vierte Mensch lebt) –, einmal abgeschlossen ist, dann dürften sich langsam die Zeiten nähern, wo Fremdheit keine Grunderfahrung mehr im Kontakt mit andern Kulturen darstellt.
Gewiss, in dieser Sicht steckt ein gehöriges Mass an Optimismus. Die Chancen, die die Medien verkörpern, müssen sicher auch an den Gefahren gemessen werden, die sie mit sich bringen. Ein «ökologisches» Bewusstsein ist auch hier nötig. Eine Welt voller Massenmedien ist ein empfindliches Nervensystem der menschlichen Gesellschaft – empfindlich im Doppelsinn: feinfühlig und verletzlich.

Warum Journalisten so wenig über ihre eigene Vergangenheit wissen

Die wissenschaftliche Forschung hat sich mit den Massenmedien beschäftigt, seit es sie gibt.
Aber wer die einschlägige Literatur zu diesem Thema sichtet, der macht bald einmal zwei merkwürdige Feststellungen.
Die *erste*: Es gibt zwar viele Untersuchungen über die Presse, über das Radio, über das Zuschauerverhalten, über die Mediensysteme einzelner Länder, über die Übertragungstechniken und vieles andere mehr. Aber es herrscht unter den Forschern eine eigentümliche Scheu davor, das «Ganze» in den Griff zu bekommen: das *Zusammenwirken* aller Medien und der daran Beteiligten. Gesamtdarstellungen der Entwicklung der Medien gibt es jedenfalls in deutscher Sprache kaum.
Die *zweite* Beobachtung: Gerade die neueren Medienforscher zeigen eine ausgeprägte Tendenz, die *Geschichte* der Medien bei ihren Betrachtungen auszusparen.
Wenn überhaupt, wird Mediengeschichte in aller Regel als Geschichte *eines* Mediums dargestellt: als Geschichte der Zeitung, des Radios, des Fernsehens, des Films. Entsprechend beginnen diese Darstellungen mit der Druckerpresse, der drahtlosen Übertragung von Signalen oder der Erfindung, die die Auflösung eines bewegten Bildes in Punktzeilen ermöglichte. «Massenkommunikation» wird in dieser Sicht zu einem Phänomen, das bestenfalls gut hundert Jahre alt ist und allenfalls ein paar Vorboten in früheren Jahrhunderten aufweist. In dieser Auffassung steckt freilich eine ähnliche Überheblichkeit, wie wir sie schon in *Oswald Spenglers* Konzeption der Kulturgeschichte des Menschen vorgefunden haben.
In Wirklichkeit ist «Massenkommunikation» natürlich viel älter als jede schriftlich dokumentierte Geschichte. Die Wirkung eines *Joseph Goebbels* ist sowenig allein der Erfindung und Nutzung des Radios zuzuschreiben, wie

die Reformation sich einzig durch *Gutenbergs* Geniestreich mit den beweglichen Lettern erklärt. Die Geschichte der Massenkommunikation umfasst, wenn man sie als Teil der menschlichen Kulturgeschichte begreift, viel mehr als die Geschichte der Entwicklung neuer Kommunikationstechnologien. Und die Wirkungen der modernen Massenmedien wären kaum derart nachhaltig, wenn sie bloss von neuem *Know-how* abhingen.

Viele Gespräche mit Berufskollegen haben uns gezeigt, dass selbst akademisch geschulte Journalisten und Publizisten merkwürdig wenig über die Geschichte ihrer Branche wissen. Dies ist freilich nicht nur ihre Schuld: Die Vergangenheit der Medien ist selbst für zünftige Historiker noch in vielen Bereichen – und vor allem in bezug auf ihre Frühformen – *terra incognita.*

Die erste Dissertation über Zeitungen ist zwar schon im Jahre 1690 geschrieben worden. Aber als Universitätsfach hat sich die Kommunikationswissenschaft (früher auch «Publizistik», noch früher «Zeitungskunde» genannt) erst in diesem Jahrhundert und auch hier nur zögernd etabliert. Mit der Geschichte der Massenkommunikation befassen sich ohnehin bloss ein paar einsame Gelehrte. Im ganzen deutschsprachigen Raum gibt es kein einziges Zeitungsmuseum. Über ihren mühsamen Überlebenskampf am Rande des Wissenschaftsbetriebs wissen die wenigen deutschen Zeitungshistoriker – wie beispielsweise der Bremer Forscher *Martin Welke* – denn auch ein garstig Lied zu singen (vgl. Seite 22). «Die Massenkommunikationsforschung ist von einer Geistes- zu einer Sozialwissenschaft geworden», stellt auch der Schweizer Medienexperte *Ulrich Saxer* zu Recht fest. «Dabei ist die historische Dimension verlorengegangen.»

Eine Sonderform der Massenkommunikation hat es allerdings zu einsamer Blüte gebracht und besitzt an jeder Universität Hunderte von Adepten: die sogenannte «schöne Literatur». Es gibt dritt- und viertrangige Minnesänger aus dem 12. Jahrhundert, um die sich heute noch ganze Gelehrtenklubs balgen, auch wenn sie für unsere Zeit völlig irrelevant geworden sind.

Mit der Geschichte jener Schriftwerke freilich, die von Anfang an die meisten Menschen tagtäglich beschäftigten, kümmern sich bloss ein paar unentwegte Streiter am Rande der Wissenschaft. Das bedeutendste Forschungszentrum für Mediengeschichte im deutschen Raum wird nicht einmal von einer Universität getragen, sondern von einer Stadtregierung – das Institut für Zeitungsforschung in Dortmund.

Wen wundert es da, dass Generationen von Schülern über irgendwelche Randfiguren der Literaturgeschichte mehr vernehmen als über die Alltagslektüre von Millionen von Menschen? Wen wundert es, dass es Schränke voller Dissertationen über kaum je gespielte Tragödien gibt, dass aber beispielsweise über die Kriminalserien, die heute mitunter in über 100 Ländern an ein Publikum gelangen, das in die Hunderte von Millionen geht, sozusagen keine wissenschaftliche Untersuchung vorliegt? Wen wundert es schliesslich auch, dass viele Journalisten, wenn sie nach der Entwicklungsgeschichte «ihrer» Medien gefragt werden, nur ein verständnisloses Lächeln aufsetzen können?

Nichts gegen die «schöne Literatur»: Aber dass eine ganze wissenschaftliche Disziplin – denn was ist Literaturgeschichte anderes als ein Teil der Geschichte einer Massenkommunikationsform? – sich derart in einen Elfenbeinturm geflüchtet hat, das müsste eigentlich längst ein Anlass für Bildungspolitiker sein, sich die Verteilung der Forschungsgelder einmal neu zu überlegen...

Massenmedien machen Geschichte: «Wären wir früher in der Lage gewesen, rechtzeitig Bilder von der Judenvernichtung durch die Nazis zu drucken, Millionen wären gerettet worden», behaupteten die Redakteure der amerikanischen Zeitschrift «Life» nach dem Zweiten Weltkrieg. Der Vietnamkrieg gab ihnen recht. Bilder wie jenes mit den vor einem Napalmangriff aus ihrem Heimatdorf fliehenden Kindern, das der AP-Fotograf Huynh Cong Ut am 8. Juni 1972 in Trang Bang aufnahm (er erhielt dafür den Pulitzerpreis für das beste Pressebild und viele andere Auszeichnungen), führten den Amerikanern die Grausamkeit und Sinnlosigkeit des Krieges vor Augen. Ein Jahr vor dem Massaker in My Lai votierten in Umfragen bloss 26 Prozent der Bevölkerung gegen den Napalmkrieg. Nachdem die Bilder darüber um die Welt gegangen waren, sprachen sich zwei Drittel der Amerikaner dafür aus, die US-Truppen aus Vietnam zurückzuziehen. «Im Vietnamkrieg», meint der vietnamerfahrene grosse deutsche Journalist Rainer Fabian, «fotografierten die Reporter zum erstenmal nicht für Gott und Vaterland, sondern für die Opfer des Krieges.»

Eine einfache Theorie der Kommunikation

Massenkommunikation ist ein grosses Wort und ein gewaltiges Thema. Sie reicht dermassen tief in unseren Alltag hinein, dass es schwerfällt, Abstand zu nehmen und zu versuchen, sich aus der ständigen Betroffenheit zu lösen – eine zugleich vornehme und wichtige Voraussetzung für eine historische Beschreibung.

Eine einigermassen zuverlässige und übersichtliche Berichterstattung über diese Geschichte lässt sich darum wohl nur aus dem distanzierten Blickwinkel durchführen, den uns der übergeordnete Begriff der «Kommunikation» erlaubt. Ein bisschen Theorie können wir dem Leser in dieser Einleitung darum nicht ersparen, wenn er sich mit uns auf dem unendlich weiten Feld der Massenmedien zurechtfinden soll. Die wichtigsten Lexika der Welt definieren «Kommunikation» seit Jahrzehnten immer wieder mit einer merkwürdig vorsichtigen Formulierung des englischen Literaturkritikers *I. A. Richards* aus dem Jahre 1928: Danach findet Kommunikation dann statt, *wenn ein Wesen so auf das andere einwirkt, dass das andere beeinflusst wird, und zwar so, dass die Erfahrung, die im zweiten Wesen gemacht wird, der Erfahrung gleicht, die das erste Wesen ausgesandt hat und die Erfahrung beim zweiten Wesen mindestens zum Teil verursacht hat.*

Richards' Behutsamkeit in der Wahl seiner Worte ist am Platz – wenn man bedenkt, dass mit dem Begriff «Kommunikation» so verschiedene Vorgänge wie der Stoffwechselprozess bei ganz einfachen Lebewesen und so etwas hoch Komplexes wie die Informationsübertragung beim Telefon oder beim Fernsehen unter einen Hut gebracht werden müssen.

Kommunikation besteht also eigentlich aus zwei Grundvorgängen: der Informations*abgabe* und der Informations*aufnahme:* Wenn Kommunikation stattfindet, begegnen sich immer ein *Sender* und ein *Empfänger,* die eine *Botschaft* austauschen – die Botschaft wandert vom Sender zum Empfänger. Modellartig dargestellt sieht das etwa so aus:

Sender → Botschaft → Empfänger

Damit die Botschaft wandern kann, bedarf sie eines Transport*wegs* und eines Transport*mittels:* des *Kanals* und des *Mediums:*

Sender → Botschaft → Kanal →

Medium → Empfänger

Der Vergleich mit der Eisenbahn (die ja auch ein Kommunikationsmittel ist) macht das anschaulich: Wenn ich (als *Sender*) meinem Freund (dem *Empfänger*) ein Paket (die *Botschaft*) schikken (d. h., wenn ich mit ihm kommunizieren) will, dann muss eine Schiene (ein *Kanal*) zwischen ihm und mir bestehen und ein Eisenbahnwagen (ein *Transportmittel*), der von mir zu ihm fährt und ihm das Paket überbringt. Die Kommunikation hat dann geklappt, wenn er sein Paket in Empfang nimmt. Das ist in diesem Fall die *Reaktion,* die die Kommunikation stets auslöst. Im Modell erweitert sich die Kette also wie folgt:

Sender → Botschaft → Kanal →

Medium → Empfänger → Reaktion

Gespräch mit Dr. Martin Welke

«Ein deutsches Zeitungsmuseum?»

Dr. Martin Welke, 43, ist einer der ganz wenigen Zeitungshistoriker im deutschsprachigen Raum. In seinem Haus an der Paschenburgstrasse 23 in Bremen beherbergt er eine einzigartige Sammlung von Originalzeitungen, alten Stichen und Dokumenten zur frühen Zeitungsgeschichte. Welke hat aus diesen Dokumenten eine Wanderausstellung zusammengestellt, die bereits in vielen Städten Deutschlands und der Schweiz mit grossem Erfolg gezeigt worden ist. Welke, der hauptberuflich als Pressehistoriker an einer Forschungsstelle der Universität Bremen tätig ist, möchte aus der Sammlung ein Museum machen. Werner Hadorn unterhielt sich mit ihm.

Herr Dr. Welke, Sie haben hier zahllose Originaldokumente zur Frühgeschichte des deutschsprachigen Zeitungswesens gesammelt. Wie kommen Sie an diese Dinge heran?

Welke: Es ist sehr schwierig. Zeitungen sind zwar damals wie heute in vergleichsweise hoher Auflage erschienen. Aber Zeitungen wurden auch damals für den Tag geschrieben. Meist wurden sie dann weggeworfen und sind entsprechend schlecht überliefert. Suchen Sie eine «Bild»-Zeitung aus dem Jahre 1950 – Sie werden heute schon Mühe haben! Die Zeitgenossen anspruchsvoller Blätter haben allerdings versucht, dem entgegenzuwirken, indem sie ihre Leser aufforderten, die Zeitung am Ende des Jahres zu binden als eine Art Jahrbuch der Geschichte. Diese Bände haben dann zuweilen in Bibliotheken überlebt und kommen – selten allerdings – auch auf den bibliophilen Markt. Glücklicherweise ist die Gemeinde der Liebhaber noch nicht allzu gross, so dass die Preise noch nicht überspitzt sind. Einzelne Zeitungen findet man manchmal auch noch bei einem Antiquar, wenn man Glück hat. Da muss man aber mitunter in ganz Europa suchen gehen.

Sie haben das alles selber finanziert?

Welke: Ja. Ich habe auch in den letzten paar Jahren keinen Tag Urlaub gehabt, weil ich in meinen Ferien stets für meine Ausstellung gearbeitet habe!

Der Beruf ist also bei Ihnen zum Hobby geworden. Wie sind Sie eigentlich auf Ihre Leidenschaft gekommen?

Welke: Eigentlich durch Zufall. Ich bin von Haus aus Osteuropa-Historiker und habe eine Dissertation geschrieben über «Russland in der deutschen Presse des 17. Jahrhunderts». Da ich wusste, dass in einer Abteilung der alten Bremer Stadtbibliothek Zeitungen des 17. Jahrhunderts in Form von Mikrofilmen gelagert waren, habe ich mich hierher verfügt – und es war eine Liebe auf den ersten Blick! Die dauert nun schon 20 Jahre! Vorläufig konzentriere ich mich dabei auf Zeitungen – die Zeitschriften müssten aber später dazukommen, denn die Publizistik ist ja eine Einheit und gehört in den grossen Bereich der Massenkommunikation. Mir geht es vorderhand einfach darum, die grossen Forschungslücken aufzuarbeiten. Ich versuche alle Facetten dieses komplizierten Gebildes mit allen mir zur Verfügung stehenden Mitteln auszuleuchten und auszuwerten und so mit der Zeit eine solide Darstellung der deutschsprachigen Zeitungsgeschichte zu erarbeiten.

Da ist noch einiges zu tun: die deutsche Zeitungswissenschaft ist ja nicht eine sehr ausgiebig gepflegte Disziplin an unseren Universitäten...

Welke: Sie haben leider recht. Die Zeitungswissenschaft befindet sich in einem desolaten Zustand, das muss man unterstreichen.

Weshalb eigentlich?

Welke: Das hat mit einer merkwürdigen wissenschaftsgeschichtlichen Konstellation zu tun. Zeitungswissenschaft ist ja eigentlich die Schwester der Geschichte der Öffentlichkeit. Die Geschichtswissenschaft glaubte diesen Gegenstand in den Händen der Kommunikationswissenschaft gut auf-

Diese vereinfachte Darstellung des Kommunikationsvorgangs entspricht genau der berühmten Frage von *Harold D. Lasswell*, einem amerikanischen Kommunikationswissenschaftler, der sich seine Sporen während des Zweiten Weltkriegs mit einer minuziösen Analyse von deutschen Lokalzeitungen abverdient hatte. Die «Jahrhundertfrage» der Kommunikationstheorie, erstmals von *Lasswell* formuliert und seither in jedem Handbuch der Kommunikationswissenschaft zitiert, lautet:

Wer	(Sender)
sagt was	(Botschaft)
in welchem Kanal	(Kanal)
wem	(Empfänger)
mit welchen Wirkungen?	(Reaktion)

Lasswell hat das Transportmittel (das Medium) in seiner Frage weggelassen. Der Grund dafür liegt darin, dass *Lasswell* mit seinem Begriff «Kanal» auch das «Medium» meinte. Die Forschung, die sich bei ihm der Frage «in welchem Kanal?» widmet, nannte er denn auch «Medienforschung».

Für die Belange der Massenkommunikation ist es freilich sinnvoll, zwischen *Kanal* und *Medium* zu unterscheiden. Die *Kanäle* sind Leitungen zu unseren Sinnesorganen: Zum Auge führt der visuelle Kanal, zum Ohr der akustische, zur Zunge der Geschmack, zur Haut der taktile Kanal und zur Nase der Geruch. Kommunikation kann auf all diesen Kanälen gleichzeitig oder allein stattfinden.

Das Fernsehen beispielsweise sendet auf mindestens zwei unterscheidbaren Kanälen: dem akustischen und dem visuellen. Der visuelle Kanal aber ist eigentlich ein ganzes Bündel von Informationsträgern: Das Fernsehbild kann uns das bewegte Abbild der Realität, aber auch Schriften, Grafiken, Tricks, Stehbilder, Fotos usw. zum Teil sogar gleichzeitig zeigen. Ebenso hören wir auf dem akustischen Kanal Worte, Musik, Geräusche und Effekte – oft ebenfalls simultan.

Die *Medien* sind die festgebauten «Fahrzeuge», die sich auf der «Schiene» des *Kanals* bewegen: Zeitung, Buch, Radio, Fernsehen, Schallplatte, Plakat, Videorecorder, Tonband usw. Sie sind dadurch gekennzeichnet, dass sie sich stets eines *festgefügten Bündels von meist mehreren Kanälen* bedienen. Dabei kann die Zahl der Kanäle variieren:

– Alte Zeitungen beispielsweise kamen noch gänzlich ohne Bildillustration aus, funktionierten also nur auf dem visuellen Kanal der Schrift.

– Das Fernsehen dagegen bündelt fast sämtliche denkbaren Kanäle auf dem visuellen und akustischen Hauptkanal. Wir lesen nicht nur eine Reihe von Buchstaben, die wir als Aussage des deutschen Bundestrainers entziffern können. Wir sehen ihn vor uns, hören ihn schnaufen, spüren seine Gesten, verstehen seine Sprache: die Information wird mehrfach übertragen. Das Fernsehen verfügt, im Jargon der Kommunikationswissenschaft, über eine höhere «Redundanz». Darum «fesselt» das Fernsehen auch bedeutend mehr als ein Text.

Einen Kanal hat das Fernsehen allerdings der Zeitung gegenüber verloren: Es lässt sich nicht mehr *betasten*. Eine Zeitung hat man in der Hand, kann man transportieren – das Fernsehbild existiert eigentlich nur, weil unser Gehirn es aus den Lichtpunkten und Tonsignalen, die wir über das Gerät emp-

gehoben. Sie verkennt dabei, dass die Zeitungswissenschaftler Methoden anwenden müssen, die den Kommunikationswissenschaftlern fremd sind: wie man alte Schriften und Texte liest, Dokumente usw. einordnet – das ist eine Hilfsdisziplin der Historiker, nicht der Kommunikationswissenschaftler. So fühlt sich für die Geschichte der Zeitung eigentlich niemand so recht zuständig, und das tut dem Fach natürlich nicht gut. Es gibt ganz wenig Forschungsinstitute – eines in Bremen, eines in Dortmund – und beide sind aufgrund ihres Personalbestandes mit der Aufgabe einer grundlegenden Aufarbeitung ihres Stoffes überfordert.

Ich darf vielleicht auch noch auf einen merkwürdigen Umstand aufmerksam machen: In der Literaturwissenschaft tummeln sich bekanntlich ganze Heerscharen von Forschern, und selbst zweit- und drittrangige Schriftsteller haben noch ihre eigenen Forschergemeinden. Das Druckwerk aber, das seit seinem Bestehen eigentlich bis heute die grösste Breitenwirkung gehabt hat, besitzt überhaupt keine Bearbeiter. Das ist doch ein Missstand sondergleichen!

Weshalb sammeln Sie auch grafische Blätter – also etwa alte Stiche, die die Leute von damals beim Lesen zeigen?

Welke: Ich habe vor etwa zehn Jahren damit angefangen, weil auch die optischen Zeugnisse teilweise einen ausserordentlich hohen Aussagewert besitzen. Sie haben zudem einen unschätzbaren Vorzug gegenüber den andern Quellen: Sie sind für Nichtfachleute am leichtesten erklärbar. Mir kommt es ja darauf an, dass dieses Wissen aus der Gelehrtenstube heraus kommt – und für eine Ausstellung eignen sich diese Stiche eben hervorragend.

Mein Wunschziel wäre es, diese Dinge einmal ständig in einem Zeitungsmuseum auszustellen – da hätte man dann auch mehr Möglichkeiten als mit einer Wanderausstellung. Man könnte dann zum Beispiel auch einmal eine Druckerpresse aus dem 18. Jahrhundert im Massstab 1:1 nachbauen und den Leuten bewusst machen, mit welchen Mitteln damals gearbeitet wurde.

Ein Museum hätte auch den Vorteil, dass seine Adresse mit der Zeit bekannt würde. Viele Leute, die jetzt noch sammelwürdige Dinge auf Dachböden und in Schubladen horten, wo sie eigentlich niemandem etwas bringen, würden diese Dinge dann vielleicht dem Museum zur Verfügung stellen.

Würde ein solches Museum auch unsere Vorstellungen über die frühen Formen der Massenkommunikation in Frage stellen?

Welke: Ganz sicher. Es gibt eine ganze Reihe solcher falscher Vorstellungen. Ich darf vielleicht einige nennen: Man hat dem Journalismus der Frühzeit den Vorwurf gemacht, er sei «blosser» Nachrichtenjournalismus gewesen. Gewiss fehlte der politische Kommentar bis ins 19. Jahrhundert. Aber wenn man den beschränkten Raum berücksichtigt und den Zeitdruck, unter dem die Redakteure auch damals schon standen, dann kann man diese Männer nur bewundern. Sie besassen ein sehr sicheres Gespür für historisch wichtige Ereignisse und verzichteten ganz bewusst auf eine Wertung, weil sie diese einem mündigen Leser überlassen wollten. Das ist nicht nur eine Annahme – das haben sie auch so geschrieben. Dann meint man oft fälschlicherweise, diese Zeitungen hätten kein grosses Publikum gehabt. Auch das ist nachweislich falsch. Eine Hamburger Zeitung brachte es schon 1809 auf eine Auflage von 56 000 Exemplaren. Jede Zeitung hatte viel mehr einzelne Leser als heute. Das Publikum jener Presse lässt sich also teilweise durchaus mit der heutigen Boulevardpresse vergleichen. Und auch diesbezüglich muss man ein Fehlurteil korrigieren: Weit mehr Leute, als man denkt, konnten Zeitungen lesen. Die Zeitung war auch damals schon – anders als viele Menschen meinen – ein gutes Geschäft für einen Verleger, auch wenn der noch nicht zur Hauptsache von den Anzeigen lebte.

Man müsste überdies hervorheben, dass den Zeitungen damals auch eine eminent wichtige kulturpolitische Rolle zukam: Es waren die ersten Instrumente der Erwachsenenbildung. Wenn in einem Bericht erwähnt wurde, dass Paris die Hauptstadt Frankreichs sei und Spanien und Portugal auf der Iberischen Halbinsel lägen, dann vermittelten die Zeitungen den Leuten Dinge, von denen sie in der Schule nie etwas gehört hatten.

Und schliesslich – und das ist vielleicht das Wichtigste – waren die Zeitungen auch eine ganz wichtige Vorbedingung für die Entstehung der modernen Demokratie: Zeitungen wurden im 17. und 18. Jahrhundert oft ebenso leidenschaftlich gelesen wie diskutiert, und selbst wenn diese Diskussionen mitunter dilettantische «Kannegiesserei» gewesen sein mögen – ohne sie wäre die politische Bewusstseinsbildung, die die Demokratien des 19. und 20. Jahrhunderts erst eigentlich ermöglicht hat, sicherlich nicht in dem Masse erreicht worden.

Dies alles könnte uns die Beschäftigung mit der Geschichte der Massenkommunikation lehren – wenn wir sie nur ein wenig intensiver betreiben würden!

fangen, zusammensetzt. Es braucht kein Papier, keinen materiellen Träger mehr.
Der Begriff *Medium* wird übrigens sowohl in der Forschung wie in der Alltagssprache uneinheitlich verwendet. Manchmal bezeichnet er auch den Kanal. Das braucht nicht Unwissen zu sein. Die Kommunikationswissenschaft ist zu jung, als dass ihre Ergebnisse bereits ins Alltagswissen eingedrungen wären. Zudem ist der Sprachgebrauch vor allem im Deutschen und Englischen nicht immer identisch.
In unserer Darstellung verstehen wir unter *Medium* stets eine festgefügte Institution der Massenkommunikation, die sich eines festgefügten Bündels von Kanälen bedient. *Medium* ist der Wagen – *Kanal* ist die Schiene. Die Geschichte der Kanäle führt also die Entwicklung der Übertragungswege von der Postroute bis zum Glasfaserkabel vor; die Geschichte der Medien dagegen beschreibt die Entwicklung der Informationsmittel – vom Flugblatt bis zum Bildschirmtext.
Differenzierungen von der Art, wie wir sie zwischen *Medium* und *Kanal* soeben vorgenommen haben, sind bei genauerer Analyse auch bei den andern Grundelementen des Kommunikationsvorgangs nötig.
Der *Sender* beispielsweise ist durchaus nicht immer einfach *ein* Sprecher. Das trifft vor allem in der Massenkommunikation zu: Ein Journalist schreibt in der Regel als Mitglied einer *Redaktion,* die einem *Verlag* unterstellt ist, der seinerseits vielleicht nur Teil eines *Medienmultis* ist. Er bezieht seine Informationen von *Agenturen,* die sich auf Berichte ihrer *Korrespondenten* abstützen, die ihrerseits *Informanten* befragt haben.
Wer ist da der Sender? Was ist die Quelle der Information? Wer spricht eigentlich in der Werbebotschaft *«Ich trinke Jägermeister, weil meine Alma Mater geworden ist?»* Ist es der Mann, der das Glas in der Hand hält? Oder die Werbefirma, die die Kampagne ausgeheckt hat? Oder der Unternehmer, der der Werbefirma den Auftrag erteilt hat? Man sieht: Der Sender – die «Quelle» – ist oft nur durch mühsame Suche im Dickicht der Informationsketten auszumachen.
Auch die *Botschaft,* die der Sender im Kopf hat, ist durchaus nicht immer das genaue Abbild der Vorstellung, die der Kommunikationsvorgang im Kopf des Empfängers auslöst. Was ich im Kopf habe, kann ich ja nicht direkt transportieren. Meine Hirnzellen besitzen keinen direkten «Kanal» zu den Hirnzellen meines Kommunikationspartners. Weil der «direkte Draht» fehlt, müssen die Zeichen ja «transportfähig» gemacht, «übersetzt» werden. Dieser Übersetzungsvorgang ist sogar in der gesprochenen Sprache recht kompliziert: Er läuft von den Hirnzellen zu den Nerven, die die Muskeln reizen, die wiederum die Laute produzieren, die ihrerseits – auf dem akustischen Kanal, das heisst auf den Schallwellen der Luft – transportiert werden können. Beim Empfänger geht alles spiegelbildlich vor sich: Er muss die Lautgeräusche empfangen, sie identifizieren mit seinem Sprachvermögen und sie im Gehirn wieder zu eigenen Vorstellungen übersetzen.
Kommunikation funktioniert schliesslich nur, wenn das Zeichensystem, in dem die Information transportiert wird, beiden bekannt ist und gleich verstanden wird. Man nennt dieses System in der Kommunikationswissenschaft *Code.* Eine Sprache ist ein solcher Code. Es gibt freilich auch viele sprachlose Zeichen- und Symbolsysteme, die wir in unserem Alltag als Code verwenden.
Man kann also sagen: Der *Sender* muss seine *Botschaft* erst einmal in irgendeinen *Code* übersetzen, der auf einem *Kanal* (eventuell mit einem *Medium*) gesendet werden kann, der wiederum zum *Empfänger* führt. Diesen Vorgang nennt man auch *encodieren.* Der Empfänger muss auf der anderen Seite die Botschaft *decodieren* können. Ähnlich wie der Sender ist auch der *Empfänger* in Wirklichkeit ein schillerndes Element im Kommunikationsvorgang. Zwar kann man jede Kommunikation daraufhin betrachten, wie der einzelne als Empfänger reagiert. Aber gerade die Massenkommunikation zeichnet sich dadurch aus, dass der Sender sich als Empfänger der Botschaft immer eine Vielzahl von Empfängern, eben eine «Masse» denkt. *Eine* Zeitung für *eine* Person wäre ein surrealistisches Objekt. Was aber macht die Vielzahl der Empfänger aus? Richte ich mich nur an eine Gruppe? An Frauen? An Alte? An Rothaarige? An Dumme? An Untergebene? Je nach dem anvisierten *Publikum* wird der Kommunikationsvorgang ganz verschieden ablaufen.
Wenn ein Sender eine Botschaft über einen Kanal transportiert, der dem Empfänger zugänglich ist, und in einem Medium, das bei ihm ankommt, und wenn dieser Empfänger den gleichen Code besitzt wie ich, dann kann Kommunikation funktionieren.
Sie kann – muss aber nicht.
Die Kommunikation kann nämlich auch *gestört* werden. Dabei unterscheidet man zwei Arten von Störungen: *Innere Störungen:* Damit meint man Fehler beim En- oder Decodieren (ein falsches Wort für eine bestimmte Vorstellung verwenden, das Gehörte falsch interpretieren usw.) oder auch jene rätselhaften Kommunikationsfehler, die irgendwie mit der Funktionsweise unseres Gehirns zu tun haben und die man *Paradoxien* nennt. Wenn eine Ehefrau ihren unaufmerksamen Gatten bittet, ihr doch wieder einmal *ganz spontan Blumen zu schenken,* dann wird der arme Ehemann vor einer unlösbaren Aufgabe stehen: Schenkt er ihr die Blumen, so tut er es nicht mehr spontan, schenkt er sie nicht, so folgt er ihrem Wunsche nicht!
Äussere Störungen: Der Ausfall eines Mikrofons kann einen Redner vollkommen blockieren. Lärm kann ein Zwiegespräch stören. Rauschen in der Telefonleitung kann die Kommunikation erschweren. Die Zensur, die über die Presse eines Landes verfügt wird, kann den Kommunikationsvorgang beeinträchtigen. All dies sind Faktoren, die man auch etwa generell mit dem amerikanischen Wort *noise* (eigentlich Lärm) bezeichnet. *Noise* ist ein Faktor, mit dem man in der Kommunikation stets zu rechnen hat.
Das Kommunikationsmodell, das wir bis zu diesem Punkt entwickelt haben (und dabei soll es bleiben, obwohl die Kommunikationswissenschaft oft noch beträchtlich weiter geht in ihren Differenzierungen), lässt sich also etwa wie folgt darstellen

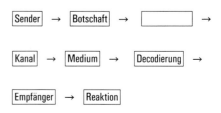

Sender → Botschaft → [ ] →

Kanal → Medium → Decodierung →

Empfänger → Reaktion

Dieses Modell ist für ein ausserordentlich breites Band von Kommunikationsformen gültig. Man kann damit sowohl ein gewöhnliches Gespräch zwischen zwei Menschen wie den Schwänzeltanz der Bienen oder die Information, die uns über eine Zeitung erreicht, beschreiben. «Kommunikation» im Sinne dieses Modells ist nicht auf Austausch von sprachlichen Zeichen beschränkt: Auch Essen, Kleidung, Strafe, Verkehr, Kaufvorgänge, Liebe, Spiel und Sport sind Formen menschlichen Kommunikationsverhaltens, das sich über Sender, Empfänger, Botschaft, Kanal und Medium vollzieht.

Was verstehen wir unter Massenkommunikation?

Was ist denn nun aber – im Rahmen dieses allgemeinen Modells – *Massenkommunikation?* Anders gefragt: Was kennzeichnet die einzelnen Glieder dieses Modells, wenn wir von Massenkommunikation sprechen?
Gegenüber der allgemeinen Kommunikation unterscheidet sich Massenkommunikation vor allem bei den Elementen Sender, Empfänger, Kanal und Medium.
Der *Sender* ist in der Massenkommunikation vor allem einmal praktisch immer *nur* Sender. Er empfängt nicht. Das macht ihn begehrt: Es ist nicht leicht, im Geschäft der Massenkommunikation als Sender einzusteigen.
Zwar erhält eine Redaktion auch Leserbriefe, und das Fernsehen wird bei gewissen Sendungen so mit Telefonanrufen bestürmt, dass mitunter das Netz zusammenbricht. Aber der Sender ist nur Sender, und der Empfänger (das Publikum) ist bloss Empfänger. Die Kommunikation verläuft, wie man sagt, *asymmetrisch,* sie ist «Ein-Weg-Kommunikation». Das heisst jedoch nicht unbedingt, dass der Empfänger passiv sein muss: Er wählt aus, beurteilt den «Nutzen», den er vom Konsum eines bestimmten Produkts hat. Darauf muss der Sender sogar oft Rücksicht nehmen.
Es gibt seit einiger Zeit immer wieder Versuche, die Asymmetrie der Kommunikationssituation aufzuheben. Gewisse Zeitungen publizieren sehr viele Leserbriefe, veranstalten Umfragen, erteilen Lesern das Wort oder bringen Geschichten über Leser (letzteres ist vor allem in der Boulevardpresse ein beliebter Trick, um dem Leser den Eindruck zu vermitteln, er habe auch etwas zu sagen, sei auch «Sender»). Vorab die seit Ende 1983 erlaubten Lokalradiostationen in der Schweiz begründen ihre Notwendigkeit und Einmaligkeit in der Medienlandschaft immer wieder mit dem Hinweis, sie seien «bürgernah», erteilten auch dem Volk das Wort, förderten die Mitbestimmung des Publikums – machten es also zum Sender.
Das mag gut gemeint sein. Im Endeffekt bleibt es eine Selbsttäuschung. Denn *veröffentlicht* werden diese Äusserungen ja immer nur wieder im Rahmen von «Sendungen» des Senders – *er* wählt aus, *er* steuert, *er* «veranstaltet» die bürgernahe Sendung. Man stellt die Leserzuschrift in den Schaukasten der Leserbriefseite und lässt den Zuhörer übers Telefon zum Fenster der eigenen Station hinausreden. Das Heft aber behält der Sender in der Hand. Die Sendung mit dem «Hörertelefon» ist seine Sendung.
Der Sender ist sodann in der Massenkommunikation stets eine Organisation, Institution, Firma – kurzum: ein *anonymes Kollektiv*, das von der Verbreitung von Nachrichten, Meinungen, Werbung und Unterhaltung lebt.
Es gibt auch hier eine Tendenz, diese vorgegebene Anonymität des Senders zu durchbrechen und scheinbar zurückzukehren zur einfachen Kommunikation des Zwiegesprächs. Die Massenmedien lassen immer wieder Stars und Sprecher auftreten, mit denen sie sich leichter identifizieren lassen. «Ich glaube, die besten Fernsehspots sind jene, bei denen der Werber direkt zum Kunden spricht», meint der erfolgreiche Produzent von TV-Spots *Tony Schwartz.* Aber auch die immer häufigeren Personalisierungen – vom grossen Kolumnisten mit «Briefmarken»-Bild neben dem Text bis zu Talkmastern, Fussballreportern und Pop-Stars – täuschen nicht darüber hinweg, dass ein «Sender» in der Massenkommunikation nie ein Individuum allein ist.
Der *Empfänger* der Botschaft in der Massenkommunikation ist ebenfalls nie als einzelner, sondern stets als eine Menge von Menschen gedacht: Er ist ein *Publikum.*
Der Begriff «Masse», der im Wort «Massenkommunikation» steckt, ist zwar im deutschen Sprachraum negativ belastet – zum einen wegen der bürgerlichen Kritik an der Arbeiterbewegung des 19. Jahrhunderts, die sich als «Massenbewegung» verstand, zum andern seit den organisierten «Massen» der Nazizeit. «Die Menschen san gut, aber d'Leut san a Gsindl», formulierte der erste Theoretiker der Massenpsychologie, *Hitlers* Vorbild *Gustave le Bon,* im Jahre 1895. Im Wort «Massenkommunikation» ist der üble Beigeschmack des Wortes aber weitgehend verschwunden. Da bezeichnet er vielmehr ein wesentliches Merkmal dieses Publikums: Es ist kein überdauerndes soziales Gebilde, sondern jeweils *zufällig zusammengesetzt.* Der Sender weiss nicht, mit wem er spricht. Er hat kein Gesicht mehr vor sich. Er stellt sich einfach eine Menge Menschen vor und trachtet danach, so zu schreiben oder zu sprechen, dass ihn möglichst viele verstehen.
Viele Redaktionen haben sich – wiederum in die fiktive Dialogsituation flüchtend – eine Kunstfigur geschaffen, an die die Schreiber denken sollen, wenn sie einen Text verfassen – an einen 13jährigen Mittelschüler etwa, an den «Schreinermeister Muggli» (die «Ansprechfigur» der «Schweizer Illustrierten») oder einfach an den «Mann von der Strasse». Das Publikum bleibt trotzdem anonym und «verstreut». Es hat unter sich keinen Kontakt (anders als etwa das Publikum bei einem Fussballspiel). In der Fachsprache nennt man das Publikum in der Massenkommunikation denn auch *disperses* (wörtlich: «zerstreutes») Publikum – ein Publikum, dem der Sender nicht mehr und nie mehr von Angesicht zu Angesicht gegenübertreten kann.
Es gibt allerdings auch Formen in der Massenkommunikation (und vieles spricht dafür, dass sie immer häufiger werden), die sich zwar auch an ein disperses, aber doch *durch bestimmte Merkmale definiertes* Publikum wenden. Das ist vor allem auf dem Bereich der Magazine sichtbar.
«Brigitte» wird in erster Linie für Frauen geschrieben, «Yachting» an Segler-Fans verkauft, der «Sport» und der «Kicker» richten sich an Sportsfreunde. In einem solchen Fall spricht man von einem *Zielpublikum.* Medienfor-

scher, die das Gras wachsen hören, erwarten, dass die absehbare Vervielfältigung der Kanäle auch beim Fernsehen einen Trend zum «Sender mit Zielpublikum» auslösen wird.

Auch ein Zielpublikum ist freilich nicht begrenzt: Massenkommunikation – das gehört zur Definition des Begriffs – ist stets «öffentlich». In vielen Ländern dürfen sich deshalb nur jene Schreiber als (Berufs-)Journalisten bezeichnen, die bei einem öffentlich zugänglichen Blatt arbeiten: Die Zeitung muss entweder im Abonnement oder am Kiosk erhältlich sein, Radio- und TV-Empfang dürfen nicht – wie beispielsweise der nichtöffentliche Polizeifunk – beschränkt sein; ist diese Bedingung nicht erfüllt, gibt's keine Pressekarte.

Wenn ich mit einem Menschen von Angesicht zu Angesicht spreche, dann brauche ich keinen «Eisenbahnwagen», der meine Information auf dem *Kanal* transportiert. Die Information läuft direkt und von mir kontrolliert zu meinem Gesprächspartner. Wenn dieses «von Angesicht zu Angesicht» aber nicht möglich ist, dann muss ich eine technische Apparatur (ein *Medium)* erfinden, die meine Ware «verpacken» und «verschicken» kann – einen Brief, eine Zeitung oder Radio- und Fernsehsendungen. Die moderne Massenkommunikation unterscheidet sich also von der allgemeinen Kommunikation auch dadurch, dass sie auf technische Verbreitungsmittel angewiesen ist und indirekt gesendet wird. So wie der moderne Verkehr «verlängerte» Beine (Fahrrad, Eisenbahn, Auto, Flugzeug) braucht, so bedient sich die Massenkommunikation «verlängerter» Augen, Ohren und Hände.

Ein freier Journalist erhielt 1984 in der Schweiz nach einem zwischen den Sozialpartnern ausgehandelten Tarif für eine Zeile von 42 bis 52 Zeichen ein Honorar von mindestens 82 Rappen. Der «Stern» blätterte bis zum April 1983 für die angeblichen Tagebücher *Adolf Hitlers* über 9 Millionen DM auf den Tisch. So weit die Zahlen auseinanderliegen: sie zeigen beide, dass Information heute ihren Preis hat.

Die *Botschaft* ist in der Massenkommunikation zur Ware geworden, die beschafft, formuliert, vervielfältigt, übermittelt, gehandelt, gehortet, verkauft und bewertet wird. Massenmedien und Massenkommunikation bilden einen Markt, in dem der Empfänger zum Käufer und Konsumenten, der Sender zum Anbieter und Produzenten der Ware «Information» geworden ist. Grundbedingung dafür ist, dass die Ware *Objektcharakter* erhält: Sie muss vervielfältigt, gespeichert und transportiert werden können. Die Schrift war die erste Erfindung, die diesen Prozess möglich gemacht hat – aber auch Schallplatte, Kassetten, Fotos oder andere Informationsträger sind im Grunde nichts anderes als Ausdruck des Warencharakters, den die Botschaft in der Massenkommunikation übernommen hat. Kurzum: In der Massenkommunikation

– wird der *Sender* zu einer teilweise anonymen Kette von Informatoren, die in aller Regel nur senden und nicht empfangen,

Das Freilufttheater von Epidauros in Griechenland ist ein Beispiel für eine «Sackgasse» in der technologischen Entwicklung der Massenmedien. Die modernen Lautsprecher haben die Wirkung von natürlich genutzter Akustik längst in den Schatten gestellt.

– ist der *Empfänger* stets ein Publikum, wobei die einzelnen Empfänger unter sich wenig oder keinen Kontakt haben,
– ist die *Information* zur Ware geworden, die gehandelt wird und Objektcharakter aufweist,
– geschieht die *Informationsübermittlung* auf technischem Wege und über eine Reihe von Übersetzungsvorgängen, die die Transportfähigkeit der Information garantieren.

Wenn wir diese Merkmale der Massenkommunikation in einen einzigen Satz packen, dann springt jene Formulierung heraus, die vor allem im deutschen Sprachraum heute als gültige Definition der Massenkommunikation gilt. Sie stammt vom deutschen Kommunikationstheoretiker *Gerhard Maletzke* und lautet:

Unter Massenkommunikation verstehen wir jene Form der Kommunikation, bei der Aussagen

öffentlich
(also ohne begrenzte und personell definierte Empfängerschaft)

durch technische Verbreitungsmittel
(Medien)

indirekt
(also bei räumlicher oder zeitlicher oder raumzeitlicher Distanz zwischen den Kommunikationspartnern)

und einseitig
(also ohne Rollenwechsel zwischen Aussagendem und Aufnehmendem)

an ein disperses Publikum
(im Sinne eines sozialen Gebildes sui generis mit eigenen konstitutiven Merkmalen)

vermittelt werden.

Eine ganze Reihe von Geschichten

Wer Geschichten erzählt, der verfolgt die Spuren eines Ereignisses im Sand, der vom Meer der Zeit überspült worden ist. In der Regel hinterlässt so ein Ereignis eine Linie – wie eine Schnekke, die langsam das Ufer hochgekrochen ist.

Wer Geschichte schreibt, der zeichnet Linien auf, rote Fäden von Entwicklungen, die von der Gegenwart aus mehr oder weniger weit in die Vergangenheit zurückreichen. Die Entwicklung der Massenmedien allerdings ist nicht eine Schnur, auf der die Informationen und Etappen wie Perlen auf einer einzigen Kette aufgereiht wären. Die Geschichte der Massenmedien ist im Gegenteil ein höchst komplexer Prozess, ein Knäuel von Schnüren, ein Verflechtungsmuster vieler Entwicklungslinien.

Unser Kommunikationsmodell liefert uns aber die Werkzeuge, mit denen der Knäuel etwas entwirrt werden kann. Es erlaubt uns, einzelne Fäden dieser Entwicklung herauszuziehen und blosszulegen. So setzt sich die Geschichte der Medien zusammen aus dem sich immer wieder verändernden Kräftespiel von Sender, Empfänger, Botschaften, Kanälen, Medien, Wirkungen und Störfaktoren.

Alles schweigt. Einer spricht. Das ist die Ursituation der Massenkommunikation. Zur überlieferten Technik entwickelt sie sich erstmals in der antiken Redekunst – der *Rhetorik.* Die Rhetorik steckt wie ein Dotter im Ei sämtlicher Vorgänge und Entwicklungen auf dem Bereich der Massenkommunikation. In der rhetorischen Situation finden wir bereits den Sender, der nur sendet, und das Publikum, bestehend aus einer Menge von Menschen, die hauptsächlich empfangen oder doch, wenn sie denn schon mal reden, dies nur unter Kontrolle und im Rahmen der «Sendung» des Redners tun. In der Asymmetrie der rhetorischen Situation steckt der Kern, aus dem sich die moderne Massenkommunikation entwickelt hat. Hinzugekommen ist die *Technik* – verursacht durch das Verschwinden der «von Angesicht zu Angesicht»-Situation. In der Ausbildung der antiken Rhetoriker, noch deutlicher in den akustisch genialen «Lautsprecher»-Konstruktionen der griechischen Theater und der mittelalterlichen Kirchen zeichnet sich freilich schon der Einsatz technischer Mittel ab, der dann von der Erfindung der *Druckerpresse* an die Entwicklung der Massenmedien charakterisieren wird. Die Verbesserung der Akustik erwies sich nämlich als Einbahnstrasse von begrenzter Kapazität: Auch ein Theater wie jenes von *Epidauros* kann nur eine bestimmte Zahl von Menschen aufnehmen – sicher nicht ein ganzes Volk. Zudem steht es nicht jederzeit zur Verfügung: Die Menschen müssen ja *hingehen,* um sich in die Rolle des Publikums zu begeben.

Den Ausweg aus der Sackgasse hat die Erfindung der *Schrift* gezeigt: Die Schrift macht die Information zur Ware, sie schafft Medien, die man transportieren kann. «Von Angesicht zu Angesicht» ist nicht mehr nötig. Aber weil sie Sprache transportiert, erlaubt sie der Rhetorik das Überleben und Weiterwirken, noch mehr: ihre Weiterentwicklung zur modernen journalistischen Sprache.

Die Geschichte der Massenmedien weist – vor allem in ihren Frühformen ist das besonders auffällig – noch viele derartige Einbahnstrassen auf. Das *Abschreiben* der Bücher durch ganze Schreibstuben, wie es seit den alten Ägyptern bis ins Mittelalter praktiziert

wurde, war so eine Einbahnstrasse. Der *Druck* hat hier den Ausweg gewiesen (und damals mit einem Schlag Zehntausende von Schreibern arbeitslos gemacht). Ähnlich hat die *Fotografie* den Holzschnitt, der *Fotosatz* die Setzmaschine (und die Setzer), der *elektronische Trick* den Filmtricktisch überflüssig gemacht oder diesen jeweils älteren Techniken neue, speziellere Funktionen zugewiesen.
Spätestens vom Moment an, wo die Kommunikation «von Angesicht zu Angesicht» ergänzt wird durch *aufgezeichnete* Kommunikation, und spätestens vom Moment an, wo diese aufgezeichnete Kommunikation auch *vervielfältigt* werden kann, wird die Geschichte der Massenkommunikation freilich so komplex, dass man bei ihrer Darstellung sinnvollerweise nicht mehr einfach chronologisch vorgehen wird, sondern klüger daran tut, die Geschichte der einzelnen Elemente, die die Kommunikation ermöglichen, aufzuzeigen.

Dieses Verfahren wenden wir auch in unserer Darstellung des Phänomens «Mensch und Medien» an. Die Massenkommunikation splittert sich deshalb auf in eine ganze Reihe von «Geschichten». Der Knäuel, aus dem die Geschichte der Massenkommunikation besteht, löst sich auf in eine Reihe von einzelnen Fäden. Wir unterscheiden

- die Geschichte der *Kanäle* (von der Schrift über den Druck und den Stich bis zu Fotografie, Film und elektronischen Übermittlungsmethoden),
- die Geschichte der *Medien* (von den ersten Flugblättern und Kirchmess-Chroniken – den «Mess-Relationen» – über die Zeitungen, Zeitschriften, Magazine bis hin zu den Fotoheften, Comics und den elektronischen Medien Radio, Fernsehen sowie deren Wiedergabetechniken Schallplatte, Tonband, Videorecorder und Bildschirmtext),
- die Geschichte der *Empfänger* («Publika»), die im Bereich der Massenmedien über weite Strecken die Geschichte der Alphabetisierung ist (denn ohne Leser gibt es keine Presse) und dann (wieder!) zur Geschichte der Zuhörer und Zuschauer wird,
- die Geschichte der *Sender* (von den Rednern über die Priester, die ersten Verleger und Drucker bis hin zu den grossen Medienmultis des 20. Jahrhunderts),
- die Geschichte der *Botschaften*, die von den Massenmedien verbreitet werden (eine Geschichte, die eng mit der Funktion der Massenkommunikation in der Gesellschaft verknüpft ist und von der einfachen Information als Nachricht und Meinung bis zu den komplexen Formen der modernen Informations- und Unterhaltungsindustrie reicht),
- die Geschichte der *Wirkungen* (d. h. der Reaktionen des Publikums auf Massenmedien),
- die Geschichte der *«Störfaktoren»* (deren wichtigster Aspekt der alte Kampf der Medienvertreter gegen die Zensur und die Frage nach der Macht der Medien ist).

Leben aus zweiter Hand

Mit der Aufgliederung der Geschichte der Massenkommunikation in die Geschichte ihrer Komponenten möchten wir freilich nicht der Meinung Vorschub leisten, eine Geschichte *der* Massenkommunikation gebe es nicht. Auch in der Geschichte der Massenmedien gibt es einen Wald und einzelne Bäume, kämpft ein Blatt gegen das andere, macht sich Gestrüpp breit, das die Pflanzen bedrängt, auch wenn es selbst nach einiger Zeit wieder verdorrt..
Massenmedien prägen die Geschichte der Zivilisation, ja, sie machen diesen Prozess zu einem wesentlichen Teil sogar aus. Allein das Aufkommen eines neuen Mediums hat in diesem Jahrhundert jeweils Abermillionen von Menschen ihre täglichen Gewohnheiten radikal verändern lassen. Und «neue Medien» stehen unmittelbar vor unserer Tür, die unsere heutigen Lebens- und Informationsgewohnheiten vielleicht schon innerhalb weniger Jahre als altmodisch erscheinen lassen werden.
Neue Medien gelangen auf den Markt, einige wenige verschwinden, die meisten alten suchen sich eine spezielle Funktion, um zu überleben. Wie sich das Ganze weiterentwickelt, ist selbst für die Spezialisten unter den Massenkommunikationsexperten ein Rätsel. Die Fehlinvestionen von Industrie und Postministerien, die in den letzten Jahren immer wieder Schlagzeilen gemacht haben, legen beredtes Zeugnis ab.
Wohin uns dieser Prozess führen wird, vermag die Kommunikationswissenschaft nicht präzise zu sagen. Gewiss scheint nur eines: Die Massenmedien werden in der Zukunft in unserem Leben eine immer dominantere Rolle spielen. Wir werden immer mehr aus zweiter und dritter Hand leben. Bereits in den achtziger Jahren wird sich der Kommunikationsmarkt nach Schätzungen von US-Experten verdreifachen. Die Zahl der in den Informationsberufen Tätigen ist in den USA seit 1900 von 12 auf 60 Prozent angestiegen. Der Zukunftsforscher *John Naisbitt* meint gar:
Obwohl wir weiterhin fest davon überzeugt sind, in einer Industriegesellschaft zu leben, sind wir in Wirklichkeit auf dem Wege zu einer Gesellschaft, die auf Erstellung von Informationen und deren Verbreitung basiert.
Das entbindet uns freilich nicht von der Aufgabe, diese Zukunft – endlich in den Griff zu bekommen. Mit der Expertenkommission für eine *Mediengesamtkonzeption*, die für die Schweiz den in der ganzen Welt bislang einmaligen Versuch gemacht hat, Ist-Zustand und Zukunft der Massenkommunikation in einem Wurf darzustellen (die Geschichte blieb freilich auch da weitgehend auf der Strecke), meinen wir: Es wäre dringend nötig, dass wir auch die Gestaltung unserer Medienzukunft aktiver und bewusster angehen, als wir dies bis jetzt getan haben.
Das Meer der Zeit schluckt uns langsam auf. Dagegen können wir uns nicht wehren.
Aber dagegen, dass uns die Medien verschlucken, sollten wir doch etwas unternehmen können. Und sei es nur dies, dass wir uns etwas bewusster werden, wie sie entstanden sind...

Leben ist Kommunikation

Der Mensch lebt nicht vom Brot allein. Ebensowichtig ist für ihn die Nahrung der Botschaften, die ihm von der Zeugung bis zum Tode pausenlos zufliessen. Aber nicht nur für den Menschen ist Kommunikation lebenswichtig. Auch Tiere haben ihre «Sprache». Und seit die Forscher zu erkennen beginnen, was im Gehirn und in den Zellen vorgeht, sind sie überzeugt davon, dass Leben überhaupt – Kommunikation ist...

Die Urahnen,
die er erschaffen hatte,
schauten.
Sehr gut waren ihre Augen.
«Habt ihr gesehen,
wo ich hinging, meine Söhne?»
«Wir haben es gesehen, Herr!»
«Oh, ist es wahr?
Das ist nicht gut.
So bringt mir denn eure Augen.»
Da legte er ihre Augen
auf eine Schale
und röstete sie.
Dann setzte er sie
wieder den Urahnen ein.
(...)
«Habt ihr gesehen,
wo ich hinging,
Kinder?»
«Nichts. Als du
im Wald verschwunden warst,
haben wir nichts mehr gesehen.»
«Sehr gut. So soll es denn
für immer sein.»

Aus der Erzählung eines 98jährigen Lakandonen aus dem Regenwald Guatemalas

Das unscheinbare österreichische Dörfchen Brunnwinkl am idyllischen Wolfgangsee im Salzkammergut sieht gar nicht danach aus, als ob es Weltgeschichte machen könnte.
Man schreibt den September des Jahres 1944, und hier, wo Lärm und Leiden des Zweiten Weltkriegs kaum hinreichen, weiss ein österreichischer Zoologe namens *Karl von Frisch* in diesen tragischen Tagen nichts Besseres zu tun als – Bienen zu beobachten!
«Der Nahrungsmangel im Zweiten Weltkrieg gab den Anlass zu neuer Beschäftigung mit dem Thema», erklärt er sein seltsames Treiben später. «Wir wollten den Bienen in ihrer eigenen ‹Sprache› sagen, dass sie eifriger sammeln und wohin sie fliegen sollten.»
Schon in den zwanziger Jahren hat sich *von Frisch* mit der Frage beschäftigt, wie Bienen zu ihrer Nahrung kommen. Den Trick, den sie benutzen, entdeckt er jedoch erst jetzt, als er seine Bienenstöcke und Zuckerschälchen mit Lavendelduft aufstellt. «Zu meiner Verblüffung kamen fremde Bienen schon nach zehn Minuten angeflogen», berichtet *von Frisch.* «Sie kamen in hellen Scharen und ohne Unterlass.»
Dass es nicht ein Duft ist, mit dem die Bienen ihre Artgenossen zur gleichen Stelle lotsen, kann *von Frisch* noch im selben Herbst nachweisen. Die Erklärung für das merkwürdig zielgerichtete Verhalten der Insekten aber löst er erst im folgenden Sommer.
Wenn eine Arbeitsbiene eine neue, besonders reiche Futterquelle entdeckt hat, füllt sie sich gewissermassen erst einmal die Hosen voll: Sie klebt so viel Pollen oder Nektar wie möglich an die Hinterbeine. Wenn sie dann in den Bienenstock zurückgekehrt ist, zeigt sie ein äusserst seltsames Verhalten: Sie zappelt eine ganze Zeit lang scheinbar sinnlos auf einem immer wieder gleichen Weg, der die Form einer mehr oder weniger fetten Acht besitzt: einmal linksherum, dann ein Stück geradeaus, dann rechtsherum, dann wieder geradeaus.
Auf dem Geradeauslauf, so stellt *von Frisch* mit seinen Studenten weiter fest, schwänzelt die Arbeitsbiene mit ihrem Unterleib 13- bis 15mal pro Sekunde hin und her. Dazu vibriert sie mit ihren Flügeln, so dass ein hörbarer Summton entsteht.
Während ihres merkwürdigen Figur-Acht-Bahn-Laufs hat die Arbeitsbiene mitfühlende Zuschauer: Andere Arbeitsbienen strecken ihre Antennen aus und berühren die kreisende Kollegin immer wieder. Nach wenigen Minuten haben sie anscheinend genug gesehen

– sie machen sich startklar und verlassen ihren Bienenstock.

Als *Karl von Frisch* nachforscht, wohin die Bienen fliegen, macht er eine sensationelle Entdeckung: Sie streben genau dahin, wo die Arbeitsbiene, die ihnen die merkwürdige Acht vorgezappelt hat, vorhin gewesen ist – an den Futterplatz.

Der Beweis dafür ist die Beobachtung, dass Frischs eigene Bienen, die er in seinem Versuchsstock an den Wolfgangsee gebracht hat, «bei ihrem Schwänzellauf alle dieselbe Richtung einhielten, wenn sie von einem bestimmten Futterplatz kamen, während Sammlerinnen, die zur selben Zeit von natürlichen Trachtquellen heimkehrten, meistens nach anderen Richtungen schwänzelten» (so *von Frisch* später in der Arbeit, in der er das Resultat seiner Versuche beschreibt).

Hinter einem Bienenkopf steckt mehr als blosser Nahrungs- und Fortpflanzungsinstinkt. Das konnte der Bienenforscher Karl von Frisch beweisen, als er den Schwänzeltanz der Biene untersuchte. Die Mitte der Acht ist eine Navigationsinformation, die Länge der Geraden ein Hinweis auf die Distanz. Frischs Bienenforschungen bewiesen: Auch so scheinbar primitive Insekten wie die Honigbienen verfügen über eine Art Sprache.

Der «Schwänzeltanz» (so nennt *von Frisch* in der Folge das ritualartige Achterlaufen der Arbeitsbienen) hat offenbar die Bedeutung eines Signals: Er weist den Bienen den Weg zum Futterplatz.

Nach mühsamen Forschungen gelingt es *von Frisch* in der Folge auch, weitere Geheimnisse dieser Bienensprache herauszufinden: Mit dem Geradeauslauf innerhalb der Acht gibt die «Sender»-Biene ihren «Zuschauern» offenbar bekannt, in welcher Richtung die Futterquelle liegt. Beim Tanz ausserhalb des Stocks, auf einer waagrechten Ebene also, zeigt der Geradeauslauf direkt auf den Futterplatz. Raffinierter geht die «sendende» Biene vor, wenn sie ihre Botschaft auf der (senkrechten) Wabenfläche mitteilen will: Dann entspricht der Winkel zwischen Geradeauslauf und der Richtung der Schwerkraft genau dem Winkel zwischen Sonne und Futterplatz. Die Biene kann, so *Frisch,* die Sonne wie einen Kompass benutzen. Ändert sich der Sonnenstand im Laufe des Tages, so ändert sich auch der Winkel zwischen Geradeauslauf und der Senkrechten!

Zu einer vollständigen Navigation gehört freilich nicht nur eine Richtung, sondern auch eine Distanzangabe. *Von Frisch* kann beweisen, dass der Schwänzeltanz der Arbeitsbiene auch diese Information liefert: Je weiter das Ziel entfernt ist, desto länger dauert nämlich der Geradeauslauf. Läuft die Biene zum Beispiel eine Sekunde lang geradeaus, dann ist der Futterplatz 500 m entfernt. Bei zwei Sekunden sind es – je nach Bienenrasse – vielleicht 2 km.

Als *Karl von Frisch* seine Brunnwinkler Entdeckungen 1946 in einer wissenschaftlichen Arbeit beschrieb, da konnte er wohl kaum ahnen, dass er dafür einmal den Nobelpreis erhalten und dass der «Schwänzeltanz» schon in Kürze zu einem beliebten Gegenstand der Naturkundelektionen aller Schulen dieser Welt werden würde.

Mit gutem Grund allerdings: Denn was auf den ersten Blick als verschrobene Arbeit eines weltfremden Tüftlers gelten mochte, das trug geistiges Dynamit in sich. Die Erkenntnis, dass scheinbar so primitive Wesen wie Bienen über ein derart funktionstüchtiges und raffiniertes Signalsystem verfügen, brachte zum erstenmal – und mit der ganzen Gewalt, die der Beweiskraft naturwissenschaftlicher Forschung eigen sein kann – den Glauben der Menschheit ins Wanken, nur der sprachbegabte *Homo sapiens* verfüge über derart differenzierte Kommunikationsfähigkeiten. Seit *von Frischs* Veröffentlichungen über den Schwänzeltanz der Honigbiene weiss man: Auch die Bienen haben eine Art «Sprache».

Und nicht nur dies: *von Frischs* Beobachtungen zeigten auch, dass selbst die Biene nicht vom Futter alleine lebt. Ebenso wichtig wie die Energie, die ihr und ihrem ganzen Volk das Weiterleben sichert und den Stoffwechsel ermöglicht, ebenso wichtig ist ihr der Tanz, ohne den die Bienen gar nicht zu genügend Futter kämen. Auch Bienen können nicht ohne ihre Sprache leben; Kommunikation gehört so unabdingbar zu ihrem Leben wie Körper und Futter.

Ein Wesen im Netz

Wenn der oft beschworene Besucher aus einer fernen Welt tatsächlich einmal auf die Erde käme, dann müsste er vermutlich über die Menschen ähnlich staunen, wie *Karl von Frisch* es über die Bienen tat, als er deren geheimnisvolle Signale entschlüsselt hatte. Das grüne Männchen vom Mars würde nämlich vorerst einmal feststellen, dass Menschen alle in eine Haut eingepackt sind und nicht aus dieser herausschlüpfen können.

So wie Steine oder Bäume hätten diese Menschen für ihn auf den ersten Blick eine unveränderliche äussere Gestalt – mit dem alleinigen Unterschied, dass Menschen sich bewegen, sich aus dem Weg gehen, sich berühren, Dinge anfassen und überreichen können, Schallwellen produzieren, allerlei Flüssigkeiten absondern und andere aufnehmen. Aber Menschen wären für den Mann vom fernen Stern, ähnlich wie die Bienen für *Karl von Frisch,* vorerst einmal einfach alles Einzelwesen, die allein und bloss für sich existieren – Individuen.

Mit der Zeit aber würde der Besucher aus der fernen Welt wohl bemerken, dass diese Einzelgänger wie von einem unsichtbaren Netz zusammengehalten werden, dass sie Bewegungen ausführen, die Folgen bei andern haben, dass sie Schallwellen aussenden, auf die ein anderes Wesen ebenfalls Schallwellen absondert, dass sie Berührungen erwidern, ja: dass sie sich mittlerweile kleiner Apparate bedienen, in die sie hineinsprechen, worauf, Hunderte oder Tausende von Kilometern entfernt, ein gleiches Wesen antwortet, als hätte es den Sprecher vor sich.

Oder er würde staunend bemerken, dass Menschen mit Instrumenten auf einem Papier herumfahren, so dass Spuren entstehen, dass sie das Blatt in eine Fabrik schicken, dass es dort gedruckt wird, dass das fertige Produkt in einen Laden gelangt, dass dort ein anderer Mensch das «Buch» kauft, dass er die Zeichen entschlüsselt und so mit dem «Sender» in Kontakt geraten kann, auch wenn er den in der Regel nie zu Gesicht bekommt – sei es, weil er zu weit entfernt, weil er zu berühmt oder weil er ganz einfach gestorben ist.

Und mit der Zeit würde der Forscher vom fernen Planeten auch feststellen, dass das Wesen Mensch tagaus, tagein im wesentlichen nur zwei Dinge tut: Es führt sich Energie zu – Futter, Flüssigkeit, Wärme, Licht –, und es sendet ständig irgendwelche Botschaften aus. Botschaften der verschiedensten Art: Es errötet beispielsweise, es spricht, es schreibt, es zieht Kleider an (oder aus), es spricht in ein Mikrofon oder in eine Kamera, es tauscht Geld gegen Waren oder Dienstleistungen, es guckt in Zeitungen oder Bücher, schaut sich Magazine an, studiert Briefe oder Protokolle oder Pläne, es sitzt am Steuer eines Wagens und fährt irgendwohin, um mit jemandem zu sprechen, es sendet Gerüche aus, es singt, macht Musik, es lässt sich küssen. Manchmal schlägt es auch ganz einfach zu. Und zuweilen «spricht» es.

Es sendet also Signale – und es empfängt sie, ebenso unablässig: aus der Zeitung, aus dem Bildschirm, aus dem Lautsprecher, aus dem Mund eines andern, aus dem Verkehrssignal am Strassenrand beim Autofahren, aus dem satt oder locker sitzenden Kleidungsstück, aus dem Rosenstrauss und der Ohrfeige, aus dem Buch und der Wandtafel.

Der Mensch, so müsste der ferne Besucher nun staunend feststellen, ist ein Lebewesen, das sich zwar nicht aus seiner Haut lösen kann, aber trotzdem nicht allein und für sich existiert, sondern ständig in einem Netz von ganzen

Informationssystemen verhaftet erscheint, ständig sendend und ständig Botschaften empfangend.
Der Mensch, müsste der ferne Besucher sich sagen, kann offenbar nur eines nicht: schweigen. Schweigende Menschen sind entweder tot oder doch zum mindesten in tiefen Schlaf versunken. Nur dann gleichen sie den leblosen Steinen.

Der Mensch kann nicht schweigen. Sogar im Schlaf sendet sein Körper Signale aus.

Kein Leben ohne Austausch von Botschaften

Allmächtig, allwissend, körperlos, immer gegenwärtig, in uns und ausserhalb von uns, geheimnisvoll und nie voll verständlich – das ist, wie der amerikanische Werbefachmann *Tony Schwartz* ironisch festgestellt hat, nicht nur eine Umschreibung für «Gott». Es ist auch eine Aufzählung von Merkmalen der modernen Massenmedien – mehr noch: des ganzen Informationsapparates, den sich der Mensch im Laufe der Jahrtausende aufgebaut hat. Allmächtig, allwissend, körperlos, immer gegenwärtig, in uns und ausserhalb von uns, geheimnisvoll und nie voll verständlich – all diese Eigenschaften treffen auch auf das zu, was wir als *Kommunikation* bezeichnen: jenes unsichtbare, aber nie und nimmer aus dem menschlichen Leben wegzudenkende Netz von Signalen, ohne das wir so wenig leben können wie ohne Energiezufuhr.
Kommunikation ist heute freilich zu einem Schlag- und Modewort geworden, das für alles Mögliche angewendet werden kann, dabei immer schick und progressiv klingt, aber seinen ursprünglichen Sinn zu verlieren droht. Wir reden nicht mehr miteinander – wir *kommunizieren.* Orte der Begegnung werden zu *Kommunikationszentren,* Schreiben ist nicht einfach mehr eingefrorene Sprache, sondern eine *Kommunikationsform,* das Radio ist keine Fortsetzung der alten Rednersituation, sondern ein *Kommunikationsmittel,* und statt dass wir den andern schlicht übertölpeln, entwickeln wir *Kommunikations-Strategien.*
Kurzum: Der Begriff Kommunikation ist offensichtlich eine arg strapazierte und bereits erheblich ausgelaugte Worthülse, in die man schon so viel gepackt hat, dass der Begriff gar nichts Präzises mehr zu bezeichnen scheint. Darum eignet er sich wohl auch dermassen als Modewort.
Aber dieser Eindruck täuscht.
Eine ganze Reihe von Disziplinen der modernen Wissenschaft haben in den letzten Jahrzehnten nämlich Erkenntnisse zutage gefördert, die beweisen, dass Kommunikation nicht nur tatsächlich zu dem, was wir als Leben bezeichnen, ganz unabdingbar und ursprünglich gehört, sondern dass der Begriff auch sehr genau beschrieben und schliesslich auch noch mit Sinn gefüllt werden kann.
Und weil in diesem Buch von der Kulturgeschichte der *Massenkommunikation* die Rede sein soll – von einem Teilbereich der gesamten menschlichen Kommunikationsmöglichkeiten also –, kommen wir nicht darum herum, uns Gedanken darüber zu machen, was denn Kommunikation überhaupt bedeute.
Die Geschichte des Wortes *Kommunikation* kann uns hier helfen. Die deutsche Sprache hat die Worthülse – wie die englische, die französische und andere moderne Kultursprachen – aus dem Lateinischen geerbt. Das lateinische Tätigkeitswort *communicare* bedeutete bei den Römern «etwas gemeinsam machen, gemeinsam beraten, einander mitteilen». In *communicare* steckt die Wurzel *munus,* was bei den Römern «Leistung, Amt, Abgabe, Geschenk, Liebesdienst» heissen kann. Verfolgt man die Geschichte dieses Wortes bis in jene Zeit zurück, da es noch gar nicht geschrieben wurde, dann kommt als Kernbedeutung die Silbe *mei* heraus, die bei den ältesten fassbaren Vorfahren unserer Kultur, den Indogermanen, «wechseln, tauschen» hiess und auch das dazugehörige Substantiv (also «Tauschgabe, Leistung») bezeichnen konnte.
Etwas wechselt seinen Besitzer; zwei Wesen treten miteinander in Beziehung, indem sie eine Ware oder eine Botschaft austauschen; einer sendet ein Signal aus, der andere empfängt es: Das ist die ursprüngliche Bedeutung, die in dem Wort *Kommunikation* steckt.
Es markiert also genau jene Stufe in der Entwicklung der menschlichen Gesellschaft, die man überhaupt als den Anfang aller Geschichte bezeichnet hat: den Moment, in dem der Mensch Tauschhandel zu betreiben beginnt. Etwas austauschen – das ist Kommunikation.
Wenn man das Wort so allgemein versteht, dann reicht es freilich noch viel früher in unsere Vergangenheit zurück. Denn im Austausch von «Waren» oder «Botschaften» besteht nicht nur das Leben der Menschen – sondern das Leben überhaupt. Das ist heutzutage nicht mehr bloss eine philosophische Spekulation, sondern das Ergebnis nüchterner naturwissenschaftlicher Forschung.

Unsere Zellen treiben Massenkommunikation

Alle Lebewesen dieser Erde sind aus Zellen aufgebaut. Zellen sind die Bausteine des Lebens überhaupt. Freilich: Wenn sie auch die einfachste Form von Leben darstellen, so sind sie doch in sich selbst im Laufe der Jahrmillionen zu äusserst komplizierten Einrichtungen der Natur geworden.
Wenn in den Zellen Stoffwechselvorgänge ablaufen oder wenn sich die Zellen fortpflanzen und vermehren – wenn sie also «leben» –, dann vollziehen sich in ihnen Prozesse, die die modernen Zellforscher nicht von ungefähr mit Ausdrücken umschreiben, die uns eigentlich aus der Sprache der Kommunikation und Massenkommunikation vertraut sind.
Hören wir in ein berühmtes Fernsehgespräch hinein, das der deutsche Journalist *Gerhard Henschel* vor einigen Jahren mit dem bekannten Biochemiker *Frederic Vester* im Zusammenhang mit einer Sendung über Krebs geführt hat:

Wenn Leben sich fortpflanzt, dann gleicht dieser Vorgang in den Zellen einem Druckprozess. Der Zellkern ist ein Rundfunksender, der Nachrichten weitergibt. Im Innern unseres Körpers spielt sich Kommunikation auf ähnliche Weise ab wie in den Medien. Das sagt der Biochemiker Frederic Vester.

Henschel: *Über das, was sich im Inneren von Zellen abspielt, weiss man heute sehr viel mehr als noch vor wenigen Jahrzehnten. Mich hat vor allem fasziniert, als man vor einigen Jahren in den Chromosomen, also in den Erbanlagen des Menschen, die vorhanden sind, den genetischen Code entdeckt hat, das heisst die Programmsprache, die die Lebensvorgänge in jeder Zelle regelt. Ist man damit tatsächlich einem tieferen Geheimnis des Lebens auf die Spur gekommen?*
Vester: Ja, schon. Hier hat die Natur sozusagen ihre Methode offenbart, mit der sie Lebensvorgänge regelt. In den sechziger Jahren entdeckte man in der Tat, dass in unseren Chromosomen, in den Genen, eine riesige *Informationsmenge* steckt, ein Steuerprogramm, das viel umfänglicher ist, als man ursprünglich dachte. Viel grösser, als nötig wäre, um die normalen Zellvorgänge aufrechtzuerhalten. Und das in jeder einzelnen Zelle. Dieses Programm einer einzigen Zelle, diese *Bibliothek* voller *Texte* hat, so winzig sie ist, doch ein so gewaltiges Speichervermögen, dass eigentlich genug Platz darin wäre für die Programme aller Lebewesen dieser Erde. Also von Bakterien angefangen, über Pflanzen, Tiere und Menschen und auch für vergangene und zukünftige Formen innerhalb der Evolution, innerhalb der Entwicklung der Arten auf der Erde, deren Zahl wir ja nicht einmal genau kennen. Wirklich genutzt ist immer nur ein kleiner Teil dieser universalen *Datenbank.*
Henschel: *Und das betrifft jede einzelne Zelle unseres Körpers?*
Vester: Ja. Wenn Sie Ihre Hand ansehen, dann müssen Sie sich vorstellen: In jeder Zelle spielen sich gleichzeitig, jetzt in diesem Moment, Hunderte von Abläufen ab, von Zyklen, die ineinandergreifen und sich nach einem komplizierten Plan selbst steuern. Es ist ein fortgesetztes *Ablesen* von Texten, von Programmen und Befehlen und deren Weitergabe. Ein *Druckvorgang,* der sich laufend wiederholt.
Henschel: *Kann man diese Vorgänge irgendwie veranschaulichen?*
Vester: Versuchen wir einen Vergleich mit der Technik, um ein wenig Grössendimensionen zu überwinden und an bekannte Dinge zu erinnern – das ist ja bei der Zelle recht gut möglich. So kann man ihren Kern mit einer Druk-

kerei oder mit einem *Rundfunksender* vergleichen. Die übrige Zelle mit ihren vielen Strukturelementen und den Hunderttausenden von Stoffwechselabläufen, die sich in jeder Sekunde darin abspielen, kann man mit einer grossen Fabrikanlage vergleichen, deren zahllose Arbeitsgänge nahtlos ineinanderfliessen müssen, wenn die Produktion klappen soll...
Wenn man den Zellkern, unsere Erbinformation, wenn man diese riesige Informationszentrale mit einem *Sender* vergleicht, dann gibt es auch ähnlich viele Möglichkeiten, warum eine *Nachricht* nicht oder verfälscht ankommt und dementsprechend falsche Reaktionen auslöst. Die Störung kann am Sender selbst (an den Genen) ihre Ursache haben, in Störsendern (krebserregenden Substanzen), in Gewittern (Stoffwechselstörungen) und anderen

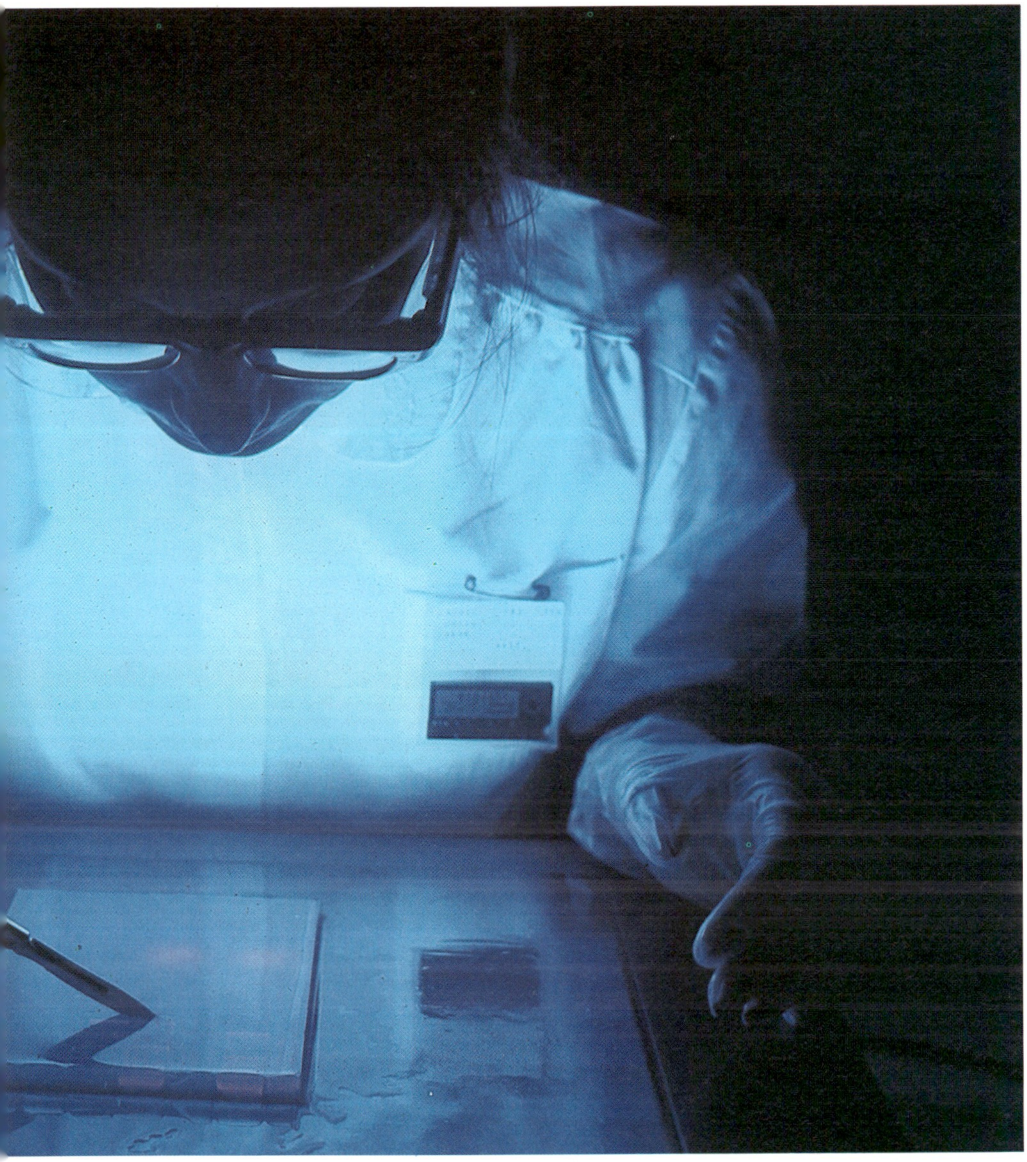

Bei der Genmanipulation (links: eine Spezialistin präpariert Genbruchstücke für neue Versuche) werden sozusagen neue «Wörter» in einen alten «Text» gesetzt. Dadurch verändert sich die Aussage des «Programms» der «Sendung», die die Zelle veranstaltet. Auch das berühmte Interferon (rechts: Interferon-Forscher Charles Weissmann mit einer Interferonlösung) hat im Körperhaushalt eine Kommunikationsfunktion: als rasender Reporter, der von einem Unheil kündet...

äusseren Einflüssen, die die Übertragung verzerren. Etwas anderes ist es, wenn die Störung aus der Sendezentrale kommt, von der Programmdirektion, von der *Redaktion,* die die Texte *schreibt.* Zum Beispiel indem ein Redakteur durch die Anwesenheit eines Fremden gezwungen wird, seine Arbeit einzustellen, zu verändern, oder wenn ein eingeschleuster falscher Redakteur selbst am Werk ist...

Henschel: *Ein Agent?*

Vester: Ganz recht. Ein gesunder Körper würde diesen falschen Redakteur vielleicht sofort an seinem anderen *Vokabular* erkennen und ihn rausschmeissen.

Henschel: *Wie sieht das nun biologisch aus? Was geschieht da am Zellkern?*

Vester: Eine Möglichkeit wäre, dass die Erbinformation einzelner Zellen verändert wird. Das kann zum Beispiel durch einen Virus geschehen, der das Programm verfälscht.

Henschel: *Ein Virus? Was ist eigentlich ein Virus?*

Vester: Ein Virus entspricht einem versprengten Stück eines Chromosoms, also, wenn Sie so wollen, einem Teil einer *Sendeanstalt,* einem Redaktionsprogramm beispielsweise.

Henschel: *Wie gross ist denn so ein Stückchen?*

Vester: Wenn wir die Chromosomenfäden auf einen Zehntelmillimeter vergrössern, dann müssen Sie sich vorstellen, dass sich in einer Strecke von 25 Kilometer Länge einige Millimeter eingeschlichen haben.

Henschel: *Nur wenige Millimeter innerhalb einer Strecke von 25 Kilometern verändert? Wie sind denn daran gemessen die furchtbaren Auswirkungen beim Krebs zu erklären?*

Vester: Das wird sofort verständlich, wenn man sich klar macht, dass diese Strecke von 25 Kilometern kein einheitlicher Faden ist, sondern ein langer, kombinationsreicher *Text.* Und wenn man da ein *Wort* hineinschmuggelt, dann ist das genauso, wie wenn in dem Lochstreifen einer langen, computergesteuerten Betriebsanweisung einer grossen Fabrik plötzlich ein Wort verändert würde. Nehmen Sie an, Sie löschen irgendwo in dieser Betriebsanweisung das Wort «nicht» oder fügen das Wort «zurück» hinzu, dann ändert sich der gesamte Text.

Henschel: *Sie sprachen von dem unvorstellbar riesigen verborgenen Informationsvorrat der Zellen. Ist es nicht denkbar, dass er für alle Lebewesen der gleiche ist – und dass eben immer wieder ein anderes Programm daraus abgelesen wird?*

Vester: Das ist nicht ausgeschlossen. Ich glaube, wir sind mit den anderen Lebewesen, mit Grashalm, Wurm, Frosch oder Elefant viel mehr verwandt, als wir denken. Rein platzmässig, von der Speicherkapazität her, ist es durchaus möglich, dass die Programme aller Lebensformen dieser Erde auch in unserem eigenen Chromosomensatz enthalten sind und dass gerade nur der Teil freigelassen wird, der uns entspricht, der wir sind. Vielleicht ist auch alles Vergangene – unsere ganze zurückliegende Evolution – ebenfalls darin gespeichert. Manche Abschnitte wurden im Lauf der Zeit zugedeckt, andere aufgedeckt.

Henschel: *In unseren Chromosomen sind Milliarden von Buchseiten enthalten...*

Vester: Ja, einmal das. Aber es ist nicht nur die Länge der Chromosomen, sondern vor allem sind es die praktisch unendlichen Kombinationsmöglichkeiten durch unterschiedliches Auf- und Zudecken, was die Zahl der möglichen Programme gleich noch einmal potenziert. Denken Sie an unser *Alphabet* oder noch besser an das Morsealphabet mit seinen drei Zeichen: Punkt, Strich und Zwischenraum. Da zeigt sich, dass man schon durch die Anordnung weniger Zeichen alle Nachrichten in allen Sprachen der Welt kodifizieren kann. Wenn Sie nun ein und denselben langen Morsetext an vielen Stellen zudecken, dann haben Sie aus dem gleichen Text augenblicklich eine ganz andere Information herausgeholt...

Das Nachrichtensystem der Körpersäfte

Das Gespräch zwischen dem Journalisten und dem Biologen, bei dem es immer wieder um «Wörter», «Text», «Sender», «Informationen» usw. geht, macht deutlich, dass sich in den Bausteinen des Lebens nichts anderes als *Kommunikationsvorgänge* im ursprünglichen Sinn des Wortes abspielen: Austausch von «Botschaften» oder «Waren». *Fortpflanzung ist ein Kopiervorgang – Zellen übertragen Botschaften auf andere Zellen; Leben ist tatsächlich Kommunikation.*

Mit der Zeit, das heisst, wenn man die Fortpflanzung über viele Generationen hinweg verfolgt, verändern sich die Nachkommen immer mehr. Auf diese Weise erklärt man sich auch die Entstehung der Millionen verschiedener Lebewesen von der Alge bis zum Aal, vom Bakterium bis zum Baum, von der Maus bis zum Menschen.

Die Übertragung *genetischer* Informationen, von denen im Gespräch zwischen *Gerhard Henschel* und *Frederic Vester* die Rede war, ist unter allen Kommunikationsabläufen, die in den Zellen geschehen, ein sehr langsamer Prozess.

Schneller geht es bei der Kommunikation, in der die *Hormone* die Hauptrolle spielen. Hier spielt sich die Informationsübertragung so ab, dass die Zellen Hormonmoleküle an die Körpersäfte absondern. Wenn diese Moleküle auf andere Zellen treffen, die für dieses Hormon speziell empfänglich sind, dann veranlassen sie es zu einer bestimmten «Handlung» – wie wenn ein Mensch einem andern einen Befehl erteilt und er ihn dann auch ausführt.

Eines der bekanntesten Hormone ist das Östrogen. So heisst das weibliche Geschlechtshormon, das von besonderen Zellen im Eierstock gebildet wird und die Empfängerzellen zu jenen Stoffwechselreaktionen veranlasst, die schliesslich zur Entwicklung der sekundären Geschlechtsmerkmale führen. Ein anderes ist das Insulin. Es meldet der Leber und den Muskeln, dass das Blut zuviel Zucker enthält, der weg muss.

Derartige biochemische Kommunikationsvorgänge bedienen sich mitunter einer ganzen Reihe von Stationen. Ein in jüngster Zeit häufig zitiertes Beispiel ist das Interferon. Das Interferon ist im Haushalt der Körpersäfte so etwas wie ein reitender Bote, ein Reporter im Miniaturmassstab sozusagen: Wenn Viren eine Zelle angreifen, vermehren sie sich dank der biochemischen «Fabrik» in der Zelle. Die infizierte Zelle stösst dabei – als eine Art Warnsignal für andere Zellen – Interferon aus. Danach stirbt sie, und die Virusflut ergiesst sich über die Nachbarzellen. Weil diese aber durch die schon vorher ausgeschwärmten Interferonmoleküle gewarnt worden sind, erzeugen sie nun bestimmte Eiweissstoffe, die die angreifenden Viren unschädlich machen: Die Viren dringen zwar in die Nachbarzellen ein, können sich aber dort nicht mehr vermehren.

Im Kabelsystem unserer Nervenbahnen

Noch schneller als die genetischen und chemischen Abläufe funktionieren die körpereigenen Kommunikationsvorgänge im Bereich der *Nervenzellen.* Hier hat die Natur Kommunikationssysteme entwickelt, gegen die selbst die vielgerühmten «Neuen Medien» immer noch so unbeholfen wirken wie Zählrahmen neben Computern.

Die entscheidende Eigenschaft der Nervenzellen besteht darin, dass sie elektrische und chemische Signale als Reaktion auf Reize erzeugen können. Eine einzelne Nervenzelle kann dabei nur die kleinstmögliche Informationseinheit – «Signal» oder «kein Signal» – erzeugen. Aber das ganze Nervensystem besteht aus Milliarden von Nervenzellen. Jede kann Impulse an andere Nervenzellen weiterleiten und so in den hochentwickelten Lebewesen ein äusserst feingewobenes Netz bilden, nicht unähnlich dem Netz von Telefonanschlüssen, das der Mensch ausserhalb seines Körpers zur elektrischen Übertragung von Signalen aufgebaut hat.

Das Nerven-Netz besteht im wesentlichen aus drei Bauelementen:

– Den *Eingang* von Reizen registrieren die Sinnesorgane des Sehens, des Hörens, des Fühlens, des Riechens und des Schmeckens.

– An den *Ausgängen* sitzen die Befehlsempfänger, die die Signale an die Muskeln weitergeben – oder, wenn das Signal zu schwach ist, die Weitergabe abblocken.

– Dazwischen arbeitet das Verbindungs- und *Steuerungsstück,* das die Eingangsreize verarbeitet: das zentrale Nervensystem, insbesondere das Gehirn.

Die kompliziertesten Prozesse in diesem körpereigenen Kommunikationsvorgang spielen sich im *Gehirn* ab. Zum einen kommt ihm die Funktion eines Filters zu. Ähnlich wie eine Nachrichtenagentur die mitunter verwirrlichen und ungenauen Nachrichten über ein bestimmtes Ereignis filtert und nur das Wichtigste weitergibt, filtert auch das Gehirn den ungeordnet einströmenden Informationsfluss der Sinnesorgane und wählt die relevanten Signale aus. Wie das etwa vor sich geht, kann man an der visuellen Wahrnehmung von Katzen demonstrieren. Dabei bringt man Mikroelektroden mit einer nadeldünnen Spitze sehr nahe an der Oberfläche einer Nervenzelle an und eine zweite Elektrode an einer abgelegeneren Stelle des Katzenkörpers. So kann man messen, wann und wie die Zelle Impulse abgibt, denn jeder Impuls bewirkt eine Änderung der elektrischen Spannung.

Die zum Teil nicht sehr human anmutenden Experimente haben den Wissenschaftlern immerhin grundlegende Erkenntnisse über die Funktionsweise der körpereigenen Kommunikationssysteme von höheren Lebewesen eingebracht: Signale werden immer wieder «übersetzt», bis sie ihre transportfähige Form gefunden haben. So wie beim Telefon zuerst die Idee im Kopf in Worte, die Worte in Schallgeräusche, die Frequenzen der Schallgeräusche in Schwingungen einer Membran und die Schwingungen dieser Membran in transportfähige elektrische Signale umgewandelt werden, so reizen auch die Bilder, die auf der Netzhaut auftreffen, die rund 100 Millionen Sehzellen so, dass sie das Bild in Form eines Musters von elektrischen Signalen weitergeben.

Diese Muster registrieren nicht einfach die Lichtintensität, sie stellen vielmehr Kontraste fest. Im Gehirn werden diese Informationen weiter verarbeitet: Hier reagieren die Zellen so, dass sie gerade Kanten von Hell-Dunkel-Kontrasten feststellen. Die Hirnzelle registriert also nur noch, wieviel Kontrast auf einer geraden Linie vorhanden ist. Eine dritte Zellenbatterie filtert noch einmal: Sie stellt nun fest, wieviel Kontrast es an jeder einzelnen Linie von einer Reihe paralleler Linien gibt.

Das Bild kommt also nicht so im Gehirn an, wie es das Auge aufnimmt. Das Gehirn stülpt vielmehr gewissermassen *Raster* über die visuelle Information, die es ihm erlauben, die Information in Ja/Nein-Entscheide (Merkmal vorhanden/nicht vorhanden) zu reduzieren und so transportfähig zu machen.

Untersuchungen an Rhesus-Affen haben bestätigt, dass es auch bei ihnen verschiedene Arten von Zellen im Auge und im Gehirn gibt, die auf bestimmte Muster reagieren. Man nimmt an, dass dies auch beim Menschen der Fall ist.

«Wenn alle Menschen statt der Augen grüne Gläser hätten, würden sie urteilen müssen, die Gegenstände, welche sie dadurch erblicken, sind grün.» Mit diesem Bild umschrieb der deutsche Dichter Heinrich von Kleist (1777–1811, links) die Theorie, dass unsere Vorstellung von der Welt begrenzt ist durch die Beschaffenheit unserer Kommunikationsorgane. Einen ähnlichen Gedanken drückte auch schon der Schweizer Schriftsteller Gottfried Keller (1819–1890, rechts) aus, als er die Augen als «Fensterlein» bezeichnete. Die intuitiven Erkenntnisse der beiden Dichter sind durch die moderne Hirnforschung auf eigentümliche Weise bestätigt worden.

Kurz: Wir sehen die Welt nicht so, «wie sie ist», sondern so, wie unser Körper sie «aufnehmen» kann. Die Übersetzung der Daten in unserem Nervensystem ist das Ergebnis einer langen Reihe von Vererbungsschritten und Mutationen, die schliesslich in unserem Kopf eine Art von gespeichertem Computerprogramm gebildet haben, das uns die «Wirklichkeit» erkennen lässt, indem wir sie unter den uns angeborenen Raster halten.

«Wenn alle Menschen statt der Augen grüne Gläser hätten, würden sie urteilen müssen, die Gegenstände, welche sie dadurch erblicken, sind grün», schrieb vor bald 200 Jahren der deutsche Dichter und Gelegenheitsjournalist *Heinrich von Kleist,* als er beim Philosophen *Immanuel Kant* gelesen hatte, unsere Erkenntnisfähigkeit sei von der Art und Weise abhängig, wie unser Gehirn denke und unsere Sinne die Welt erfassten. Auch der Schweizer Nationalpoet *Gottfried Keller* nannte die Augen schon vor über 100 Jahren in seinem berühmten «Abendlied» «die Fensterlein» unserer Seele, die «freundlich Bild um Bild hereinlassen».

Damals wusste man noch kaum etwas über die Funktionsweise unseres Gehirns. Weder *Kleist* noch *Kant* oder *Keller* verstanden etwas von Neurophysiologie. Recht hatten sie trotzdem: Unsere Wahrnehmung dessen, was wir für Wirklichkeit halten, ist bedingt

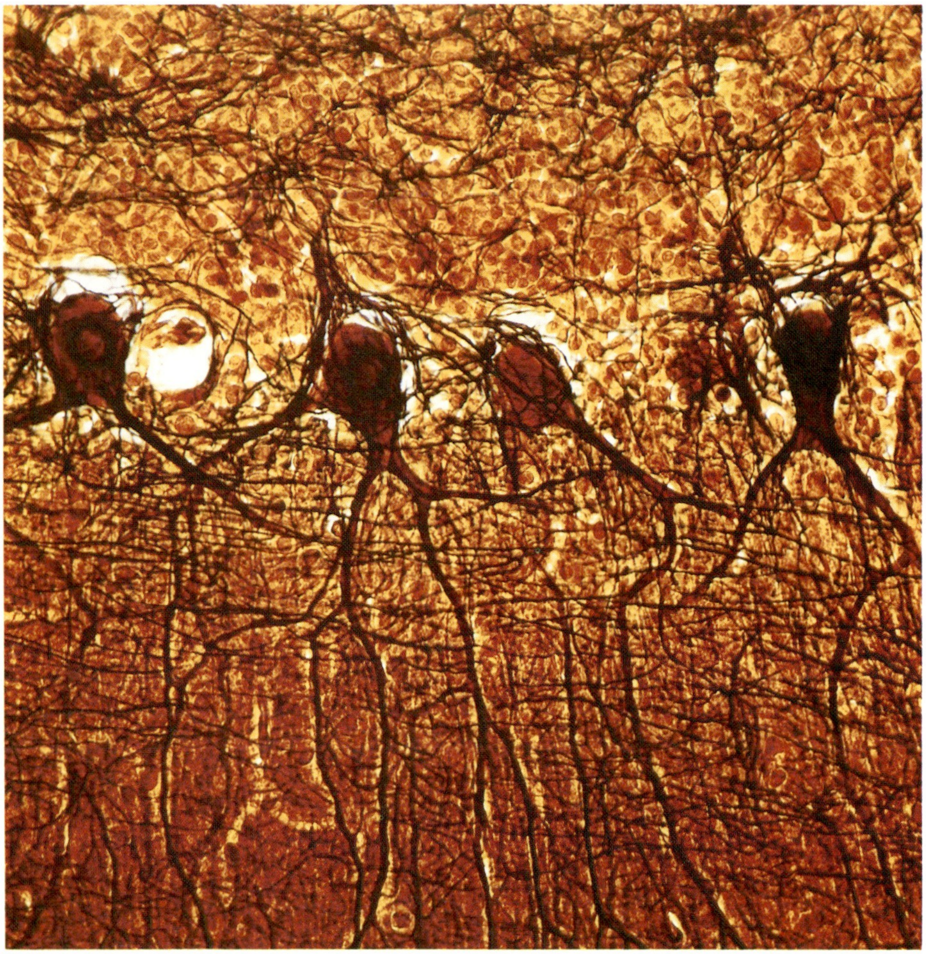

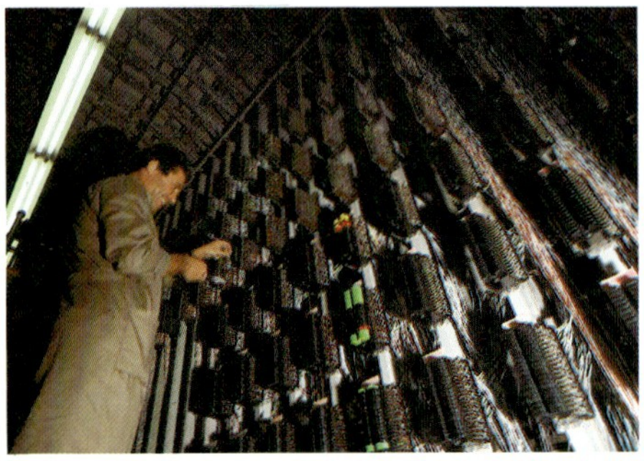

Das menschliche Hirn besteht aus 15 Milliarden Zellen. Sie sind durch feinste «Kabel» untereinander verbunden – auf einer Gesamtlänge von 500 000 Kilometern. Die Vergrösserung (im Massstab 250:1) zeigt eine Nervenzelle mit ihren Verbindungen. Moderne Telefonanlagen oder auch die Schaltkreise von Mikroprozessoren (die Vergrösserung zeigt einen ITT-Schaltkreis im Massstab 600:1) sind nach demselben Prinzip gebaut. In Wirklichkeit sind sie aber nur ein Abklatsch des Meisterwerks der Natur.

durch die Art, wie unsere Organe funktionieren. Sie lassen tatsächlich «die Welt herein». Das ist ein Grundgesetz jeglicher Kommunikation. Denn natürlich gilt, was auf das Sehen zutrifft, auch für das Hören, das Fühlen, das Riechen, das Schmecken – und das Denken: Dies alles sind hochkomplizierte Prozesse, die sich in lebendigen Zellfabriken abspielen und aus einer ganzen Batterie von Übersetzungsvorgängen bestehen, wie wir sie am Beispiel des Sehens bei der Katze geschildert haben.

So ist beispielsweise unsere Auffassung des *Raumes* geprägt durch die Tatsache, dass unser Gehirn die Wahrnehmungen aus der Aussenwelt durch eine Stufe filtert, in der Daten in Form von geraden, parallelen Linien verarbeitet werden. Eine Geometrie, die auf geraden, parallelen Linien beruht wie unsere Schulgeometrie, passt offensichtlich wie ein Handschuh auf unser Gehirn. Würden die Informationsfilter in unserem Gehirn Bogenformen filtrieren, dann würde unsere Auffassung vom Räumlichen wohl eher auf gekrümmten Flächen beruhen.

Von den einfachen Reaktionen, die sich in den Urzellen abspielten, bis zu den hochkomplexen Vorgängen, die während des ganzen Lebens in unserm Denkapparat ablaufen, war es natürlich ein unendlich langer Weg. Das menschliche Gehirn besteht aus 10 bis 15 Milliarden Zellen, die über kabelartige Fasern mit jeweils bis zu 1000 andern Zellen verbunden sind. Insgesamt sind in unseren Köpfen an die 500 000 Kilometer solcher «Kabel» verlegt – eine Strecke, die fast anderthalbmal der Distanz Erde–Mond entspricht!

Und trotzdem funktioniert der Biocomputer namens «Hirn» immer noch nach den gleichen Prinzipien der Informationsübertragung wie der einfache Fortpflanzungsprozess in der Urzelle, die den Anfang des Lebens auf der Erde markierte.

Der Computer im Kopf

Unser Gehirn vermag heute allerdings noch mehr, als Information zu filtrieren und den Muskeln Befehle zu erteilen. Es kann auch Informationen speichern. Es kann sich *erinnern* und Informationen aus dem Speicher – dem Gedächtnis – abrufen. Jedes Ereignis, das in unser Bewusstsein gelangt,

bleibt dabei vorerst einmal etwa 10 Sekunden «haften». Diese Zeitspanne entspricht dem, was wir als «Gegenwart» empfinden.
Allerdings kann das Gehirn in dieser Zeitspanne nicht beliebig viele Informationen verarbeiten. Wird es mit zuviel Information bombardiert, so reagiert es auf zwei Arten: entweder verschmilzt es Informationsbündel zu einer einzigen Information – oder es streikt.
Akustische Einzelimpulse – etwa Trommelschläge – verschmelzen zu einem einzigen Ton, wenn sie mehr als 16mal pro Sekunde auf unser Ohr treffen. In ähnlicher Weise werden schnell aufeinanderfolgende Bilder zu einer kontinuierlichen Bewegung, sobald sie mehr als 16mal pro Sekunde «gesendet» werden.
Auch da haben wir also eine uns angeborene Organeigenschaft vor uns, die die Art unserer Wahrnehmung bestimmt. Film und Fernsehen wären ohne diesen «Überlastungseffekt» gar nicht denkbar – könnte unser Gehirn schneller reagieren, dann würden wir die einzelnen (statischen) Filmbilder statt der Bewegung wahrnehmen.
Der Kurzspeicher, in den die Informationen während der «Gegenwart» aufgenommen werden, hat überdies eine beschränkte Kapazität. Experimente haben gezeigt, dass er in den 10 Sekunden, die wir als bewusste Gegenwart empfinden, etwa 160 bit aufnehmen kann. Ein «bit» ist die Bezeichnung für jene kleinstmögliche Informationsmenge, die benötigt wird, um eine Entscheidung zwischen zwei gleichwertigen Alternativen (zum Beispiel «Ja oder Nein») zu treffen.
Wird der Kurzspeicher gezwungen, mehr Informationen zu verarbeiten, so reagiert er nervös oder sogar aggressiv, wie ein Fliessbandarbeiter, dessen Band plötzlich zu schnell läuft. Frontsoldaten, Katastrophenopfer oder Reisende, die einen Kulturschock in einem völlig fremden Land erleben, reagieren bei Informationsüberfütterung ebenfalls verwirrt: ihr Gehirn streikt, sie «flippen aus». Auch die Hypernervosität gewisser Kinder, die plötzlich und unvorbereitet sehr viel Fernsehen konsumieren, ist von Experten auf derartige Informationsüberfütterung zurückgeführt worden.
Der Kurzspeicher in unserem Gehirn ist allerdings keine sonderlich intelligente Biomaschine. Da er in erster Linie der Bewältigung der unmittelbaren Gegenwart dient, ist er sehr vergesslich. Das zeigt ein sehr alltäglicher Vorgang: Man telefoniert, die Nummer ist besetzt, nach zwei Minuten versucht man's wieder – und weiss die Nummer nicht mehr. Was ist geschehen? Offenbar hat das Kurzzeitgedächtnis die Information, die während der «Gegenwart» zur Verfügung stand, nicht gespeichert.
Damit das geschieht, muss das «Foto», das der Kurzspeicher aufnimmt, gewissermassen auch noch «entwickelt» werden: Aus dem elektrischen Signal muss ein unvorstellbar kleines Materialteilchen entstehen, welches die Information enthält, die gespeichert werden soll.
Diese zweite Stufe ist freilich auch noch nicht sonderlich stabil: Das Speichermolekül «lebt» nur etwa 20 Minuten. Und so, wie auf einem entwickelten Bild die Information nur stehen bleibt, wenn sie auch fixiert wird, so braucht es einen weiteren Speichervorgang, bis eine Information schliesslich auch im «Langzeitgedächtnis» gespeichert wird und von da aus auch nach längerer Frist wieder abgerufen («erinnert») werden kann.
In Extremsituationen allerdings, wo das Leben als bedroht empfunden wird, schaltet das Hirn automatisch von «Langzeit» auf «Kurzzeit» um – die Vorgänge werden nicht mehr gespeichert. Dies erklärt, weshalb man sich beispielsweise nach einem Unfall kaum je an die aktuellen Umstände erinnert – bloss an die relativ belanglose Zeit davor, die noch innerhalb des Langzeit-Gedächtnisses lag.

Auch Tiere haben Sprachen entwickelt

Die Formen der «biologischen» Kommunikation, die wir bisher beschrieben haben und die alle im Inneren unseres Körpers innerhalb und zwischen den Zellen ablaufen, fasst man gewöhnlich unter dem Begriff *innere Kommunikation* zusammen. Diese Vorgänge lassen sich nicht vom Willen steuern. Es sind auch die ältesten Formen von Kommunikation, die sich auf unserem Planeten entwickelt haben.
Jede Form der *äusseren Kommunikation,* der Kommunikation ausserhalb des Körpers also, das heisst *zwischen* Lebewesen, ist nicht nur auf diese «innere» Kommunikation angewiesen – sie spielt sich auch weitgehend in ähnlicher Weise ab: Botschaften wandern von einem Sender zu einem Empfänger, werden gefiltert oder verstärkt, führen zu Antworten oder Reaktionen. Darum ist es keine Übertreibung zu sagen: *Leben ist Kommunikation.* (Das Umgekehrte hingegen stimmt nicht: Kommunikation braucht nicht Leben zu sein. Sie ist auch im anorganischen Bereich möglich – und zwischen Maschinen.)
Und so wie die Neurophysiologie uns zeigt, welch wesentliche Funktion der Informationsübermittlung bei allen Formen des «inneren» Lebens zukommt, so haben uns die Zoologen bewiesen, dass sich die «äussere» Kommunikation unter Individuen mitnichten bloss unter Menschen abspielt. Man kann heute sogar davon ausgehen, dass es wohl kein höheres Lebewesen gibt, das nicht irgendwie auf äussere Kommunikation angewiesen ist: Auch Tiere haben ihre «Sprache». Die Forschung, die sich dem ungeheuren Reichtum an lange übersehenen oder unverstandenen «Tiersprachen» widmet, steckt allerdings immer noch in ihren Anfängen. Eine Übersicht hat erstmals im Jahre 1960 der amerikanische Zoologe *C. F. Hockett* geliefert. Auch *Karl von Frischs* Pionierleistung bei den Bienen hat schon Nachahmungen bei andern Insekten – etwa Termiten oder Schmetterlingen – gefunden. Sie beweisen, dass auch scheinbar primitive und urtümliche Tiere, die um Dutzende von Jahrmillionen älter sind als der Mensch, ohne Kommunikation kaum leben können und dass die menschliche Kommunikationsfreudigkeit eine ganze Reihe von Analogien im Tier- und sogar im Pflanzenreich besitzt.
Die Kommunikationssysteme der Millionen Arten von *Insekten* funktionieren allerdings noch meist nach einer Art Maschinenprinzip: Auf ein bestimmtes Signal ist immer nur eine bestimmte Reaktion möglich. Umgekehrt wird eine bestimmte Reaktion in der Regel nur durch eine sehr geringe Anzahl von Signalen ausgelöst. Zudem verändern sich diese Kommunikationssysteme nicht – anders als die

5
4
6
3

menschliche Sprache lassen sie der Fantasie und Kreativität keinen Spielraum, «Neues» können Insekten sich nicht mitteilen, höchstens, dass etwas «neu» (bedrohlich oder reizvoll) ist.
Ein anschauliches Beispiel liefert der *Seidenspinner-Schmetterling:* Dessen Weibchen sondert am Hinterleib winzige Mengen von Alkohol ab, der Männchen unwiderstehlich anzieht. Die Antennen der Männchen sind dabei dermassen empfindlich, dass ein einzelnes Empfängerhärchen bereits ein einziges Molekül dieses Alkohols feststellen kann. Werden etwa 200 Zellen in jeder Antenne gereizt, so beginnt das Männchen wie eine sexgesteuerte Maschine nach dem Weibchen zu suchen. Die Flugbahn richtet sich sozusagen nach dem Promillegehalt der Luft: Je grösser der ist, desto näher das Ziel der männlichen Wünsche.
Bei der Entwicklung der Arten haben derartige Kommunikationssysteme eine entscheidende Rolle gespielt: Eine winzige Änderung in der Zusammensetzung des Lockstoffs genügt, damit sich Männchen nur noch mit einer – vielleicht besonders überlebensfähigen – Weibchengruppe paaren.
Grossen Einfluss auf die Entwicklung von artspezifischen Kommunikationsmethoden hat auch die Umgebung, in der ein Lebewesen existiert. Tiere, die vornehmlich in der Dunkelheit leben, haben Informationsübertragungssysteme entwickelt, die unabhängig vom Licht funktionieren. Meist kommunizieren sie dann auf dem *akustischen* Kanal. Fledermäuse haben es darin zu besonderer Meisterschaft gebracht: Sie stossen Laute mit so hohen Frequenzen aus, dass sie für Menschen gar nicht mehr hörbar sind, und vermögen mit ihren äusserst sensiblen Ohren das Echo dieser Ultraschallwellen so zu interpretieren, dass sie – ähnlich wie ein Radarsystem – einen Raum ausmessen und «hören» können.

Hunde empfangen Signale viel mehr mit der Nase als mit dem Auge. So «sieht» (bzw. riecht) ein Hund die Welt: Spur 1: Abgase, giftig! Spur 2: Duftmarken von Boxer, Feind! Spur 3: Gummi, Öl, Strassendreck: Hier kam ein Auto durch. Stinkt! Spur 4: Fremder Mensch, weiblich. Spur 5: Hackfleisch in der Tasche. Spüre Hunger! Spur 6: Pudelines Spur. Noch ganz frisch. Läufig! Sofort hinterher!

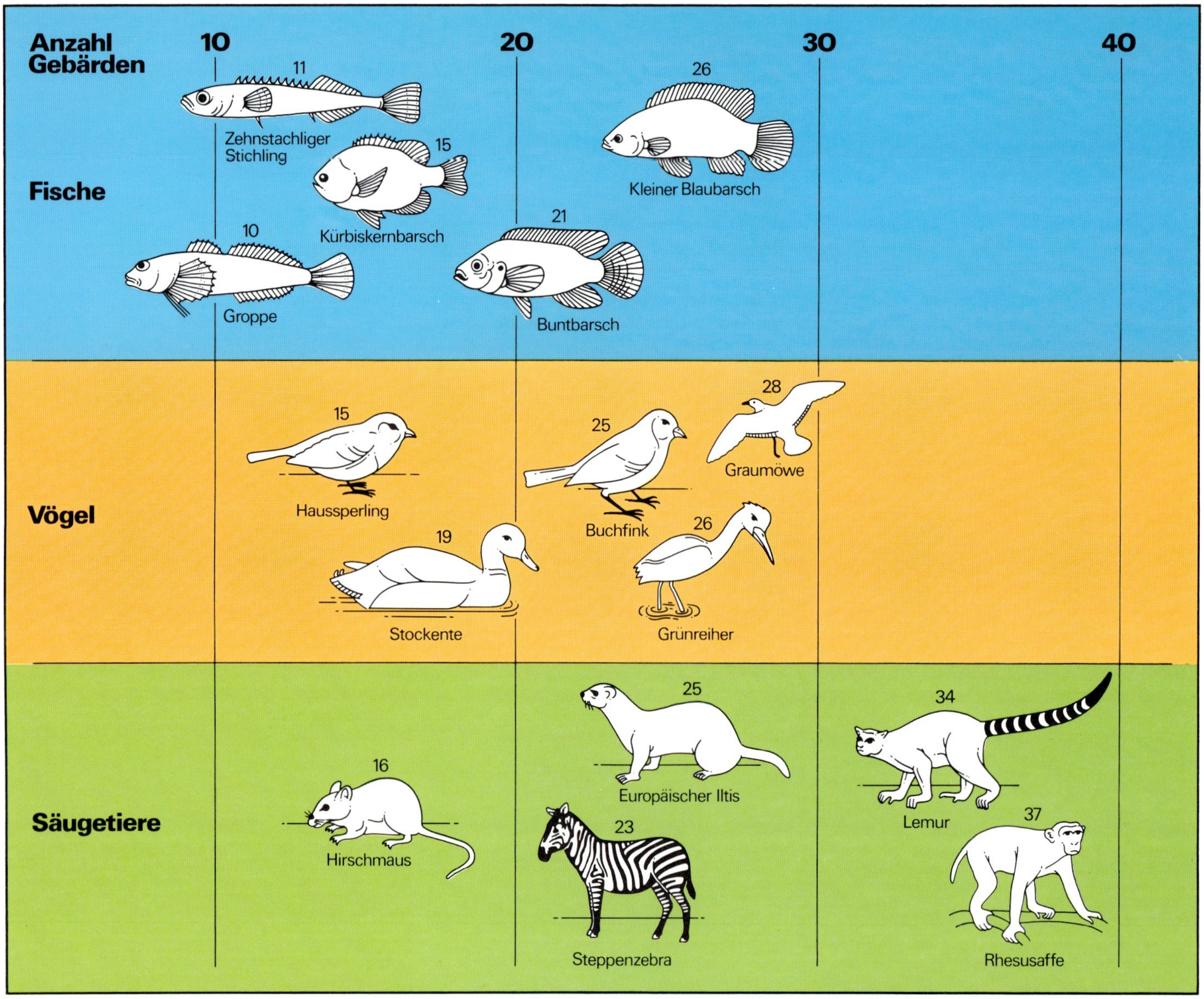

Anders gewisse *Fische:* Sie kommunizieren im Wasser, indem ihnen die Schwimmblase als Empfänger für den Druck von Wellen dient. Dieser *taktile* (Gefühls-)Kanal ist – neben dem *chemischen* (auf dem Geruchs- und Geschmackssinn beruhen) – vor allem bei niederen Lebensformen verbreitet. «Augen» sind eine relativ späte Entwicklung der Natur. Auch beim menschlichen Embryo entwickelt sich zuerst der Tastsinn, dann folgen Schmecken, Riechen, Gleichgewicht und Gehör. Erst zuletzt entwickelt sich die Sehfähigkeit.

Bedeutend weiter fortgeschritten ist das Kommunikationssystem, das die *Vögel* entwickelt haben. Während der Seidenspinner-Mann noch wahllos und gewissermassen automatisch auf den weiblichen Schnapsduft reagiert, können Vögel (höhere Säugetiere übrigens auch) aus ihrer Verwandtschaft auch Individuen erkennen. Eine bestimmte Finkenart kann zum Beispiel die Rufe ihrer Nachbarn in einem andern Revier unterscheiden. Dies hat man mit dem Abspielen von Tonbandaufnahmen eindeutig nachweisen können.

Auch Seevögel müssen sich in ihren grossen, lärmigen Nistgebieten erkennen können. So lernen die jungen Trottellummen bereits in den ersten Lebenstagen – vielleicht sogar schon im Ei – auf den Ruf ihrer Eltern zu reagieren. Der «afrikanische Würger» hat sich sogar eine Art Gospelsong antrainiert: Das Männchen beginnt mit einer Melodie, das Weibchen pfeift sie zu Ende. So können sich diese Vögel präzise erkennen, auch wenn sie sich im dichten Dschungel oder bei Nacht nicht sehen können.

Die Gebärdensprache der Tiere verfügt über ein relativ beschränktes Repertoire von Zeichen. Die Grafik zeigt, wie viele Zeichen die verschiedenen Tierarten besitzen, die von dem amerikanischen Forscher Martin H. Moynihan untersucht worden sind.

So anders sind wir Menschen gar nicht: Was Mick Jagger, Björn Borg und König Hussein von Jordanien vorführen, das haben sie vom Löwen, vom See-Elefanten oder vom Rhesusäffchen geerbt...

Auf ähnliche Weise identifizieren *Säugetiere* ranghohe und rangtiefe Artgenossen oder markieren ein «persönliches» Revier mit Körperausscheidungen. Der Duftstoff identifiziert dabei den «Sender» wie ein Fingerabdruck mit einem unverwechselbaren chemischen, auf den Geruchsinn appellierenden Signal.

Betrachtet man die Evolution des Lebens auf der Erde als Ganzes, so wird eine Gesetzmässigkeit sichtbar: Je höher das Sozialverhalten einer Tierart entwickelt ist, desto besser und funktionstüchtiger scheint auch ihr Kommunikationssystem entwickelt zu sein. Der ausgebildeten menschlichen Sprache gegenüber sind die «Tiersprachen» allerdings doch sehr begrenzt: Selbst die am höchsten entwickelten Wirbeltiere besitzen nicht mehr als 30 bis 35 verschiedene Signale. Und meist sind in diesen «Sprachen» nur «Unterhaltungen» über sehr einfache, wenn auch lebensnotwendige Dinge möglich: Alarmschlagen, Kopulation, Fressen, Angriff, etwas erkennen, Beute anlocken, Junge rufen. Das grösste natürliche Repertoire erreichen die Rhesusaffen mit kümmerlichen 37 unterscheidbaren Signalen.

Diese magische Grenze von 37 Signalen überschreiten lediglich ein paar Schimpansen, denen Menschen künstlich, das heisst durch Dressur, noch mehr Zeichen eingetrichtert haben.

Urphänomen Ritual

Überblickt man die vielen tierischen Kommunikationssysteme, die in den letzten Jahrzehnten untersucht worden sind, dann zeigt sich allerdings, dass viele Merkmale der menschlichen Sprache bereits im Tierreich anzutreffen sind.

- So benutzen etwa auch den *akustischen* Kanal: Vögel, Heuschrecken, Affen, Bienen und Fische.
- Abstrakte *Symbole* verwenden die Tauben, die Finken, Seevögel, Affen und Primaten.
- Einzelne, voneinander unterscheidbare *Zeichen* gibt es in der Sprache der Heuschrecken, der Tauben, der Finken, der Seevögel, der Affen und Primaten.
- *Lügen* und *täuschen* können neben dem Menschen auch Hunde, Schakale, Wölfe und Schimpansen.

Einige Tiere können sogar andere Sprachen lernen. «Fremdsprachenfähig» sind neben dem Schimpansen erstaunlicherweise auch gewisse Singvögel. Nur eines ist dem Menschen vorbehalten: über die Sprache selber reden kann kein Tier.

Einige der tierischen Kommunikationsformen kommen uns mitunter äusserst merkwürdig oder possierlich vor. Der Schwänzeltanz der Bienen etwa ist auf den ersten Blick ein scheinbar völlig sinnloser Vorgang, dessen Bedeutung man erst nach genauem Studium erkennen kann.

Dies hat mit einem Phänomen zu tun, das man *Ritualisierung* nennt. «Sprache» in dem weiten Sinn, wie wir sie bisher verstanden haben, entsteht nämlich meist so, dass irgendein anatomisches Merkmal oder eine artspezifische Eigenart, die primär eine ganz andere Funktion hat, plötzlich *Signalcharakter* erhält. Das Urinieren des Hundes beispielsweise ist primär ein Bestandteil seines Stoffwechselprozesses. Erst sekundär – und das heisst immer auch: später – hat diese Tätigkeit eine Bedeutung innerhalb eines Kommunikationssystems angenommen und dient nun zum persönlichen Markieren eines Territoriums.

So mag sich auch ein Vogel ursprünglich «aufgepumpt» haben, um in einer Stresssituation mehr Sauerstoff in die Lunge zu kriegen und so besser für den Kampf gewappnet zu sein. Später wurde diese Aktion – das Sich-Aufplustern – zur Drohgebärde: Der Vogel macht sich grösser. Oft verselbständigt sich das Signal dermassen zum blossen Ritual, dass sein ursprünglicher Zweck gar nicht mehr erkannt werden kann. Dies trifft sogar für den Menschen zu: Gebärden wie das An-die-Stirne-Tippen oder Kleidungsschmuck, wie er auf militärischen Uniformen anzutreffen ist, haben sich völlig selbständig gemacht. Ihr Ursprung ist nicht mehr erkennbar.

Oft entstehen Kommunikationssignale auch durch sogenannte *Übersprungshandlungen:* Wenn ein Männchen sich einem Weibchen nähert und nicht weiss, ob es drohen oder balzen soll, so tut es oft etwas verzweifelt Belangloses: Es putzt das Gefieder oder gibt vor zu trinken.

Auch diese Verhaltensweise ist sehr häufig bei Menschen zu beobachten. Wir reiben uns die Hände, als ob wir sie waschen würden, auch wenn weit und breit kein Wasser da ist. Italiener – auch Glattrasierte – streichen mit dem Handrücken mehrmals unters Kinn, wenn sie feindselig ausdrücken wollen: «Das geht mich nichts an.» Dass sie damit das Männlichkeitssymbol «Bart» dem Gesprächspartner «entgegenbürsten», wissen sie allerdings nicht. Auch das ganze Arsenal der Verlegenheitsgebärden besteht weitgehend aus menschlichen Ersatz- oder Übersprungshandlungen: Man kratzt sich am Kopf, hustet, errötet. Und was ist der Sport anderes als eine Ersatzhandlung fürs Jagen – Rennen, Verfolgen, Treffen?

In solchen Handlungen ist der Mensch denn auch noch pure, sich selbst überlassene Natur, ist er schlicht eine von Millionen Arten, die das Leben auf der Erde hervorgebracht hat – ein nackter Affe. Und wer ihn so betrachtet, der erkennt auch, dass seine vielfältigen Kommunikationsformen verwurzelt sind in den Abertausenden von «Sprachen», deren sich das Leben bedient hat, um sich weiterzuentwickeln.

Dies wird besonders deutlich, wenn man jene Kommunikationsform etwas unter die Lupe nimmt, deren Analyse in jüngster Zeit zu einem beliebten Gesellschaftsspiel geworden ist, die aber auch beweist, dass die Geschichte der Massenkommunikation ganze Zeitalter vor dem Moment begann, als das erste Radio in den Äther plärrte: die Sprache unseres Körpers...

Der Pfau schlägt das Rad – der General protzt mit seinen Orden. Kleider haben, entgegen einer weitverbreiteten Ansicht, nicht in erster Linie die Funktion, warm zu geben. Viel wichtiger sind sie als Kommunikationsinstrumente. Bei Uniformen wird das deutlicher als bei Alltagskleidern.

Wie man spricht, wenn man schweigt

Wenn wir von Kommunikation reden, denken wir meist zuerst an unsere Sprache – an Laute, Wörter und Sätze. Die Schule erzieht überdies dazu, in der Schrift die zuverlässigste Form der Mitteilung zu sehen. Aber der Mensch spricht nicht nur mit dem Mund und schreibt Zeichen nicht nur auf. In Wirklichkeit ist er von Kopf bis Fuss auf Kommunikation eingestellt. Sein ganzer Körper ist ein vielstimmiges Orchester, das fortwährend Signale sendet und empfängt. Man muss nur hinhören …

Der Körper ist der Handschuh der Seele, seine Sprache das Wort des Herzens.

Samy Molcho

Seit wir Menschen über unser eigenes Verhalten nachdenken, sind wir über nichts so verwundert wie über unsere Sprache. Und seit wir darüber grübeln, wie wir zur Sprache gekommen sind, haben wir uns allein dieser Fragestellung wegen schon als Krone der Schöpfung gefühlt.
Wir brauchen uns diesen Stolz auch gar nicht nehmen lassen. Die Sprache des Menschen *ist* mit grösster Wahrscheinlichkeit eine einzigartige Leistung der Naturgeschichte.
Nur: Überlegen wir doch einmal, wieviel Zeit wir eigentlich im Tag für diese Sprache – die Sprache der Wörter – brauchen! Schätzen wir ab, wieviel unsere Mitmenschen dafür aufwenden! Wie viele Sätze produzieren wir dabei? Wie viele Wörter brauchen wir?
Es sind erstaunlich wenig! Selbst ein Schüler im Fremdsprachenunterricht, der eigentlich unablässig reden müsste, um die neue Sprache zu trainieren, spricht, wenn es hoch kommt, höchstens ein paar Sätze pro Stunde. Das ist leicht ausgerechnet: Die Hälfte spricht der Lehrer – bei 20 Schülern pro Klasse, die Pausen während der Fragen und zwischen den Lektionen eingerechnet, bleibt da für den einzelnen nicht viel übrig.
Oder am Arbeitsplatz: Ein paar Anweisungen, ein bisschen Unterhaltung – «Wie geht's?» «Danke, gut, und Ihnen?» «Es muss» – damit hat es sich im Alltag meist schon. Ebenso am Familientisch, im Wirtshaus, auf dem Arbeitsweg. Von der Disco gar nicht zu reden...
Sprachverhaltensforscher schätzen, dass der Mensch in der Regel von den rund 400 000 Wörtern einer modernen Verkehrssprache nicht mehr als etwa 350 Wörter selber täglich verwendet. Die 100 häufigsten Wörter einer Sprache machen bereits die Hälfte eines

Der Wartsaal eines Bahnhofs. Jeder ist allein, vielleicht zu zweit, man kennt sich nicht. Wirklich? Wenn die Stimmen schweigen, sprechen oft die Körper...

1 Warum die heldenhafte Cowboy-Pose? Seine linke Hand hat er in den Gürtel gesteckt. Warum fixiert er das Mädchen derart und spreizt dazu die Beine?

2 Eine Schwarze. Ist es Zufall, dass sie sich aus der Gesellschaft der anderen zurückzuziehen scheint? Warum hat sie die Tasche links neben sich aufgestellt – wie eine Mauer?

3 Sein rechter Fuss weist auf das Mädchen schräg gegenüber. Er blickt sie unverhohlen an. Möchte er mit ihr anbändeln?

4 Ihr Mann zu ihrer Rechten scheint sich für das junge Mädchen schräg gegenüber zu interessieren. Beugt sie sich unbewusst vor, um ihm den Blick zu versperren?

5 Zwei Männer sind auf sie aufmerksam geworden. Sie zieht die Schultern hoch, verschränkt die Arme über der Brust, schützt die verletzlichen Teile ihres Körpers. Ein Zufall?

6 Sie ist ganz mit ihrem Kind beschäftigt. Sie sitzt locker da, mit leicht gespreizten Beinen. Männer interessieren sich kaum für sie. Fühlt sie sich durch ihr Kind geschützt?

7 Das kleine Kind neben ihm stört ihn sichtlich. Er ist in der Pubertät, etwas lang geraten, noch unsicher in der Öffentlichkeit. Sein Blick geht starr geradeaus, als ob er «toter Mann» spielen wollte. Möchte er verhindern, dass jemand mit ihm Kontakt aufnimmt?

8 Ihm ist das ganze stumme Geschehen gleichgültig. Weisheit des Alters oder Resignation?

normalen Textes aus. Der sogenannte Grundwortschatz (2500 bis 3000 Wörter) reicht aus, um 80 bis 90 Prozent einer Fremdsprache zu verstehen!
Roger Fouts, ein Zoologe, der sich an der Universität von Oklahoma (USA) mit einem Schimpansen namens «Washoe» beschäftigte und versuchte, ihm eine Zeichensprache beizubringen, und der darum auch eine grosse Erfahrung darin besitzt, Menschen «wie Affen» zu beobachten, behauptet: «80 Prozent der Konversation, die sich beim Menschen von Angesicht zu Angesicht abspielt, bedient sich nichtverbaler Mittel.»
Ein anderer Verhaltensforscher, der Amerikaner *Albert Mehrabian,* berichtet von einem interessanten Versuch, der diese Behauptung stützt. Er legte Versuchspersonen Fotos von Gesichtern und Tonbandaufnahmen von Stimmen vor. War es ein nettes Gesicht, so spielte *Mehrabian* unfreundliche Stimmen ab. Die unangenehmen Gesichter dagegen kombinierte er mit freundlichen verbalen Äusserungen. Dann fragte er seine Versuchspersonen: Wer ist Ihnen sympathisch? Das Resultat: 55 Prozent der Urteile stellten auf den Gesichtsausdruck ab, 38 auf den (nichtverbalen!) Klang der Stimme. Nur 7 Prozent urteilten aufgrund der Sprache!
Natürlich ist hier eine Einschränkung nötig. Als Aussender von Botschaften brauchen wir die Sprache sicher bedeutend weniger häufig denn als Empfänger – als Zuhörer, Leser, Radiohörer, Fernsehzuschauer, Kinobesucher. Zählen wir die Zeit zusammen, die wir als Empfänger von Wort-Sprache verbrauchen, dann sieht die Situation wahrscheinlich bei den meisten Menschen etwas anders aus.
Und wenn wir dann auch noch werten, welche Bedeutung diese Sprachsignale für unser Alltagsleben haben, wenn wir unsere Sprachnutzung also nicht nur quantitativ, sondern auch qualitativ einzuschätzen versuchen, dann erkennen wir sofort, welch wichtige Rolle die Sprache der Wörter, die «verbale Kommunikation», in unserem Leben spielt.
Aber was tun wir, wenn wir kommunizieren und doch nicht sprechen? Und kommunizieren wir nur sprechenderweise, wenn wir Sprache benutzen? Die Antwort lautet, in den Worten des berühmten Pantomimen *Samy Molcho* aus Tel Aviv:
«Ein Mensch, der keine Signale von sich gibt, ist tot oder im Tiefschlaf. Der Körper des wachen Menschen kann nicht schweigen. Sich zurückziehen oder der Versuch, Ausdruck zu blockieren, ist ebenfalls nichts anderes als eine Antwort auf einen Kommunikationsversuch. Der Körper ist nicht fähig, nicht zu kommunizieren.»
Samy Molcho sagt das nicht bloss, weil er mit der Kunst der Wortlosigkeit sein Brot verdient. *Molcho* wirkt neben seiner künstlerischen Tätigkeit auch als Dozent: Am Max-Reinhardt-Seminar in Wien hat er einen Lehrstuhl für «Körpersprache» inne, einer wissenschaftlichen Disziplin, deren Vertreter in Europa man heute noch an den Fingern einer Hand abzählen kann.
In Amerika ist das anders. Seit der Journalist *Julius Fast* im Jahre 1970 sein Buch über «Body Language» (Körpersprache) in einer populären Taschenbuchreihe herausbrachte und es den stummen Passagieren der New Yorker Subway widmete (weil die ihn zu vielen seiner Beobachtungen inspiriert hatten), ist die heimliche Beobachtung mitmenschlicher Körpersignale dort geradezu ein Gesellschaftsspiel geworden. Und nicht nur dies: An vielen Universitäten sind die *Kinesics* (wie man in Amerika das Studium der singeladenen menschlichen Bewegungsabläufe nennt) seit den siebziger Jahren zu einem wichtigen Bereich der Verhaltensforschung geworden.

Intensiver und wahrscheinlich auch früher als die Wortsprache setzte der Mensch seinen Körper als Kommunikationsmittel ein. Anschaulich und wissenschaftlich demonstrierte dies der Film «Am Anfang war das Feuer» von Jean-Jacques Annaud. Mit weitausladenden Gebärden reagieren die Urmenschen auf den Unfall eines ihrer Stammesgenossen.

Den Handschuh der Seele kann man nicht einfach abstreifen

Am Anfang aller Beschäftigung mit nonverbaler Kommunikation steht die Erkenntnis, dass der Mensch unablässig weit mehr nonverbale, also «wortlose», Signale aussendet als sprachliche Sätze.
Man muss wirklich nur die Augen aufmachen, um zu erkennen, was für ein gewaltiger Sender der Körper des Menschen ist. Nehmen wir ein ganz alltägliches, von jedermann nachvollziehbares Beispiel – eine Eisenbahnfahrt. Da ist es offensichtlich schon nicht zufällig, wo sich die Fahrgäste hinsetzen: Die Ecken in den einzelnen Abteilen, und zwar die Ecken an den Fenstern, sind regelmässig zuerst belegt. Ein Fremder wird sich in der Regel hüten, sich neben eine Person zu setzen, wenn in einem Vierer-Abteil noch drei Plätze frei sind: Er wird sich der schon da sitzenden Person gegenübersetzen. Nur in den seltensten Fällen wird er dann gleich eine verbale Kommunikation anknüpfen. Vielmehr setzt sofort und unvermeidlich eine Art stummer Dialog ein: mit den *Beinen* (das eine wird über das andere geschlagen), mit den *Armen* (sie beschäftigen sich, zünden eine Zigarette an, halten sich an einer Zeitung), mit den *Augen* (sie vermeiden direkten Blickkontakt für mehr als den Bruchteil einer Sekunde), mit dem *Kopf* (ein Nicken als Gruss), mit dem *Gesicht* (ein Lächeln, um anzudeuten: Ich habe nichts Böses im Sinn, es tut mir leid, aber es ist kein anderer Platz mehr frei), mit der *Körperhaltung* (man plustert sich nicht auf, drückt vielleicht sogar den Kopf in die Schultern). Kurzum: Kein Körperteil, der nicht irgendwie Botschaften aussenden würde – und die «Sendung» hat kein Ende: Die Haltung wird fortwährend verändert, der eine reagiert auf den andern, man vermeidet Berührungen, besonders wenn die zwei Fremden verschiedenen Geschlechts sind, und gesprochen wird allenfalls mit dem Beamten, der eine Uniform trägt und vor dem man sich deshalb weniger zu scheuen braucht. Sein Kleid signalisiert ja: Mit mir kann man sprechen. Wenn auch nur, solange es um Fahrkarte oder Fahrplan geht...
Die meisten dieser Botschaften senden wir völlig unbewusst aus. Zum Teil können wir sie auch gar nicht vermeiden – das Erröten im Fall von Verlegenheit beispielsweise ist ein ebensoschwer kontrollierbares Signal wie das Schwitzen bei Angst, Anstrengung oder bei hohen Temperaturen.
Ebenso unbewusst, wie wir sie senden, empfangen wir die Sprache des Körpers aber auch: Wir spüren intuitiv, dass bestimmte Gesten etwas ausdrükken: Wenn jemand die Mundwinkel nach unten hängen lässt, drückt er Missbilligung, Abwehr, Widerwillen aus. Wenn er den Kopf in die Schultern drückt, scheint er den Hals – eine der verletzlichsten Stellen des Körpers – zu schützen. Wenn jemand vor einem die Beine kreuzt, bildet er eine Mauer, und wir fühlen: der will jetzt keinen näheren Kontakt.
Ebenso unbewusst reagieren wir auf Signale des andern mit eigenen Signalen. Hebt jemand den Arm plötzlich hoch, dann ducken wir uns oder weichen aus. Verschiebt jemand auf einem Tisch uns gegenüber immer mehr Utensilien auf unsere Tischhälfte, so lehnen wir uns unwillkürlich zurück oder verschieben die Gegenstände wieder an ihren ursprünglichen Ort, weil wir das Gefühl haben, der sei in «unser» Territorium eingedrungen.
Wenn wir uns grüssen, nehmen wir exakt die Distanz zum andern ein, die es braucht, damit unsere ausgestreckten Arme sich berühren können. Häufig lässt sich auch in einer Fernsehrunde beobachten, wie eine unruhige Bewegung eines einzigen Gesprächsteilnehmers innerhalb von Zehntelsekunden gleiche Reaktionen von andern Gesprächsteilnehmern zur Folge hat – ohne dass einer der beiden Kommunikationspartner sich dessen bewusst wäre.
«Der Körper ist der Handschuh der Seele, seine Sprache das Wort des Herzens», sagt *Samy Molcho*. «Jede innere Bewegung, Gefühle, Emotionen, Wünsche drücken sich unwillkürlich durch unseren Körper aus. Was wir Körperausdruck nennen, ist der Ausdruck innerer Bewegung.»
Samy Molcho pflegt das in seinen Kursen auf amüsante Weise zu demonstrieren.
«Lassen Sie den Unterkiefer hängen!» sagt er einem Schüler.
«Und jetzt die Zunge ganz locker heraushängen lassen!»

Der Mensch, der Ekel ausdrücken will, spannt die Mundwinkel nach unten. Das Signal ist uns angeboren – schon der Säugling, der eine Flüssigkeit nicht aufnehmen will, schneidet ein solches Gesicht.

Der Student sieht jetzt sehr dumm aus. «Wieviel sind 13 und 8?» fragt dann *Samy Molcho* plötzlich.
«Wie bitte?» sagt der Student – und der Versuch hat wieder einmal geklappt. Wer sein Gesicht in die Idiotenstellung bringt, schafft die einfache Rechenaufgabe in der Regel nicht.
«Versuchen Sie, jemandem einen Schlag auszuteilen und gleichzeitig einzuschnaufen!» fährt *Molcho fort.*
Es geht nicht.
«Aggression ist immer mit Ausatmen verbunden», erklärt der Pantomime das Phänomen. «Nur so wird man seine Energie los.»
Der Handschuh der Seele ist gar nicht so leicht abzustreifen...

Der Körper spielt auf vielen Instrumenten

Die meisten Körpersignale haben mit sehr einfachen, «animalischen» Dingen zu tun: mit Angriff und Abwehr, Sympathie und Antipathie, mit Futteraufnahme und Ekel (die hängenden Mundwinkel macht schon der Säugling, der eine Flüssigkeit nicht aufnehmen will), mit Lust und Abscheu, mit Machtdemonstration und Demut, mit Sexualität und Besitzanspruch, Drohung und Schutz.
Schon allein die Funktionen der Körpersprache weisen darauf hin, dass die nonverbale Kommunikation sehr, sehr weit in die Frühgeschichte des Menschen zurückreicht: Wir teilen uns auf diese Weise Dinge mit, die auch schon im Leben der Tiere eine wichtige Rolle spielen.

Samy Molcho (oben) signalisiert Dominanz: Die Geste mit den erhobenen Daumen kann man häufig bei Menschen beobachten, die im Gespräch «ihren Meister zeigen» wollen. Im Eisenbahnwagen dagegen versucht jeder, seinen Körper unter Kontrolle zu halten. Zigarette und Zeitung sind zwei beliebte «Werkzeuge» dafür. Aber gerade deswegen sind auch sie Signale...

Was auf der andern Seite erstaunt, ist die unglaubliche Vielfalt, die der menschlichen Körpersprache eigen ist. Kein Tier hat einen derartigen Reichtum an nonverbalen Sprachen entwikkelt. Kein Tier verfügt über soviel Muskeln, Nerven und Hirnsubstanz, die hauptsächlich oder nebenbei Kommunikationsarbeit verrichten. Das wird dann offensichtlich, wenn man versucht, das Repertoire unseres nonverbalen Kommunikationsverhaltens etwas zu ordnen. Das ist gar kein leichtes Unterfangen, denn der menschliche Körper ist ständig in Bewegung, und es braucht geschulte Augen, um die vielen kleinen Einheiten zu entdecken, die gewissermassen die Wörter der Körpersprache bilden.

Das folgende kleine Panorama zeigt, wie vielfältig das Inventar unserer nonverbalen Botschaften ist. Wir ordnen sie dabei nach den «Instrumenten», deren sich der Körper bedient, wenn er «auf Sendung» geht.

Die Augen
Körpersprache spielt sich im wesentlichen fürs Auge ab. Augenkontakt heisst Informationsbereitschaft. Die Augen sind aber nicht nur Empfangsorgane für visuelle Signale – sie senden auch. Je grösser beispielsweise die Pupille, desto sympathischer wirkt ein Mensch. Auch die wohl einfachste «Geste» überhaupt, das blosse Anblikken eines Menschen, hat Signalcharakter: Dauert der Blick länger als etwa 0,8 Sekunden, so wird er als Droh- oder ungebührliches Annäherungssignal empfunden. Eine Zehntelsekunde zuviel Kontakt wird in einem Land mit heftigen Rassenkonflikten unverzüglich Aggressionen auslösen...

Die Augenbrauen
Die Haarbüschel über den Augen haben jede physiologische Funktion verloren. Sie wären «unnütz» – dienten sie nicht der Körpersprache. Amerikanische Verhaltensforscher haben herausgefunden, dass der Mensch über 20 verschiedene Brauenstellungen verwendet, um unbewusste Signale auszusenden, beispielsweise beim Grüssen, wo sich die Augenbrauen bei Angehörigen aller Rassen blitzschnell heben und senken.

Der Mund
Das Organ, das in erster Linie der Nahrungsaufnahme dient, ist auch ein höchst «sprechendes» Kommunikationsmittel – nicht bloss, wenn wir es zum Sprechen gebrauchen. Der Säugling braucht den Mund zuerst zum Saugen an der Mutterbrust. Saugende Bewegungen – an den Fingern, einem Bleistift, einer Zigarette – macht der Mensch aber zeitlebens, vor allem wenn er sich trösten, beruhigen, wohl fühlen will.

Die Zunge
Der kleine Muskel im Mundraum des Menschen ist neben dem Auge wohl das bemerkenswerteste Kommunikationsinstrument, das der menschliche Körper entwickelt hat. Die Zunge ist

Gerade Pressefotos verraten oft mehr über die Abgebildeten, als der Fotograf selber vermutet. Wer sich fotografieren lässt (oder lassen muss), der stellt sich dem Reporter dar. Sein Körper sendet Signale aus, die das «gefrorene» Bild überdeutlich (und leichter erkennbar) sichtbar macht. Die beiden Beispiele beweisen es.

Das faschistische griechische Obristen-Regime wird am 28. Juli 1975 dem Richter und der Presse vorgeführt. Die vier Gefangenen in der ersten Reihe (darunter, als zweiter von rechts, der frühere Staats- und Regierungschef George Papadopoulos) demonstrieren Zusammengehörigkeit und Schutz – man beachte ihre Hand- und Beinhaltung. Die beiden Bewacher an ihrer Seite dagegen distanzieren sich sichtlich: Sie sitzen mit gespreizten Beinen locker da, ihre Arme machen «Mauern», ihre Körperhaltung signalisiert Abwendung. All dies geschieht unbewusst!

Mit diesem Bild wollte eine südafrikanische Zeitschrift eine Verbrüderungsszene zwischen einem Weissen und einem Schwarzen zeigen: Der Schwarze hat dem Weissen vor Jahren das Leben gerettet, seither treffen sie sich am Jahrestag, um das Ereignis zu feiern. Aber das Bild verrät mehr, als dem Fotografen lieb war: Der Gesichtsausdruck des Weissen, vor allem aber seine linke Hand lassen Zweifel an der Echtheit seiner Gefühle aufkommen...

Die Sprache des Körpers ist nicht immer einfach zu interpretieren. Die genau gleiche Körperhaltung (rechts) kann völlig verschieden wirken, je nachdem wie sich der Partner verhält.

nicht nur Empfangsorgan für den *Geschmack* – und damit für den Urmenschen, der Giftiges von Essbarem noch nicht auf dem Umweg über Lebensmittelinspektorate unterscheiden konnte, existenzwichtig. Sie ist auch das Hauptinstrument für die Produktion unterscheidbarer akustischer Signale. Sie ist verantwortlich für die Veränderung des Resonanzraums «Mund» (und damit für die Produktion unterschiedlicher Vokale) und erzeugt durch Verengung des Luftstroms an etwa 50 verschiedenen Stellen des Mundes Reibungsgeräusche, die dann in der Sprache zu «Konsonanten» werden. Und damit die Laute auch schön unterscheidbar werden, ist die Zunge in der Lage, in einem ständigen, atemberaubenden *«stop-and-go»*-Rhythmus von einer Stelle zur andern zu wandern – und dies 6- bis 8mal pro Sekunde.
Damit nicht genug: Auch in der Körpersprache tritt das vielbeschäftigte Organ in Aktion – wenn wir uns küssen, wenn wir uns «die Lippen schlekken», wenn wir jemandem, um ihn zu beleidigen, die Zunge herausstrecken (ein uraltes obszönes Signal).

Das Gesicht

Das menschliche Gesicht ist muskelreicher als jedes andere in der ganzen Tierwelt. Kein Tier ist in der Lage, mit seinem Gesicht dermassen variantenreich in die Welt zu blicken wie der Mensch. Wohl in keinem Bereich seiner expressiven Möglichkeiten wie beim Gesicht ist der Mensch auch in der Lage, seinen nonverbalen Ausdruck zu kontrollieren. Wir können «ein Gesicht aufsetzen» – wir können aber auch «unser Gesicht verlieren», wenn die kontrollierte Maske (*persona* nannten das die Römer) abfällt und das Bewusstsein die Mimik nicht mehr zu kontrollieren vermag. Vom Gesicht gehen auch die meisten nonverbalen Signale aus: Im Gesicht prägt sich die Individualität eines Menschen – der

Hauptgrund dafür, dass wir, wenn wir Menschen fotografieren oder filmen, das Gesicht wiedergeben und nicht etwa die Hände, die Brust oder den Bauch.

Die Kopfhaltung

Jeder Griechenlandfahrer hat es schon erlebt, dass er in diesem Land ein «Ja» für ein «Nein» nahm. Die einfachen Gesten für Bejahen und Verneinen – hauptsächlich mit der Kopfhaltung ausgedrückt – sind ein schönes Beispiel für die ausserordentliche Vielfalt der Körpersprache. Denn Jasagen erschöpft sich durchaus nicht im Kopfnicken (eine Art Verbeugungsgeste) – wenn auch Kopfnicken eine universale Geste für «Ja» zu sein scheint. Aber es gibt dazu eine ganze Reihe von kulturell verschiedenen Varianten. Dasselbe gilt für das Kopfschütteln – das ebenfalls wie ein angeborenes Merkmal überall auf der Welt für «Nein» üblich ist. Was allerdings in Europa als «Vielleicht» gilt – ein rhythmisches Hinundherschaukeln des Kopfes – ist in Griechenland, Bulgarien, Jugoslawien, der Türkei, Persien und Bengalen ein «Ja-Wort». Umgekehrt gibt es Völker, bei denen «Nein» auch mit einem trotzigen Nach-hinten-Werfen des Kopfes ausgedrückt werden kann. Für Fremde sieht diese Kopfbewegung dann wie eine Ja-Geste aus...

Indem wir den Kopf zur Seite neigen, exponieren wir die Halsschlagader – eine Demutsgebärde. «Kopf hoch» dagegen drückt Dominanz aus. Mitunter kann ein Hut den Kopf noch höher machen. Den Hut lüften heisst dann wiederum: sich kleiner machen, Ehrfurcht bezeugen – grüssen.

Die Finger und die Hände

Der aufrechte Gang der Hominiden hat es mit sich gebracht, dass die Vorderbeine des Menschen frei geworden sind für andere Zwecke als die Fortbewegung. Der Daumen, der auf die Seite der Hand heruntergerutscht ist, hat die frühere Pfote zu einem vielseitigen Greifwerkzeug gemacht.

Hände und Finger sind aber nicht nur zum Greifen, sondern auch zum «Begreifen» da: Sie gehören zu den wichtigsten Instrumenten unserer Körpersprache. Da der Mensch seine Hände selber sehen kann (im Gegensatz zum Gesicht), dienen vor allem die Finger dazu, eine ganze Reihe von kontrollierten Signalen mit klaren Bedeutungen auszusenden. Die Unterscheidungsmöglichkeiten, die sich aus dem Unterschied zwischen ausgestreckten und gekrümmten Fingern bilden lassen, und die vielen möglichen Kombinationen haben wohl aus der Sprache der Finger die ersten Zeichensprachen überhaupt und damit die Vorläufer von Schriftzeichen (Kerben erinnern an Finger!) entstehen lassen.

Finger zeigen und zeichnen nicht nur (wenn man jemanden bittet, eine Wendeltreppe zu beschreiben, macht er unwillkürlich eine Spiralfigur mit den Fingern), sie führen schon dem Urmenschen auch einen der ersten und wichtigsten Abstraktionsvorgänge vor der Nase vor: das Zählen.

Wenn die Finger keine bewusst signifikante Stellung einnehmen, dann sind die Hände ein schönes Beispiel für eine andere Funktion der Körpersprache im Verhältnis zwischen Wort und Sprache: Sie begleiten unbewusst die Rede, strukturieren sie, unterstreichen, deuten Spannung an.

Die Fingerkuppen sind im übrigen jene Stelle des Körpers, die am meisten Empfängerzellen für Tastreize aufweisen. Beim erwachsenen Menschen sind es bis 4000 pro Quadratzentimeter. Finger und Hände spielen deshalb natürlicherweise die Hauptrolle in all jenen Kommunikationsformen, in denen der *Tastsinn* zur Übermittlung von Botschaften benutzt wird. Freilich braucht der Mensch Finger und Hände nicht bloss, um andere zu berühren: Fast ebenso wichtig und ebenso «sprechend» sind die zahlreichen Selbstberührungen, die man in jedem Gespräch mit Mitmenschen als stumme Kommunikation im Hintergrund beobachten kann. Die Fingerkuppe fährt an die Stirn: der Partner stimuliert sein Hirn. Der Finger geht an die Nase: er «prüft» den Geruch. Die Hände spielen mit den Haaren: das Mädchen braucht Streicheleinheiten. Das Modell setzt sich in Pose, berührt mit dem Kinn die Schulter, die Hände gleiten am Körper hinunter: Ich möchte berührt werden, sagt es.

Die Arme

Hände und Arme sind nicht nur Werkzeuge. Sie sind auch Waffen – schon in der Tierwelt: Waffen zur Verteidigung und Waffen für den Angriff. Rudimente beider Funktionen haben sich in vielen Bewegungen erhalten, die wir unbewusst mit den Armen ausführen. Wir grüssen den andern auf Armdistanz; wir reissen im Triumph die Arme hoch (und machen uns grösser); wir verschränken die Arme zum Schutz oder um Wohlbefinden zu signalisieren. Eigentliche Waffen – Schwert, Speer, Pfeilbogen, Gewehr, Kanone, Rakete, Atombombe – sind im Grunde nichts anderes als verlängerte Arme. Man kann mit ihnen dem andern näher kommen, ohne den eigenen Körper zu gefährden. Bei der Atombombe freilich ist diese Entwicklung zum Bumerang geworden...

Die Füsse und die Beine

Im Gegensatz zu den Händen und den Armen haben die «Hinterbeine» ihre ursprüngliche anatomische Funktion nicht verloren: Sie dienen immer noch in erster Linie der Fortbewegung. Das heisst indessen nicht, dass der Mensch sie nicht ebenfalls als Instrument seiner Körpersprache in zusätzliche Pflicht genommen hätte.

Auffällig an der Art, wie wir Füsse und Beine bewegen, ist vor allem der Geschlechtsunterschied: Männer stehen in der Regel auf beiden Beinen da, während Frauen sehr häufig und namentlich dann, wenn sie als besonders «weiblich» gelten wollen, auf nur einem «Spielbein» stehen. Noch deutlicher sind die Unterschiede beim Sitzen: Frauen schlagen die Beine übereinander und halten sie eng aneinandergepresst. Männer sitzen breiter da, nehmen viel mehr Raum ein, und wenn sie ein Bein übers andere schlagen, dann liegt ein Bein quer, so dass der Mann seinen Schuh in die Hand nehmen kann. Wenn den Amerikanern europäische Männer als «verweiblicht» vorkommen (ein häufiges Vorurteil), so hat dies nicht zuletzt seinen Grund darin, dass europäische Männer diese «Turnschuh-halten-Geste» weniger ausgeprägt benutzen.

Die Körperhaltung

Der aufrechte Gang gilt als eines der Hauptmerkmale des «nackten Affen». Aber geht er wirklich aufrecht? Die theoretisch beste aufrechte Haltung würde der Mensch dann einnehmen, wenn sein Rückgrat eine genaue Vertikale in Richtung der Schwerkraft bil-

Zählen – bei uns und in China

Gesten und Gebärden können oft eigentliche Sprachsysteme bilden, die sich von Kultur zu Kultur unterscheiden. Eines der ältesten dieser Systeme ist das Zählen mit den Fingern. Europäer und Chinesen haben hier ganz verschiedene Gewohnheiten entwickelt. Der Europäer (links) und der Chinese machen in dieser Bildfolge jeweils «ihr» Zeichen für die Zahlen 1 bis 10. Der Chinese braucht dafür nur eine Hand.

den würde. Aber bei wem ist das schon der Fall! Die ganz grosse Mehrheit der Menschheit läuft irgendwie verkrümmt durch die Landschaft und durchs Leben. Die Haltung, die wir uns im Laufe unseres Lebens angewöhnen, ist aber nicht zufällig: Es sagt etwas aus, ob wir mit dem Kopf voran durchs Büro hetzen, ob wir mit dem Bauch voran zur Türe hereinkommen, ob wir das Bekken zurückhalten oder die Füsse mit forcierter Eleganz zuerst auf den Ballen aufsetzen. Bewusster sind uns jene Signale, bei denen wir uns klein machen: das Knien, das Sich-Verneigen, das Sich-Bücken – Demutsgebärden, die vor allem im religiösen Verhalten eine Rolle spielen.

Die Distanz zum andern

Jeder Mensch trägt, so hat es der amerikanische Verhaltensforscher *E. T. Hall* formuliert, unsichtbare Schalen mit sich herum, in die er nur ganz bestimmte Personen «einlässt». Die innerste Schale bezeichnet die Intimsphäre – ein Zylinder um unseren Körper von knapp einem Meter Durchmesser. Auf diese Distanz kann man einen Mitmenschen riechen – und er kann unsern Duft wahrnehmen.

In diese «Intimsphäre» lassen wir in der Regel nur ganz wenige, uns sehr nahestehende Personen eindringen. Die «Zonengrenze» funktioniert mit erstaunlich schneller Automatik: Sobald wir dem innersten unsichtbaren «Mantel» eines Menschen zu nahe kommen, weicht er unvermittelt zurück. Ist ihm das nicht möglich, so wird er ebenso unwillkürlich Signale seines Unwillens kundtun. Kann der Eindringling umgekehrt die Verletzung der Intimsphäre eines andern nicht vermeiden – wie es beispielsweise in einem Lift der Fall sein kann – dann löst auch er unwillkürlich eine Signalbatterie aus: Er blickt geradeaus, presst die Hände an den Körper, macht sich steif und zeigt auf diese Weise an: Ich bin wie ein Toter, ich hege keine aggressiven oder intimen Absichten.

Auf ähnliche Weise funktionieren die andern «Schalen», die der Mensch mit sich trägt, etwa die formelle Distanz, die zwischen Chef und Sekretärin herrscht und zu deren Einhaltung die breiten Schreibtische dienen, vor denen Untergebene in der Regel Platz zu nehmen haben. Noch weiter vom Leib halten sich offizielle Würdenträger das gewöhnliche Fussvolk: ein Politiker, der eine Parade abschreitet, ein General, der zu Soldaten spricht.

Gähnen heisst nicht immer «Ich bin müde»

Was wir hier aufgezählt haben, ist bloss ein kleiner Ausschnitt aus dem ganzen Programm, das die menschliche Körper-Show während unseres ganzen wachen Lebens bietet. Die Liste liesse sich noch erweitern und differenzieren: Kleider, Schmuck, Haartracht gehören ebenso zur Körpersprache wie die Art, in der wir unsere Umgebung – vom Zimmer bis zur Stadt – gestalten.

Ganz im Gegensatz zur Wortsprache, die mit rund 35 verschiedenen Lauten pro Sprache und einer begrenzten Zahl von Strukturregeln, der «Grammatik», auskommt, verfügt die Körpersprache über ein Lexikon mit unbegrenzter Seitenzahl. Das macht sie freilich auch mitunter schwer interpretierbar: Einem bestimmten Zeichen kommt durchaus nicht immer bei allen Menschen und überall die gleiche Bedeutung zu.

Und ein weiteres macht die nonverbale Kommunikation so kompliziert: Wir brauchen die Sprachen unserer Körperteile stets *simultan,* das heisst, wir senden nicht nur Signale mit je einem Körperteil (nacheinander) aus, sondern spielen ständig mit mehreren «Instrumenten» zugleich. Wer «nein» sagen will, drückt das mit Arm, Kopf, Mund und der Körperhaltung zugleich aus. Vielleicht macht er sogar einen Schritt rückwärts. Wenn der Mensch körpersprachlich kommuniziert, ist er nicht eine Geige, sondern ein ganzes Orchester. Zudem ist Körpersprache, wie jegliche Kommunikation überhaupt, ein *Prozess* – es bewegt sich ständig etwas. Aus diesem Grunde ist es auch verfehlt, einzelnen Signalen stets gleichbleibende Bedeutungen zuzuordnen, wie dies mitunter in reichlich unbedarften angeblichen «Psycho-Tests» der Regenbogenpresse geschieht. «Arme verschränken» muss nicht unbedingt «Kontaktarmut» bedeuten, ebenso wie «Gähnen» nicht notwendigerweise «Müdigkeit» (sondern beispielsweise auch «Konzentration») signalisieren kann.

«Körpersprache ist ein dynamischer Prozess, bei dem man immer die Wirkung aller Signale zusammen interpretieren muss», sagt *Samy Molcho.* Der scharfäugige Pantomime vergleicht die Analyse der Körperbotschaften mit dem Steuern eines grossen Schiffes: «Man kennt den allgemeinen Kurs, aber während der Fahrt muss der Kapitän stets neue Informationen sammeln und den Kurs im Detail korrigieren. Genauso bei der Körpersprache: Man muss ständig aufpassen auf alle Signale, die einer aussendet.»

Auch die sogenannte Physiognomik, wie sie schon der Schweizer Aufklärer *Johann Kaspar Lavater* (1741–1801) formulierte, der aus bestimmten Gesichtsformen auf bestimmte Charaktere schloss, ist darum – trotz der berühmten und aussagekräftigen Kupferstiche von *Daniel Chodowiecki* (1726–1801) – mit einem grossen Fragezeichen zu versehen: Statistisch haben sich solche unverrückbaren Beziehungen (hohe Stirn: ein Denker; mächtiger Kiefer: ein Materialist; grosse Lippen: ein sinnlicher Mensch usw.) nicht nachweisen lassen.

Wenn Affen sich lausen, plaudern die Menschen ...

Die Instrumente, die wir bislang als Signalträger für Körpersprache genannt haben, liefern in erster Linie für die *Augen* bestimmte Signale. Es gibt denn auch Anthropologen, die die Entwicklung der visuellen nonverbalen Kommunikation in Zusammenhang bringen mit der Entwicklung des Hominiden vom Pflanzen- zum Fleischfresser – zum Jäger also, der auf scharfe Beobachtung angewiesen war und sich im Sozialverband mit Artgenossen behaupten musste, da er ja den mächtigeren Tieren keine «natürlichen» Waffen entgegenzusetzen hatte.

Die Frage, ob das Bedürfnis, Fleisch zu jagen, die Entwicklung der nonverbalen Kommunikation nötig gemacht hat oder ob umgekehrt die Entwicklung der Körpersprache – nicht zuletzt dank den anatomischen Veränderungen wie aufrechter Gang, Greifhand und räumliches Sehen durch die nach vorne, «ins Gesicht» gerutschten Augen – das Jagen stimulierte, erinnert allerdings ein bisschen an das Problem: War das

Wie hätte Johann Kaspar Lavater wohl seine eigene Kopfform eingestuft?

Ei oder das Huhn zuerst da? Beide Entwicklungen gingen wohl eher Hand in Hand und boten im Laufe des natürlichen Ausleseprozesses der Evolution dem Menschen bessere Überlebenschancen.

Die Sprache des Körpers bedient sich, abgesehen davon, nicht nur der mit den Augen erfassbaren Signale. Es gibt auch nonverbale Kommunikation im Bereich der andern Sinne:

– An den *Geruchssinn* appellieren heute nicht nur die natürlichen Ausdünstungen des Menschen: Eine ganze Industrie von Parfüm-, Deodorant- und Intimspray-Produzenten lebt heute davon, dass Gerüchen Signalwert zukommt.

– Eingeschränkter kommt der *Geschmackssinn* zum Zuge – vor allem bei erotischen Kontakten spielt er indessen eine zentrale Rolle.

– Das gilt in noch vermehrtem Masse auch für den *Tastsinn,* der vorab mit dem Instrument der Finger und der Hände, jedoch auch mit der ganzen Haut des Menschen kommuniziert.

Auf den ersten Blick mag vielleicht erstaunen, dass auch *akustische* Signale körpersprachlich eingesetzt werden. Eigentlich gelten Lautäusserungen ja eher als verbale Kommunikation.

Genaueres Hinhören belehrt uns aber auch da eines Besseren: Nicht nur die

Der berühmte Radierer Daniel Chodowiecki (1726–1801) schuf diese Kupferstiche als Illustration zu einem Jahrhundertwerk – den «Physiognomischen Fragmenten zur Beförderung der Menschenkenntnis und Menschenliebe» des Zürcher Publizisten Johann Kaspar Lavater (1741–1801). Lavaters Werk, das in ganz Europa auf grosses Interesse stiess, gilt als eine der frühesten Studien über die menschliche Körpersprache. Es ist zugleich ein Zeugnis für die wachsende Beliebtheit des Porträts, die im folgenden Jahrhundert der Fotografie zum Durchbruch verhalf.

ersten Laute, die der Mensch zu produzieren erlernt – das Schreien, das Weinen, das Gurren, das Lallen – sind nonverbale Signale. Im Laufe unseres Lebens erwerben wir darüber hinaus ein grosses Repertoire an expressiven Äusserungen, denen die Merkmale der sprachlichen Äusserungen (beispielsweise die zeichenhafte Bedeutung) völlig fehlen: Ausdrücke der Freude, der Aggression, der Lust, des Schmerzes, der Trauer, der Stimmung – Jauchzen, Brüllen, Schnurren, Aufschreien, Seufzen, Singen, Pfeifen. Apropos Singen und Pfeifen: So wie sich der Mensch mit Waffen und Werkzeugen verlängerte Arme oder mit der Tasse eine Ersatzhand schuf, so entwickelte er in den Musikinstrumenten neben seiner Mundhöhle auch künstliche Resonanzkörper. Und wenn das Wort «Körpersprache» auch nicht unbedingt jeder Form von Musik angemessen ist – nonverbale Kommunikation haben Bach und Beatles allemal betrieben.

Selbst beim Reden, beim Gebrauch verbaler Signale also, spielen nonverbale Faktoren eine viel grössere Rolle, als man lange angenommen hat. Das zeigt der Versuch, eine ungesteuerte Unterhaltung (beispielsweise in einem

Restaurant) hinterher zu rekonstruieren: Man wird sofort nicht nur die Planlosigkeit dieses Gesprächs bemerken, sondern auch einsehen, dass dabei der eigentliche Informationsaustausch gar nicht so wichtig war. Wichtiger war die Beziehung, die während des Gesprächs aufgebaut wurde. «Plaudern schafft in erster Linie Genuss an einer Beziehung», sagt der Körpersprachforscher *Michael Argyle.* «Vermutlich ersetzt es das Pflegeverhalten der Primaten. Die Affen berühren sich gegenseitig, lausen sich und grunzen – die Menschen dagegen plaudern.»

Vom Flirten und andern stummen Geschichten

Wir kommunizieren ständig auf verschiedenen Bewusstseinsstufen – verbal und nonverbal. Der Grad, in dem Körpersignale bewusst sind, beziehungsweise gesteuert werden können, liefert uns eine weitere wichtige Möglichkeit, die Flut der herumschwirrenden Körperbotschaften zu ordnen. Wir können dabei im wesentlichen drei Stufen unterscheiden: Es gibt erstens einmal Formen von Körpersprache, die überhaupt *nicht steuerbar* sind und die uns in aller Regel auch nicht bewusst werden. Dazu gehören Signale wie das Erröten, das Zittern, das Schwitzen oder die ganze, riesige Batterie von Signalen, mit denen der Körper uns meldet, dass etwas in ihm nicht stimmt – vom Husten über das Fieber bis zum Tumor und den blauen Lippen des Herzkranken. Krankheiten sind in diesem Sinne ebenfalls Botschaften nonverbaler Art, auch wenn wir mit diesen Signalen zum Teil zurückgehen in jenen Bereich, der im vorherigen Kapitel als «innere Kommunikation» (Kommunikation auf der Ebene der Zellen) beschrieben wurde.

Dann gibt es – gewissermassen am andern Ende der Bewusstseinsachse – Körpersprachen, die *vollkommen kontrollierbar* sind und deren Zeichen auch stets eine ganz bestimmte, bewusst festgelegte Bedeutung haben. Beispiele sind die Handzeichensprache des Polizisten, die Signalsprache der Flugplatzlotsen oder die Gebärdensprache der Taubstummen.

Dazwischen sind jene Signale einzuordnen, deren Beobachtung wahrscheinlich am spannendsten ist: die

Jeder Flirt läuft nach ganz bestimmten Regeln ab...

Botschaften, die wir in der Regel zwar unbewusst abgeben, deren Kontrolle aber *bis zu einem gewissen Grad erlernt* werden kann: unser Distanzverhalten etwa, Gestik und Mimik.

Dazu gehören die meisten Signale, die in unserer Eisenbahnszene beschrieben worden sind. Dazu gehören auch jene Sozialkontakte, die zu intimeren Beziehungen führen.

Desmond Morris, einer der besten Kenner nonverbalen Verhaltens (der englische Zoologe, Buch- und Fernsehautor hat dem Thema mehrere Bücher und Filme gewidmet), behauptet, dass solche Kommunikationsprozesse nach genauen Regeln ablaufen, an die sich beide Partner unbewusst halten:

1. Kontakt: Auge–Körper – man mustert sich gegenseitig.

2. Kontakt: Auge in Auge – das gegenseitige Sich-Anstarren, der «sprechende Blick».

3. Kontakt: Stimme–Stimme – das Gesprächsstadium, in dem man Lebensansichten und -einstellungen austauscht.

4. Kontakt: Hand in Hand – die erste Berührung, die oft mit einer gesellschaftlich erlaubten einsetzt, bei der keiner der Partner an Prestige verliert, wenn der andere «nicht weitergehen» will: Der Mann hilft der Frau aus dem Mantel, die Frau hält die Hand des Mannes, der ihr Feuer gibt. Dabei lässt sich die Berührung stets Momente über das Normale hinaus ausdehnen...

5. Kontakt: Arm um die Schulter. Das ist ein entscheidender Schritt: der eine Partner lässt den andern in seine «Intimsphäre» eindringen. Der Körper zeigt dabei mit fast unmerklichen Bewegungen an, ob er mitmachen will.

6. Kontakt: Arm um die Hüfte – die Hand nähert sich ihrem Ziel, der Genitalregion.

7. Kontakt: Mund zu Mund – der Kuss ist die erste ernsthaft intime Kontaktform. Dauert er länger an, so regen sich bereits die Geschlechtsorgane.

8. Kontakt: Hand am Kopf – Zärtlichkeiten ergänzen den Kuss, man tastet sich gegenseitig das Gesicht ab.

9. Kontakt: Hand am Körper – die Hand beginnt den Körper des Partners zu entdecken, der Tastsinn geht auf volle Sende- und Empfangsbereitschaft.

10. Kontakt: Mund an der Brust – jetzt haben beide wahrscheinlich bereits die Kleider ausgezogen – die Situation ist völlig privat geworden. Der Mund tut es der Hand nach – zum Tastsinn kommen nun auch der Geruch und der Geschmack.

11. Kontakt: Hand an den Geschlechtsorganen – das reine Betasten geht in Stimulation über.

12. Kontakt: Geschlechtsorgan und Geschlechtsorgan – der Körperkontakt, den «nackte Affen» als den engstmöglichen überhaupt empfinden, ist erreicht.

Diese Abfolge variiert natürlich im Einzelfall. Einzelne Phasen können auch gekürzt, übersprungen oder vorgezogen werden. Und so schnell wie hier beschrieben, geht ein Flirt wohl selten vonstatten. Aber immer läuft er nach dem Muster einer Treppe ab: Vor jeder Stufe ist ein Entscheid nötig.

Die Reduktion der Liebe auf eine Art Etappenrennen mag Moralapostel und Romantiker gleichermassen entsetzen. Entwicklungsgeschichtlich ist es indessen bemerkenswert, dass kein Primat ein derart ausschweifendes Sexualleben kennt wie der Mensch. Sogar weibliche Schimpansen kennen kaum einen Orgasmus, und ihre Brüste schwellen nur zur befruchtungsfähigen Zeit an. Die zahlreichen nonverbalen Regeln, die das menschliche Liebesverhalten ordnen, sind natürlich nicht

viktorianischer Prüderie entsprungen (die haben sie vielmehr erst ermöglicht). Eher hat die Natur hier wohl den Hintergedanken gehabt, die Reize zu verfeinern.
Anthropologen sehen in der Entwicklung der differenzierten Erotik des Menschen nämlich einen tiefen natürlichen Sinn: Die Belohnung des Sexualkontakts durch Lusterlebnisse auf jeder Stufe hat die belastungsfähigen Sozial- und Familienbindungen ermöglicht, die den Menschen in der Natur zu einem derart überlegenen Gruppenwesen gemacht haben. Für die Massenkommunikation ist dies ebenfalls von entscheidender Bedeutung: Der Mensch braucht nicht stets bis Stufe 12 zu gelangen; den siebten Himmel erreicht er oft auch schon beim Anblick von Bildern. Einen Hund lässt das Abbild einer Hündin kühl. Der Mensch ist empfindsamer...

Auch bei der Begegnung im Park spielen nichtsprachliche Signale eine wichtige Rolle. Der Leser auf der Bank signalisiert schon dadurch, dass er sich an den Rand setzt, dass er einer Begegnung nicht abgeneigt wäre. Die Körperhaltung im zweiten Bild verrät: er will mit männlichen Reizen locken. Als das Mädchen «angebissen» hat, macht er sich klein und bescheiden. Sie sucht verlegen etwas in ihrer Tasche – Zigaretten natürlich! Das gibt Gelegenheit zur ersten Berührung. Dabei gilt die ungeschriebene Regel, dass die Frau den Mann zuerst berührt. Nachdem der Kontakt geschaffen ist, verlassen die beiden die Bank – im Gleichschritt zwar, aber noch mit dem gehörigen Abstand. Wie es weitergehen kann, ist im Text beschrieben...

Die Sprache des nackten Affen

Wann hat der Mensch entdeckt, dass er mit seinem Körper Botschaften senden kann? Wie alt also ist die Körpersprache?

Mit Sicherheit kann die Wissenschaft diese Frage ebensowenig beantworten wie die Frage nach dem Ursprung und dem Alter der Wortsprache. Nur eines scheint gewiss: Sie ist um Tausende von Generationen älter als diese.

Die ältesten Formen der Körpersprache sind dabei vermutlich jene, in denen sich ein ähnlicher Ritualisierungsmechanismus abzeichnet, wie wir ihn schon bei den Tieren angetroffen haben, die beispielsweise mit dem Urin ihr Revier markieren.

Betrachten wir wieder die hängenden Mundwinkel: Diese Muskeleinstellung, die beim Säugling – und möglicherweise eben auch bei Urformen des Menschen, denn an der Entwicklung eines einzelnen Lebewesens lässt sich sehr oft die Geschichte seiner Gattung ablesen – dann produziert wird, wenn er die Aufnahme einer sauren, bitteren oder sonstwie unangenehmen, vielleicht auch giftigen Flüssigkeit verweigern will, wird mit einem Mal zum Signal, das auch unabhängig von der ursprünglichen Aktion (dem Zur-Seite-Rinnenlassen einer Flüssigkeit) verwendet wird.

Auf der Ebene dieser uralten Körpersprache erscheint der Mensch tatsächlich als «nackter Affe», wie ihn *Desmond Morris* in einem seiner amüsanten und lehrreichen Bücher über nonverbales Verhalten scherzhaft genannt hat. Im Gegensatz zur Wortsprache ist es bei der nonverbalen Kommunikation viel schwieriger, Unterschiede zu den Kommunikationsformen von Tieren auszumachen. Im Gegenteil: Die Ähnlichkeiten springen in die Augen. Das *Lachen* beispielsweise ist ein Signal, für das sich präzise Vorgänger bei verschiedenen Säugetieren gefunden haben. Es besteht aus 12 einzelnen Körpersignalen:

- einem bellenden «rch, rch»-Laut
- weit geöffnetem Mund und entblössten Zähnen
- zurückgezogenen Mundwinkeln
- Rümpfen der Nase
- Augenschliessen
- Fältchen in den Augenwinkeln

- Weinen
- Kopfzurückwerfen
- Schultern heben
- Rumpfschütteln
- Sich-auf-den-Leib-Schlagen
- Mit-den-Füssen-Stampfen

Nicht bei jedem Lachen werden alle diese Signale angewendet. Die Auflösung des Lachens in seine «Bestandteile» macht uns aber bewusst, dass ein bellender Hund oder ein wieherndes Pferd tatsächlich auf ihre Art «lachen»: Sie senden dieselben Signale aus. Sogar die psychologische Funktion des Lachens – das «Ablassen» von unnötigerweise bereitgestellter aggressiver Energie, wie *Sigmund Freud* das Phänomen erklärte – mag auf Tiere ebenso zutreffen wie auf den Menschen. Ein Beweis für das hohe Alter des Lachens ist übrigens auch die Feststellung, dass derartige Formen von Körpersprache allen Menschen gemeinsam angeboren sind und nicht erlernt werden.

Wenn ein Massai, ein Koreaner und ein Berner Oberländer auf die berühmte einsame Insel verschlagen würden, könnten sie sich darum prächtig verständigen – per Körpersprache. Sie könnten lachen, weinen, loben, beleidigen, Schmerz, Hunger, Wohlbehagen, Sehnsucht, Schutzbedürftigkeit, Nachdenklichkeit ausdrücken, könnten den Weg weisen, anzeigen, ob sie dominieren oder sich unterwerfen möchten, ob sie friedlich, aggressiv oder homosexuell wären und vieles andere mehr.

Viele nonverbale Signale tauchen selbst bei Menschen auf, die wegen angeborener Kommunikationsfehler gar nicht durch Imitation lernen können. Taubstumme Blinde beispielsweise erröten, zittern und lachen auch ohne die Hilfe anderer Menschen. Ein berühmtes Beispiel ist die Amerikanerin *Helen Keller,* deren Schicksal sogar verfilmt worden ist. Ohne fremde Hilfe konnte sie schon als kleines Kind lachen, weinen, Ekel und Lust ausdrücken. Auch das beweist, dass die ältesten nonverbalen Kommunikationsmuster uns angeboren sind.

Der Turmbau zu Babel – körpersprachlich verstanden

Es gibt indessen auch Formen der Körpersprache, die nicht allen Menschen

Helen Keller (1880–1968): taub, blind und doch kommunikationsfähig

gemeinsam sind, die nicht in allen Regionen der Welt verstanden werden, die wir erlernen müssen oder die an verschiedenen Orten verschiedene Bedeutungen besitzen. Sie sind später entstanden.

Ein bekanntes Beispiel dafür ist die reiche Gestensprache der Mittelmeeranrainer, insbesondere der *Italiener.* Sie ist auf weite Strecken nur Eingeweihten verständlich. Es macht ja auch auf den ersten Blick keinen Sinn, wenn ein Italiener sich mit dem Zeigefinger in die Wange bohrt und damit *molto buono* meint. (Der Zusammenhang mit dem, was man im Munde hat und nicht mehr preisgeben will, ist freilich dem sofort verständlich, der hinter Körpersignalen die animalischen – in diesem Fall mit der Nahrungsaufnahme verbundenen – Körperfunktionen sucht.)

Am bizarrsten erscheint die Auseinanderentwicklung der nonverbalen Kommunikation des Menschen wohl bei einer seiner alltäglichsten Handlungen – dem *Gruss:* Wer nach Japan reist, muss wissen, dass man dort zum Gruss eine leichte Verbeugung macht und den Blick senkt. In Europa dagegen gilt es als unhöflich, wenn man seinen Partner bei der Begrüssung nicht anschaut. In Indien hält man die gefalteten Hände vor die Stirn, Beduinen klopfen sich gegenseitig ab, die Eskimos reiben sich die Nasen gegenseitig, in Nepal berührt man gegenseitig die Stirne, in Österreich pflegte man noch bis vor einiger Zeit den Handkuss. Der erhobene Zeigefinger, in vielen Ländern eine Droh- oder Hinweisgebärde, bedeutet bei den Friesländern Willkommen oder Ade. Händeschütteln, bei uns zu jeder Gelegenheit üblich, wird im steifen England nur beim ersten Kennenlernen angewandt.

Alle diese Signale variieren überdies, je nachdem ob sie auf Distanz oder auf engem Raum, ob sie zwischen Rangverschiedenen oder Gleichgestellten, zwischen Männern oder Frauen, zwischen Vertrauten oder Fremden ausgetauscht werden. Allen Gruss-Signalen ist dennoch auch etwas gemeinsam: Sie stellen Demutsgebärden dar. Sie signalisieren: Ich nähere mich dir, aber ich habe keine bösen Absichten, ich lege dir meine verletzlichen Körperstellen dar, ich trage keine Waffe.

Unterwerfungsgebärden gehören nun aber auch schon zum Repertoire vieler Tiersprachen. Es lässt sich also denken, dass mit der Entwicklung der menschlichen Zivilisation auch eine Differenzierung von ursprünglich angeborenen Verhaltensformen eingetreten ist: Grüssen ist gewissermassen vererbt – aber wie man grüsst, bildet sich erst durch Konvention, also durch Lernen aus.

Der Turmbau zu Babel hat auch in der Körpersprache Spuren hinterlassen...

Eine Rekonstruktion urmenschlicher Kommunikation

Die ältesten «Körpersprachen» sind so alt wie der Mensch selbst. Schon die Vorformen der Hominiden dürften sich mit Handzeichen verständigt, während des Redens gestikuliert und dem Geschlechtspartner tief in die Augen geschaut haben. Es besteht auch einiger Grund zur Annahme, dass unsere Urahnen stärker auf die Körpersprache angewiesen waren als auf die Wortsprache, die sich damals erst auszubilden begann.

Die modernen Massenmedien haben es möglich gemacht, dies anschaulicher zu zeigen, als das früher möglich war. Der Film «Am Anfang war das Feuer», den der französische Regisseur *Jean-Jacques Annaud* im Jahre 1981 produzierte, ist ein prächtiges Beispiel dafür. Er stellt eine echte Rekonstruktion möglicher Verhaltensformen von Menschen dar, die vor rund 80 000 Jahren lebten. Im Beraterstab wirkten der Sprachexperte *Anthony Burgess* (er rekonstruierte eine Urform der menschlichen Sprache) und der Verhaltensforscher *Desmond Morris* mit. Morris entwickelte eine eigene Körpersprache für die Schauspieler. Er orientierte sich dabei an den Waffen und Gerätschaften, die von den ersten menschlichen Kulturen gefunden worden sind und aus denen sich Rückschlüsse auf Körperhaltungen und Bewegungen ziehen lassen. Sodann «kreuzte» er die Gestik von Schimpansen mit jener des modernen Menschen und trainierte die Schauspieler mit Pantomimelehrern während sechs Monaten darauf, sich nach den Regeln dieser (re-)konstruierten Körpersprache zu bewegen!

Und so sah dies dann etwa für die Artikulation von *Zorn* aus: Verbal nutzten die «Ulam» (so heissen die Urmenschen im Film) die Lautfolge «Smör» – mit einem langen «s» gesprochen, um das Spucken (eine uralte Beleidigungsgeste!) auszudrücken. Eine Reihe von nonverbalen Signalen, die zum Teil deutliche Ritualisierungen darstellen, kann dieses «Wort» begleiten oder ersetzen:

– Heftige Kratzbewegungen von der Schulter aus. Kratzbewegungen deuten auf Frustration hin. Die Kratzhand kann auch mit grosser Geste «vom Kopf abgezogen» werden. Die Geste richtet sich dann in die Richtung desjenigen, dem die Bewegung gilt.

– Stampfen mit dem Fuss. Der eine Fuss stampft, der andere wird alternierend vom Boden aufgenommen und wieder aufgesetzt.

– Heftiges Zerbrechen von Gegenständen, indem sie auf die Erde geworfen werden, sowie das Beissen der Handknöchel deuten auf Aggression gegen die eigene Person. (Das wütende scheinbare Zerbeissen der daumenseitigen Handkante hat D*esmond Morris* der italienischen Gestensprache entlehnt.)

– Zu allen Zornausbrüchen lassen die Leute vom Ulam-Stamm ihren Körper ausgiebig hin- und herpendeln.

Wenn dies eine einigermassen richtige Rekonstruktion urzeitlicher menschlicher Signalgebung ist, dann lehrt sie, dass die nonverbale Kommunikation beim Urmenschen gegenüber der Wortsprache im Laufe der Jahrtausende an Bedeutung verloren hat. Sie zeigt auch, dass die Bewegungen zu jenen Zeiten weiträumiger, gröber, auf grössere Distanzen wirksam gewesen sein müssen.

Es ist in der Tat immer wieder beobachtet worden, dass die Körpersprache mit zunehmender «Zivilisierung» zurückgedämmt wird.

Körpersprache, genauer: die Einstellung des Menschen zu den Signalen seines Leibes, hat also auch ihre *Geschichte.*

Gebremste Gebärden

Die Vorfahren der heutigen Italiener müssen jedenfalls noch weit mehr Vergnügen an der Gebärdensprache gehabt haben. Die Römer verfügten in der Antike über ein grosses Repertoire an konventionellen Zeichen: Bei den Gladiatorenspielen etwa flehten die Unterlegenen das Publikum mit erhobenem Finger um Gnade an: War das Publikum dem Verlierer günstig gesinnt, so schwenkte es Tücher, andernfalls drehte es die Daumen nach unten. Der Sieger schwenkte vor den Zuschauern Palmen.

Auch für den Krieg sind uns eine ganze Reihe von Gesten und Gebärden überliefert. Schlug ein römischer Krieger mit seinem Schild ans Knie, dann bezeugte er so Beifall, schlug er mit dem Speer auf den Schild, so war dies eine Herausforderung. Mit Untergebenen scheinen hochnäsige Herren in der Antike überhaupt nur nonverbal verkehrt zu haben, wie ein Zeitgenosse von *Nero* bezeugt. Ganz zu schweigen von den grossen Rhetorikern, die auch grosse Gestikulierer waren.

Im 20. Jahrhundert wirkt das Gebärdeninventar im einstigen römischen Reich (d. h. in Europa) viel weniger ungezügelt – wobei die «Bremse» in den nördlichen Ländern offensichtlich besser gegriffen hat als in den Mittelmeerstaaten. *Samy Molcho* sieht als Bremsfaktor Nr. 1 das Christentum mit seiner vor allem im Mittelalter stark jenseitsbetonten und deshalb körperfeindlichen Lehre an.

Der bedeutende Kulturhistoriker *Norbert Elias* setzt die Bremse später an. Er ist der Auffassung, dass die «Zügelung» affektgeladener Körpersignale in einem ganz offensichtlichen Zusammenhang mit der Entstehung der modernen Formen der Massenkommunikation steht. Diese Meinung hat sehr viel für sich.

In der Zeit, in der die Rittergesellschaft und die Einheit der katholischen Kirche zerbricht und die ersten Druckschriften sich über Europa verbreiten, entsteht nämlich in Europa der neue Leitbegriff der *civilité* (der «Zivilisiert-

Kulturell normierte Signale sind häufig Anlass für Missverständnisse: Das Seitwärtsneigen des Kopfes heisst beim Griechen «Ja» (links), die Vertikalbewegung dagegen «Nein».

«Verschwinde!»

«Ich habe Hunger» (Die flache Hand klopft an die Bauchseite.)

Eine Beleidigung: «Du gehörnter Ehemann!»

«Sehr gut!» (Der Finger bohrt sich in die Wange.)

heit»). Seine erste Ausprägung erhält er in einer Schrift des grossen Humanisten *Erasmus von Rotterdam* (1466 oder 1469–1536), die im Jahre 1530 unter dem lateinischen Titel *De civilitate morum puerilum* (wörtlich: «Von der Zivilisierung der knäbischen Sitten») erscheint. Das Büchlein ist einem adligen Knaben gewidmet, handelt vom korrekten Benehmen in der Gesellschaft und gehört neben der gedruckten Bibel zweifellos zu den ersten bedeutenden Produkten der modernen Massenkommunikation.

Allein in den sechs Jahren, die *Erasmus* nach der Erstveröffentlichung noch erlebte, wurde es mehr als dreissigmal gedruckt. Im ganzen lassen sich mehr als 130 Auflagen feststellen! «Die Fülle der Übersetzungen, Nachahmungen und Weiterbildungen ist kaum übersehbar», schreibt *Norbert Elias,* der die Wirkung von Erasmus' Manierenbüchlein genau untersucht hat. Schon 1532 wird es ins Englische übersetzt, vier Jahre nach Erscheinen kommt es in Katechismusform heraus und wird zu einem wichtigen Schulbuch. Deutsche, tschechische, französische, italienische Übertragungen folgen – das Buch wird zum Jahrhundert-Bestseller.

An den Übertragungen und Bearbeitungen, die die Schrift in der Folge erfahren hat, lässt sich sehr schön zeigen, wie die unbekümmerte Körpersprache im Zeitalter der sich allmählich verbreitenden Schriftkultur nach und nach in Schranken gewiesen wird.

Die europäische Schriftkultur hat die Körpersprache «gebremst». Im Mittelmeerraum freilich hat sich eine reiche Gestik erhalten. Auch in China weichen die alten Verhaltensformen nur zögernd dem westlichen Einfluss. Das geräuschvolle Spucken in den Napf ist zwar in Peking im Gefolge einer «Hygiene»-Kampagne verschwunden. Aber in der Provinz wird immer noch gespuckt...

Ein chinesischer Würdenträger mit Spucknapf (1982).

«Ich drehe dir den Hals um!»

«Perfekt!»

«Das glaubst du doch selber nicht!» (Der Zeigefinger zieht den Tränensack hinunter).

«Verrückter Kerl!» (Der Zeigefinger bohrt sich in die Stirn.)

Das drastische Beispiel des Spuckens mag dies veranschaulichen. Darüber schreibt *Erasmus* noch:

«Spucke zur Seite, damit du niemanden anspuckst oder nass machst. Wenn Spucke auf den Boden fällt, dann verwische sie mit dem Fuss, damit niemand sich ekeln muss. Wenn das nicht geht, dann fange die Spucke mit einem Tuch auf. Das Zurückschlürfen des Speichels ziemt sich für einen wohlerzogenen Städter nicht. Gewisse Leute spucken bei jedem dritten Wort aus – nicht weil sie müssen, sondern nur aus einer dummen Gewohnheit: auch das ist zu vermeiden.»

140 Jahre später lesen wir in einer französischen Bearbeitung der Erasmusschrift:

«Früher war es erlaubt, vor ehrbaren Leuten auf den Boden zu spucken, wenn man die Spucke mit den Füssen austrat. Heute gilt dies als unanständig.»

Noch einmal 100 Jahre später ist das früher vier Seiten umfassende Kapitel übers Spucken auf eine einzige Seite geschrumpft. Jetzt wird auch bereits den Kindern verboten, ihren Kameraden ins Gesicht zu spucken: Das Spukken aus Fenstern oder an Mauern ist nun ebenfalls verpönt.

In unserem Jahrhundert ist die Tabuisierung des Spuckens so weit fortgeschritten, dass sogar die Erwähnung des Verbots als unschicklich gilt: Die Schilder mit der Aufschrift «Spucken auf den Boden verboten», die man hin und wieder noch in alten Trambahnwagen findet, sind aus den modernen Wagen verschwunden.

Was fürs Spucken gilt, das trifft auf Hunderte von anderen nonverbalen Gewohnheiten in ähnlicher Weise zu: Parallel zur Ausbreitung von Lesen und Schreiben schreitet auch die Domestizierung der Körpersprache voran. Zuerst an den Höfen, dann bald einmal auch in den Städten (schon *Erasmus* nennt als Vorbild den «wohlerzogenen Städter»), schliesslich auch auf dem Land wird das Alltagsverhalten der Menschen mehr und mehr durch «Anstandsregeln» in «zivilisierte» Normen gedrängt.

Heute haben wir das, was als «Anstand» gilt, bereits so verinnerlicht, dass uns sogar die Vorschriften komisch vorkommen und die Anstandsbüchlein, die noch vor drei, vier Generationen in jedem Haushalt neben Kochbuch und Bibel standen, aus der Mode gekommen sind.

Seit die Presse immer mehr mit Bildern arbeitet, werden die Leser auch immer mehr mit reproduzierter Körpersprache konfrontiert. In Boulevardzeitungen tauchen Artikel wie die nebenstehenden auf, die offensichtlich auf zunehmendes Interesse bei den Lesern stossen. Derartige «Fotoanalysen» sind indessen häufig mit Vorsicht zu geniessen: zum einen weil die Körpersprache ein ständiger Prozess ist (was die starren Bilder vergessen machen), zum andern weil Signale selten nur eine bestimmte Bedeutung besitzen.

So können Sie die Bärtigen durchschauen

VON HELMUT GORANDISCHEK

Der Bart, einst ein Zeichen der Weisheit und des Alters, ist nicht nur eines Mannes Zierde, sondern auch ein Teil seiner Persönlichkeit: Ob ungestutzt wild wuchernd, oder liebevoll gepflegt – stets gibt er Auskunft über den Charakter seines Trägers. Der deutsche Psychologe Herbert Weilmeier (44) aus Berlin untersuchte die verschiedenen Bartträger-Typen und entdeckte Verblüffendes.

● Der Spitzbart – Lenin (Bild) war wohl der bekannteste Träger – deutet auf schnelles Denken und Zielstrebigkeit hin. Er gefällt Männern mit Elitedenken. Weilmeier: «Für diesen Typ ist nicht mehr viel Platz auf dieser Welt. Kein Wunder, dass er oft traurisch und müde erscheint und in der Liebe abschlafft.»

● Der sorgfältigst gestutzte Vollbart: Wer seine Männlichkeit so demonstriert, hat bestimmt was zu verbergen. Psychologe Weilmeier: «In jedem Fall ist der Träger dieses Kinnschmucks gehemmter und empfindsamer, als er sich den Anschein gibt. In der Partnerschaft bevorzugt dieser Mann Frauen mit viel Durchblick.»

● Der Knebelbart: Sein Träger ist sehr oft zwiespältig und ein intellektueller Zweifler. Als ausgezeichneter Rhetoriker, fällt es ihm nicht schwer, seiner Umwelt etwas vorzumachen. Dazu meint der Psychologe: «Um sich zu bestätigen, macht dieser Typ zudem gern unsicheren Frauen den Hof.»

● Der Vollbart: Wild wuchernd spottet er oft jeder Beschreibung. Die bei den alten Germanen wie bei den Römern sehr beliebte Barttracht wird von Männern bevorzugt, die Gefühlsmenschen, spontan, genussoffen, kreativ und geschickt in der Liebe sind. Experte Weilmeier: «Ein Mann fürs Leben!»

● Der Backenbart: Er trägt Frauen auf den Händen – wenn diese nur den einen Fehler vermeiden: Aus ihnen ein Genie machen zu wollen. Der Psychologe: «Er tastet sich langsam an die Probleme des Lebens heran und ist ein Feinschmecker, der sich für ein Supermenu im Nobelrestaurant eine Woche lang mit Billigkonserven zufrieden gibt.»

Polizei verhaftete 50 Jugendliche

F. B. BERN – Kurzen Prozess machten gestern

Curd Jürgens: ‹Ich kam vergebens in die Schweiz›

Montag, 28. September 1981 BLICK 3 **Im Blickpunkt**

So vergeht Diana das Lachen

Die glücklichen, sorglosen Tage im Leben von Prinzessin Diana sind vorbei – in zwei Wochen beginnt ihr «königlicher» Alltag. Ihr zukünftiger Weg ist mit Verboten und Geboten gepflastert. Und das fröhliche Lachen wird aus dem Gesicht der 20jährigen verschwinden.

Bub mischte Raketen-Brennstoff: Explosion!

Das Zeitalter des Auges

Auf dem Hintergrund der gesamten menschlichen Kommunikationsmöglichkeiten schlägt dieser Prozess der zunehmenden «Zivilisierung» der europäischen Gesellschaft eine klar erkennbare Richtung ein. Der Mensch besitzt ja, zumal für seine nonverbalen Äusserungen, fünf Sinne: Er kann sehen, «tönen», riechen, schmecken und betasten und die dergestalt geäusserten Signale auch mit den entsprechenden Empfangsorganen aufnehmen.

Je «anständiger» er nun wird, desto mehr werden einerseits vor allem der Geruchs-, der Geschmacks- und der Tastsinn zu verfemten, «gebremsten» Kommunikationskanälen. Spucken, Schneuzen, aber auch Furzen, Scheissen und Pissen und sogar das Schwitzen und der Mundgeruch – kurzum alles, was riech-, schmeck- oder betastbares Körperprodukt ist, wird tabuisiert. Die Feder und die Schreibmaschine wohlerzogener Bürger sträuben sich, diese Wörter auch nur zu schreiben. «Darüber» spricht man nicht – besser gesagt: nicht mehr. Das Beriechen, Betasten oder «Beschmecken» (Küssen) eines andern Menschen ist nur noch in der Intimsphäre der Familie erlaubt. Die Europäer gehen zusehends «auf Distanz» zueinander. Früher konnte sich eine Dame von Rang vor ihrem (männlichen) Lakaien noch ungeniert nackt zeigen. Später geht das nur noch vor dem Ehepartner. Mit den Fingern schneuzen wird zur «bäuerischen Sitte» – der Mann von Welt braucht seit dem 16. Jahrhundert ein Taschentuch. Selbst Speisen berührt man nicht mehr mit den Fingern. Statt dessen kommen Gabeln und Messer auf...

Andrerseits macht ein anderer Sinn Furore – das *Auge*. «Kinder lieben es, an die Kleider und nach allem, was ihnen gefällt, mit ihren Händen zu greifen», heisst es in einer *Erasmus*-Übertragung aus dem Jahre 1774. «Es ist nötig, diese Gier zu korrigieren und sie zu lehren, das, was sie sehen, lediglich *mit dem Auge zu berühren.*» Die frühesten Anstandsbüchlein aus dem Mittelalter beschränken sich noch auf blosse Anweisungen. Schon *Erasmus* geht weiter. Er beobachtet Menschen, stellt Gewohnheiten fest und beschreibt sie. Das Sehen bereichert das Schreiben, Schreiben und Lesen bereichern das Sehen: Mit der Zivilisierung entsteht so etwas wie «Augenlust». Man will mehr und besser sehen (auch die Brille entsteht gleichzeitig mit den ersten Druckschriften!). Leser erleben eine Geschichte nicht mehr mit dem Ohr, sondern mit dem Auge. Zuschauen wird immer mehr zu einer wichtigen Erlebnisform. Abenteuer (das Wort heisst ursprünglich «Ereignis») finden in Büchern statt...

Die Kamera ist das Auge des Zuschauers

Warum haben wir die nonverbale Kommunikation hier so ausführlich dargestellt?
Es gibt mehrere Gründe dafür. Der erste: Weil sie es verdient.
Unsere Bildung, unsere Kultur sind heute weitgehend auf der verbalen Kommunikation, genauer noch: auf der Schrift aufgebaut.
Seit *Johannes Gutenberg* in der Mitte des 15. Jahrhunderts den Buchdruck entwickelte und damit das Zeitalter von Buch, Zeitung und Zeitschrift einläutete, haben wir uns daran gewöhnt, Informationen nicht mehr allein im Gedächtnis, sondern auch ausserhalb unseres Körpers – in Schriftstücken und Datenbanken – zu speichern, das heisst: mit Menschen zu kommunizieren, die wir gar nicht vor uns haben, die nur etwas aufgeschrieben und gedruckt haben. Das ist eine ungeheure Bereicherung unseres Lebens geworden. Es hat aber andererseits auch dazu geführt, dass wir uns den Blick für die im Wortsinn «naheliegendste» Form der menschlichen Kommunikation – die Körpersprache eben – für eine Weile versperrt haben.
Es mag mit dem Populärwerden der modernen Bildmedien vor allem seit dem Zweiten Weltkrieg zusammenhängen, dass dieses Bewusstsein für die Sprache unserer Körper, für unser «Nicht-schweigen-Können», in den letzten Jahren und Jahrzehnten wieder gewachsen ist. Im Theater wird vor allem geredet. Der Film – der ja zuerst Stummfilm war – lässt Gesten sprechen. Und man kann fremde Gesichter aus der Nähe sehen, wie das auf der Bühne nie möglich wäre. So ist die Sensibilität vieler Menschen für nichtverbale Signale gewachsen, und das Thema «Körpersprache» dringt aus einer wissenschaftlichen Ecke bis in breiteste Bevölkerungsschichten vor, bis in die Boulevardpresse hinein, die in den letzten Jahren immer häufiger mit nonverbalen Informationen hausiert – nicht nur in Form der nackten Mädchen.
Und da liegt auch der zweite Grund, weshalb wir der nonverbalen Kommunikation diesen hohen Stellenwert einräumen: Je mehr die Massenmedien heute mit Bildern statt mit Sätzen arbeiten, desto mehr informieren sie auch auf dem nonverbalen Kanal. In unserem Alltag tabuisieren wir zwar Geruch, Geschmack und Tastsinn weiterhin – auch wenn überall Stimmen laut werden, die nach einem neuen «Körperbewusstsein» rufen, «Zärtlichkeit» preisen und «Berührungsängste» überwinden wollen. Aber mindestens auf dem Umweg über unser verfeinertes Auge nehmen wir vor allem dank der Massenmedien Körpersignale heute bewusster wahr.
Es gibt, jeder Blattmacher weiss das aus der täglichen Praxis, für den Menschen nichts Interessanteres als den Menschen. Das Bild eines Autos mit einem Mädchen auf der Kühlerhaube spricht auch einen Automechaniker unmittelbarer, menschlicher an als eine Werkaufnahme.
In der Sprache der Bilder aber wirken die Gesetze der nonverbalen Kommunikation auf die gleiche Weise wie im zwischenmenschlichen Verhalten. Einem Fotografen oder Kameramann ist dies viel eher bewusst als den Bildbetrachtern. Er weiss: Die Kamera ist das Auge des Zuschauers. Wenn ich von einem Menschen also eine Nahaufnahme zeige, dann fühle ich mich diesem Menschen als Bildbetrachter näher. Ich könnte ihn riechen, betasten, spüren. Bin ich mit der Kamera aber

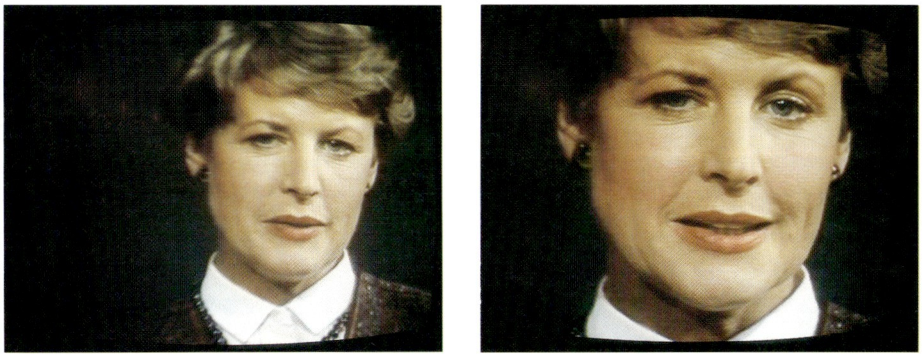

Die Medien können auch unseren Sinn für nonverbale Botschaften schärfen. In dieser medienkundlichen Sendung von ORF/ZDF/SRG («Immer dieses Fernsehen») wurde mit einer Studioaufnahme der Effekt der näherfahrenden Kamera demonstriert: Je näher die Kamera – das Auge des Zuschauers – dem abgebildeten Menschen rückt, desto näher fühlt sich auch der Zuschauer.
Grossaufnahmen wie das Bild rechts aussen vermitteln den Eindruck grosser Vertraulichkeit – zu solchen Sprechern vermag der Zuschauer kaum mehr Distanz zu entwickeln. Sie rücken einem im Wortsinn auf den Leib. Entsprechend stark und emotional kann dann auch ihre Aussage wirken.
Politiker und Schauspieler wissen, warum sie im entscheidenden Moment in Grossaufnahme gezeigt werden wollen...

weit weg, so bin ich «auf Distanz». Gucke ich mit der Kamera von oben herab auf einen Menschen, so fühle ich mich stärker, und der Abgebildete wirkt schwach. Blickt der Tagesschausprecher in die Kamera, so sucht er Augenkontakt mit mir. Kurz: Die Sprache von Foto und Film gehorcht den Gesetzen der Körpersprache.

Das trifft auch auf die akustischen Medien zu. Die moderne Studiotechnik erlaubt es einem Sprecher, im Flüsterton zu Millionen von Menschen zu sprechen. Flüstern aber heisst – wie die Grossaufnahme in der visuellen Kommunikation – Nähe. Flüsternde Menschen kann man spüren. Das schafft Vertrauen.

Wenn Radio und Fernsehen heute von vielen Menschen intuitiv als glaubwürdiger empfunden werden (wie das immer wieder in Umfragen erwiesen worden ist), dann hat dies entscheidend damit zu tun, dass deren Macher und Moderatoren uns mit dem Mittel der modernen Medien «nahe» sein können: Sie nutzen, auch wenn sie's nicht wissen, ein uraltes Gesetz der nonverbalen Kommunikation aus.

Wir dürfen wohl damit rechnen, dass die Abkehr von der Schriftkultur (wenn sie denn wirklich eintritt) und die vermehrte Hinwendung zur Bildinformation (an deren Eintreten heute kaum einer mehr zweifelt) ein stetig wachsendes Bewusstsein der nonverbalen Kommunikationsstrategien mit sich bringen werden. Die 30jährige Periode des nonverbalen Stummfilms hat hier möglicherweise wie ein Auslöser funktioniert. Wenn unsere Kinder und Kindeskinder also womöglich weniger lesen, als wir tun oder taten, dann braucht das deshalb nicht nur Anlass zur Sorge zu sein: Vielleicht *sehen* sie dafür mehr.

Schliesslich gibt es noch einen dritten Grund, der nonverbalen Kommunikation den ihr gebührenden Platz einzuräumen. Eine der hervorragenden Eigenschaften der menschlichen Wortsprache besteht ja darin, dass man mit ihr auch lügen kann. «Die Sprache ist dem Menschen gegeben, um seine Gedanken zu verbergen», sagte der französische Dramatiker *Molière* einmal. Die Körpersprache dagegen ist, da wir sie weniger im Griff haben und da wir zu viele Signale gleichzeitig kontrollieren müssten, dieser Errungenschaft des menschlichen Geistes viel weniger fähig. Mit dem Handschuh der Seele zu lügen ist schwieriger als mit dem bewusst gewählten Wort.

Die Körpersprache kann uns vielmehr oft «verraten». Frauen, heisst es, werden durch den Anblick nackter Körper des andern Geschlechts weniger erregt als Männer. Messungen der Pupillenveränderungen bei Testpersonen zeigen, dass dem nicht so ist. Ein Gesprächspartner, der behauptet, am Gespräch interessiert zu sein, aber die Füsse in «Startstellung» hält, «verrät», dass seine Körpersprache die Wahrheit sagt.

Vielleicht wird uns – wenn wir uns darauf trainieren, vermehrt nonverbale Signale zu beachten – mit der Zeit auch eher bewusst, was dahintersteckt, wenn Politiker mit gebremster Dynamik wohltönende Interviews geben, wenn Generäle am Bildschirm mit Kreide in der Stimme vom Frieden reden oder Showmaster sich gegenseitig an ihre Sternstunden erinnern:

Da lausen sich doch im Grunde einfach nackte Affen ihren Pelz...

Männerküsse in der Öffentlichkeit sind in unserer westlichen Gesellschaft verpönt. Aber es gibt Ausnahmesituationen, wo derartige Tabus problemlos durchbrochen werden können. Eine merkwürdige «Befreiung» ist in den letzten Jahren im sonst hinsichtlich nonverbaler Äusserungen sehr zurückhaltenden England zu beobachten. Auf den britischen Fussballfeldern tauschen die Stars des runden Leders ungeniert Zärtlichkeiten aus. (Das Bild zeigt eine Versöhnungsszene zwischen Alan Birchenhall von Leicester United und Tony Carrie von Sheffield United.) Die Sitte hat sich von England aus über die grünen Rasen der ganzen Welt ausgebreitet.

Weniger Nachahmung hat dagegen der Bruderkuss unter Politikern gefunden, wie ihn Leonid Breschnew und Erich Honecker vorführen...

Am Anfang war das Feuer

Ein Tier kann Spuren riechen. Ein Tier kann Signale setzen und Symbole verstehen. Aber wie es sendet und wie es empfängt, ist ihm angeboren. Der Mensch dagegen kann mit Bildern Erinnerungen, Vorstellungen, Wünsche, Ängste, Weltbilder wachrufen. Er kann Signale erfinden, die die Wirklichkeit im Bild bannen und bildlich neue Welten schaffen. In diesem Kapitel geht es um ein weiteres aussersprachliches Kommunikationssystem, in dem der Mensch es zu einsamer Meisterschaft gebracht hat: um das Verfertigen und Verstehen von symbolischen Zeichen.

Unschuldige Farben, die Grünen und Blauen, die Schwarzen und Weissen; Losungsworte, mit denen man keinen Begriff verband, Zeichen, die gar nichts sagten, haben, sobald es Parteien galt, im Wahnsinn Gemüter verwirrt, Freundschaften und Familien zerrissen, Menschen gemordet, Länder verheert.

Johann Gottfried Herder
(1774–1839)

Die Psychiater tun dem armen Kerl wahrscheinlich unrecht. Sie haben ihn zu einem in sich selbst verliebten, närrischen Kranken gestempelt. Dabei hat *Narziss,* von dem hier die Rede ist, eine für die Geschichte der menschlichen Kommunikation äusserst wichtige Entdeckung gemacht.

Die Geschichte ist uralt und wahrscheinlich nicht von den alten Griechen zum erstenmal erzählt worden: *Narziss,* ein schöner Jüngling, verschmäht die Liebe einer Nymphe mit dem sinnigen Namen *Echo. Echo* hat den bedauernswerten Fehler, dass sie einmal dem *Zeus* Avancen gemacht hat und von dessen Gattin *Hera* bestraft wurde. Ihre Stimmkraft reicht jetzt nur noch aus zur Wiederholung des letzten Wortes, das sie hört.

Narziss, wahrscheinlich ein sehr sensibler und kommunikativer Mensch, findet an diesem nachplappernden Flittchen keinen Gefallen. Das ist ihm eigentlich leicht nachzuempfinden. Trotzdem haben die Psychiater mit Unverständnis darauf reagiert und immer bloss naserümpfend über sein Folgeverhalten gesprochen. Dabei ist es eine Götterstrafe: *Narziss* wird nämlich zu unstillbarer Sehnsucht nach seinem Abbild, das er im Wasser erblickt hat, verurteilt – und seit einer vom Fache der Seelenheilkunde diese Geschichte gelesen hat, wird Liebe zu sich selbst als Narzissmus bezeichnet.

Was uns dazu führt, eine Ehrenrettung von *Narziss* zu versuchen, das ist eine kommunikative Eigenheit dieser Geschichte, die den Psychologen und Mythologen entgangen zu sein scheint. Sie besteht in den Strafen, die in der Erzählung gleich zweimal gefällt werden: *Echo* wird mit dem «Echo» bestraft – aus Gram über die verschmähte Liebe verwandelt sie sich in einen Felsen, aus dem ihre Stimme heute noch tönt; *Narziss* aber wird dazu verdammt, immer wieder schmachtend sein Spiegelbild zu betrachten.

Echo und Abbild – Kopien der Wirklichkeit, einmal akustisch, einmal visuell: es kann doch wohl kein Zufall sein, dass sie in dieser uralten Geschichte vereint auftreten.

Und das wäre dann die Ehrenrettung, die wir für *Narziss* vorschlagen: Der holde Jüngling hat neben erotischen auch kommunikative Erfahrungen, ja Entdeckungen gemacht. Vielleicht steckt darin sogar die eigentliche Botschaft der alten Sage, und die Erotik haben nur die Erzähler hineingebracht, weil sich das, wie die Boulevardpresse noch heute beweist, schon immer viel besser verkaufen liess.

Narziss, so ist anzunehmen, hat einen Urschock erlebt: Er entdeckte das *symbolische Denken.* Er nahm wahr, dass die Natur sich verdoppeln kann, dass sie – akustisch oder visuell, für die Ohren oder für die Augen – Kopien «wirklicher» Objekte und Wesen oder Töne liefert. Die Kopie spaltet sich vom Original ab, aber sie verändert sich dabei. Dem Abbild fehlt etwas: Das Echo kommt nicht mehr aus einem Mund, da ist kein Gesicht da, das die Wörter mit Mimik begleitet, nur noch blosser Klang; und auch das Bild ist irgendwie unwirklich geworden. *Narziss* kann es nicht mehr anfassen, es existiert bloss als Bild. Ihm fehlt der Geruch, und betasten lässt es sich auch nicht mehr.

Und doch sind Bild und Klang unzweifelhaft Spuren der Wirklichkeit: Wenn *Echo* etwas anderes ruft, dann verändert sich der Klang; wenn *Narziss* ein trauriges Gesicht macht, dann wird auch das Abbild im Wasser melancholisch.

Wie Masken auf ein Gesicht passen Klang und Spiegelbild auf die wirklichen «Vor-Bilder». Sie existieren zwar für sich und werden von den Sinnen ein zweites Mal wahrgenommen. Aber ebenso unzweifelhaft verweisen sie auf ein Original.

Wenn dies die ursprüngliche Bedeutung der Geschichte von *Narziss* ist, dann ist die Reaktion des Hauptdarstellers leicht zu verstehen und macht auch ohne das erotische Begleitgeplänkel Sinn: Der Urmensch entdeckt, was die Psychiater auch heute noch – bei der Traumdeutung etwa – als *Symbol* bezeichnen. Das versetzt ihn erst einmal in mächtige Angst (darum verschmäht *Narziss* seine *Echo*); aber dann beginnt ihn die Entdeckung, dass sich Bilder und Klänge von den dazu gehörenden Objekten lösen können, dermassen zu faszinieren, dass er darob zum Philosophen wird und das Bild immer wieder betrachten muss...

Die Suche nach den unsichtbaren Mächten

Symbol ist ein Wort aus der Sprache des *Narziss* und bedeutet wörtlich «das Zusammengeworfene». Auch dahinter steckt eine alte Geschichte: Gastfreunde pflegten sich in Griechenland zwei auseinandergebrochene Hälften eines Würfels zu schenken. Der Bruchrand war später der Beweis für die erwiesene Gastfreundschaft. Wie das Wort «Kommunikation» verweist also auch der Begriff «Symbol» auf die früheste Kulturstufe des Menschen – die Tauschgesellschaft. Und wie die Geschichte von *Narziss* und *Echo* registriert das Wort im Grunde zwei Beobachtungen:

– das Auseinanderbrechen von Kopie und Original

– das Zusammengehören von Abbild und Objekt.

Das Erkennen eines Abbildes ist ein Prozess, der nur im Kopf geschehen kann, genauer gesagt: im Gehirn des *Menschen.* Wer schon seinen Hund beobachtet hat, wenn der in den Spiegel guckt, der weiss: Der Hund erkennt nicht, dass das Spiegelbild er selbst ist. Nur gerade die uns von der Evolu-

Die griechische Sagenfigur des Narziss ist auch in der bildenden Kunst immer wieder als krankhaft in sich selbst verliebter Jüngling dargestellt worden. Dabei hat der Entdecker des Abbildes in Wirklichkeit eine kulturhistorische Leistung vollbracht...

tionsgeschichte her nahe verwandten Schimpansen scheinen vor einem Spiegel sich selbst erkennen zu können, wie der amerikanische Psychologe *Gordon Gallup* in Experimenten gezeigt hat. Ein Ansatz zur Unterscheidung von «Subjekt» und «Objekt» ist bei den höheren Primaten offenbar schon vorhanden. Trotzdem: Das Erkennen und Differenzieren von Symbolen ist eine jener Fähigkeiten, die den Menschen vor dem Tier auszeichnen – wie der aufrechte Gang, das grössere Hirn, die nackte Haut, der Gebrauch von Werkzeugen oder das Begraben der Artgenossen.

Kein Tier (ausser den Menschenaffen in Ansätzen) kann abstrakte oder konkrete Zeichen machen und sie sinnvoll in einem Kommunikationsakt verwenden. Man kann einer Taube zwar alle möglichen Kapriolen beibringen und sie scheinbar sogar mathematische Aufgaben durch allerlei komplizierte Körnerpickerei ausführen lassen: Sie lernt ein solches Verhalten jedoch nur dank menschlicher Dressur und, wie ein Automat, nur weil sie am Ende ihrer «Übung» mit Futter belohnt wird. Auch ein Papagei kann zwar Menschenlaute verblüffend gut nachahmen, mit Bedeutung füllen kann er sie nicht. Nur der Mensch kann sich der Spaltung zwischen Zeichen und Gemeintem, ihrer Zusammengehörigkeit und ihrer Verwendbarkeit im Kommunikationsprozess bewusst werden.

Mit dem Erkennen eines Symbols erfährt der Mensch: Es gibt eine *Aussenwelt,* die ist (nur) hier und jetzt; und es gibt eine *Innenwelt* in meinem Kopf, die kann ich mit mir herumtragen, die besteht aus Abbildern der Wirklichkeit – Vorstellungen, Ideen, Bildern, Wünschen, Träumen, kurzum: aus Symbolen.

Direkte Spuren dieser Entdeckung gibt es allerdings nicht. Das Hirn unserer frühesten Vorfahren, der *Australopithecinen,* ist längst verwest – und solange wir selber nicht genau wissen, was in unseren 1300 Kubikzentimetern grauer Masse im Schädel beim Denken vorgeht, würde es uns auch nicht viel nützen, wenn wir ein Hirnfossil finden würden.

Was in den Köpfen der Vor- und Urmenschen geschah, als sie symbolisch zu denken begannen, das lässt sich nur mit Ersatzmethoden studieren:

– indem man beobachtet, wie *Kinder* denken (weil die Entwicklung eines Individuums oft die Entwicklung einer ganzen Art widerspiegelt)
– indem man heute noch lebende *Naturvölker* studiert (weil sie gleichsam Frühformen unserer eigenen Entwicklung darstellen)
– indem man Fähigkeiten von menschennahen *Tieren* überprüft (weil sie Parallelentwicklungen der Natur aufzeigen)
– indem man die Geschichte von *Wörtern* zurückverfolgt (weil sich darin frühe Denkweisen widerspiegeln)
– indem man die Bedeutung alter *Mythen,* Märchen und Sagen untersucht (weil sie oft vorgeschichtliche Erfahrungen speichern).

Alle fünf Methoden sind vom streng wissenschaftlichen Gesichtspunkt aus gesehen spekulativ: Nachprüfbare Nachweise liefern sie kaum. Die Übereinstimmung der Erkenntnisse, die die fünf Methoden zutage fördern, kann deshalb nur die Wahrscheinlichkeit erhöhen, dass es so gewesen sein könnte. Mit dieser Einschränkung muss alles, was in diesem Kapitel berichtet wird, gelesen werden. Die Archäologie des Denkens verfügt leider über keine Scherben...

Die vereinte Anstrengung dieser fünf «Ersatz-Wissenschaften» hat uns aber immerhin die Erkenntnis gebracht, dass symbolisches Denken eine ganz wichtige neue Etappe in der Entwicklung der *Hominiden* gewesen sein muss.

Ob Echo und Spiegelbild das symbolische Denken gewissermassen «ausgelöst» haben, wie es die Geschichte von *Narziss* nahelegt, wissen wir natürlich nicht. Auch andere Alltagserfahrungen können den Urschock der Entdeckung von Abbildern ausgelöst haben, beispielsweise der Schatten, den Sonne, Mond und Feuer werfen.

Der griechische Philosoph *Plato* hat mit seinem berühmten *Höhlengleichnis* eine Geschichte erzählt, die jene, die einen Nerv für Kommunikationsphänomene besitzen, an die Geschichte von *Narziss* erinnert.

Plato vergleicht in diesem Gleichnis die Menschen, die auf der Erde unter dem Himmelszelt leben, mit Höhlenbewohnern, die gefesselt in einer Höhle sitzen und nur auf die Wand vor ihnen starren können. Hinter ihrem Rücken befindet sich im ansteigenden Höhlenausgang ein Feuer, das die Schatten anderer Menschen auf die gegenüberliegende Höhlenwand wirft. Da die gefesselten Höhlenmenschen nur nach vorne blicken können, halten sie die Schatten der Figuren, die sich zwischen ihnen und dem Feuer hin- und herbewegen, für die Wirklichkeit. Wenn nun aber so ein Gefesselter befreit und aus der Höhle geführt würde, dann – so *Plato* – sähe er zuerst die Widerspiegelungen im Wasser und später die von der Sonne beleuchteten wirklichen Objekte. Käme er zurück in die Höhle und würde seine Beobachtungen melden, dann würden ihn die andern töten. Denn sie hielten die Schatten für die Wirklichkeit und das Feuer für die Sonne.

Wer so seinen ursprünglichen Sinneserfahrungen zu misstrauen beginnt, ist nach der Meinung des alten Griechen ein Philosoph. Die Menschwerdung, sagt das Höhlengleichnis, beginnt mit einer Irritation: Der Mensch geht den Bildern «auf den Grund», er vermutet, dass etwas «dahinter steckt». Das ist *symbolisches Denken:* die Suche nach unsichtbaren Mächten, die «hinter» der sinnlich erfassten Natur wirken – die Suche nach *Ideen* (wie *Plato* das nannte), nach verborgenen Zusammenhängen, ja – nach Göttern.

Die Botschaft des Prometheus

Sicher war auch das, was sich am Firmament abspielte, vor allem für den Ackerbau treibenden Urmenschen ein mächtiger Anreiz zu symbolischem Denken: Die Sonne, die die Wärme und das Licht auf die Erde schickt, die Angst vertreibt und den Rhythmus der Jahreszeiten bestimmt, wird zum Symbol der Macht des Lebens – aber auch zur ersten Uhr, die die Tageszeit angibt. Der Mond wird zum Symbol der Nacht – und, weil er in beharrlichem Rhythmus ab- und zunimmt, zur Masseinheit «Monat». Eine Spur im Sand ist das Abbild eines Lebewesens, das hier früher einmal vorbeigegangen ist; die Farbe des Blutes wird zum Symbol für all das, was der Lebenssaft dem Menschen bedeuten mag – Kampf, Liebe, Kraft.

Ein Naturereignis, das den Menschen in ganz besonderem Masse zu symbolischem Denken angeregt haben muss, ist sicher das *Feuer* gewesen. Die Entdeckung dieses uralten Werkzeugs der Menschheit ist wohl in keinem Kulturkreis nicht durch zahlreiche Legenden überliefert. Die berühmteste Form hat der Mythos in der Figur des *Prometheus* gefunden.

Diesem Titanen werden bezeichnenderweise verschiedene Geschichten zugeschrieben. So soll er unter anderem den Menschen aus Lehm geformt haben, war also eine Art Gottvater. Ausserdem soll er Zeus bei der Verteilung von Speiseopfern unter Göttern und Menschen übervorteilt haben. *Zeus* bestrafte ihn, indem er den Menschen das Feuer vorenthielt. Prometheus aber raubte die Flamme und brachte das Feuer auf die Erde. Für ihn hatte das schlimme Folgen: Er wurde an einen kaukasischen Felsen gefesselt, ein Adler frass ihm täglich die Leber aus dem Bauch. Erst *Herkules* befreite ihn dann aus der ungemütlichen Situation. Für die Menschen aber wurde *Prometheus* zum Helden, der ihnen eine göttliche Botschaft überbracht hatte.

Prometheus ist in der bildenden Kunst immer wieder als titanischer Trotzkopf dargestellt worden, und weil wohl frühere Zeitalter nicht minder sensationslüstern waren als die heutige Zeit, hat die Szene mit dem gierigen Adler die Künstler weitaus am meisten zur Darstellung gereizt. Die Macht des *Zeus,* der jenen, der sich gegen ihn erhebt, derart grausam bestrafen kann, entwikkelte sich zur Hauptbotschaft dieser Geschichte, und *Prometheus* wurde so das abschreckende Beispiel für Frevler, Gotteslästerer und Revolutionäre schlechthin.

Das Hauptverdienst von *Prometheus* besteht aber darin, dass er Bote *und* Räuber war: Worüber *Zeus* allein verfügen konnte, indem er Donner und Blitz zur Erde schickte und Vulkane brodeln liess, das machte *Prometheus* zum raubbaren Objekt – er zeigte dem Menschen, dass Feuer hergestellt, beherrscht und kontrolliert werden kann. Was man aber kontrollieren kann, das bereitet auch keine Angst mehr. Dass *Prometheus* gleichzeitig – fast ist man versucht zu sagen «damit» – den Menschen erschuf, ist von geradezu zwingender Logik: Die Beherrschung des Feuers, seine werkzeugartige Verwendung gilt mit Recht als eines der eindeutigsten Signale von Menschwerdung. Sämtliche Tiere fürchten das Feuer – Feuer anfachen kann kein Wesen ausser dem Menschen.

Diese entscheidende Etappe der Menschwerdung – die Beherrschung des Feuers – hat ihre Spuren nicht nur in alten Mythen hinterlassen. *Jean-Jacques Annauds* Film «Am Anfang war das Feuer», der ja nicht einfach ein Fantasieprodukt aus der Horrorküche von Hollywood ist, sondern die plausible Rekonstruktion des Lebens von frühmenschlichen Sippen, zeigt einen Stamm, der dem andern das Feuer raubt – worauf die Räuber erfahren, dass Feuer auch durch Reibung von Hölzchen angefacht werden kann.

Der Film spielt nach Angaben der Autoren etwa 80 000 Jahre vor unserer Gegenwart. Tatsächlich hat man, beispielsweise bei den Neandertalern, die

Auch Prometheus (hier ein Kupferstich aus dem Jahre 1733), der zur Strafe an einen Felsen geschmiedet wurde, worauf ihm ein Adler täglich die über Nacht wieder nachwachsende Leber aufriss, ist in der Geschichte allzu schlecht weggekommen. Dass er damit, dass er den Menschen das Feuer brachte, auch eine historische Tat in der Geschichte der Kommunikation vollbracht hat, haben die Sagenerzähler vergessen...

in diese Epoche gehören, eindeutige Beweise für die Kontrolle des Feuers gefunden: Herdspuren oder verkohlte Knochen. Es gibt auch noch viel ältere Belege. Der berühmte «Pekingmensch» hat vor 300 000 bis 500 000 Jahren auch schon Feuer gemacht, und jüngst ist in der ostafrikanischen Wiege der Menschheit sogar eine Feuerstelle gefunden worden, deren Alter auf sage und schreibe 1,4 Millionen Jahre geschätzt wird!

Die Beherrschung des Feuers muss ein ungeheuer symbolträchtiges Erlebnis für den Menschen gewesen sein. Das Feuer – das waren vorher Blitz, Vulkan, Gefahr, Tod, Hitze, Zerstörung. Jetzt verfügt der Mensch plötzlich darüber, holt sich gewissermassen die Sonne vom Himmel, kann Feuer anfachen und auslöschen. Er kann damit die Speisen wärmen, so dass sie leichter zu kauen sind und schmecken wie das Fleisch eben getöteter, noch warmer Tiere. Er kann Wasser kochen und allerlei durstlöschendes und heilendes Gebräu erfinden. Er kann Höhlen und Hütten heizen und damit auch in unwirtlichere Gefilde ziehen.

Vor allem aber kann er nun, *Zeus* gleich, mit dem todbringenden Feuer *drohen*: Er kann die Tiere verjagen und andern Menschengruppen zeigen: Da ist ein Feuer, da sind Menschen, da sind *wir*, da gehört *ihr* nicht hin!

So wird das Feuer zum Gesetz. Es besetzt ein Territorium, wird zum Zeichen, zum Abbild der Sonne, zum ersten Totem, das man verehrt und fürchtet zugleich, zum Überträger von *Nachrichten*, zum *Medium* – kurz: zum ersten Element einer Art Sprache, die nur der Mensch beherrscht.

Der Ritzer

Irgendwann muss der von der prometheischen Symbolkraft des Feuers und von der Narzissmus-Entdeckung des «Abbildes» gleichermassen faszinierte Mensch entdeckt haben, dass er aus eigenem Vermögen die Sonne als Kreis, die Spur als Strich und die Höhle als Viereck zeichnen, einkerben oder auf Holz, Knochen, Steine oder Ton *ritzen* konnte: Er kam auf den Geschmack, Zeichen wie Feuer selbst zu fabrizieren und nicht mehr bloss von der Natur zu empfangen.

Irgend jemand muss dann auch einmal Ober-*Ritzer* geworden sein, der andere in der Herstellung solcher Zeichen instruieren, sie be-*raten* konnte, die *rätsel*-haften Zeichen zu lesen (englisch: to *read*) vermochte.

Ritzen, Rätsel, read (lesen) bedeuten heute ganz verschiedene Dinge. Die Geschichte dieser Wörter aber zeigt, dass sie aus einer Wurzel stammen: Raten, lesen und Rätsel lösen sind ursprünglich ein und dieselbe Tätigkeit. In der grauen Vorgeschichte, in der die ältesten Symbole entstehen, taucht denn auch immer wieder eine menschliche Figur auf, die zu den Symbolen in ganz besonderer Beziehung steht: der Mann, der die Symbole entschlüsseln kann. Symbole sind ja nicht immer eindeutige Zuordnungen. Sie sind vieldeutig. Im Traum wird das besonders offensichtlich. Träume sind Rätsel, hinter denen wir einen Sinn vermuten, ohne ihn zu verstehen. Wir brauchen Kommunikationshilfe – einen Übersetzer. Der Mann, der die Symbole zu deuten versteht – der Priester, Schamane, Medizinmann oder wie immer er heisst – ist, neben dem Botengänger, *die* archetypische Figur, die hinter dem *Journalisten* steht: So wie vom Priester, so erwarten wir auch vom Zeitungsmann oder vom Tagesschausprecher, dass er uns die Rätsel der Welt löst – als Ratgeber und Vorleser in einer Person.

Die ältesten «Ritzer» haben Spuren hinterlassen. Die älteste hat die unglaubliche Zeitspanne von 300 000 Jahren überlebt: ein Ochsenknochen, der im Jahre 1969 in Pech de l'Azé in Frankreich entdeckt worden ist. Deutlich erkennt man darauf eine Serie von Doppelbögen, von einem Menschen eingraviert.

Die eindrucksvollsten frühen Spuren symbolischen Denkens hat uns jedoch die spät- und nacheiszeitliche Epoche zwischen 35 000 und 10 000 Jahren vor unserer Gegenwart in Form von Zeugnissen eines intensiv betriebenen Kunsthandwerks überliefert. Sie finden sich in über 200 Höhlen vor allem in Nordspanien und Südwestfrankreich, aber auch in Nord-, Ost- und Südafrika. Die wahrscheinlich älteste Wandzeichnung stammt aus einer Höhle in Südafrika und hat das respektable Alter von 29 000 Jahren.

Die meisten dieser Höhlen sind erst im Verlaufe der letzten 100 Jahre entdeckt

worden. Die Eingänge sind oft so versteckt, dass die Vermutung aufgetaucht ist, die Höhlenbewohner hätten sie für rituelle Zeremonien benutzt. Gegen diese These spricht allerdings, dass man in den Höhlen auch Gebrauchsgegenstände und sogar gut erhaltene Fuss- und Handabdrücke von Kindern gefunden hat.

Die Botschaften, die uns über die Wände der verborgenen Höhlen aus jener fernen Zeit erreicht haben, sind so unglaublich, dass die Entdecker der Höhlen oft ihre liebe Mühe damit hatten, nicht als Fälscher und Betrüger abgestempelt zu werden.

Ein fast tragisch zu nennendes Beispiel dafür liefert die Höhle, in der erstmals Malereien aus der Steinzeit entdeckt worden sind ...

Ika, das Mädchen aus dem Stamm der Ivaka, zeigt Naoh, dem Anführer aus dem Stamm der Ulah, dass man Feuer nicht zu rauben braucht: Man kann es auch selber anfachen. Die Szene aus dem Film «Am Anfang war das Feuer» stellt den Versuch dar, einen wesentlichen Schritt in der Entwicklung der menschlichen Kultur – und der Geschichte der Kommunikation – visuell zu rekonstruieren.

Don Marcellinos Tochter macht eine Entdeckung

Die alte Farm von *Altamira* («Hoher Aussichtspunkt») liegt etwa 4 Kilometer landeinwärts von der nordspanischen Küste. Im Süden erstreckt sich die Bergkette der Cordillera Cantabrica, im Westen ragt der Picos de Europa bis auf 3000 Meter hinauf. Er ist oft von Schnee bedeckt. Eine atemberaubende Landschaft.

Dass die Gegend voller unterirdischer Höhlen ist, wissen die Einheimischen. Aber was für einen Schatz er sozusagen vor seinem Haus hat, das ahnt *Don Marcellino de Sautuola* in diesem Jahre 1868 noch nicht, als ihm ein Jäger, dessen Hund in einen Graben gefallen ist, berichtet, er habe den Eingang einer Höhle entdeckt.

Don Marcellino interessiert sich für Archäologie. So inspiziert er die Höhle höchstpersönlich. Er findet aber vorerst nur ein paar alte Knochen.

Zehn Jahre später trifft er in Paris den damals berühmten Prähistoriker *Edouard Piette* und unterhält sich mit ihm über das Leben in der Eiszeit. *Piette* sagt ihm, wonach er in der Höhle von Altamira suchen soll.

Auf Händen und Knien arbeitet sich *Don Marcellino* vor. Er entdeckt, dass die Höhle zuerst aus einem schmalen, zickzackförmigen Eingang besteht und sich dann zu drei grossen Galerien mit Seitenkammern ausweitet. Das ganze System erstreckt sich auf etwa 300 Meter Länge.

Aber auch der zweite Besuch bringt wenig Erfolg. *Don Marcellino* entdeckt ein paar Steinwerkzeuge – sonst nichts. Und wenn er, eines Tages im Jahre 1879, nicht seine kleine Tochter *Maria* mitgenommen hätte, dann wären die Höhlenmalereien von Altamira vielleicht heute noch unbekannt.

Maria ist noch klein. Sie braucht sich in der Höhle nicht zu bücken. So fällt ihr auf, was ihrem Vater entgangen ist: An der Decke einer niedrigen Galerie bemerkt sie plötzlich eine ganze Reihe von Zeichnungen: Sie ruft ihren Vater, und im Schimmer der flackernden Lampe erkennen Vater und Tochter über 20 Büffel, zwei Pferde, einen Wolf, drei Eber und drei weibliche Rentiere. Der Maler hat Farben benutzt – rot, gelb und schwarz – und auf geniale Weise die Buckel des Felsens so ausgenutzt, dass die Darstellungen fast dreidimensional wirken.

Don Marcellino erinnert sich jetzt an seinen Aufenthalt in Paris im Vorjahr. Da hatte er an einer internationalen

Ausstellung eine Reihe von geritzten Steinen gesehen, die von den Gelehrten der Zeit als prähistorisch anerkannt worden waren. *Don Marcellino* jubelt innerlich auf: diese Zeichnungen müssen aus derselben Zeit stammen!
Um so grösser ist sein Schock, als die Experten seinen Fund prüfen: «Das Werk eines neuzeitlichen Malers», tönt es. Ein Gelehrter schreibt: «Die Zeichnungen besitzen überhaupt nicht archaischen Charakter. Sie stammen weder aus der Steinzeit noch aus der Zeit der Assyrer oder Phönizier. Das hat bloss ein mittelmässiger Student der modernen Kunst gepinselt.»
Ein französischer Fachmann geht sogar soweit, *Don Marcellino* Betrug zu unterschieben. Ein Maler namens *Retier* habe schliesslich eine Zeitlang bei *Don Marcellino* gewohnt, sagt er.
Nur *Edouard Piette* glaubt an die Höhlenzeichnungen von Altamira und bittet *Emile Cartailhac,* den Anführer der Skeptiker, seine Position nochmals zu überprüfen.
Don Marcellino freilich erfährt davon nichts mehr. Gebrochen und beleidigt angesichts der unerhörten Vorwürfe, lässt er die Höhle schliessen und stirbt im Jahre 1888, ohne dass seine Entdekkung anerkannt worden wäre.
Erst nachdem weitere Höhlen gefunden werden, deren Datierung in die Steinzeit nicht mehr bestritten werden kann, bequemt sich die Wissenschaft zu einer Revision ihrer Ansichten. Im Jahre 1902 bekennt ein reumütiger *Emile Cartailhac* in einem Aufsatz: «Die Höhlenzeichnungen von Altamira sind echt.»

Symbolische und allegorische Zeichen

Die Höhlenmalereien sind die ersten zweidimensionalen Abbildungen von Menschenhand, die uns überliefert sind. Frühere Funde stellen meist dreidimensionale Objekte dar – Gefässe, Knochen, Werkzeuge, merkwürdige «Kommandostäbe» mit Gravuren oder Skulpturen aus Stein und Elfenbein. Schnitzen und Ritzen scheinen also Vorstufen des Zeichnens zu sein. Objekten und Malereien freilich ist gemeinsam, dass sie die ersten echten Spuren symbolischen Denkens darstellen, die wir besitzen – unverwechselbare Zeugen eines Denkens, das unter-

Frühe Bildkunst: Vor 8000 Jahren ritzte ein Künstler diese 50 cm hohe Antilope in einen senkrechten Felsen der Sahara bei Tinterhert im Bergland von Tassili n'Ajjer (Algerien).

Ein anderer Sahara-Künstler – die Wüste war zu jener Zeit noch wasserreich und bewohnt – bildete diese 72 cm hohe Frauenfigur ab, auf der deutlich Halsschmuck und Körperbemalung zu erkennen sind. Abbildungen von Menschen tauchen in den Höhlenmalereien allerdings nur spärlich und relativ spät auf.

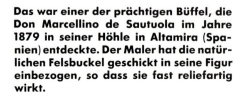

Das war einer der prächtigen Büffel, die Don Marcellino de Sautuola im Jahre 1879 in seiner Höhle in Altamira (Spanien) entdeckte. Der Maler hat die natürlichen Felsbuckel geschickt in seine Figur einbezogen, so dass sie fast reliefartig wirkt.

Im Golf von Bengalen zwischen Indien und Thailand leben die Onge auf den Grossen Andamanen heute noch wie Menschen zur Steinzeit: als nomadisierende Sammler und Jäger. Auch sie bemalen sich aber bereits mit einem Gemisch von Schildkröten- und Pflanzenfett. Die Bemalung ist nicht einfach Schmuck, sondern besitzt symbolische Bedeutung – sie weist auf besondere Ereignisse im Leben der Menschen hin, schützt vor bösen Geistern und – namentlich bei Kindern – vor Krankheiten. Die Haut, so muss man aus solchen Zeugnissen schliessen, war wohl die erste Leinwand, deren sich Menschen bedienten. Und sie tun es immer noch – wie die Masken am Karneval beweisen ...

scheiden kann zwischen der hier und jetzt sichtbaren, hörbaren, betastbaren, duftenden oder stinkenden Wirklichkeit und ihrem zeitlosen Abbild – dem nur für das Auge wahrnehmbaren Zeichen.

Das heisst natürlich nicht, dass das symbolische Denken beim Menschen sich nur oder zuerst auf dem *visuellen* Kanal entwickelt hätte. Höchst wahrscheinlich hat der Mensch zu jener Zeit auch bereits *akustische* Zeichensprachen gekannt. Er konnte pfeifen, schreien, zischen, vielleicht Trommeln schlagen und Flöte blasen. Vielleicht kommunizierte er auch mit Duftzeichen, rieb sich mit Blüten oder Tierfett ein, und ganz sicher hat er auch in seiner nonverbalen Kommunikation bereits über Signalsysteme verfügt, die variationsreicher waren als das auch den Tieren zugängliche Repertoire der Flucht-, Freuden-, Angst-, Liebes- und Zorngebärden: Er konnte winken und weisen, zum Anhalten oder Weitergehen auffordern, vielleicht hat er sogar seinen Mitmenschen schon den «Vogel» gezeigt.

Aber all diese symbolischen Kommunikationsformen haben keine direkten Spuren hinterlassen und können bloss aus den analogen Verhaltensformen von Kindern oder Naturvölkern erschlossen werden. Materiell überliefert sind uns nur die Spuren in den Höhlen der letzten Eiszeit und der darauffolgenden Epochen.

Die Fachleute glauben in ihnen zwei Gruppen von Zeichen erkennen zu können:

– Auf der einen Seite gibt es offensichtliche *Abbilder* aus der Natur, zumeist Tiere, seltener Menschen. Dazu zählen etwa die schönen Pferdchenfiguren, die man in der Höhle von Vogelherd in Süddeutschland gefunden hat, oder die prächtigen Tierdarstellungen aus *Don Marcellinos* Höhle in Altamira. Aber auch die an Sprayer-Zeichnungen erinnernden Strichmännchen auf den Felsenzeichnungen in Tansania sind offensichtlich Nachahmungen von wirklichen Menschen, vielleicht sogar Versuche, Bewegungen und Handlungen einzufangen.

– Auf der andern Seite hat man aber auch Spuren gefunden, die überhaupt nicht wie Imitationen der Wirklichkeit anmuten, sondern wie freie *Erfindungen* wirken. Auf einem Mammutfigürchen aus der Höhle Vogelherd beispielsweise kann man ganz deutlich ein paar halbmondförmig angeordnete Kreuze sehen. Auch eine Art Kiste taucht wiederholt unter den Höhlenzeichnungen auf.

Sehr früh finden sich auch auf Knochen und Skulpturen Kritzeleien, die eher an Dekorationen denn an den Versuch einer Nachahmung von natürlichen Mustern etwa eines Pelzes gemahnen.

Eine ganze Reihe von Begriffspaaren bietet sich an, um den Gegensatz zwischen diesen beiden Formen urtümlicher Zeichensprache zu umschreiben: *figürlich* und *geometrisch, Symbol* und

Allegorie, konkret und *abstrakt, Imitation* und *Erfindung, Abbild* und *Urbild,* oder auch, in der Sprache der Computertechniker, *analog* und *digital.*
Der grosse deutsche Gelehrte *Johann Gottfried Herder* (1744–1803) hat in einer berühmten Arbeit über den «Ursprung der Sprache» schon im Jahre 1772 einen ähnlichen Gegensatz auch in der gesprochenen Sprache ausgemacht. So unterschied er zwischen «Naturlaut» und «Geräuschnachahmung». Zu den Naturlauten wären Artikulationen zu rechnen wie «Ah!», «Oh!», «Mhm» oder «Mmm». Geräuschnachahmungen dagegen sind sicherlich Wörter wie *jauchzen, ächzen, grunzen, kichern, kreischen, knurren, murmeln, knattern, wiehern* oder *zwitschern.*
Narziss und *Echo* wären dann wohl die Urheber der abbildenden Art von Zeichen, während die «erfundenen» Zeichen eher als (viel älteres) Erbe aus der «Tierzeit» des Menschen erscheinen. Diese Aufteilung der Zeichen und ihre historische Zuordnung klingt sehr elegant – verdächtig elegant! Sehr oft sind ja bei derartigen Systematisierungen die Wünsche ordnungsliebender Gelehrter die Väter ihrer Gedanken. Wenn man indessen die spätere Entwicklung der Bilderzeichen verfolgt, dann muss man fast annehmen, dass die elegante Hypothese die Geschichte auf den Kopf stellt. Ganz offensichtlich sind beispielsweise die Hieroglyphen oder die chinesischen Zeichen, die im Spätstadium ihrer Entwicklung wie abstrakte Zeichen wirken, auf realistischere Abbilder der Wirklichkeit zurückzuführen. Je älter eine Hieroglyphe ist, desto besser erkennt man, dass sie etwas darstellt. Dieser Beobachtung entspricht die Feststellung, dass auch die frühesten Höhlenzeichnungen figürlich waren; die abstrakteren Formen tauchen erst später auf.
Das Rätsel über den Ursprung der menschlichen Symbolsprachen ist also nicht leicht zu lösen. Die Wissenschaft hilft uns in diesem Bereich nicht sehr viel. Die Geschichte der Symbole ist – wie vieles auf dem weiten Feld der Kommunikation – noch weitgehend unerforscht.
Man darf dabei auch eines nicht vergessen: Die Höhlenmalereien – obwohl die frühesten Spuren menschlicher «Kunst» – sind keineswegs primitive Stufen in der Entwicklung der Zeichentechnik. Sie verraten im Gegenteil einen hohen Stand der Fertigkeit und mitunter sogar eine überraschende Raffinesse – etwa wenn einer dieser Frühzeit-Rembrandts in Altamira einen Felsbuckel so geschickt in die Tierdarstellung einbezieht, dass sie dreidimensional wirkt.
Wir müssen davon ausgehen, dass die erhaltenen Höhlenbilder bereits eine Art Blütezeit der Tierdarstellung repräsentieren. Gemalt und gezeichnet, abgebildet und erfunden hat der Mensch wahrscheinlich schon Jahrzehntausende früher – wenn auch in vergänglicherer Technik. Wenn er beispielsweise seinen Körper bemalte, dann sind uns solche Zeichnungen natürlich ebensowenig erhalten wie mögliche Spuren in Sand oder Lehm, oder auch Kohlespuren auf Holz und Stein. Die Eiszeit hat diese Zeugnisse für symbolisches Denken unwiederbringlich zerstört.
Aber es gibt andere und ältere Spuren. Es sind Spuren jenes Menschentyps, den man nach dem ersten Fundort bei Düsseldorf «Neandertaler» genannt hat. Der Neandertaler stellt eine Seitenlinie der Hominiden dar, die vor etwa 30 000 Jahren ausgestorben ist. In einem Gebirgsmassiv im Iran sind seit drei Jahrzehnten Ausgrabungen im Gange, die das Bild vom brutalen Urmenschen, das man sich vom Neandertaler lange Zeit gemacht hat, gründlich zerstört haben. *Arlette Leroi-Gourhan,* eine Archäologin aus Paris, hat hier nicht nur zahlreiche Gräber entdeckt und damit bestätigt, was man schon früher wusste: dass der Neandertaler seine Toten begrub. Ein solches Ritual setzt zweifellos Denkfähigkeit voraus. *Arlette Leroi-Gourhan* fand aber noch mehr als Gräber und Knochen: Sie entdeckte in den Gruften Pollen von Pflanzen. Die Analyse dieser Pollen förderte die sensationelle Entdeckung zu Tage, dass das Grab der Neandertaler mit einem delikaten Arrangement aus weissen, blauen und gelben Blumen geschmückt gewesen sein muss! Weitere Forschungen legen es nahe, dass die bislang als kretinartige Ungeheuer verschrienen Urmenschen ihre Pflanzen nicht nur auf Grund ihrer hübschen Farben auslasen: Die gleichen Kräuter werden heute noch in der Gegend als Heilpflanzen verwendet! Das Skelett eines alten Mannes, der lange gelähmt gewesen sein muss (und also auch gepflegt wurde) deutet ebenfalls darauf hin, das die Neandertaler 60 000 Jahre vor unserer Zeitrechnung, am Ende der letzten grossen Eiszeit, bereits über eine gewisse Kultur verfügt haben müssen. «Das waren keine brutalen Klötze», sagt denn auch der Körpersprachforscher *Desmond Morris.* «Sie waren ästhetisch und in bezug auf die Kunst, die sie produzierten, sehr, sehr sensibel. Diese Menschen hätten nicht überlebt ohne ein grosses Mass an gegenseitiger Hilfe, Unterstützung, Liebe und Zusammenarbeit innerhalb der Gruppe.»
Gerade weil der Neandertaler noch fortschrittlicheren Verwandten Platz machen musste, wird man nicht fehlgehen in der Annahme, dass der Mensch lange vor der Zeit, als er uns fassbare Zeugnisse seiner Zeichensprache in Form von optischen Signalen übermittelte, bereits symbolisch zu *denken* verstand. Man kann sich vorstellen, dass er seinen Körper ebenso schmückte wie seine Gräber, dass er Rituale aufführte, tanzte, Theater spielte, Musik machte – kurzum: auch auf andere als auf visuelle Weise sich in der Gruppe mit Zeichen und Symbolen mitteilte und Konflikte durch Kommunikation mit Signalen zu lösen versuchte.

Ein Drama in fünf Akten

Die Frage freilich, ob die Abbilder oder die Urbilder, die Pferdchen oder die Kreuze älter sind, ist damit noch nicht gelöst. Vielleicht haben sie sich auch nicht *nacheinander,* sondern *miteinander* und gewissermassen *gegeneinander* entwickelt. Man könnte es sich als ein jahrzehntausendealtes Drama mit vielen einzelnen Akten denken. Etwa so:
Erster Akt: *Narziss* – gemeint ist natürlich eine Entwicklungsstufe, die dem Verhalten dieser mythologischen Figur entspricht – entdeckt Abbilder in der Natur: Schatten, Spiegelbilder, Echos, Spuren in Lehm und Sand, vielleicht sogar Geruchsspuren. *Narziss* erkennt: Das Abbild gehört zum Original, die beiden sind auseinandergefallen wie die zwei Hälften eines Würfels, das Abbild ist das «Symbol» für die Vorlage.
Gleichzeitig kritzelt der Sohn von *Narziss* mit einem Stecklein Kreuzchen

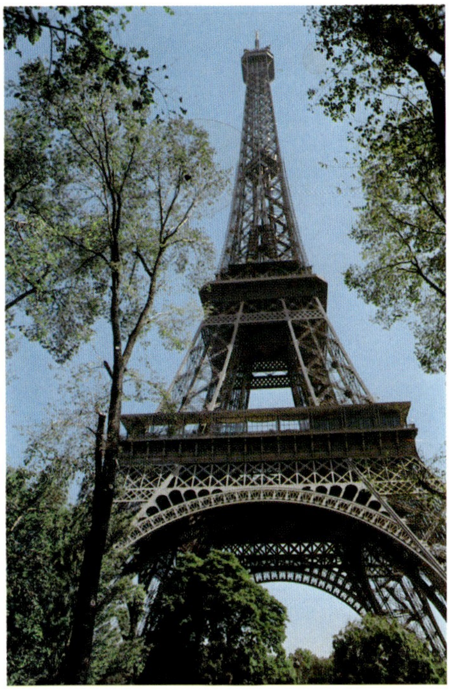

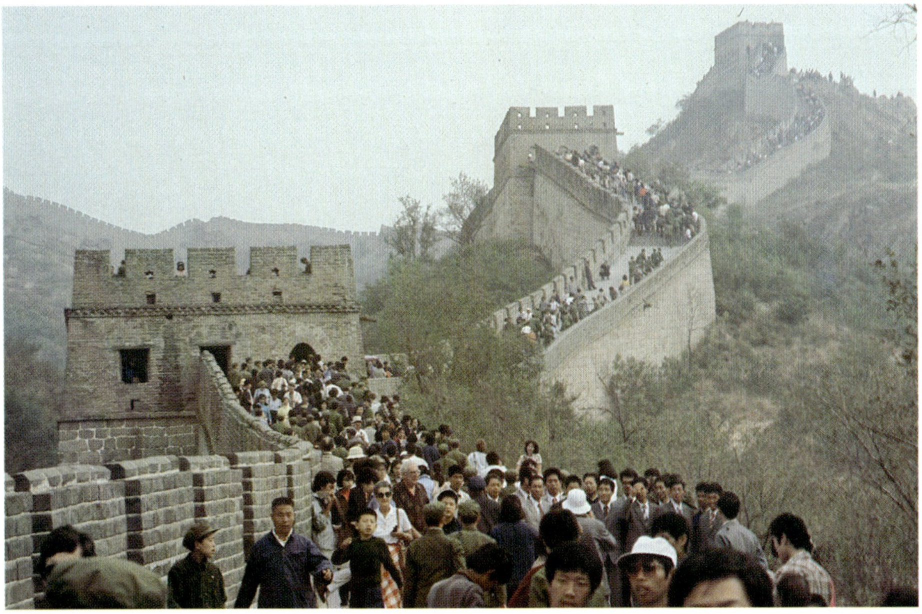

Von Menschen erschaffene Riesengebilde wie der Eiffelturm, die New Yorker Wolkenkratzer und die Kirche daneben oder die Chinesische Mauer sind nicht einfach Behausungen oder Schutz vor Kälte und Aggressoren: Sie sind auch heute noch Symbole – für den Fortschritt, den Glauben oder den Anspruch auf ein Territorium. Insofern sind alle Bauwerke mit den uralten Totems verwandt.

und Kreislein in den Sand, und wenn Papa *Narziss* von seinem Spiegelbild einmal loskommt und ihn fragt, was das sei (wenn er schon fragen kann), dann behauptet der Kleine, wie das die Kinder noch heute behaupten: Das ist ein Bär, das ist ein Baum, das ist die Sonne.

Zweiter Akt: Ein entfernter Nachfahre von *Narziss* – nennen wir ihn *Pygmalion* – findet Kieselsteine in einem Fluss, die ihm wie Abbilder vorkommen. *Pygmalion* hilft der Natur etwas nach, indem er überflüssige Kanten und Buckel wegschlägt. Vielleicht fällt er auch einmal bei einem schweren Gewitter in eine Pfütze hin, und wenn er aufsteht, ist seine Hand voller Lehm. Pygmalion öffnet die Hand, entdeckt, dass Lehm formbar ist, macht ein Figürchen und lässt es zufällig beim Feuer stehen. Am nächsten Morgen ist die Figur hart geworden. Vielleicht wird sie, einer Zeitmaschine gleich, noch im 20. Jahrhundert von seiner Erfindung künden.

Gleichzeitig kräht auch *Pygmalion junior,* der im Sand neben dem Feuer sitzt, «Ahaaaa!». Er hat wieder einmal das Zählen geübt, dabei mit einem Stecklein bei jeder Zahl auf den Boden geschlagen, und nun sieht er, dass die Striche, die dabei entstanden sind, auch abgezählt werden können, wie Bäume oder Beine: Eins, zwei, viele. Auch abstrakte Zeichen können in der Folge Bedeutungen annehmen.

Dritter Akt: *Pygmalions* hundertfacher Urenkel – sie rufen ihn *Punk* – ist ein furchterregender Geselle. *Punk* liebt die Musik und den Tanz, und wenn er vor seinen Stammesgenossen auftritt, dann schmiert er sich gekonnt mit Hühnerblut und Asche ein, so dass er gar nicht mehr wie ein menschliches Wesen aussieht. *Punk* setzt eine Maske auf und spürt dabei, wie er für die andern zu einem neuen Wesen wird, wie er eine Rolle annimmt. Er schafft ein anderes Bild von sich – das Bild nimmt eine Bedeutung an, die der Mensch selbst geschaffen hat.

Gleichzeitig zählt *Punks* Jüngster die schönen roten Kieselmurmeln, die er unter einem Stein versteckt hat. Sie sind sein ganzer Stolz. Keiner hat so viele rote Murmeln wie er. Das verschafft ihm Macht: Ein roter Stein ist zwei schwarze wert. Und wenn ein Kamerad keine Murmeln besitzt, kann er sie sich abverdienen. Der niedlichen Blonden aus der Nachbarhöhle eine heimliche Botschaft überbringen ist zwei Murmeln wert. Für eine Forelle aus dem Dorfbach gibt's vier. Das abstrakte Zeichen wird zum Wertmassstab: Man trifft eine Übereinkunft über dessen Bedeutung.

Vierter Akt: Die Eiszeit ist vorbei, und nun sorgt ein Höhlenmaler namens *Chagall* für einen weiteren Entwicklungsschub in der Zeichen- und Bildsprache. *Chagall* verleiht den vergänglichen Bildern Dauerhaftigkeit, mischt sich klebrige Farben zurecht und zieht Linien auf der Felswand. Aus den Linien formen sich die Umrisse von Tieren, so wie man sie im Gegenlicht sieht: Silhouetten, aus denen man die ganzen Figuren erahnen kann. Die paar Linien genügen – und das Tier ist auf die Wand «gebannt». Im zwanzigsten Jahrhundert nach Christus wird ein Maler namens *René Magritte* verdeutlichen, was da eigentlich geschehen ist: Er wird einen Apfel peinlich genau abmalen und darunter schreiben: *Dies ist kein Apfel!* Das heisst: Das Bild ist eine Fläche, es besteht aus Linien und Farben, man kann es nicht berühren wie den Apfel, es riecht auch nicht. Es ist bloss eine künstlich geschaffene *Spur* des Apfels, eine Reduktion des natürlichen Objekts auf dem visuellen Kommunikationskanal. Aber das Hirn des Menschen, inzwischen geübt im «Zusammenwerfen» von Wirklichkeit und Vorstellung, dem symbolischen Denken also, ist so weit entwickelt, dass es «hinter» den künstlichen Formen das Original «verstehen» kann.

Gleichzeitig ist auch *Chagalls* Familienstolz eine Stufe weiter gegangen. Er hat sich die Hand mit Vaters Farbe beschmiert und sie auf die Felswand geklatscht. Solche Handabdrücke wird man Jahrtausende später in zahlreichen Höhlen wiederentdecken.

Was *Chagalls* Sohn damit wollte, wird indes für immer rätselhaft bleiben. War die Hand das Abzeichen seiner Bande? Signalisierte sie: Hier treffen wir uns? Sollte sie Fremdlinge am Betreten der Höhle verhindern? Wenn *Chagalls* Sohn nicht einfach gespielt hat, dann kann man annehmen, dass er der Hand eine Bedeutung verlieh wie sein Vorfahre den Murmeln: Das abstrakte Zeichen ist ein konkretes Bild geworden. Dessen Bedeutung aber kann nur ein Eingeweihter ausmachen. Das Zeichen ist Teil einer Sprache geworden, eines *Code*, wie man im zwanzigsten Jahrhundert sagen wird.

Fünfter Akt: Ein grosser Jäger vor dem Herrn – sein Name sei *Hubertus* – malt nun schon mit grösserer Meisterschaft als Urahne *Chagall* ganze Jagdszenen an die Höhlenwand. Sie sind zum einen Erinnerungen an eindrückliche Erlebnisse – aber es ist zu vermuten, dass sie nicht nur Vergangenheitsbewältigung, «Geschichte» darstellen, sondern auch Zukunft: Sie sollen ähnliches Jagdglück beschwören. Vor der grossen Jagd treffen sich die Jäger in der Höhle und halten eine Zeremonie ab. Das Bild wird zum *magischen* Symbol: Es will die Wirklichkeit herbeizwingen, indem es sie im Sinnbild bannt.

Auch der Nachkomme von *Hubertus* hat sich inzwischen entwickelt. Er ist Schreiber geworden und ist dabei, die konkreten Zeichen, die seine Vorfahren durch Übereinkunft mit Sinn erfüllt hatten, wieder auf einfachere Formen zu reduzieren. Fünf Striche reichen aus, um eine Hand darzustellen, später wird er nur noch ein «V» aufschreiben, für zwei Hände – die Zahl 10 – ein «X».

Epilog: Meister *Rembrandt* (1606 bis 1669) malt seine *Nachtwache.* Ein realistisches Abbild eines Vorgangs, an dessen alltäglicher Wirklichkeit *Rembrandts* Zeitgenossen nicht zu zweifeln brauchen. Und doch ist es ein Bild voller Bezüge, denn die Figuren auf dem Bild tragen das Antlitz von *Rembrandts* Auftraggebern. Das Abbild, so realistisch es auch gemalt ist, hat symbolische Bedeutung erhalten. Es meint mehr, als es auf den ersten Blick zeigt. Meister *Sebastian Brant* (1458–1521) beschreibt in der gleichen Epoche in seinem Lehrgedicht «Das Narrenschiff» erstmals eine Figur, die mit verbundenen Augen dasteht und ein Schwert in der Hand hält. Maler werden die Figur in der Folge immer wieder bildlich darstellen, Bildhauer damit Brunnen verzieren. Man wird die

Denkmäler sind Stein gewordene Mythen – das Tell-Denkmal in Altdorf (Schweiz) ebenso wie die pathetische Figurengruppe vor dem Mao-Mausoleum in Peking, die an die chinesische Revolution der Arbeiter und Bauern erinnern soll. In den Mythen überlebt die uralte Kommunikationsform der Symbolsprache auf besonders eindrucksvolle Weise.

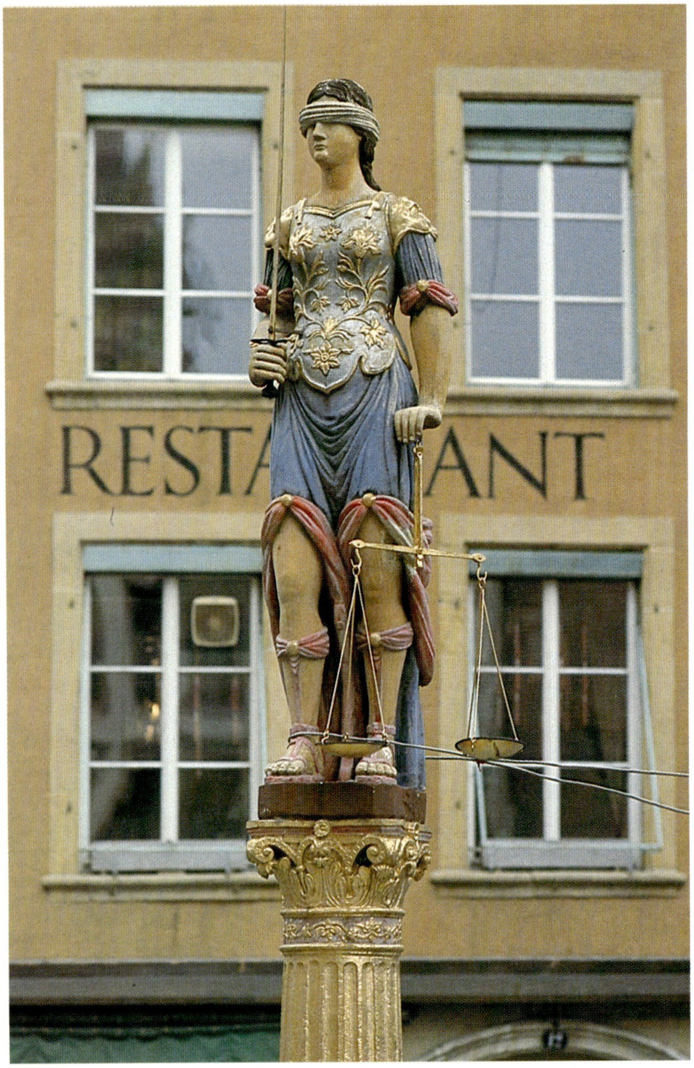

Allegorien sind Denkmäler, hinter denen sich eine ganz bestimmte Definition einer Figur verbirgt: Kennt man diese Definition nicht, so kann das Zeichen nicht entschlüsselt werden. Zu den bekannten Allegorien gehört die Justitia, die erstmals vom deutschen Dichter Sebastian Brant beschrieben wurde. Gänzlich unverständlich wird den meisten Menschen demgegenüber die merkwürdige Maria mit dem Regenschirm vorkommen. Ein frommer Christ hat die Figur gestiftet, weil ihm ein Regenschirm in einem Wirbelsturm einst das Leben rettete. Die allegorische Statue steht auf der Maskarenen-Insel La Réunion.

Figur *Justitia* nennen, und sie wird die Gerechtigkeit darstellen – aber genau so wenig wie die Handspuren in den Höhlen würden wir die Figur heute verstehen, wenn sie nicht zuvor von *Brant* mit dieser Bedeutung ausgestattet worden wäre: Das abstrakte Zeichen ist zum Abbild geworden – aber nur zum scheinbaren Abbild: Seine wahre Bedeutung erhält es nur durch die Übereinkunft jener, die das Zeichen verwenden.

Ganz ernst gemeint ist diese Darstellung der Entwicklung unserer Zeichensprache natürlich nicht. Wissenschaftlich gesehen ist sie nicht mehr wert als ein Märchen. Aber vielleicht macht sie deutlich, was im Kopf der Menschen alles geschehen sein muss zur Ausbildung der Fähigkeit, mit Zeichen zu kommunizieren. Diese Fähigkeit besteht aus einem ganzen Bündel von Fertigkeiten. Symbolisches Kommunizieren heisst nämlich:

– Die Ähnlichkeit zwischen Bild und Abbild erkennen.
– Ein Bild in einer «Momentaufnahme» erstarren lassen.
– Ein Bild im Abbild auf wenige Dimensionen reduzieren, also die Linie als Umriss, die Fläche als Körper, die Schattierung als Form und Farbe oder, im modernen Bilddruckverfahren, Rasterpunkte als ganzes Bild interpretieren.
– Einer abstrakten Form eine Bedeutung zuweisen und sich mit andern Menschen auf diese Bedeutung einigen.
– Eine konkrete Figur mit genau definierter Bedeutung ausstatten (dies nennt man auch «allegorisches» Denken).
– Wirklichkeitsgetreue Abbilder zu abstrakt wirkenden Zeichen vereinfachen.
– Hinter Abbildern besondere Bedeutungen vermuten, Assoziationen und Vorstellungen durch Bilder auslösen.

Vom Adler bis zum Zepter: Symbole, die Geschichte machten

Adler

Der «König der Vögel» ist das älteste Symbol der Herrscher: Schon die alten Babylonier und Ägypter brauchten den Adler als Symbol für ihren Anspruch, die ganze Welt zu kontrollieren. Die römischen Kaiser, die russischen Zaren, die kriegerischen Azteken mochten auf ihn so wenig zu verzichten wie der amerikanische Kongress, der den Adler 1782 zum Wappenträger machte. Die Deutschen übernahmen den Adler von den Römern und behielten ihn als preussischen, später als faschistischen Adler bis zum bundesrepublikanischen Bundesadler bei.

Antiatomtod-Zeichen

Das 1958 vom britischen Grafiker Gerald Holtom entworfene Kreuz mit den hängenden Armen erinnert an eine germanische Todesrune. Holtom entwickelte es neu aus den übereinandergelegten Zeichen für N und D aus dem internationalen Winksignal-Alphabet. Ursprünglich in Ostermärschen für nukleare Abrüstung (Nuclear Disarmament) und die friedliche Verwendung von Kernenergie eingesetzt, dient das Symbol heute weltweit auch den Atomkraftwerkgegnern.

Braun

Als die nationalsozialistische SA mit ihrem Sturmlied («Wir sind des Führers braune Haufen») die Erdfarbe zu ihrem Symbol erkor, war ihr die ebenso makabre wie drastische Nebenbedeutung des Verses wohl kaum bewusst. 1924 eher zufällig auf

Grund des khakifarbenen Hemdes eines Parteigenossen von SA-Chef Ernst Röhm zur Parteifarbe erwählt, wurde das Braun zur Uniformfarbe der Nationalsozialisten.

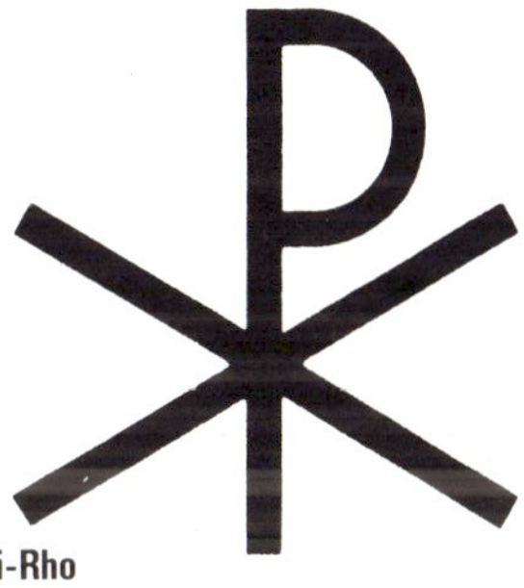

Chi-Rho

Er habe vor der Schlacht gegen seinen Nebenbuhler Maxentius im Himmel ein Zeichen mit der Weisung «Durch dieses siege!» gesehen, erzählte Kaiser Konstantin der Grosse später. Das Zeichen bestand aus einer Kombination zwischen einem griechischen X (Chi) und einem P (Rho) – der Abkürzung für «Christus». Das Chi-Rho war für Konstantin der symbolische Ausdruck für die sein Reich einigende neue christliche Staatsreligion und stellt eines der berühmtesten Beispiele der Propagierung eines religiösen Symbols für politische Zwecke dar.

Fackel

Die vom Franzosen Auguste Bartholdi im Jahre 1885 geschaffene Freiheitsstatue mit der Fackel («Miss Liberty») im Hafen von New York ist vor allem bei den jungen Nationalstaaten Afrikas und Asiens zu einem beliebten Symbol für die Befreiung von Sklaverei und Kolonialismus geworden. Die Fackel ist mittlerweile auch eine der häufigsten Briefmarkenzeichen der Welt.

Faust

Das uralte Signal, das schon Primaten im Zustand von Wut oder Verzweiflung oder auch als Abschreckungsgeste verwenden, ist seit der Oktoberrevolution 1917 vor allem unter Kommunisten zu einem Symbol für den Klassenkampf geworden.

Friedenstaube

Das alte christliche Symbol für den Heiligen Geist wurde von Papst Pius XII. (1876 bis 1958) publizistisch als Friedenssymbol verwendet, weil es auf seinen bürgerlichen Namen Pacelli verwies. Als Friedenssymbol ist es heute vor allem bei den sozialistischen Ländern beliebt.

Hakenkreuz

«Ein wirkungsvolles Abzeichen kann in Hunderttausenden von Fällen den ersten Anstoss zum Interesse an einer Bewegung geben», stellte Adolf Hitler in seinem Buch «Mein Kampf» fest. Er fand sein Abzeichen in einem uralten Sonnensymbol, das schon im 4. Jahrtausend vor Christus von Europa bis China nachweisbar ist. Fanatische Antisemiten machten es um die Jahrhundertwende zu ihrem Feldzeichen. Von ihnen

übernahm es Hitler und machte es zu einem wichtigen Instrument seiner antisemitischen und parteipolitischen Propaganda: Die NSDAP erkor die «Swastika», wie das Hakenkreuz auch genannt wird, 1920 zum offiziellen Parteisymbol. 1935 wurde die Hakenkreuzflagge zur deutschen Nationalflagge erklärt.

Halbmond

Auch der Halbmond taucht bereits bei den allerersten Schriftkulturen auf. Zusammen mit dem Sonnensymbol ist er ein Herrschaftssymbol. Bei den Römern war der Halbmond dann das Sinnbild für die Kaiserin. Die Türken machten ihn zu Anfang des 16. Jahrhunderts zu ihrem Siegeszeichen – in Europa wurde er deshalb ähnlich wie später das Hakenkreuz zum Schreckenszeichen. Heute führen viele islamische Staaten die Mondsichel – oft kombiniert mit einem Stern – in ihrer Nationalflagge.

Hammer und Sichel

Die beiden Symbole für Ackerbau und Industriearbeit – Bauern und Arbeiter – wurden 1924 zum Wappen der UdSSR erklärt. Lenin lehnte den ursprünglichen Vorschlag ab, noch ein drittes Zeichen als Symbol für die kommunistische Bewegung einzusetzen: «Das Schwert ist nicht unser Emblem», meinte er. Dennoch wurden Hammer und Sichel 1935 auch zum Kriegswappen der Sowjetunion erklärt.

Kreuz

Das christliche Glaubenszeichen ist das bekannteste religiöse Symbol. Seit Konstantin

dem Grossen (306 bis 337) gilt es mehr als Sieges- denn als Friedenszeichen und erscheint seither immer wieder auch als militärisches Feldzeichen. Es bildet die Grundaussage vieler Nationalflaggen (Schweizerkreuz, skandinavische Flaggen, Union Jack), dient den Kirchenarchitekten als Grundriss-Vorlage und – als Andreaskreuz – sogar als Verkehrszeichen.

Krone

Auffällige Kopfbedeckungen in allen möglichen Formen – vom Gesslerhut über das Künstlerberet und die Freiheitsmütze bis zum Heiligenschein – müssen schon in der Urzeit wichtige Identifikationssignale für Gruppen und Rangstufen gewesen sein. Ein Merkmal dieses Symbols besteht darin, dass es auch ohne dessen Träger Signalwirkung besitzt. Das gilt insbesondere für das Monarchen-Symbol der Krone, die in Wappen oder auf Münzen seit Jahrhunderten ein Symbol der Staatsmacht darstellt – sogar in republikanischen Staatsformen wie deutschen Bundesländern oder der «ältesten Republik der Welt», dem Kleinstaat San Marino: Sie alle führen Kronen in ihrem Staatswappen.

Löwe

Der «Herr der Tiere» ist ein uraltes Sinnbild für Wachsamkeit und Stärke. Schon ins berühmte Löwentor der altgriechischen Stadt Mykene wurde er als Herrschaftszeichen gemeisselt. Die Briten haben ihn zum Wappentier gemacht; beliebt ist der Löwe aber auch auf Grabsteinen, Wirtshausschildern und Denkmälern.

Olympiaringe

1920 wehte über den Olympische Spielen in Antwerpen erstmals die Flagge mit den fünf ineinander verschlungenen Ringen in den Farben Blau, Gelb, Schwarz, Grün und Rot. Der Erneuerer der Olympischen Spiele, Baron de Coubertin, hatte das Symbol 1914 als Zeichen für die Verbrüderung der fünf Kontinente im Sport erfunden. Die Olympiaringe sind neben dem UNO-Zeichen (eine Weltkugel, umrahmt von zwei Olivenzweigen) eines der wenigen weltweit anerkannten Symbole.

Rot

Die Farbe des Blutes gilt seit jeher als die dynamischste und auffälligste Farbe und ist deshalb schon im Altertum als Symbolfarbe nachzuweisen – lange bevor sie zur Fahne der sozialistischen Bewegung wurde. Schon die alten Eidgenossen rannten auf dem Rütli mit einer roten Fahne (ohne Kreuz!) herum, und seit die Jakobiner in der Französischen Revolution rote Hüte trugen und die Radikalen des Jahres 1848 mit roten Fahnen auf die Strasse gingen, ist Rot weltweit zur Farbe der Revolution geworden – und umgekehrt der Begriff «die Roten» zum Schimpfwort für Sozialisten.

Stern

Der fünf- oder sechszackige Stern ist eines der häufigsten Symbole in der Heraldik. In zahlreichen Nationalflaggen finden sich ebenfalls Sterne, vorab im Sternenbanner der USA («Old Glory»), das ursprünglich an

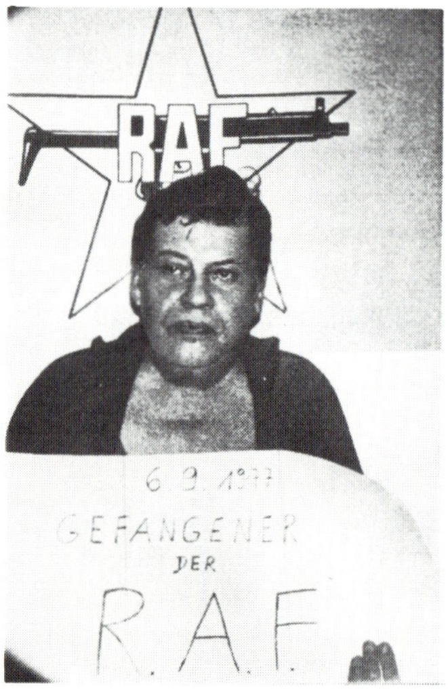

die 13 Gründerkolonien erinnert, die sich von England befreiten. Als Davidstern für die Juden, als roter Stern für die Kommunisten, als Schwarzer Stern für die afrikanischen Emanzipationsbewegungen oder als fünfzackiger Freiheitsstern (Pentagramm) ist der Stern immer ein positiv besetztes Sinnbild für Freiheit und Unsterblichkeit gewesen.

Uncle Sam

Tierische und menschliche Personifikationen sind seit dem 18. Jahrhundert ein beliebtes Mittel der Massenpropaganda und der Karikatur. So wie die Figur der Marianne für Frankreich, Helvetia für die Schweiz, Michel für Deutschland, der Bär für Russland stehen, so symbolisiert «Uncle Sam» (eigentlich aus der Abkürzung U.S.Am. entwickelt) die Vereinigten Staaten: ein rüstiger alter Mann mit langem weissem Bart, gekleidet in Frack und Zylinder in den Farben und Formen des Sternenbanners.

Victory-Zeichen

Fingersymbole gehören zu den ältesten Signalen der Menschheitsgeschichte. Sie können von jedem Menschen sofort nachgeahmt werden und eignen sich deshalb vorzüglich für schnelle Kommunikation. Der britische Kriegspremier Winston Churchill machte das mit Zeige- und Mittelfinger geformte «V» (für «victory») während und nach dem Zweiten Weltkrieg zum Symbol des Widerstands gegen den Nationalsozialismus und zu seinem persönlichen Markenzeichen. Das «V» als Symbol des Widerstands geht allerdings nicht auf Churchill zurück. Schon die BBC benutzte die Morse-Abkürzung für diesen Buchstaben, die an Beethovens Schicksalssinfonie erinnert (...–), als akustisches Signal für Sendungen in den von den Nazis besetzten Ländern.

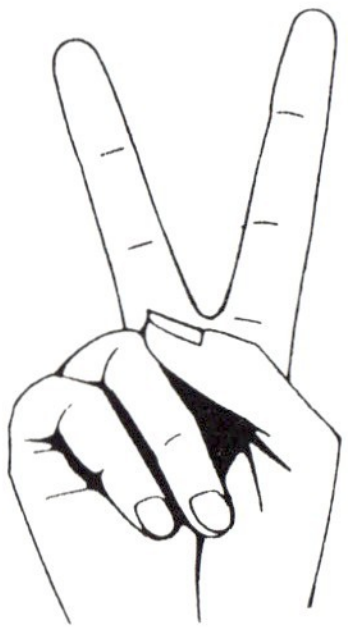

Belgische Rundfunkjournalisten kamen dann 1941 auf die Idee, das Widerstandszeichen auch als visuelles Symbol zu propagieren. Besonders nach dem deutschen Überfall auf die Sowjetunion am 22. Juni 1941 wurde die BBC-Aufforderung, V-Zeichen an die Mauern zu malen, begeistert befolgt. Passagiere der Metro in Paris zerrissen ihre Fahrkarten in V-Form – was die deutschen Besatzer dermassen reizte, dass sie ihrerseits (allerdings erfolglos) versuchten, das V-Zeichen als Symbol zu nutzen, und es zu einem antibolschewistischen Signal erklärten. Einigen Biographen zufolge hat Churchill sein Zeichem im übrigen aus einer andern Quelle: Auf der Suche nach einem «Antisymbol» zum Hitlergruss soll er bei den Freimaurern auf das V-Zeichen gestossen sein. Dass das Signal eine alte Vergangenheit besitzt, legen die Kuppeln vieler Kirchen nahe, wo man häufig die segnende und Gottes Macht verkündende Hand mit ausgestrecktem Zeige- und Mittelfinger antrifft.

Weisse Fahne

Die farblose und deshalb «neutrale» weisse Fahne gilt seit dem 18. Jahrhundert in Kriegshandlungen als Zeichen der Übergabebereitschaft. In der Farbsymbolik stellt Weiss die Farbe der Opfertiere, der Unschuld und der Sündlosigkeit dar. In China ist Weiss auch die Farbe der Trauer.

Zepter

Schon die Sumerer kritzelten einen Krummstab, wenn sie den Begriff der Macht umschreiben wollten. Sowohl im Militär (Marschallstab) wie in der Kirche (Bischofstab) oder in Monarchien gilt der Herrscherstab, dessen Ursprung man in Baumkulten vermutet, als Zeichen von Gewalt und Würde. Als solches hat es auch in Republiken überlebt, vor allem im angelsächsischen Kulturbereich.

Selbst Einstein dachte symbolisch

Zeichen und Symbole sind, ganz ähnlich wie die Körpersprache, uralte Kommunikationsformen, die ohne Sprache auskommen, eine «Sprache» (im weiteren Sinne) für sich darstellen und trotzdem in ihrer Vielfalt nur dem Menschen eigen sind. Wahrscheinlich vollzieht sich ein grosser Teil unseres Denkens in Form von Symbolen – und nicht von Wörtern und Sätzen. Selbst *Albert Einstein* (1879–1955) hat dies zugegeben. Er hat seine Art zu denken auf eine eindrückliche Weise beschrieben: *«Wörter, wie man sie schreibt oder spricht, scheinen in meinem Denkmechanismus keine Rolle zu spielen. Die Einheiten, die die Elemente meines Denkens darstellen, sind bestimmte Zeichen, mehr oder weniger klare Bilder, die ich willkürlich ins Bewusstsein rufen und kombinieren kann. Dieses kombinatorische Spiel scheint mir das entscheidende Merkmal produktiven Denkens zu sein, lange bevor irgendeine Beziehung zu Wörtern oder logischen Strukturen oder sonstigen Zeichen, die für die Kommunikation mit andern verwendet werden können, entsteht.»*

Ähnlich wie die Körpersprache sind aber auch die vielen Sprachen, die auf Zeichensystemen beruhen, in einen Winkel unseres Bewusstseins verdrängt worden, wo wir sie gar nicht mehr als wesentliche Kommunikationsmittel empfinden.

Zu Unrecht.

Denn vieles, was sich der Mensch in Zeichenform angeeignet hat, ist ihm später – beim Sprechen und Schreiben – zugute gekommen. Wir haben das nur vergessen und verdrängt.

Unsere Welt ist heute noch voller Zeichen, die wir im Laufe unserer Kulturgeschichte selbst geschaffen haben und mit denen wir täglich umgehen, wenn wir miteinander kommunizieren. Und heute noch erfindet der Mensch immer neue Kommunikationssysteme, die sich des uralten Mittels des Zeichens bedienen.

Wir möchten das an fünf Beispielen von Zeichensprachen illustrieren, die in der Massenkommunikation noch heute eine hervorragende Rolle spielen: dem Totem, dem Geld, dem Mythos, der Musik und der Marke.

Das Totem

Symbolisches Denken vermutet eine Welt «hinter» der Wirklichkeit. In den ältesten Religionen steckt deshalb hinter (oder «in») jedem Tier, hinter jeder Pflanze und jedem Baum eine «Seele». Spuren dieses «animistischen» (wörtlich: be-seelenden) oder «magischen» Weltbildes haben sich in der Astrologie und im Aberglauben bis heute erhalten: Das vierblättrige Kleeblatt, das Hufeisen, die Sternbilder zeugen von uraltem symbolischem Denken.

Sehr alt ist auch der heute noch bei Urvölkern feststellbare Brauch, das eigene Territorium durch ein allegorisches Symbol zu schützen. Der Schädel eines Bären, für alle sichtbar auf einen Pfahl gespiesst, signalisiert Freund und Feind: Hier befindet sich der Stamm, der sich den Bären als Symbol, als «Name» gewählt hat. Mit Bärenstärke wird er sein Stammesgebiet verteidigen.

So erklären sich die Ethnologen den Ursprung eines der ältesten Symbole, des *Totems.* Totems bestehen zum überwiegenden Teil aus Tierdarstellungen. Indem sie den *Besitz* andeuten, werden sie zum *Gesetz* (die beiden Wörter sind nicht zufällig miteinander verwandt und der Territorialsprache – dem *Sitzen* – entnommen!). Und so wie die Silhouette sich als Symbol vom wirklichen Wesen «ablöst», so entfernt sich das Totem von seiner konkreten Funktion und wird im Laufe der Kulturgeschichte zu einem der ersten Medien der Massenkommunikation, zum

Albert Einstein (hier im Jahre 1950 bei der Erklärung der Wasserstoffbombe) gilt als eines der grössten Genies unseres Jahrhunderts. Und doch spiegelte sich sein Denken weitgehend im vorsprachlichen Bereich ab, wie er es selbst schildert.

Symbol für ein Gesetzessystem, für Gut und Böse, für Diesseits und Jenseits, für Macht und Strafe.
Allen Religionen ist im Ursprung ein solch konkretes Element eigen – und darum ist es wohl auch keine Blasphemie, wenn man im Kirchturm, im Kreuz, im Schwarzen Würfel von Mekka eine Spur von Totem erkennt.
Wohl kaum anderswo ist das menschliche Verhalten im übrigen dermassen in den Bann von Symbolen geraten wie im religiösen Bereich. Nicht nur die christliche Religion – mit dem Fisch, dem Kreuz, dem Lamm, dem Heiligenschein, der Mutter Gottes oder dem Teufel – sind voller symbolischer Informationen – dies gilt für alle Religionen der Welt, auch für jene, die wir als primitiv bezeichnen.
In allen Religionen vollzieht sich dabei der gleiche Kommunikationsvorgang: Das Denken löst sich von der Wirklichkeit, dem «Diesseits», und erfährt im Symbol, dass es auch eine Welt geben könnte, die nicht zu greifen (und zu *be-greifen!*) ist: das Jenseits, das Transzendente, die Welt der Götter, von denen man sich kein «Bild» mehr machen kann (oder darf).

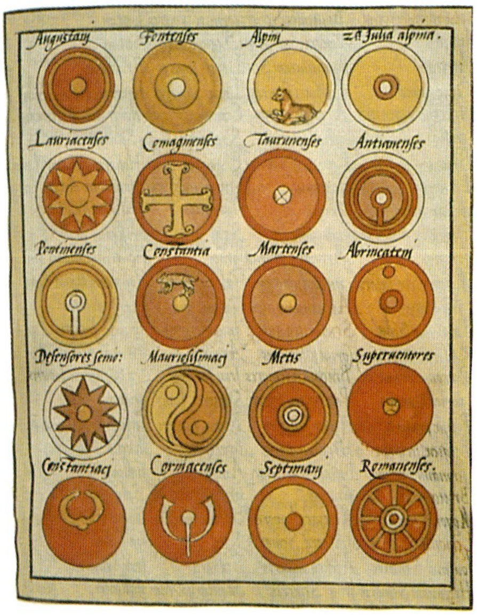

Die Wappen von Truppeneinheiten (hier eine mittelalterliche Nachbildung römischer Schildzeichen aus Britannien) sind alte Symbole, die das «Wir-Gefühl» ausdrücken sollen.

Auf diese Weise erhält das symbolische Bild seine eigene Magie. Wer den Teufel an die Wand malt, beschwört ein Unglück herauf. Das Maskottchen dagegen schafft Vertrauen. Auf magische Weise zwingt es den Erfolg herbei.
Eine wesentliche Funktion des Totems besteht aber auch darin, dass es ein alle anderen Symbole umgreifendes «Wir»-Gefühl schafft: Die Macht, die es verkündet, ist die Macht seiner Schöpfer; das Gesetz, das hinter dem Totem steht, ist das Gesetz «seiner» Familie, «seines» Stammes, «seines» Staates.
Als Gruppenabzeichen für Freund und Feind hat das Totem ebenfalls bis in die heutige Zeit überlebt. Denn das Wappen der Ritter, die Flagge der Länder, der *button* bei den amerikanischen Präsidentschaftswahlen, das Muster des Schottenrocks (des Clans), die Symbole von Parteien und Bürgerbewegungen, ja sogar der Familienname und die Kleidung dienen ja vor allem dem Zweck, Zugehörige und Nichtzugehörige einer gesellschaftlichen Gruppe – *insider* und *outsider* – voneinander zu scheiden. Die gewaltigsten Symbole, die der Mensch als Nachfolger des Totems dafür entwickelte, sind die Mauern, die Städte und Staaten eingrenzen.
Namentlich in der *Politik* spielen Symbole bis in die Gegenwart eine bedeutende und zuweilen verhängnisvolle Rolle. Revolutionen werden für «Farben» ausgelöst, Kriege für die «Ehre der Fahne» ausgefochten. Welche Macht man der Magie der Zeichen noch heute beimisst, erhellt beispielsweise aus der Tatsache, dass das Strafgesetz der Bundesrepublik im Paragraphen 86 heute den politischen Gebrauch der Nazi-Symbole ausdrücklich verbietet. So wie *Hitler* um die emotionale Wirkung der Körpersprache wusste, heimlich sogar besonders effektvolle Rednerposen übte und sich entsprechenden Fotostudien unterzog, so beuteten die Nazis die ir- oder vorrationale Wirkung der Zeichensprache auf historisch einmalige Weise aus.
Sie waren sich bewusst, dass sie, indem sie Symbole zum Hauptinhalt ihrer Politik und zum wichtigsten Mittel ihrer Volksverführung machten (*Hitler:* «Das Volk ist ein Weib»), ein Wesensmerkmal der Zeichensprache zu ihrem Vorteil ausnützten: Mit Symbolen lässt sich nicht argumentieren. Symbole setzen Werte. Symbole befehlen, fordern zur Identifikation heraus.
Harmloser erscheint dagegen die Nutzung der Symbolsprache auf einem andern beliebten Feld nonverbaler Betätigung: dem Sport. Klubembleme, -farben und -kleider schaffen im Grunde auf spielerische Weise genau jenes uralte «Wir»-Gefühl, das schon das Totem provozierte.

Das Geld

Das Geld ist das klassische Beispiel für die Entstehung eines Symbols: Das Objekt selbst erhält seinen Wert erst durch die Übereinkunft einer Menge von Menschen.
Lange bevor die ersten Lydier in Kleinasien, die als die Erfinder der Münzen gelten, im Jahre 650 vor Christus erstmals bohnenförmige Metallstücke mit einem eingestempelten Löwen als Tauschmittel gegen Waren brauchten, haben wertvolle, leicht transportable und von ganzen Völkern als Werteinheit anerkannte Objekte als Geld gedient: Noch heute in Gebrauch bei gewissen Urvölkern sind beispielsweise Schmuckstücke, wertvolle Schneckenhäuser, Ringe, Hundezähne, Federn, Steine, Pelze, Datteln oder Kakaobohnen.
Die Kulturhistoriker vermuten, dass das Geld zuerst in Kulthandlungen als Wertmassstab für Götteropfer eingesetzt wurde. In der ohnehin symbolträchtigen Atmosphäre religiöser Zeremonien wurden wertvolle Objekte zum Massstab für die Verehrung, die der Mensch den Göttern entgegenbrachte. Töpfe, Fische, ja sogar schon Steinbeile, sind so als Symbol für Werte, Waren und Arbeitsleistung stellvertretend, «symbolisch» also, für andere Dinge verwendet worden.
Seinen eigentlichen Aufstieg aber erlebte das Geld in der Epoche, in der der Mensch Landwirtschaft zu betreiben begann, Städte baute, Lager anlegte, Getreide und andere Produkte gegen andere Waren eintauschte und – je länger die Tauschketten wurden – um so mehr auf ein abstraktes Wertmass angewiesen war.
Der Wert des Geldes bemisst sich dabei im Laufe der Geschichte immer weniger nach dem materiellen Wert des Objekts, das als Massstab dient.

Die Bedeutung des jeweiligen Geldstücks wird einzig durch die Übereinkunft der Handeltreibenden (beziehungsweise heute durch die Währungspolitik der Staaten und der dahinter steckenden Wirtschaftskräfte) festgelegt. Geld ist, kurz gesagt, bewegliche Information.
Im Zeitalter der Bankencomputer ist es sogar zum reinen, immateriellen Symbol geworden, das als elektronischer Buchungsvorgang mit Lichtgeschwindigkeit um den ganzen Erdball saust.

Der Mythos

Narziss und *Prometheus* sind Namen, die ganze Geschichten wachwerden lassen. Der Mythos, ursprünglich eine Götter- und Heldensage, ist eine uralte sprachliche Form symbolischen Denkens. So wie sich im Abbild Dimensionen des «Vorbilds» verlieren, reduziert sich auch der Mythos im Laufe der Zeit zur Chiffre. *Wilhelm Tell* ist der Tyrannenmörder schlechthin, *Georg* der Drachentöter, *Gretchen* die Unschuld vom Lande.
Untersucht man die Mythen und Sagen bei verschiedenen Völkern und verfolgt sie über eine gewisse Zeitspanne hinweg, dann zeigt sich, dass die einzelnen Bestandteile dieser Mythen immer wieder auftauchen – wenn auch oft in unterschiedlicher Wertung. *Dietrich von Bern* beispielsweise (der historische Ostgotenkönig *Theoderich aus Verona)* ist beim einen Volk ein Bösewicht, beim andern ein Held – aber immer ist er eine Figur in einem Kampf.
«Mythen sind starre, auf weniges reduzierte Abziehbilder von dem, was wir Wirklichkeit nennen», sagt der Schriftsteller und Literaturkritiker *Urs Widmer.* «Der Mythos ist eindimensional und unreflektiert, er zeigt nur seine schöne Oberfläche. Er ist statisch, er ist unpolitisch, er gilt jetzt, seine historische Entwicklung kümmert mich nicht. Er will von Veränderung nichts wissen. In einen richtig guten Mythos kann man sich verlieben, und Liebe macht blind. *Che Guevara* reitet heldenhaft durch die Urwälder und trotzt der Übermacht der Unterdrücker: ein Old Shatterhand der Revolution.»
Amors Pfeil, die *Achillesferse,* das *Damoklesschwert,* der *Augiasstall,* der *Papiertiger* und der *Löwenanteil* – das alles sind zur Formel gewordene Beispiele dafür, wie sich Mythen in unsere Alltagssprache herübergerettet haben. Die moderne Unterhaltungsindustrie ist undenkbar ohne sie. Der *Western* hält den Mythos des einsamen Helden hoch, der *Krimi* («Die griechische Tragödie des kleinen Mannes», wie ihn «Derrick»- und «Kommissar»-Schöpfer *Herbert Reinecker* nennt) das Symbol des Drachentöters Georg. Ganze Gattungen der modernen Fernsehunterhaltung leben von Mythen: die Science-Fiction-Serien vom *Herkules*-Mythos, dem antiken Superman, die

Auch Filmstars können zu Mythen werden. John Wayne etwa verkörpert für Hunderte von Millionen Menschen den Mythos vom einsamen Streiter für Recht und Ordnung, der im amerikanischen Western ebenso Urständ feiert wie die Heldensage vom Drachentöter in den Kriminalserien.

Horrorfilme vom *Vampir-* und *Teufelsmythos*. Ebenso haben *Ödipus, Robin Hood* (der «Rächer der Armen») oder *Adam* und *Eva* ganze Bibliotheken voller Bücher stimuliert.

Sogar das, was die Massenmedien gerne als ihre ureigentliche Aufgabe bezeichnen – die Information – ist durchsetzt mit mythischen Symbolen. Die Tagesschau wählt zum grossen Teil Themen aus, die ebenfalls von den Taten und Untaten grosser Männer berichten, das mythische Schema von Gut und Böse (Schwarz und Weiss) weitertransportieren und in Formulierungen wie «der Kreml» oder «das Weisse Haus» sogar neue Mythen schaffen.

Und ist der folgende, wenn auch als Parodie gemeinte Text nicht auch ein Beweis dafür, dass *Einstein* recht hatte, wenn er meinte, unser Denken vollziehe sich weitgehend in Symbolen und verwende Wörter, die ganze Geschichten wachrufen? *Ror Wolf* machte sich so über die symbolträchtige Sprache der Fussballreportagen lustig:

«Nach dem Schnitzer des Ausputzers hob der Aufbauer den Abpraller über die Mauer in die Gasse, wo der Aufreisser mit dem Hammer am Drücker war und den Abklatscher in die Lücke gab, wo der Abstauber den Abtropfer nahm und als Aufsetzer in den Kasten des Aufsteigers setzte.»

Die Musik

Wer sich in der einschlägigen Literatur zur Massenkommunikation etwas umsieht, der bemerkt mit Erstaunen, dass eines der Hauptmittel der modernen Medien, vor allem des Films, des Fernsehens, des Radios und der Schallplatte, äusserst stiefmütterlich behandelt wird. Zur Kommunikation zählt unter den Medienwissenschaftlern in der Regel nur, was sich mit Worten artikuliert. Sie übergehen die Musik, die jedoch in Wirklichkeit eine der beliebtesten und ältesten symbolischen Ausdrucks- und Mitteilungsformen des Menschen ist.

Denn so wie der Mythos von *Narziss* die Entdeckung des visuellen Abbildes symbolisch erzählt, so berichtet die Geschichte von *Echo* über das «Abbilden» von Klängen. Ein Geräusch wiederholt sich, wird reproduziert, löst sich vom «Hersteller» und wird vom Menschen als Zeichen empfangen. Ob Musik dabei in ihrem frühesten Stadium «Naturlaut» oder «Geräuschnachahmung» war – um *Herders* Begriffe über den Ursprung des ebenfalls akustischen Kommunikationsmittels Sprache wieder aufzunehmen – das können wir heute nicht mehr feststellen. Sicher ist *ein* Element der Musik, der *Rhythmus,* die Reproduktion einer Urerfahrung: Schon vor der Geburt entwickelt sich ja der Gehörsinn beim Menschen, und der rhythmische Herzschlag der Mutter ist ohne Zweifel das beherrschende akustische Erlebnis des Embryos.

Die fliessenden Frequenzwerte, die die Höhe eines Tons ausmachen, sind im Laufe der Kulturgeschichte zu Tonleitern geworden: Wie bei einem Liegestuhl die Zacken der Lehne, «rasten» die Töne der Tonleiter auf gewissen Frequenzen ein, und es entstehen Ganz- oder Halbtöne. Dieses «Einrastprinzip» wird uns bei der Entstehung der Sprachlaute wieder begegnen. Bei der Musik allerdings werden – von Kultur zu Kultur zum Teil unterschiedlich definierte – «reine» Klänge gesucht, die in harmonischer Weise miteinander klingen. Dies ist die Zeichensprache der Musik.

Die Zeichen der Musik dienen in der Regel nicht der Übertragung von verbalen Botschaften. Musik informiert über Stimmungen, Gefühle, Eindrükke, ganz ähnlich wie jene Formen der Körpersprache, die wir als nur teilweise kontrollierbar bezeichnet haben – die Signale für Flirten, Angst oder Verlegenheit. Wer sich überlegt, dass Musikinstrumente ja im Grunde wie Werkzeuge nichts anderes als Erweiterungen unseres Körpers zur Produktion von Geräuschen sind, der erkennt sofort: Musik ist ein Kind der Symbol- und Körpersprache. Wir haben es in ihr, mit den Symphonieorchestern und den modernen Mitteln der Elektronik, nur so weit gebracht, dass wir ihren Ursprung vergessen haben...

Die Marke

Gegen Ende des letzten Jahrhunderts verbreitet sich der Brauch, Waren mit dem Zeichen des Herstellers, genauer: des Fabrikbesitzers zu kennzeichnen. Die frühesten dieser Marken wurden in der Schweiz erfunden – für ein höchst typisches Schweizer Produkt – die Schokolade. Schon in der ersten Hälfte des vorigen Jahrhunderts kamen nämlich Schokoladen auf den Ladentisch, die nicht mehr einfach als *Chocolat,* sondern als *Cailler, Peter, Nestlé, Sprüngli* oder *Tobler* verkauft wurden. Weitere Marken folgen in der zweiten Hälfte des 19. Jahrhunderts: 1878 wird in Deutschland als Marke der Begriff *Pelikan* für Tinte und Tusche eingetragen. 1880 erscheint Kölnischwasser mit der (bis heute unveränderten) Marke *4711* auf dem Markt. 1893 dringt das Mundwasser *Odol* in die Badezimmer (oder Küchen) vor.

Der Sinn der Marke liegt nicht nur darin, der Ware gewissermassen ein Duftzeichen anzuhängen. Die Marke macht die Ware auch zum Unikat – es gibt dank der Marke keine zweite Ware derselben Art. Sie kann damit auch juristisch geschützt werden – auch wenn sich die Waren in ihrem Inhalt kaum oder gar nicht unterscheiden: Die Marke macht sie – symbolisch – einzigartig. Die moderne Werbung beginnt mit der Erfindung der Marke – und wenn «Markenartikler» auch anfänglich als stillose Kaufleute galten: die Werbung lebt bis heute von Markenartikeln. Dabei geschieht etwas Ähnliches wie beim Geld: Die Marke wird im Kommunikationsvorgang wichtiger als die Sache, die sie bezeichnet: Wir kaufen nicht mehr Waschmittel, sondern *Omo,* nicht mehr Zigaretten, sondern *Peter Stuyvesant.* Und oft geht die Werbung gleich noch einen Schritt weiter: Sie heftet der Marke ein *Image* an – ein Symbol für das Symbol also. So wird *Peter Stuyvesant* zum «Duft der grossen weiten Welt», *Marlboro* zur Welt von «Freiheit und Abenteuer», *Esso*-Benzin zur Kraft, die der Tiger in den Tank bringt. Und die Zahnpasta *Colgate* erhält mit dem «Ring

Im Olympiastadion von Los Angeles haben sich die Symbole der Werbung, des Sports und der alten Baukunst friedlich zu einer Symphonie der Zeichen vereint. Markensymbole sind seit hundert Jahren unverzichtbare Elemente der Werbebotschaften geworden: Mit ihnen schaffen sich Waren und Firmen ein unverwechselbares Image, das nicht selten auf die uralte magische Kraft religiöser Symbolik – vom Stern bis zum Heiligenschein – zurückgreift.

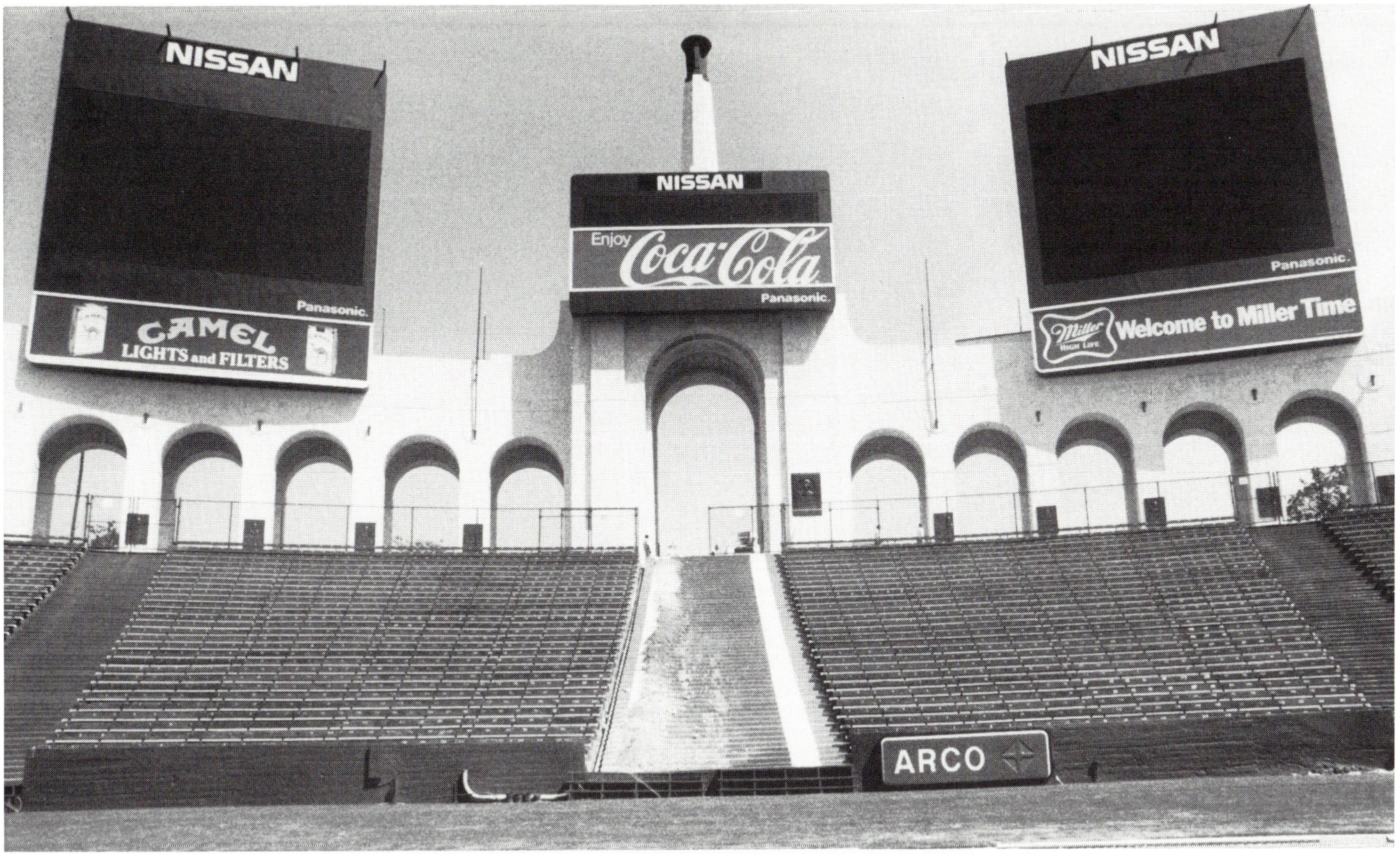
NISSAN
NISSAN
NISSAN
Enjoy Coca-Cola
Panasonic.
Panasonic.
Panasonic.
CAMEL
LIGHTS and FILTERS
Welcome to Miller Time
ARCO

SBF 1

ROVER

Marlboro
TEXACO
GOODYEAR
Marlboro

Mami, Mami,
er hät überhaupt nöd bohret!
Umgeben Sie Ihre Familie mit dem Colgate Sicherheitsring.
Sicherheit vor dem Bohren.
Auch Ihre Kinder können zur Colgate Fluor S Generation gehören. Das sind Kinder, die weniger an Karies leiden. Weltweite, klinische Tests beweisen, dass nur der Zahnarzt Ihrem Kind einen besseren Schutz vor Karies geben kann als Colgate Fluor S mit MFP.
Die spezielle MFP Fluor Formel von Colgate Fluor S härtet die Zähne und macht sie widerstandsfähiger gegen Karies. Und das heisst: Weniger bohren und stärkere Zähne fürs ganze Leben.
Das sind gute Gründe, auch Ihre Familie mit dem Colgate Sicherheitsring zu umgeben.
Colgate fluor S
COLGATE FLUOR S. Weniger bohren…
stärkere Zähne fürs Leben.
37

der Frische» den aus der religiösen Symbolik geborgten Heiligenschein. Wir erkennen darin die alte Technik des Totems und des magischen Symbols wieder: Die Kraft des Symbols soll sich übertragen auf den, der die Ware nutzt; der Konsument erlebt ein «Wir»-Gefühl, wenn er die Ware kauft.

Die Marke ist deshalb oft nicht nur ein Wort, sondern auch ein Bild-Zeichen: der *Mercedes*-Stern, die *Omega*-Uhr, die *Knorrli*-Suppe. Als solches Bildsignal hat sie Vorgänger, die viel weiter zurückreichen als ins 19. Jahrhundert: Schon die Handwerker, Händler und Herbergsbesitzer brauchten Bildsymbole, um ihren Laden schnell identifizierbar zu machen.

Eine ähnliche Wurzel für die Marke ist natürlich auch die ganz banale Unterschrift (beziehungsweise die berühmten drei Kreuze der Analphabeten oder das Siegel), die ein Dokument, ein Buch oder einen Gegenstand als Besitztum eines einzelnen und damit als einzigartig ausweisen. Viele frühe Markensymbole besassen den Charakter von Unterschriften – eines der berühmtesten, der Schriftzug für *Coca-Cola* – ist seit seiner Kreation nicht mehr verändert worden.

Ein Gruss an E. T.

Die menschliche Sprache ist ein raffinierteres Kommunikationssystem als die Körpersprache. Die Körpersprache aber hat das Auftauchen der Sprache bis heute überlebt.

Die menschliche Sprache ist auch effizienter als die Zeichensprache. Aber auch die Zeichensprache hat bis heute überlebt.

Die Mobilität der modernen Welt hat das Bedürfnis nach Kommunikationssystemen, die die Folgen des Turmbaus von Babel ungeschehen machen sollen, sicher noch verstärkt. Das 20. Jahrhundert hat die Geburt einer ganzen Reihe von international verständlichen Zeichensprachen miterlebt. Überall da, wo Anweisungen, Hilfen oder Verbote international und rasch verständlich sein müssen, haben sich *Piktogramme* (Bilderschriftzeichen) als äusserst wertvoll erwiesen. So ist das ganze komplizierte System der Verkehrszeichen entstanden, haben die Textilfabrikanten 1965 ihre Symbolsprache für die Wäschebehandlung geschaffen und die Grafiker der Olympiade 1972 in Mexiko jene Hinweisschilder erfunden, die heute in Hotels, auf Bahnhöfen und in Flughäfen den Menschen aller Sprachen die Orientierung erleichtern.

Wie als Protest gegen eine sich immer heftiger ordnende Welt erscheinen demgegenüber an den Hauswänden und Stadtmauern, in den öffentlichen Toiletten, in Tiefgaragen und, am eindrücklichsten, in den Wagen der New Yorker Subway die Menetekel der Subkultur: Spuren der Sprayer, in der Sprache der Zeichen...

Wer weiss: Möglicherweise ist die Symbolsprache sogar das letzte, was von den Menschen auf dieser Erde dereinst übrigbleibt. Die Platte, die amerikanische Wissenschaftler der NASA *Pioneer F*, der ersten Weltraumsonde, die unser Sonnensystem verliess, mitgegeben haben, enthält nämlich keinen Text in menschlicher Sprache, sondern Symbole, die uns und unser Sonnensystem abbilden und E. T. zeigen sollen, wo wir leben.

E. T. wird zwar wahrscheinlich die erhobene Hand des abgebildeten Mannes – ein menschliches Körpersprachsignal für «Frieden» – nicht verstehen. Aber vielleicht rechtfertigt das Vertrauen der Väter von *Pioneer F* in die Erkenntnis, dass *alles* Leben Kommunikation ist, die Hoffnung, dass einige dieser Zeichen auch verstanden werden und von unserer Kultur zeugen, wenn die Erde längst verrottet und versteinert ist...

Mit dieser Zeichnung hat an Bord des Raumschiffs Pioneer F im Jahre 1972 erstmals ein menschliches Symbol unser Sonnensystem verlassen. Das Bild zeigt das Wasserstoffatom (das als universale Uhr genutzt werden kann), das Sonnensystem (mit der Bahn des Raumschiffs), eine Darstellung der Sonne, die kosmische Strahlen aussendet, sowie ein grüssendes Menschenpaar. Ob eventuelle Exterrestrische wohl diese Symbolsprache verstehen werden?

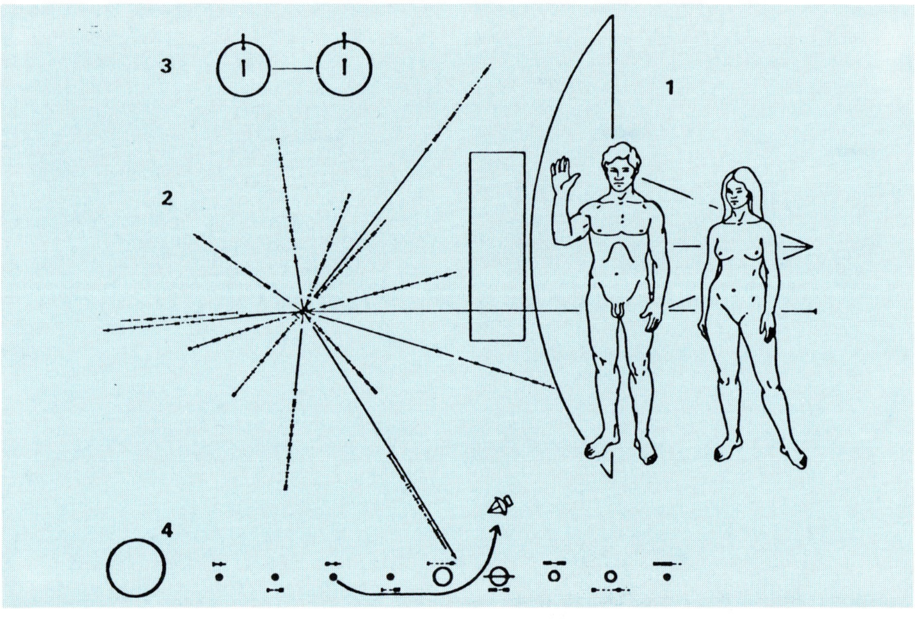

Der Turmbau zu Babel und die Folgen

Der Mensch hat mit der Sprache ein einzigartiges Kommunikationsinstrument entwickelt. Sie ist in seinem Alltag immer noch das differenzierteste, genaueste und schnellste Mittel zur Übertragung von Botschaften. Sprache ist aber auch der Rohstoff, aus dem die Träume der Massenmedien sind. In diesem Kapitel geht es um die Frage, wie und warum der Mensch und nur der Mensch Sprache erwirbt.

Das Reden lernt man in den ersten zwei Jahren seines Lebens. Aber es ist schon mancher gestorben, der das Denken nie gelernt hat.

Der schweizerische Bundesrat
Willi Ritschard (1918–1983)

Die amerikanische «Associated Press» (AP) ist eine der grössten Nachrichtenagenturen der Welt. Sie unterhält allein in den USA 132 Büros, beschäftigt 2500 feste Korrespondenten und etwa 5000 freie Mitarbeiter und bedient 1439 Zeitungen, 3315 Rundfunk- und 567 Fernsehstationen. Und dabei produziert dieser ganze Apparat nur Schall und Rauch – Wörter. Sie misst sogar ihre Leistung in Wörtern. Durchschnittliche Tagesproduktion: 1,7 Millionen.

Nimmt man an, dass auf einer Zeile 5 Wörter Platz haben, dann ergibt das eine Zeitungsspalte von mehr als einem Kilometer Länge – oder eine Tageszeitung mit 500 engbedruckten Seiten! Wollte ein einzelner Mensch den ganzen AP-Textausstoss vorlesen, so würde er dazu eine ganze Woche brauchen – und dürfte dabei nie einschlafen! Das Beispiel demonstriert auf krasse Weise: Ohne Sprache liefe in den Massenmedien nichts, aber auch gar nichts.

Sprache ist – trotz Foto, Film, Musik, Tonaufzeichnung, Bildelektronik, Trick und Grafik – immer noch der wichtigste Stoff, aus dem die Träume sind, die uns Gedrucktes, Lautsprecher und Bildschirme ins Haus liefern. Und ganz abgesehen von politischen Sendungen, Tagesschauen, Talk Shows, Fernsehspielen, Krimiserien und dem «*Wort* zum Sonntag» – wo es ohne Sprache ohnehin nicht geht: Auch in dem scheinbar so wortfernen Bereich der Musik ist Sprache das wichtigste Instrument. Ein Blick in die Hitparaden genügt, um zu zeigen: Lieder ohne Worte haben heute kaum eine Chance. Das Hauptgeschäft der Massenkommunikation ist immer noch Wortproduktion.

Schweinedeutsch und Wortspülicht

Nur: Was für eine Sprache ist es, die uns da mit dem weltumspannenden Wortschwall aus den Massenmedien ans Ohr dringt beziehungsweise in die Augen fällt?

Es ist zum Beispiel das folgende Stakkato eines amerikanischen Disc-Jokkeys, das der kanadische Medienforscher *Marshall McLuhan* aufgezeichnet hat:

«That's Patty Baby and that's the girl with the dancing feet and that's Freddy Cannon there on the David Mickie Show in the night time ooohbah scubadoo how are you boo-boo. Next we'll be Swinging on a moonbeam. Waaaaaaaa how about that... one of the goodest guys with you... this is lovable kissable D. M. in the p. m. at 22 minutes past nine o'clock there, aahhrightie, we're gonna have a Hitline, all you have to do is call WAlnut 5-1151, WAlnut 5-1151, tell them what number is on the Hitline.»

Das deutsche Nachrichtenmagazin «Der Spiegel» widmete dem Thema des Sprachzerfalls im Zeitalter des Fernsehens 1984 eine ganze Titelgeschichte.

Man braucht der englischen Sprache nicht mächtig zu sein, um zu bemerken, dass Wörter hier nur noch *sound* sind. Ähnlich sinnentleert überfällt uns täglich mit Hunderten von Werbeimpulsen ein Wortbrei wie der folgende, von Komiker *Otto Waalkes* leicht überhöhte Text:

«GALAX-3000, das Spitzenprodukt der UNITED POT COMPANY! GALAX- 3000. DER EIMER: GALAX-3000 – kompromisslose Hypertechnologie: Stufenlos verstellbarer SICHERHEITSBÜGEL aus 100% kontinuitätsintensivem EDELMETALL. Anatomisch idealformierter SENSORGRIFF. STEADY-STANDING garantiert durch das erdbebensichere STAND-STRONG-PLATEAU-FUNDAMENT. Maximal optimierter EINFÜLLSTUTZEN bei minimalem WENDEKREIS. Aerodynamisch extremgetestete FRONT- und BACKSPOILER. Optimale Volumenausnutzung durch nach aussen gelagerte spezialvermantelte STEILWANDBERINGUNG. Geräuschdämpfung durch phonneutralisierende RUNDUMBESCHICHTUNG. Jeder EIMER natürlich mit algebraisch durchlaufender CHECK-UP-NUMMERUNG, ganzjähriger GALAXENGARANTIE und dem ständigen SECURITY-SERVICE in unseren klimaversiegelten DIAGNOSEZENTREN. Der Eimer für die 80er mit dem Styling für die 90er Jahre. GALAX-3000 – mehr als nur ein Eimer. DER EIMER.»

Oder hören wir in eine Radioreportage eines Fussball-Länderspiels hinein:

«Wieder ins Aus und Einwurf der italienischen Mannschaft. Deutschland muss mit dem neuen Konzept gegen Italien erst einmal fertig werden. Burgnich hat eingeworfen, zu deSisti gespielt und zu deSisti in die Spitze, zu Boninsegna, der sich jetzt genau auf den Mittelpunkt absetzt und 20 Meter vom deutschen Tor steht, will nach innen passen – Flanke für – nun – nein

schiesst! Und Tor!! – – – Oh, das war ein schwerer Abwehrfehler der deutschen Mannschaft: niemand griff Boninsegna an, niemand griff ihn an, man liess ihn frei schiessen; aus gut 20 Metern; aber mir schien, als ob hier auch Torwart Maier noch nicht ganz im Bild gewesen sei – Schuss von 20 Metern – er fiel viel zu spät, der Ball war schon im Netz, als er unten lag. 1:0 also für Italien nach 8 Spielminuten, Torschütze Boninsegna. Jetzt müssen die deutschen Spieler natürlich wieder aufdrehen, müssen wieder hinter einem Tor herlaufen.»

Vorab Fussballreportagen dieser Strickart sind für sprachpflegerisch bemühte Geister immer wieder Anlass gewesen, um über «zunehmende Sprachverarmung» zu schimpfen.

Wenn die jüngere Generation mit derartigen Satzruinen gespeist werde, dann müsse man sich ja nicht verwundern, wenn die deutsche Sprache allmählich verfalle, tönt es aus den Reihen der *Goethe*-Nostalgiker, die allerdings gerne vergessen, dass schon 1860 der Philosoph *Arthur Schopenhauer* über die «Unworte» und die «Verhunzung» der deutschen Zeitungssprache schimpfte und sein Adept *Friedrich Nietzsche* die Wendungen der Medien «Schweinedeutsch» und «Wortspülicht» nannte.

Im besonderen sitzt heute jeweils das Fernsehen auf der Anklagebank. Der vom Bild losgelöste Reportagetext zeigt es: Hier ist die Sprache allein schon fast nicht mehr verständlich. Im Fernsehen nämlich hörte sich der Kommentar zu jenem legendären, vorentscheidenden Spiel der Fussballweltmeisterschaft 1970 so an:

«Gespielt sind 7 Minuten; es regnet in Strömen hier im Stadion. 7 Minuten gespielt, Italien–Deutschland 0:0. – Boninsegna, mit der Nummer 20; – Boninsegna – und Tor! – – Dies ist genau die 7. Spielminute. Und hier haben wir die Wiederholung: Boninsegna – ein Schuss von etwa 20 Metern Entfernung, genau plaziert.»

Die schiere Verzweiflung aber überfällt die Liebhaber schöner Sprache, wenn sie in den Slang hineinhören, der unter Jugendlichen *in* geworden ist. Der Sprachforscher und Psychologe *Claus Peter Müller-Thurau* hat sich mit *Freaks* und Ausgeflippten unterhalten und ein paar schöne Beispiele in seinem Buch «Lass uns mal 'ne Schnecke angraben» veröffentlicht. Etwa diese muntere Unterhaltung mit Bene:

M-T: Hast Du schon einmal mit einem Mädchen geschlafen?

Bene: Logo!

M-T: Und…?

Bene: Na ja – das war mit 'ner irre scharfen Käthe, die hat mir echt 'n Kick gegeben. Danach hatte ich nur mächtig Frost – dacht' schon, ich hätte ihr 'n Braten in die Röhre geschoben. Hab' aber Schwein gehabt.

M-T: Meinst Du, dass Empfängnisverhütung nur eine Sache der Frau ist?

Bene: Nee, also ich meine, dass der Mann nicht der Zampano ist, der die Ziege erst loslässt und dann 'ne Biege machen kann. In 'ner Zweierkiste, da müssen sich beide echt reinschaffen – da muss man auch als Typ, selbst wenn einen die Mutti echt anknallt… da muss man immer checken, was läuft.

M-T: Was bedeutet für Dich Treue in der Partnerschaft?

Bene: Treue, also das bedeutet für mich, dass ich den anderen nicht verlade. Das ist für mich eigentlich 'ne ganz coole Sache – dass ich nicht mit 'ner anderen rummache. Also, von meiner Braut würd' ich erwarten, dass sie nicht woanders was vom Teller zieht. Da wäre bei mir empty!

M-T: Könntest Du Dir vorstellen, einmal Kinder zu haben, Bene?

Bene: Weisst Du, die Kiste ist für mich kein Thema. Ich muss ja erst mal die riesige Tussi aufmachen, mit der ich auf Wolke sieben gehen kann. Und da muss ich wohl erst mal weiter auf Hasenjagd gehen…

Das deutsche Nachrichtenmagazin *Der Spiegel* hat im Sommer 1984 dem grassierenden Sprachzerfall unter der Überschrift «Eine unsäglich scheussliche Sprache» eine aufsehenerregende Titelgeschichte gewidmet. *«Mit der Rechtschreibung wird es immer schlechter, das Ausdrucksvermögen nimmt mehr und mehr ab»*, befand das Magazin einleitend. *«Der Niedergang meldet sich nicht nur in den Schulen der Bundesrepublik, sondern längst auch in den Amtsstuben, in Büros oder Betrieben»*, wird festgestellt und dann gefragt: *«Ist das Deutsche auf dem Weg zum Kauderwelsch?»*

Sempé

Führt der intensive Fernsehkonsum zu Sprachverlust? Es gibt nicht nur Cartoonisten, die das behaupten…

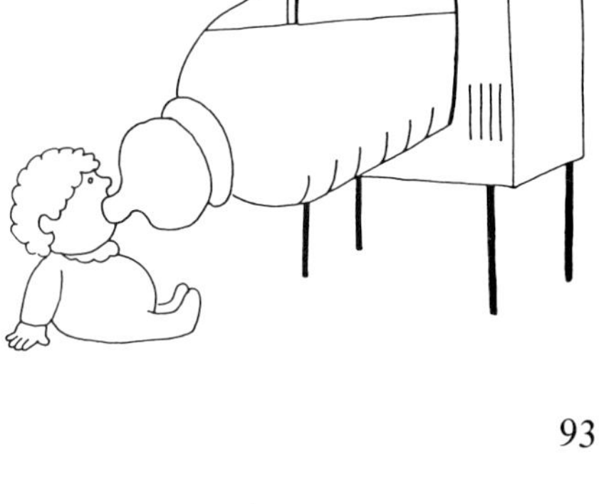

Die Beispiele, die «Der Spiegel» anführt, sind wahrlich beeindruckende Extremfälle:

– Einem Augsburger Pädagogikprofessor stockte der Atem, als er las, was Realschüler aus einem diktierten «wissbegierige» gemacht hatten: *«wiesbegierige», «wissbegiehriegei», «wissbegerige», «wispigirige»* oder gar *«wissberiger»*.

– Ein Berufsschüler in Nordrhein-Westfalen schaffte es, in einem Wort mit vier Buchstaben sechs Fehler unterzubringen: Statt «Hemd» schrieb er *«hämmptt»*.

– Noch unglaublicher: Ein Lehrer im holsteinischen Ahrensburg strich seinem Schüler das richtige «f» im Satz «Der Apfel fiel vom Stamm» an und machte ein «viel» daraus; ebenso verschlimmbesserte er das (richtige) «kaputt» zu *«kapput»*.

Sogar so fortschrittliche und durchaus nicht auf Rechtschreibe-Drill versessene Pädagogen wie der Erziehungswissenschaftler *Hartmut von Hentig* sehen in dieser Entwicklung die Gefahr, dass eine ganze Generation von Fernsehkindern (und -lehrern) ihre Sprache verlieren könnte. *Hentig:* «Nur beim Schreiben werde ich gewahr, ob ein Satz gut gefügt ist.»

Derlei Klage über die vorab dem Fernsehen in die Schuhe geschobene Reduktion der sprachlichen Ausdrucksfähigkeit ist nicht auf den deutschen Sprachraum begrenzt. In Frankreich wettern Sprachpuristen seit Jahren gegen die Mode des *«franglais»* – der Vermischung von französischen und englischen Ausdrücken *(«Le playboy boit son baby Scotch sur les rocks»)*; in den USA sorgen sich Medienexperten wie *Jerry Mandler*, der ein Buch mit dem Titel «Schafft das Fernsehen ab» geschrieben hat, das menschliche Gehirn könnte durch den zunehmenden Konsum von Massenmedien Schaden erleiden, weil die Sprache im Gehirn gar nicht genügend ausgebildet werde. *Mandler:* «Fernsehen findet auf der Bewusstseinsebene des Schlafwandelns statt.» Seit 1965 befinden sich auch die Abgangsnoten der amerikanischen Schüler im mündlichen Englisch auf Talfahrt: Von seinerzeit 473 Punkten sind sie bis 1980 auf 424 gesunken...

Verlernen wir die Sprache?

Die Frage ist mittlerweile zum Modethema geworden. Dennoch vermag sie uns mitten hinein in ganz grundsätzliche Überlegungen über das Wesen und das Werden des trotz allem immer noch wichtigsten «Rohstoffes» der Massenkommunikation zu führen...

Erlernt oder angeboren

Die Furcht, ein Mensch könnte seine Sprache durch äussere Einflüsse verlernen, geht von der Voraussetzung aus, dass Sprache uns nicht angeboren, sondern erlernt ist.

Dass Sprachen erlernt werden, das ist auf den ersten Blick einleuchtend. Es trifft nicht nur offensichtlich für die Fremdsprachen zu, die die meisten Menschen erst mit dem Schulunterricht erwerben, es gilt auch für die Muttersprache. Oder wie wäre es sonst zu erklären, dass nicht alle Menschen ein und dieselbe Sprache sprechen?

Als Beweis für diese Theorie – die *Lerntheorie* des Spracherwerbs – wird immer wieder angeführt, der Mensch besitze keine primären Sprachwerkzeuge. Er habe einfach die Ess- und Atemorgane «umfunktioniert». Auch das sogenannte «Sprachzentrum» in der linken Hälfte unseres Gehirns existiert offenbar nicht als eine Art angeborenes Organ: Menschen, bei denen die linke Hirnhälfte Schaden gelitten hat oder zerstört worden ist, verlieren deshalb noch nicht ihre Sprachfähigkeit: Das Hirn kann diese Sprachfunktion in einer andern Hirnregion wieder neu entwickeln.

Der Streit darüber, ob Sprache erlernt oder angeboren sei, hat in der Geschichte der Sprachtheorien stets eine ganz zentrale Rolle gespielt. Das Problem hat auch mit der Frage nach dem Alter der menschlichen Sprache zu tun: Ist die Sprache nämlich «bloss» erlernt, dann ist anzunehmen, dass sie in der Evolution später entstanden, als wenn sie angeboren, also durch *Mutationen* (Veränderungen der Erbmasse) bedingt ist. Genetische Mutationen brauchen wesentlich länger, bis sie sich in der Natur durchsetzen, als erlernte Verhaltensformen.

Die Lerntheorie ist eine sympathische Theorie. Nicht selten ist sie getragen von Respekt gegenüber der Natur und der Skepsis an menschlicher Überheblichkeit. Der Schweizer Jurist und Philosoph *Peter Noll* etwa schreibt in seinem eindrücklichen Buch *Diktate über Sterben und Tod*, das er kurz vor seinem Tode verfasst hat:

«Ich bin immer gegen das ‹philosophische Tier› gewesen, welches dazu benutzt wird, die einzigartigen Möglichkeiten des Menschen hervorzukehren. ‹Im Gegensatz zum Tier kann der Mensch das und das...› Dabei wird übersehen, dass der Abstand zwischen einem Schimpansen und dem Menschen viel kleiner ist als der Abstand zwischen einem Schimpansen und einem Wurm. Der Abstand zwischen einem hochbegabten Schimpansen und einem schwachsinnigen Menschen dürfte schwer zu ermitteln sein.»

Wie gesagt: Eine sympathische Ansicht. Aber, was die Sprache angeht, falsch. Aus den verschiedensten Bereichen der Wissenschaft – der Neurologie, der Psychologie, der Beobachtung von Kleinkindern beim Spracherwerb, dem Experimentieren mit Schimpansen, denen man die menschliche Sprache beizubringen versuchte, sowie natürlich aus der klassischen Sprachwissenschaft – sind in den letzten 20 Jahren immer mehr Hinweise darauf gekommen, dass die Theorie, wonach die Sprache erlernt – und *nur* erlernt – sei, widerlegt werden kann.

Der amerikanische Sprachpsychologe *Eric H. Lenneberg* hat diese Beobachtungen als erster systematisch zusammengestellt und daraus eine Theorie entwickelt. Unter Fachleuten gilt seine Darstellung («Biologische Grundlagen der Sprache») mittlerweile als «eines der aufregendsten Bücher des 20. Jahrhunderts überhaupt» (so *J. H. Scharf)*.

Lennebergs Theorie lässt sich in fünf Punkten zusammenfassen:

1. Die Wachstumsprozesse, die von unserem genetischen Programm gesteuert werden, sind ein *Ganzes.* Form und Funktion lassen sich nicht trennen. Auch Verhalten kann also durch angeborene Mechanismen gesteuert sein.

2. In seinem genetischen «Programm» besitzt der Mensch auch einen *«Plan»*, der das Erlernen von Sprache möglich macht. Der Mensch wird «sprachbereit» geboren.

3. Das Rohmaterial für die Erlernung einer bestimmten Sprache ist die Spra-

che der Erwachsenen, in deren Umgebung ein Kind aufwächst. So wie der Körper bestimmte Substanzen und Organe bereitstellt, damit der Rohstoff «Nahrung» im Stoffwechselprozess aufgespalten und genutzt werden kann, so stellt er auch für die Sprache Organe und Verfahren bereit, die veranlassen, dass der Rohstoff «Erwachsenensprache» zum Kommunikationsinstrument für das Kind in der menschlichen Gesellschaft wird. Der Einfluss des Sprachverhaltens der Erwachsenen auf das «sprachbereite» Kind kann mit der Wirkung einer *Frequenz* verglichen werden, die bei einer bestimmten Schwingungszahl einen Resonator ins Vibrieren bringt.

4. Sprache kann nur innerhalb einer gewissen *Zeit* erlernt werden, und zwar solange, wie sich das Hirn des Menschen in Reifung befindet – etwa bis zum zwölften Altersjahr. Wer vorher nicht in sprachlicher Umgebung aufwächst, meistert die Sprache nicht mehr richtig.

5. Sprache ist eine spezielle Ausbildung der bei den Wirbeltieren allgemein vorhandenen Fähigkeit, Ähnlichkeiten und Unterschiede in der Welt festzustellen, das heisst, Kategorien zu bilden. Wörter sind darum nicht unveränderliche, feststehende Benennungen, sondern gewissermassen Spuren dieser ständigen Kategorisierung. Deshalb ist Sprache auch nicht etwas Festgefügtes, sondern ein dauernd sich verändernder *Prozess*. Das gilt sowohl für die Sprache des einzelnen Menschen wie für Sprachen überhaupt.

Soweit das «Skelett» dieser Theorie. Hängen wir ihm jetzt noch ein bisschen «Fleisch» an, damit die Hintergründe sichtbar werden, auf die sie sich abstützt. Wir greifen dabei vier Beobachtungsbereiche heraus, die der amerikanische «Sprachbiologe» für die Untermauerung seiner Thesen immer wieder konsultiert hat:

- das Studium der menschlichen Sprachwerkzeuge
- die Aufzeichnung des Spracherwerbs durch Kinder
- die Diagnose und Therapie von Sprachfehlern und -störungen
- die Beobachtung des Kommunikationsvermögens von Tieren.

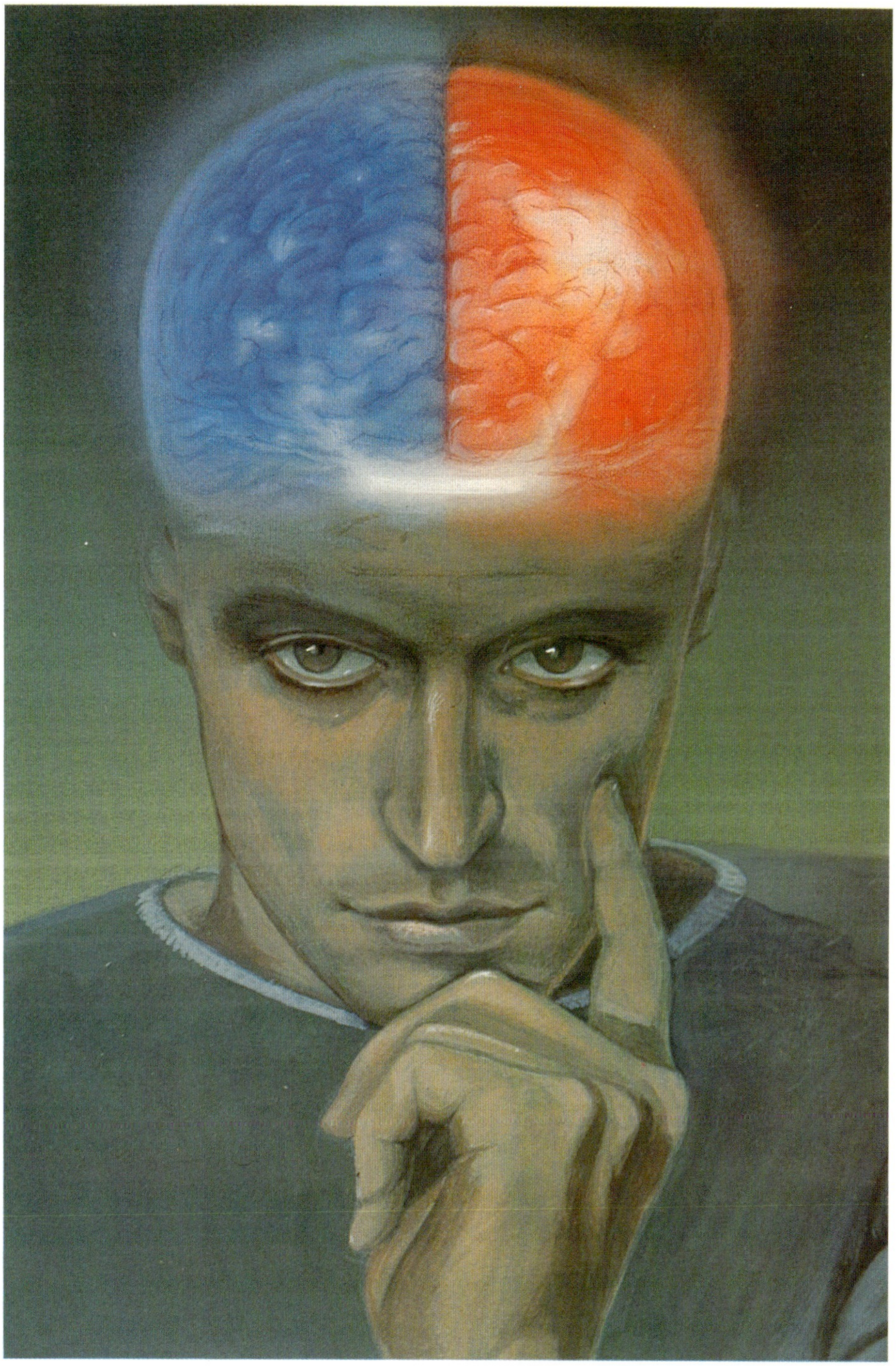

Die beiden Hirnhälften des Menschen sind anatomisch verschieden gebaut. Die linke Seite kontrolliert nicht nur die rechte Körperhälfte: in ihr sitzen auch die zentralen Steuerorgane für Sprache, Schreiben, Rechnen und für das Sehen im rechten Blickfeld sowie das Hören auf der rechten Seite. Die rechte Hirnhälfte dagegen ist für Körper- und Symbolsprache «zuständig», für räumliches Sehen und die Sinne der Welt auf der linken Seite. Die beiden Hirnhälften sind miteinander verbunden; fällt eine Steuerungszentrale auf der einen Seite aus, so kann die andere Hirnhälfte diese Funktion übernehmen.

Eine einmalige Leistung des menschlichen Gehirns

Die Behauptung der «Lerntheoretiker», der menschliche Organismus habe keine besonderen Sprechwerkzeuge ausgebildet, sondern bloss Ess- und Atemorgane umfunktioniert, hält einer genaueren Prüfung nicht stand. So gibt es im menschlichen Gesicht eindeutig Muskeln, die keine Entsprechung beim Affen haben. Der Mensch besitzt auch keine grossen Eckzähne mehr – eine Vorbedingung für die Aussprache der Reiblaute *f* oder *s*, die in kaum einer Sprache fehlen. Nur der Mensch hat sodann den Kehlkopf zu einer äusserst strömungsgünstigen Düse ausgebildet, nur der Mensch kann Kehlkopflaute durch den Mund leiten.

Vor allem aber weist das Gehirn des Menschen – das wichtigste Sprachwerkzeug – neben seiner Grösse bei uns zwei Eigenschaften auf, die in der ganzen Tierwelt einmalig sind.

Zum einen sind die beiden Hirnhälften beim Menschen einseitig ausgebildet. Die eine Seite – bei 85 Prozent ist es die linke – steuert mehr die synthetischen Fähigkeiten, die andere mehr die analytischen. Weil die Hirnseiten jeweils die entgegengesetzte Körperseite «dirigieren», ergeben sich daraus Rechts- oder Linkshänder (beziehungsweise -füsser, -seher usw.). Auch wenn neuste Forschungen erwiesen haben, dass kein Hirnbezirk nur eine einzige Funktion besitzt, das Hirn also ein Organ ist, das als Ganzes funktioniert, so können doch bestimmte Funktionen lokalisiert werden. So sitzen die *Brocasche Zone,* die die Mundmuskeln steuert, und die *Wernickesche Zone,* die für die Struktur und Sinngebung verantwortlich ist und die Informationen von den Augen und Ohren verarbeitet, in der linken Hirnhälfte, und zwar bei 98 Prozent der Menschen – auch bei Linkshändern. Man bezeichnet diese zwei Zonen auch als «Sprachzentrum». Hirnforscher haben kürzlich entdeckt, dass diese Zone sich anatomisch von der entsprechenden Zone in der rechten Hirnhälfte unterscheidet: *Das menschliche Gehirn ist asymmetrisch, und zwar schon vor der Geburt.*

Die bereits legendär gewordenen Versuche des amerikanischen Neurophysiologen *Roger W. Sperry* haben auch experimentell nachgewiesen, dass die beiden Hirnhälften unterschiedliche kommunikative Aufgaben haben. *Sperry* ging davon aus, dass man schwere Epilepsie lindern kann, wenn man das Hirn der Patienten «spaltet», das heisst, wenn man die Brücke, die die beiden Hirnhälften mit ungefähr 200 gebündelten Nervenfasern verbindet, durchtrennt. Diese Nervenfasern tauschen nämlich ständig die Informationen der beiden Hirnhälften aus. Die Durchtrennung verhindert, dass das Nervengewitter eines epileptischen Anfalls beide Hirnhälften erfasst.

An diesen «Spalthirn-Patienten» konnte nun erstmals das Funktionieren der zwei Hirnhälften unabhängig voneinander untersucht werden. Dabei machte *Sperry* eine Reihe von sensationellen Entdeckungen. Er liess die Versuchspersonen auf den zentralen Punkt einer Leinwand blicken. Nun projizierte er für Zehntelsekunden auf die eine Seite der Leinwand ein Bild. Ein auf die linke Seite geblitztes Bild wurde so nur von der rechten Hirnhälfte wahrgenommen. Zeigte *Sperry* nun links das Bild eines Apfels und danach rechts einen Schlüssel, so zeichnete die Versuchsperson mit der linken Hand einen Apfel, nannte aber das, was sie gesehen hatte, einen Schlüssel! Das – symbolische – *Bild* war von der rechten, das sprachliche *Wort* von der linken Hirnhälfte verarbeitet worden!

Sperrys Studien haben experimentell nachgewiesen, was man schon lange vermutet hatte: dass die linke Hirnhälfte mehr die analytischen, die rechte mehr die synthetischen Fähigkeiten steuert. Volkstümlich gesagt: *Links sitzt die Vernunft, rechts das Gefühl.* Oder, auf die Kommunikationsfähigkeit bezogen: Links sitzt die Sprache, rechts funktioniert der Apparat der emotionalen *Körpersprache* und der synthetischen, die Botschaften in einem Zeichen zusammenfassende *Symbolsprache.* «Die rechte Hirnhälfte ist sehr schlau», sagt der Hirnforscher und Nobelpreisträger *John C. Eccles,* «mit Ausnahme dessen, dass sie sich selbst nicht sprachlich ausdrücken kann und nicht imstande ist, irgendeine Bewusstseinserfahrung zu offenbaren.»

Die zweite Eigenart des menschlichen «Bio-Computers» (wie man das Hirn auch schon zutreffend genannt hat) besteht darin, dass er aussergewöhnlich *unreif* auf die Welt kommt. Alle Menschenaffen sind viel schneller erwachsen als der Mensch. Der Körper des Menschen nimmt zwar im Vergleich zum Schimpansen im gleichen Verhältnis zu. Anders das Gehirn: Bei der Geburt besitzt das menschliche Gehirn nur ein Viertel seines Endgewichts; das Schimpansenhirn zwei Drittel. Das menschliche Hirn reift also viel ausgiebiger als das Affenhirn, ist bis zur Pubertät, wo es seine reife Grösse erreicht, viel «plastischer» und – so kann man schliessen – *lernfähiger* als jenes seiner nächsten Verwandten. Dieser Umstand erklärt, weshalb Menschen sich die äusserst komplexe Struktur einer Sprache derart «spielend» aneignen können: Die Sprache «wächst» mit dem Gehirn.

Es ist erstaunlich, was der menschliche Kopf beim Sprechen leistet. Wie ein genialer Dirigent sein grosses Orchester, so verarbeitet das Gehirn 4 Billionen Impulse pro Sekunde und steuert gleichzeitig mehrere hundert verschiedene Muskeleinstellungen! Dabei ist der Mensch in der Lage, stundenlang ohne sichtliche Ermüdung zu sprechen. Der kubanische Revolutionsführer *Fidel Castro* ist mit seinen siebenstündigen Ansprachen ein legendäres Beispiel dafür. Das «Lexikon der Superlative» führt gar einen 19jährigen Studenten an, der in Harrisburg 31 Stunden lang über die korrupte Regierung Pennsylvanias gewettert haben soll …

Dennoch: Auch diese phänomenale Muskelgymnastik hat ihre natürlichen, angeborenen Grenzen. Wir können nicht beliebig schnell auf den Tisch klopfen. Es gelingt uns auch nicht, beliebig schnell zu sprechen, ohne dass wir uns verhaspeln: Der Bio-Computer dreht durch, wenn er zu schnell arbeiten muss.

Dem Sprechen liegt ein Rhythmus von etwa 6 Silben pro Sekunde zugrunde – das ist etwa der Rhythmus, der entsteht, wenn wir still für uns zählen.

Das Hirn sendet also Sprache wie eine Art natürliches Radio aus. Radios senden auf elektromagnetischen Wellen, die eine bestimmte Frequenz, das heisst eine bestimmte Anzahl Schwingungen pro Zeiteinheit aufweisen. Die eigentlichen Signale werden durch

Modifikationen dieser Trägerwellen erzeugt: Die Grundschwingung wird *moduliert.*
Ebenso verhält es sich mit der Sprachproduktion: 6 Schwingungen pro Sekunde stellen die Trägerwelle des «Senders Hirn» dar – die verschiedenen Silben modulieren diese Schwingungswelle. Der Sprachrhythmus ist der «Monitor», der hinter der Sprachfähigkeit steckt. Im Sprachrhythmus werden zufällige Geräuschfolgen geordnet zu sinnvollen Lauten, Wörtern und Sätzen.
Untersuchungen an Kindern haben gezeigt, dass «Sprache» erst erlernt werden kann, wenn das Gehirn so weit gereift ist, dass es diesen Schwingungsrhythmus, diese «Frequenz» also, erreicht hat.
Erlernt kann diese zentrale Vorbedingung jeglichen Sprechens also nicht sein.

Wie Kinder Sprache lernen

Wenn ein erwachsener Chinese und ein erwachsener Schweizer sich begegnen, können sie in der Regel nicht sprachlich miteinander kommunizieren. Beide können zwar sprechen, aber sie verstehen des andern Sprache nicht. Ihre Sprachen haben sich weit auseinander entwickelt.
Merkwürdigerweise könnten sich jedoch zweijährige Knirpse aus Shanghai und Schangnau im schweizerischen Emmental prächtig unterhalten. Was sie in diesem Alter bereits an «Sprache» erworben haben, klingt in China und im Emmental, bei den Eskimos und auf den Fidschiinseln auffallend ähnlich: *Mama, papa, titi, kaka dada, äh-äh ...*
Der russisch-amerikanische Sprachforscher *Roman Jakobson* hat diese auffällige Beobachtung schon im Jahre 1948 in einer Theorie verwertet, die einen Eckpfeiler der Argumentation gegen die Behauptung eines bloss erlernten Spracherwerbs bildet. Aufzeichnungen, die man von kleinen Kindern über längere Zeit in vielen Sprachen gemacht hat, zeigen, dass der gut zwei Jahre dauernde Sprachlernprozess stets zwischen dem 18. und dem 28. Lebensmonat einsetzt. Vorher gurrt und lallt das Kind bloss – die Lautartikulationen trainieren in dieser Phase lediglich den Sprechapparat, sie *bedeuten* noch nichts.
Aber dann entstehen plötzlich Lautfolgen, mit denen das Kind etwas «meint»: eine Person, eine Beziehung, einen Wunsch, einen Widerwillen.
Und nun kommt das Merkwürdige: *Diese Lautfolgen sind auf der ganzen Welt bei allen Kindern ungefähr dieselben* – unabhängig davon, ob sich später aus dem Kind ein Vietnamese, ein Eskimo, ein Senegalese oder ein Emmentaler entwickelt. Immer sind die ersten Worte: *papa, mama, tata, kaka* – oder dieselben Konsonanten mit *i.*
Diese Laute sind nun deutlich «Zeichen» – sie verweisen auf etwas. Es sind Symbole von der abstrakten Art, wie wir sie im letzten Kapitel beschrieben haben – keine Abbilder der Wirklichkeit. Hinter dem Explosionslaut *p* in *papa* steckt also nicht etwa die Bezeichnung für die explosive Macht des Vaters, ebensowenig wie hinter dem *m* das Saugen an der Mutterbrust oder hinter dem *a* die Freude am Leben stecken würde. Die Beziehung zwischen den Lautfolgen der menschlichen Sprache und dem, was sie meinen, sind völlig willkürlich: *Hund – dog – chien:* völlig verschiedene Geräusche meinen dasselbe.
Dass alle Kinder mit *mama* und *papa* zu sprechen beginnen, hat also nichts mit der Herstellung eines Abbildes zu tun. Sprache ist nicht «analog», sondern «digital» – keine konkrete Symbolsprache. Der Grund für die Ähnlichkeit der ersten Laute ist sozusagen physikalischer Natur. *p* (beziehungsweise *m*) und *a* bilden, als Paar genommen, den grösstmöglichen *Kontrast,* den unsere Sprechwerkzeuge im Mund herzustellen in der Lage sind: Beim *a* ist der Mund maximal geöffnet, die Muskeln sind schlaff, die Luft tritt ungehindert aus. Beim *p* dagegen (beziehungsweise beim *m,* wenn wir die Luft durch die Nase austreten lassen) sind alle Muskeln maximal gespannt, der Mund ist so weit vorne wie möglich geschlossen, der Luftstrom wird angehalten.
Das Kind lernt also nicht einzelne Laute (oder gar Buchstaben), sondern es lernt, *Lautunterschiede* zu erkennen, indem es die jeweils grösstmöglichen Kontraste in seinem Mund produziert. Dieses Gesetz gilt auch für die Ent-

Der 1896 geborene russische Linguist Roman Jakobson (später emigrierte er nach Amerika) hat als erster die allgemeinen Lautgesetze entdeckt, die bei der Entwicklung sämtlicher Sprachen der Welt wirksam sind. Seine Erkenntnisse gewann er unter anderem durch das Studium des Sprachlernprozesses bei Kindern.

Wilhelm von Humboldt (1767–1829) gilt als einer der Begründer der vergleichenden Sprachwissenschaft. Er erkannte als erster, dass ein entscheidendes Merkmal der menschlichen Sprache in der Fähigkeit besteht, mit einem begrenzten Inventar von Zeichen unendlich viel auszudrücken.

wicklung der übrigen Laute: Immer wird, auf einer nächstkleineren Stufe, der grösstmögliche Kontrast eingeübt. Nach dem *a* erwirbt das Kind so das *i* (dieser Vokal wird zuvorderst und ganz oben im Munde artikuliert), das *p* kontrastiert mit dem *t* (Explosion nicht bei den Lippen, sondern hinter den Zähnen) und dem *k* (Explosion am Gaumensegel).

Wer schon Kinder bei dieser Tätigkeit beobachtet hat, der weiss, mit welchem Eifer und mit welchem Vergnügen sie diese Kontraste auskosten: Kein *i* ist so spitz, kein *a* so hell, kein *p* so explosiv, kein *m* so genussvoll zerdehnt wie bei einem Dreikäsehoch, der sich Sprache anzueignen beginnt.

Zur Sprache wird diese merkwürdige Mundakrobatik allerdings erst dadurch, dass diese Lautfolgen zu *Zeichen* werden, das heisst, einen Bezug auf ein Objekt, eine Person oder einen Vorgang erhalten. Und da setzt nun die Rolle der sprachlichen Umwelt ein, in der das Kind «baden» geht: Mutter, Vater oder wer immer sich um das Kind kümmert, wird die Laute des Kleinen aufnehmen, wiederholen, ihnen Bedeutung zuweisen, und das Kind wird sie wiederholen und selber anwenden. In diesem *Resonanz*-Vorgang formt sich aus dem Rohstoff der Erwachsenensprache allmählich die eigene Sprache des Kindes.

Halten wir dabei nochmals fest: Die Zuordnung zwischen Zeichen und Inhalt – zwischen Laut und Bedeutung – ist völlig *willkürlich:* Das Lautzeichen ist kein Abbild eines wirklichen Objekts. In diesem Sinne unterscheidet sich die menschliche Sprache fundamental von der abbildenden Zeichen- und Körpersprache. «Sprache» ist in dieser Hinsicht wirklich nur dem Menschen eigen.

Man kann sich den Differenzierungsprozess, dem die Lautentwicklung unterworfen ist, ins Unendliche fortgesetzt denken. Die Mundhöhle besitzt ja theoretisch unbegrenzt viele mögliche Artikulationspunkte. Man kann das leicht selber überprüfen, indem man ein *i* langsam und stufenlos in ein *u* übergehen lässt. Der Artikulationspunkt der Vokale, die dabei entstehen, wandert langsam vom *i* über ein *ü* dem Gaumensegel entlang nach hinten zum *u*, wo er dann im Rachen verschwindet. Ebenso kann man eine Reihe von Roll- oder Reibelauten von den Lippen *(f)* über die Schneidezähne *(s)* und das Gaumensegel *(ch)* bis zum Halszäpfchen *(r)* produzieren. Die Unterschiede zwischen sehr nahe beieinanderliegenden Lauten sind allerdings bei fortschreitender Differenzierung kaum mehr hörbar. Aus diesem Grund «rasten» die in einer bestimmten Sprache verwendeten Laute jeweils wie die Stütze eines Liegestuhls oder die Töne einer Tonleiter an bestimmten Punkten ein. Der Differenzierungsprozess der Lautentwicklung hört bei allen Sprachen auf, wenn etwa 50 (deutsch: 45, französisch: 48, russisch: 54) unterscheidbare Laute entstanden sind.

Wenn das Lautsystem einer Sprache bei einem Kind herausgereift ist, dann stellt man fest: Jetzt ist es in jeder Sprache verschieden. Freilich, die *Reihenfolge,* in der die Unterscheidungsmerkmale erworben worden sind, bleibt sich in allen Sprachen im wesentlichen gleich. Es werden einfach nicht alle Lautunterschiede realisiert. Ein Beispiel: Das Englische unterscheidet zwischen einem *s* und einem *th* – *sick* (krank) und *thick* (dick) tragen verschiedene Bedeutungen. Im Deutschen dagegen wird dieses Unterscheidungsmerkmal nicht «ausgereift»: Ein Wort wie *sauber,* mit einem englischen *th* ausgesprochen, wird als *sauber* verstanden – auch wenn diese Aussprache als fehlerhaftes Lispeln gilt.

Nun könnte man sich auch denken, dass jedem einzelnen *Laut* in einer Sprache eine bestimmte *Bedeutung* zukäme. Wir hätten dann wiederum eine Zeichensprache von der Art der Polizisten-Armsprache oder des Schwänzeltanzes der Bienen vor uns.

Aber die Sprache geht eben nicht so vor. Das beweist wiederum, dass die menschliche Sprache in der Entwicklung der Natur ein völlig neues Kommunikationssystem darstellt.

Der Vergleich mit der Symbolsprache macht das deutlich: In der Symbolsprache steht *ein* Zeichen stets für *eine* Aussage. Der Polizist winkt. Das heisst: «Bitte weiterfahren!» Der Kassier der Bank hält (vor dem Gangster) beide Hände hoch. Das heisst: «Ich wehre mich nicht!» Ein weisses, kreisrundes Schild mit rotem Rand sagt dem Autofahrer: «Durchfahrt verboten!» *Ein Zeichen – ein Satz: Das ist Symbolsprache.* Je mehr Sätze, desto mehr Symbole braucht eine Symbolsprache.

Anders die menschliche Sprache: Schon die ersten Laute tauchen ja nie einzeln auf und werden auch nicht allein, sondern nur in Kombinationen *(papa, mama, dada)* zu Bedeutungsträgern. (Auch ein scheinbar isoliertes *a* – etwa im französischen Wort à – besitzt am Anfang einen Konsonanten, der ganz hinten im Rachen produziert wird; wir schreiben diesen Konsonanten nur nicht.) Die endliche Zahl von etwa 50 verschiedenen Lauten einer Sprache lassen natürlich theoretisch bereits eine Unmenge an Kombinationen zu. «Sprache macht von endlichen Mitteln unendlichen Gebrauch», erkannte denn auch schon der grosse deutsche Gelehrte *Wilhelm von Humboldt.*

Aber damit noch nicht genug: Der Vorgang spielt sich auch noch auf einer *dritten* Ebene ab: Die Kombinationen von Lauten – die Silben oder Wörter – können auch untereinander kombiniert werden. *pipi dada* und *dada pipi* heissen dann schon beim kleinen Bettnässer nicht mehr dasselbe – das eine kann Hinweis, das andere Frage sein. Sprachenlernen ist etwas Ähnliches wie Kartenspielen: Man muss nicht nur den Wert der einzelnen Karte (den «Laut»), man muss gleichzeitig auch die Rolle der Farben («Wörter») und die Regeln des Spielablaufs («Satz») kennen, um mitspielen zu können.

Man vermutet, dass das Kind auch auf der zweiten und dritten Kombinationsebene nicht einzelne Wörter oder Sätze erwirbt, sondern – wie bei den Lauten – Unterscheidungsmerkmale. *Lenneberg:* «Wörter sind nicht die Namen für früher einmal abgeschlossene und eingelagerte Begriffe; sie sind die Namen für einen Kategorisierungsprozess.» Auf der Wortebene *(Semantik)* etwa lernt das Kind zu unterscheiden zwischen «belebt» und «unbelebt», «gross» und «klein», «eins» und «mehrere», «angenehm» und «unangenehm», «Merkmal vorhanden» oder «nicht vorhanden» usw.

Auf der dritten, der «Satz»-Ebene *(Syntax),* erwirbt es den Unterschied zwischen Frage und Feststellung, zwischen Wollen und Müssen, Gegenwart und Vergangenheit, Ja und Nein usw. Die Summe all dieser Unterschei-

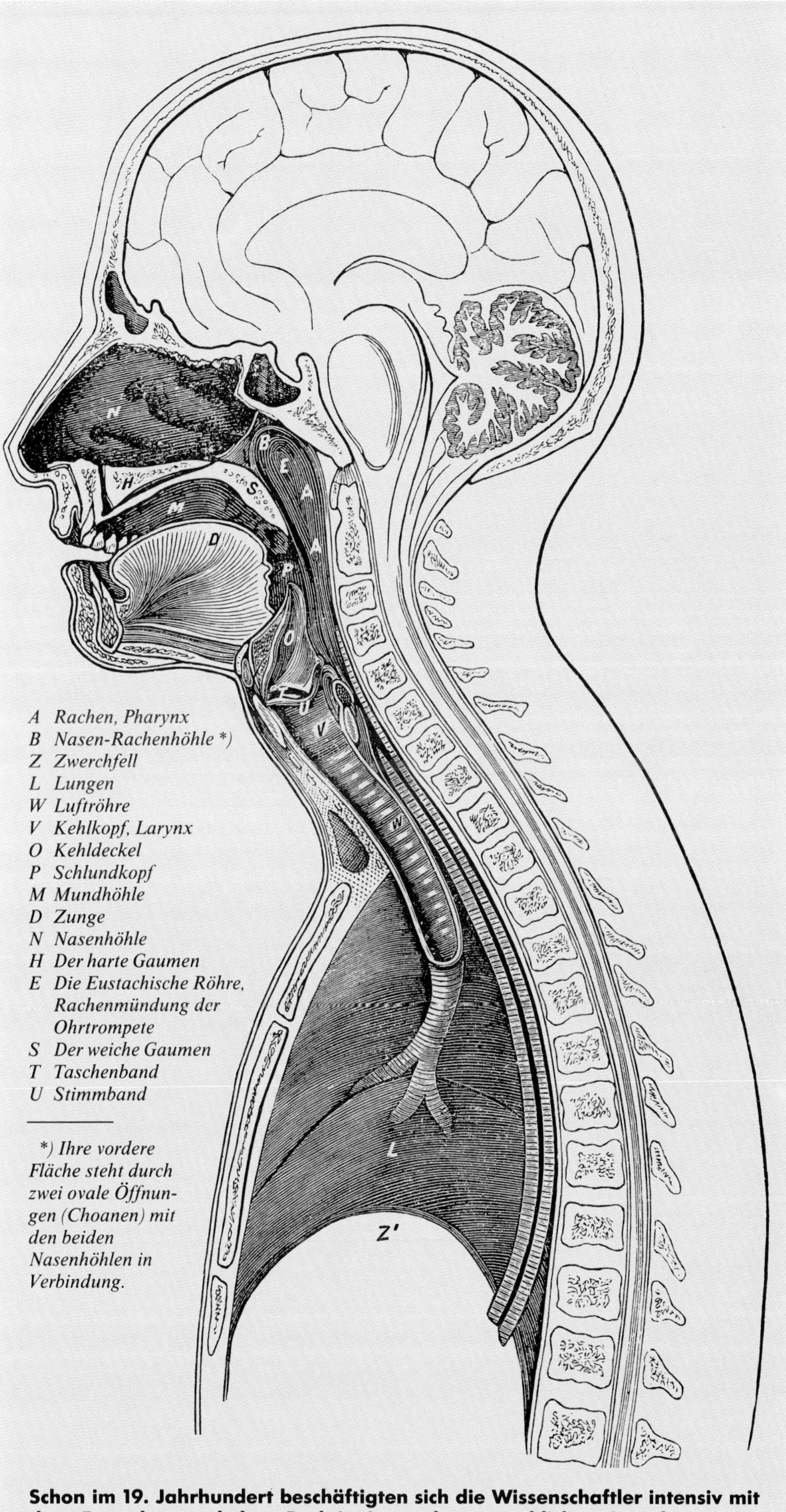

Schon im 19. Jahrhundert beschäftigten sich die Wissenschaftler intensiv mit dem Entstehen und dem Funktionieren der menschlichen Sprache. Dieser Querschnitt der menschlichen Sprachwerkzeuge stammt aus der «Gymnastik der Stimmen» von Oskar Gutmann (1868). Der Sprechapparat, wie er hier dargestellt ist, hat sich nur beim Menschen entwickelt.

dungsmerkmale bildet das Regelsystem, das wir die *«Grammatik»* einer Sprache nennen. Diese Grammatik aber ist nun wiederum ein Bauplan, der in seiner innersten Struktur allen Sprachen gemeinsam ist: Der Unterschied zwischen «Subjekt» und «Objekt» etwa, das Aufsplittern eines Satzes in «Subjekt» (Satzgegenstand) und «Prädikat» (Satzaussage) oder auch die Möglichkeit, Dinge als gegenwärtig, vergangen, zukünftig oder nur vorgestellt zu bezeichnen, existieren in allen Sprachen der Welt ebenso unfehlbar wie das erste Lautpaar *papa.*

Auch dies lässt nur den Schluss zu, dass es sich um angeborene Strukturen handeln muss. Das «Muster», der «Reifungsplan» der Sprache ist gewissermassen im Gehirn vorgeprägt – die Umgebung entscheidet bloss, *welche* Sprache sich ausbildet.

So wie allen Menschen Beine wachsen, das Gehen aber zu verschiedenen «Geh-Stilen» wird, so «wächst» dem Menschen Sprachvermögen zu – aber die *Nutzung* dieses Vermögens unterscheidet sich von Volk zu Volk, von Individuum zu Individuum.

Auch Taube können sprechen

Neben dem wachsenden hat auch der geschädigte Mensch den Wissenschaftlern manchen Einblick in die Mechanik des komplizierten Systems «Sprache» geliefert. Hirnschäden können dazu führen, dass ein Mensch seine Sprachfertigkeit verliert, auch wenn sein Mund und seine Ohren einwandfrei funktionieren. Er hat dann zunehmend Schwierigkeiten, ganze Sätze korrekt zu bilden, verwechselt Wörter, findet Begriffe nicht mehr und kann Laute nicht mehr korrekt aussprechen: Auf allen drei Stufen des sprachlichen Geschehens zeichnen sich Defekte ab. Man nennt diese Erscheinungsform der Sprachbeeinträchtigung *Aphasie.* Der erfolgreiche Erforscher der Kindersprache *Roman Jakobson* hat auch Aphatiker beobachtet und dabei eine erstaunliche Feststellung gemacht: Sie verlieren in aller Regel zuerst jene Laute, die sie zuletzt erworben haben, das heisst die am nächsten beieinanderliegenden Differenzierungsstufen! In der deutschen Sprache ist dies meist der Unterschied zwischen *r* und *l.* Eine Aphasie wird sich also am Anfang meist dadurch bemerkbar machen, dass der Patient beispielsweise *lahm* und *Rahm* verwechselt.

Später können weitere, stärkere Kontraste verlorengehen – bis der Aphatiker in der Endphase der Krankheit nur mehr über die wenigen Konsonanten und Vokale verfügt, die er als Kleinkind zuerst erworben hatte! *Der Aphatiker baut den Sprachlernprozess sozusagen im Rückwärtsgang ab.* Auch diese Beobachtung weist darauf hin, dass der Sprachentwicklung ein *Reifungsplan* zugrunde liegt, der nicht einfach von erwachsenen Sprechern erlernt wird.

Umgekehrt machen taube Kinder offenbar die gleiche Entwicklung durch wie gesunde Kinder: Sie gurren und lallen in einer ersten Phase und entwickeln dann wohlartikulierte Lautreihen wie *pakapakapaka* – das Gesetz vom stärksten Kontrast wirkt auch bei ihnen, von «innen» her.

Der Sprachbiologe *Eric H. Lenneberg* selbst hat Gelegenheit gehabt, den ausserordentlich seltenen Fall einer sogenannten *Anarthrie* zu studieren. Anarthrie ist eine angeborene Unfähigkeit zur Koordination der Muskeln des Stimmtrakts. Die Reaktionstests, die er mit einem davon betroffenen Knaben durchführte, bewiesen ziemlich eindeutig: Der Knabe verstand Englisch! Fast alle Untersuchungen von sprachgestörten Kindern haben immer wieder dasselbe Resultat erbracht: Der Mensch erwirbt Sprache, auch wenn er organisch gestört ist, und zwar nach stets demselben Bauplan. Zudem ist der Spracherwerb derart stark motiviert, dass er nicht unterdrückt werden kann. Das gilt sogar für mongoloide Kinder, die den gleichen Sprachlernprozess durchmachen wie «Normale» – wenn auch sozusagen in Zeitlupe und nicht bis zu einer ausgereiften Stufe.

Vikis Versagen

Als der berühmte englische Reiseschriftsteller und Zeitkritiker *Samuel Pepys* im August 1661 bei einem Besuch in London einen Schimpansen sah, notierte er in seinem legendären Tagebuch: «Ich glaube, der versteht schon eine Menge Englisch; und ich glaube, man könnte ihn dazu bringen, zu sprechen oder Zeichensprache zu erlernen.»

Seither ist die faszinierende Idee, ein Tier dazu zu bringen, mit dem Menschen über sein Leben zu sprechen, immer wieder aufgetaucht. Erst in diesem Jahrhundert freilich sind ernsthafte Versuche in dieser Richtung vor allem in Amerika durchgeführt worden. Den ersten unternahmen *Keith* und *Cathy Hayes* im Jahre 1952 mit einem Schimpansen namens *Viki,* dem sie menschliche Wörter beizubringen versuchten. Das Resultat war kläglich: Nach vierjährigen intensiven Bemühungen schaffte *Viki* gerade ein paar Lautreihen, die annähernd wie *mama, papa, cup* und *up* klangen.

Allen und *Beatrice Gardner,* beide Psychologen an der Universität von Nevada in Reno, sahen im Jahre 1965 einen Film über *Vikis* Sprachkünste. Sie waren sofort von der Idee fasziniert, einem Menschenaffen menschliche Sprache beizubringen, beschlossen indessen, einen andern Weg zu gehen. Sie nahmen einen elfmonatigen Schimpansen namens *Washoe* in ihre Obhut und brachten ihm behutsam Gesten aus der amerikanischen Taubstummensprache bei.

Das Resultat war diesmal erstaunlich: Nach einiger Zeit vermochte *Washoe* insgesamt 87 verschiedene Zeichen miteinander zu kombinieren. Er konnte ganze Sätze formulieren, indem er Kombinationen bildete zwischen Befehlen *(gib mir, pressier, mehr bitte),* Ortsangaben *(dort, unten, drinnen, draussen, hinauf, hinunter),* Tätigkeiten *(kommen, gehen, helfen, streicheln, küssen, öffnen, kitzeln* usw.) Dingwörtern *(Bett, Bürste, Kamm, Decke, Getränk, Essen* usw.) und Eigenschaftswörtern *(schwarz, grün, rot, weiss, genug, lustig, gut, still).* Sogar Ausdrücke wie *sorry* oder Pronomen wie *mich, dich, mein* hatte der gelehrige Affe in sein Repertoire aufgenommen.

Von 16 Fähigkeiten, die als Merkmale für menschliche Sprache gelten, hatte *Washoe* 12 ganz und 2 teilweise erworben: So konnte er lügen, abstrakte Symbole gebrauchen, die kein Abbild eines wirklichen Objekts waren, und zum Teil mit den ihm zur Verfügung stehenden Zeichen auch neue, eigene Sätze bilden. *Washoe* gelang es freilich nicht, akustische Zeichen («Wörter») für seine Sprache hervorzubringen. Er

vermochte auch nicht über die eigene Sprache nachzudenken.
Der Vergleich zwischen *Viki* und *Washoe* zeigt: Schimpansen können zwar Zeichensprache erwerben und bringen es darin mitunter sogar zu grosser Meisterschaft. Aber menschliche Sprache ist ihnen nicht zugänglich. So wie eine Katze nie wie der Hund mit dem Schwanz wedeln wird (weil dieses Verhalten nicht zu ihrem ererbten Repertoire gehört), so kann auch der Affe keine Menschensprache erwerben: Das Programm fehlt, er kann nicht «auf die nötige Frequenz schalten».
Dies hat sich auch bei andern Sprachlernübungen mit Schimpansen und Gorillas bestätigt. An der Universität in Princeton treibt das Affenweibchen *Sarah* mit seinem menschlichen Erzieher Konversation mit Hilfe einer Reihe von farbigen Täfelchen, die sie an eine Magnetwand heftet. In Atlanta ist einer Artgenossin namens *Lana* eine künstliche Computersprache beigebracht worden.
Bei diesen Versuchen hat man festgestellt, dass Menschenaffen über ein recht hohes Abstraktionsvermögen verfügen – der Begriff «Stuhl» wird etwa nicht nur für einen bestimmten Stuhl, sondern auch für andere Stühle eingesetzt. Der Gorilla *Koko,* der an der Stanford-Universität in Kalifornien mit der Doktorandin *Francine Patterson* die Taubstummensprache erlernt hat, vermag sogar Wortkombinationen zu bilden, um für ihn neue Dinge zu bezeichnen: Ein Zebra nennt er «weisser Tiger», eine Gesichtsmaske bezeichnet er mit «Auge Hut».
Dennoch: Sprachvermögen im *Humboldtschen* Sinne («... von endlichen Mitteln unendlichen Gebrauch machen») geht den Primaten ab. Sprache – so muss man aus den Versuchen mit den vermutlich intelligentesten aller Tiere schliessen – ist eine Fähigkeit, die der Mensch mit seiner Erbmasse erwirbt und die keine Vorstufe im Tierreich kennt. Das Erbe der Tierwelt tragen wir in Form von Zeichen- und Körpersprache mit uns herum. Da sind wir den Delphinen, Affen, Fischen und Fledermäusen ähnlich, die alle auch zum Teil recht weit entwickelte Kommunikationssysteme besitzen.
Die Entwicklung der menschlichen Sprache aber läutete in der Evolutionsgeschichte eine neue Epoche ein.

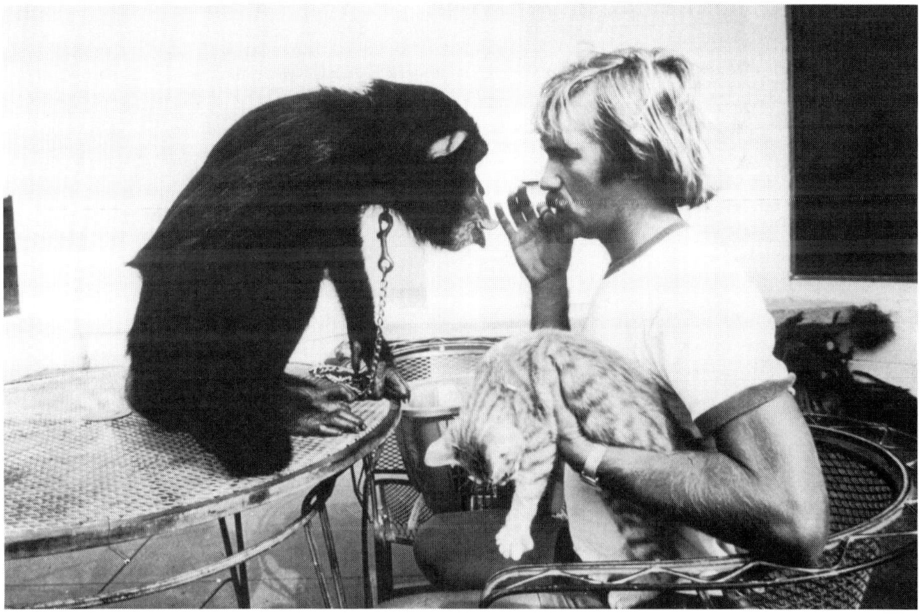

Schimpansen sind nicht fähig, selbst einfachste Wörter zu reproduzieren. Hingegen verfügen sie über erstaunlich guten Zugang zur Symbol- und Körpersprache. Bereits die Mimik ganz junger Schimpansen kann Bände sprechen. Der Tierpsychologe Roger Fouts, der auf dem unteren Bild den Schimpansen «Lucy» auffordert, ihm einen Kuss zu geben, war überraschend erfolgreich in seinen Bemühungen, Schimpansen ein ganzes Vokabular von symbolischen Gesten beizubringen.

Wolfskinder, die bei Tieren aufwachsen, sind ein Beweis dafür, dass der Mensch seine Sprachfähigkeit in seiner Kindheit ausbilden muss. Später kann er die Sprache nicht mehr erwerben. Wie der berühmte Film «L'enfant sauvage» von François Truffaut aus dem Jahre 1969 nahelegt, braucht es einen enormen Aufwand, um sprachlos aufgewachsenen Kindern auch nur die einfachsten menschlichen Kommunikationsformen beizubringen.

Die Anfänge liegen im dunkeln

Wann aber hat der Mensch zu sprechen angefangen? Die Frage hat die Menschen seit eh und je beschäftigt. Bereits in der Antike versuchte man mit zuweilen grausamen Experimenten die «Ursprache» zu finden. Der ägyptische König *Psammetichos* vertraute im 6. Jahrhundert vor Christus zwei Kinder einem Hirten an, der nicht mit ihnen sprechen durfte. Als die Kinder nach zwei Jahren *bekos* riefen, schloss der König daraus, dass das Phrygische die Ursprache des Menschen sei – *bekos* bedeutete «Brot» auf phrygisch. Auch Kaiser *Friedrich II.* liess im 13. Jahrhundert, der Grossvater von *Maria Stuart* im 15. Jahrhundert, Kinder isoliert aufwachsen – beide meinten, die von den Kindern entwickelten Laute als hebräische Wörter identifizieren zu können.

Da gingen die Sprachwissenschaftler des vergangenen Jahrhunderts denn doch seriöser vor. Ihnen fielen gewisse Gemeinsamkeiten in den Sprachen so weit entfernter Völker wie der Inder und der Iren auf. Aus dem Vergleich vieler Sprachen erkannten sie, dass es vor 5000 Jahren eine «indogermanische» Sprache gegeben haben muss, auf die praktisch die Hälfte aller heute gesprochenen Sprachen zurückgeht. Auch die andern Sprachen lassen sich in derartigen «Familien» zusammenfassen, so dass sich eine Art Stammbaum der Sprachentwicklung ergibt.

Noch weiter zurückgehende Rekonstruktionen wie der Versuch des vielsprachigen Schweizer Biologen und Naturwissenschaftlers *Hans-Rudolf Hitz,* aus den merkwürdigen Zeichen, die man im französischen *Glozel* auf neolithischen Steinquadern entdeckt hat, eine «protokeltische» Ursprache herauszutüfteln, die mit der Sprache des alten Kulturvolkes der Sumerer und der Hopi-Indianer in Amerika verwandt sein soll und sich nach *Hitz* heute noch in gewissen Flussnamen erhalten hat – auch solche Rekonstruktionen reichen nicht weiter zurück als bis auf etwa 15 000 Jahre vor unserer Gegenwart.

Ob der «Turmbau zu Babel» – die Aufsplitterung der Sprachen – damals schon stattgefunden hatte, ob man überhaupt annehmen darf, dass sämtliche Sprachen der Welt auf *eine* Ursprache zurückgehen, ist damit freilich nicht bewiesen. Man weiss es ganz einfach nicht – ebensowenig wie man weiss, wann das erste Kind sein *papa* in die Welt hinauskrähte.
Sprachbiologe *Lenneberg* meint sogar beweisen zu können, dass es nie möglich sein werde, den Ursprung der menschlichen Sprache zu rekonstruieren, weil der Nachweis des menschlichen Sprach*vermögens* noch nicht die tatsächliche *Nutzung* dieser «Anlage» darstelle. *Lenneberg:* «Zu jenen Zeiten können andere Arten der Kommunikation vorgeherrscht haben.»
Etwas weniger skeptisch ist der Sohn des berühmten Paläonthologen-Ehepaars *Leakey,* das für eine Reihe von aufsehenerregenden Funden in Ostafrika verantwortlich zeichnet. *Richard Leakey junior,* der in die Fussstapfen seiner Eltern getreten ist und heute als Direktor des Nationalmuseums von Nairobi wirkt, glaubt in einer Art Beule an den fossilen Schädeln von *Australopithecinen* (vgl. Seite 11) einen Hinweis auf das Bestehen eines Sprachzentrums bei jenen Lebewesen entdeckt zu haben: Das Sprachzentrum hat nämlich beim heutigen Menschen eine leichte Ausbuchtung der Hirnschale zur Folge. Auch *Leakey* warnt allerdings davor, die Ausbildung der menschlichen Sprache als gradlinige, zielgerichtete Entwicklung anzusehen: «Das ging Schritt für Schritt vor sich.»
Sicher darf man auch annehmen, dass Sprache das Leben der Urmenschen, insbesondere den so eminent wichtigen Zusammenhalt der Gruppe, gefördert hat. Und sicher kann man sich denken, dass Sprache jünger ist als Zeichen- und Körpersprache – ganz einfach, weil diese Kommunikationsformen auch schon bei Tieren vorhanden sind. Beweise dafür gibt es aber nicht. Wann, wo, wie und warum der Mensch sein wichtigstes Kommunikationsinstrument entwickelt hat, bleibt wohl für immer im Dunkel der Vergangenheit verschollen. Gewiss bleibt einzig, dass der Mensch mit der Sprache ein Element in der milliardenfachen Vielfalt des Lebens geschaffen hat, das es vor und neben ihm nicht gegeben hat.

Sprache und Sprachen

Können die Pädagogen, die den Zerfall der Sprache im Zeitalter der Massenmedien befürchten, sich also beruhigt in ihre Studierzimmer zurückziehen, weil ihre Schüler ja Sprache dank ihren angeborenen Zellsteuerungsmechanismen auch ohne pädagogisches Zutun erwerben? Oder müssen sie umgekehrt verzweifelt ihre Hände in den Schoss legen, weil sich in der offensichtlich grassierenden und den Massenmedien zur Last gelegten Sprachverwilderung möglicherweise eine unabwendbare Mutation der menschlichen Erbmasse abzeichnet, die am Ende die Sprache verkümmern lassen wird wie Weisheitszähne oder Blinddarm?
Beide Reaktionen sind falsch!
Mutationen beanspruchen in der Evolutionsgeschichte so grosse Zeiträume, dass das Auftauchen der Massenmedien unmöglich jetzt schon genetische Folgen zeigen könnte. Die Vergrösserung des menschlichen Gehirns, die sich in einem Zeitraum von wenigen hunderttausend Jahren abspielte, gilt ja bereits entwicklungsgeschichtlich als unheimlich rascher Vorgang.
Die Einsicht, dass Sprache ein spezifisch menschliches Verhalten ist, das uns in die Wiege gelegt wird, ist freilich auf der andern Seite auch nicht geeignet, die offensichtliche Zunahme von unkorrekten Formen als bedeutungslos abzutun. Gerade die Entdeckung der genetisch angelegten Sprachfähigkeit und des quasi automatischen Erwerbs von Sprache durch die Kinder darf nicht vergessen machen, dass Kinder zwar mit den gleichen Wörtern ins Reich der Sprache eintreten – dass der Prozess des Spracherwerbs sich dann aber sehr rasch verzweigt, je nach dem sprachlichen «Futter», das ein Kind in seiner sprachlichen Umgebung verdauen muss.
Man schätzt, dass heute auf der ganzen Welt rund 3000 verschiedene Sprachen gesprochen werden. Man nimmt an, dass etwa 4000 weitere ausgestorben sind. Diese Zahlen beziehen sich lediglich auf die sogenannten «Hoch»- oder «Nationalsprachen» wie Deutsch, Englisch, Französisch, die meist erst wenige hundert Jahre alt sind.
Jede Nationalsprache aber splittert sich noch auf – einmal in eine Unzahl von *Dialekten* und Unterdialekten (in Tasmanien sind bei einer Urbevölkerung von 50 Personen immer noch 4 Dialekte festgestellt worden!), dann aber auch in *Soziolekte:* Verschiedene Schichten der Bevölkerung haben seit eh und je spezifische Sprachen entwikkelt.
Bedenkt man überdies, dass jeder Mensch seine ganz individuelle *Sprachbiografie* besitzt – je nachdem, wo er aufgewachsen ist, welche Fremdsprachen er beherrscht, wie sich die Dialekte bei ihm vermischt haben, welchen Schichten er angehört, welche Berufsjargons er beherrscht, welche Gruppensprachen er verwendet – dann hat die Geschichte vom Turmbau zu Babel tatsächlich einen wahren Kern: Es gibt wohl so viele Sprachen, wie es Menschen gibt und gegeben hat. Und es wird, da Sprachen sich dauernd verändern, immer noch mehr Sprachen geben.
Weil jeder Mensch seinen «Sprachschatz» auf ganz eigene Weise erwirbt und weil sich sein sprachliches Repertoire ständig verändert, ist die Sprache ein zwar äusserst flexibles, aber bei weitem nicht unfehlbares Kommunikationsmittel.
Dass ein Briefträger und ein Hundezüchter beim Wort «Hund» verschiedene Empfindungen haben, ist nur ein grobes Beispiel für unzählige winzige Differenzen, die zwischen zwei Menschen bei jeder sprachlichen Äusserung entstehen können. Für die Massenmedien hat sich im Verlaufe ihrer Geschichte daraus die fundamentale Forderung ergeben, sprachliche Äusserungen möglichst «geschlossen», das heisst möglichst ohne Informationslükken zu produzieren. Eine eherne Regel, die Nachrichtenjournalisten vom ersten Tag an lernen, besagt zum Beispiel, dass eine Meldung sämtliche sogenannten *W-Fragen* (wer? was? wo? wann? wie? warum?) beantworten muss: Der Leser soll sie nicht mehr stellen müssen.
Die Differenzen zwischen der Struktur des Sprachrepertoires einzelner Menschen sind übrigens wahrscheinlich in weit grösserem Masse für aggressive – also nonverbale – Reaktionen verantwortlich, als wir uns dessen im Alltag bewusst sind: Viele Konflikte beginnen mit einem Missverständnis...
Es gibt heute freilich auch eine gegen-

läufige Tendenz zu dieser Feinsplitterung der Sprache: Immer mehr Menschen auf der ganzen Welt leben mit zwei, drei oder gar noch mehr Nationalsprachen.

Das trifft durchaus nicht nur auf die gebildeten Schichten der Industrieländer zu, bei denen der Erwerb einer Zweit- und Drittsprache in der Schule seit einiger Zeit zur Regel geworden ist. Es gilt vor allem auch für einen grossen Teil der Bevölkerung der Dritten Welt, die neben ihrer «Kultursprache» (meist die Sprache der ehemaligen Kolonialherren) auch noch eine eigene Kultur- oder Stammessprache kennt. So ist vielen Europäern gar nicht bewusst, dass in den südamerikanischen Andenländern bis zu 70 Prozent der Einwohner als Muttersprache nicht Spanisch, sondern eine Indianersprache (Quetchua, Aymara, Guaraní) erworben haben, dass die Millionenbevölkerung Ostafrikas in der Regel dreisprachig ist und Englisch, Suaheli und die Stammessprache spricht oder dass die Inder mehrheitlich ebenfalls drei Sprachen sprechen (Hindi, Englisch und eine Regionalsprache).

Selbst in China, wo ein Viertel der Menschheit zu Hause ist, ist Zweisprachigkeit weit verbreitet – nicht nur der 53 Minderheiten wegen, sondern auch weil sich Englisch als zweite «Lernsprache» zunehmender Beliebtheit selbst in den entlegensten Provinzen erfreut. Englisch wird heute weltweit bereits von 1,4 Milliarden Menschen gesprochen. Der amerikanische Unternehmensberater und Bestsellerautor *John Naisbitt* («Megatrends») sagt voraus: «In der globalen Wirtschaft der Zukunft wird der Topmanager drei Sprachen beherrschen müssen: Englisch, Spanisch und Computersprache.»

Immer wenn wir in diesem Sinne von «Sprache» reden, meinen wir jedoch nicht jenes angeborene Sprachvermögen und jene vorgegebenen Strukturpläne, die uns vor dem Tier auszeichnen. *Das Sprachvermögen, das in uns steckt, ist etwas anderes als die Sätze, die wir tatsächlich aussprechen oder hören.*

Auf diesen grundlegenden Unterschied hat schon der Vater der modernen Sprachwissenschaft, der Schweizer *Ferdinand de Saussure* (1857–1913), vor hundert Jahren aufmerksam gemacht. Er hat von der *langue* – der Sprache als System – und der *parole* – der Sprache als Sprechakt – gesprochen. Moderne Sprachwissenschaftler wie der Amerikaner *Noam Chomsky* brauchen – in Analogie zu der psychologischen Unterscheidung von Bewusstsein und Unterbewusstsein – die Bilder «Oberfläche» und «Tiefenstrukturen»: Was man «meint», wenn man eine Aussage bildet, ist allen Sprachen sozusagen unterlegt. Wie sich das Gemeinte in eine bestimmte Sprache zur «Oberfläche» hinauf transformiert, das bestimmen die Regeln dieser Sprache. Die Tiefenstruktur unserer Sprachen ist relativ stabil – wie die Temperatur in den Tiefen des Ozeans. Je weiter man an die Oberfläche gelangt, desto veränderlicher und kurzlebiger werden die sprachlichen Strukturen und Regeln.

Die Veränderungen, die in unseren Umgangssprachen geschehen sind und noch geschehen werden, sind relativ oberflächliche Veränderungen: Sie gehören zum Umfeld, das den Sprachlernprozess füttert. Wer gegen sprachliche Normen verstösst, der braucht also deswegen noch lange nicht «sprachunfähig» zu werden. Die tief in den Anlagen des Menschen sitzenden Grundstrukturen und Fähigkeiten – etwa das Vermögen, in einem Satz ein «nicht» einzubauen – werden davon nicht berührt. Betroffen ist allein die «Oberfläche» der jeweils gültigen Norm in einer einzelnen Sprache. Das gilt insbesondere für die in diesem Sinne besonders «oberflächlichen» Schreibfehler – weitverbreitetes Schreiben ist ja in der Menschheitsgeschichte eine sehr junge Errungenschaft.

Verstösse gegen Normen sind allerdings auch sehr oft Anzeichen für Veränderungen an der sprachlichen «Oberfläche». Viele Sprachveränderungen – man denke nur an die Eingliederung von Fremd- und Lehnwörtern – sind nichts anderes als *Fehler, die mit der Zeit akzeptiert worden sind.* Die Autoren des renommierten «Fremdwörterbuches» der deutschen Duden-Redaktion schätzen, «dass auf das gesamte deutsche Vokabular von etwa 400 000 Wörtern rund 100 000 fremde Wörter kommen».

Der Einfluss der Massenmedien auf unser Sprachverhalten aber spielt sich wahrscheinlich auf einer ganz anderen Ebene ab: Sie tragen dazu bei, dass sich in unserem gesamten Kommunikationsverhalten – Körpersprache, Symbolsprache und verbale Sprache zusammengenommen – Gewichtsverlagerungen und Schwerpunktveränderungen abspielen, deren Richtung wir vorläufig nur sehr vage erahnen können. Nicht nur die Sprache selbst – der ganze Kommunikationsapparat des Menschen ist etwas Lebendiges, das sich dauernd verändert.

Vielleicht muss die Sprache – gegenüber der nonverbalen Kommunikation – in der heutigen Zeit tatsächlich Federn lassen. Vielleicht verlassen wir wirklich – wie dies der kanadische «Medienprophet» *Marshall McLuhan* schon in den sechziger Jahren prophezeite – das Zeitalter der Schriftkultur und treten ins «visuelle Zeitalter» ein (auch wenn dies in mancher Hinsicht eher eine Rückkehr zum Sehen als die Entdeckung eines neuen Kommunikationsweges ist). Vielleicht werden Bildagenturen in Zukunft den Nachrichtenagenturen tatsächlich ans Leder gehen. Vielleicht werden beide – wenn Englisch, Spanisch und Computersprache sich dereinst zu Universalsprachen mausern sollten – Konkurrenz von Videoclips- und Tonträgeragenturen erhalten.

Das heisst aber alles nicht, dass sich damit auch unbedingt die Kommunikations- und Sprachfähigkeit des Menschen zum Schlimmen hin entwickeln müsste. Das Gegenteil ist auch möglich.

Wer sich darum über die Sprachverwilderung der heutigen Jugend aufregt, der sollte vielleicht auf der andern Seite auch zur Kenntnis nehmen, dass gerade die Fernsehjugend sich sprachlich sehr kreativ gezeigt hat und beispielsweise zur «Internationalisierung» der Nationalsprachen sehr viel beigetragen hat, indem sie Fremdsprachliches und (heute noch) «Falsches» viel unbefangener übernimmt und anwendet, als sich das ihre sprachpuristischen Väter noch erlaubt hätten.

Hämmptt statt *Hemd* – darin steckt, etwas Toleranz und *Wispigirde* beim Leser vorausgesetzt, doch auch fast schon wieder ein Schuss sehr sympathischer und sehr menschlicher Phantasie...

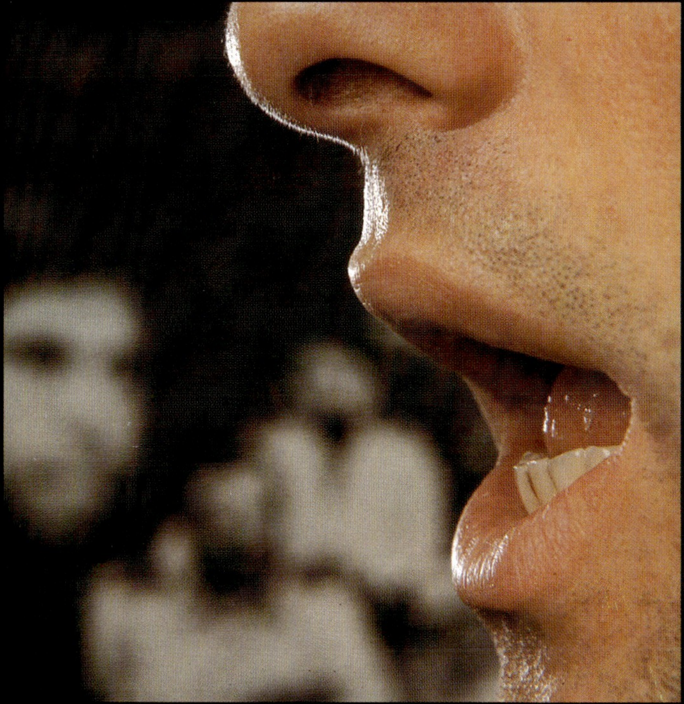

Wenn alles schweigt und einer spricht

Das ist die Ursituation der Massenkommunikation: einer hält eine Rede, viele hören zu. Einer spricht, die andern schweigen. Es ist eine Kommunikationssituation, die nach bestimmten Regeln abläuft: Der Erzähler muss das Publikum fesseln, muss es bei der Stange halten, muss es zu Handlungen anspornen können. Die Regeln sind uralt und reichen weit in die schriftlose Zeit zurück. Die Märchentante folgt ihnen ebenso wie der Chronist, der Anführer im Krieg wie der Aufwiegler zum Aufstand.

Massenkommunikation beginnt mit der Kunst der Rede …

Mein Alles hängt,
mein Leben, mein Geschick,
An meiner Worte,
meiner Tränen Kraft...

Maria Stuart im gleichnamigen Drama von Friedrich Schiller (1759–1805)

W*enn alles schläft und einer spricht, dann nennt man dieses Unterricht.*

Das pflegten wir in der Schule von einem Lehrer zu sagen, dem es an Showmaster-Qualitäten gebrach.

So ist der Satz böse gemeint. Man kann ihn auch sozusagen wertfrei formulieren: *Wenn alles schweigt und einer spricht...*

Wir haben den Satz in dieser abgeänderten Form zum Titel dieses Kapitels gemacht, weil er so die Ursituation aller Massenkommunikation umschreibt: Einer spricht, viele hören zu. Einer sendet Signale aus, viele empfangen sie. Einer redet, und er muss seine Rede so gestalten, dass die andern sie verstehen, auch wenn sie keine Fragen stellen können. Die «vielen» – das Publikum – schweigen hörend, ihre Aufmerksamkeit ist auf den einen gerichtet, der da vorne oder da oben steht und zu ihnen spricht.

Der da oben oder da vorne aber muss, wenn seine «Kommunikation mit der Masse» funktionieren soll, aufpassen, dass nicht «alles schläft»: Er muss sein Publikum fesseln, er muss es bei der Stange halten, er muss ihm den Eindruck vermitteln, dass es *auch* etwas zu sagen habe, dass es nicht zum Schweigen verdammt sei.

Massenkommunikation, in diesem ursprünglichen Sinne verstanden: das ist der Häuptling, der zu seinem Stamm spricht, das ist der Priester auf der Kanzel, das ist der Professor vor seinen Studenten, das ist der Staatsanwalt vor den Geschworenen, der Parlamentarier vor dem Parlament, der Vereinspräsident vor dem Verein und der Staatspräsident am Bildschirm, das ist der Redner am *Speakers' Corner* im Londoner *Hyde Park,* der Showmaster in der grossen Halle, der Gangsterboss vor seinen Ganoven, das sind *Cäsar, Luther, Robespierre, Hitler,* das ist aber auch der Junge, der seinen Kameraden den neuen Streich erklärt, das sind auch der Trommler im Urwald und die Sängerin auf der Bühne – und, natürlich, der Lehrer im Unterricht.

Massenkommunikation ist, kurzum, zuerst einmal ganz einfach *Redetechnik* oder Rede-«Kunst», wie man früher sagte, als im Wort «Kunst» noch stärker die Bedeutung «Fertigkeit» zu spüren war. Es ist die Fertigkeit, als einzelner vor einem Publikum aufzutreten und etwas mitzuteilen.

Die ersten, die diese Fertigkeit zur überlieferten Meisterschaft gebracht haben, waren die alten Griechen. Sie nannten diese Technik *Rhetorik.*

Das Wort ist heute etwas in Verruf geraten. Man spricht von «reiner Rhetorik» und meint damit hohle Phrasen. Noch allzu deutlich sind die bösen Erinnerungen an die Nazizeit, wo vorab *Adolf Hitler* und *Joseph Goebbels* die Register der Rhetorik in verheerender Weise zu ziehen verstanden. So ist es wohl nicht verwunderlich, dass es in der ganzen Bundesrepublik nur einen einzigen Lehrstuhl für Rhetorik an den Universitäten gibt – in der Schweiz und in Österreich überhaupt keinen. Im angelsächsischen Sprachraum ist die Situation ganz anders: Dort üben sich bereits die Schüler der höheren Klassen der Mittelschulen regelmässig im parlamentarischen Debattieren, veranstalten Redewettbewerbe und erhalten Kurse in Rhetorik. An den amerikanischen Universitäten spielt die Rhetorik in der Ausbildung vieler Studenten seit langem eine grosse Rolle.

Die Kritik an der Redekunst ist freilich so alt wie die Rhetorik selbst. Schon die alten Griechen warfen den «Sophi-

Rhetorik – die Kunst der Rede – ist die Urform aller Massenkommunikation. Einer spricht, die anderen schweigen. Rhetorik hat zu allen Zeiten der überlieferten Geschichte vor allem in revolutionären Epochen eine grosse Rolle gespielt. Kaum ein grosser Revolutionär war darum nicht auch ein grosser Redner und wusste, wie man mit Massen spricht. Dieses berühmte Bild zeigt den russischen Revolutionsführer Wladimir Iljitsch Uljanow (alias Lenin) im Mai 1920 bei einer Rede in Leningrad.

In einer berüchtigten Rede vor einer bestellten Claque im Berliner Sportpalast stellte der nationalsozialistische «Reichsminister für Volksaufklärung und Propaganda», Joseph Goebbels, der Menge die berüchtigte (rhetorisch verkleidete) Frage: «Wollt ihr den totalen Krieg?» Die «Berliner Illustrierte» druckte darauf das Bild mit den applaudierenden «Verwundeten in der ersten Reihe» und einer Bildunterschrift, die die Antwort von Goebbels Zuhörern wiedergibt: «Ja! Ja! Ja! Wie aus einem Munde antwortete die Versammlung, in der alle Schichten des deutschen Volkes vertreten sind, auf die entscheidenden zehn Fragen an die Nation immer mit dem flammenden Gelöbnis der unverbrüderlichen Aufopferung bis zum letzten.» Die Goebbels-Rede, die auch vom Rundfunk übertragen wurde, gilt als eines der krassesten Beispiele für die volksverhetzende Kraft, die der Rhetorik innenwohnen kann.

sten» – der ersten richtigen Schule von Rednern im alten Griechenland – vor, ihre Kunst bestünde in nichts anderem als im Erfinden von geschickten Lügen, im Verführen des Volkes und in der Begriffsverwirrung und Sinnesbetörung. Die Vorwürfe zeigen, welche Macht man schon damals der Rhetorik zubilligte.

Im Grunde stellt die Kritik an der Rhetorik aber eine Art Eigentor dar: Die Kritiker der Sophisten mussten ja, wollten sie Erfolg haben mit ihrer Argumentation, sich ebenfalls rhetorischer Mittel bedienen. Auch sie mussten vor ein Publikum treten und argumentieren. Und zur Rhetorik gehört natürlich nicht nur ein Repertoire von Verführungstechniken (das gibt es freilich auch), sondern auch das Wissen, wie man diese «faulen Tricks» entlarven und denunzieren kann.

Rednerschulen gibt es seit den alten Ägyptern

Die Sophisten bauten in Griechenland im 5. Jahrhundert v. Chr. eigentliche Rednerschulen auf. Solche Rednerschulen hatte es freilich schon weit früher – bei den alten Ägyptern – gegeben. Aus dem sogenannten Mittleren Reich (2040-1650 v. Chr.) sind uns sogar Beschreibungen überliefert, wie an solchen «Hofschulen» begabte Jugendliche in der Kunst des Schreibens und der Rhetorik unterrichtet wurden. Man erwartete von ihnen, wie es in einer Quelle heisst, «im Streitgespräch ihren Mann zu stehen und am Meinungsaustausch teilzunehmen, mit Räten zu reden, mit der Hofordnung vertraut zu sein, auf eine Rede zu antworten und einen Brief beantworten zu können».

Es muss eine harte Schule gewesen sein, die die jungen Hieroglyphen-Büffler da durchmachten – mit Peitschen aus Nilpferdhaut half der Lehrer notfalls nach. «Das Ohr des Knaben ist auf seinem Rücken: Er hört, wenn er geschlagen wird», hiess eine Sentenz, die wohl nicht blosse Rhetorik geblieben ist.

Die Rhetorik erlebte dann ihre erste Blüte in der griechischen und römischen Antike. Bildung und beruflicher Erfolg beruhten damals im wesentlichen darauf, dass einer rhetorisch geschult war. Noch bis ins ausgehende

Mittelalter hinein gehörte die Rhetorik zum wichtigsten aller Fächer an den Universitäten. Juristen, Diplomaten, Politiker, Verwaltungsbeamte, Prediger – keiner kam zu jener Zeit ohne gründliche rhetorische Schulung aus. Die Rhetorik war *das* Studium, das die Tore zu den höchsten Ämtern öffnete.

Die Direktoren der antiken Rednerschulen gehörten denn auch zu den Grossverdienern ihrer Zeit. Der Privatlehrer des legendären Redners *Demosthenes* (384–322 v. Chr.) etwa soll im Jahre umgerechnet rund 50 000 Schweizer Franken verdient haben. Sein Kollege *Isokrates* nahm von jedem Schüler 1000 Drachmen und kam – bei 100 Schülern gleichzeitig – auf ein Jahreseinkommen von einer halben Million. Für eine einzige – noch dazu kurze und nicht sonderlich originelle – Rede über die «Pflicht der Untertanen zum Gehorsam» erhielt *Isokrates* den Gegenwert von mehr als 100 kg Silber!

Im alten Rom blühten die griechischen Rednerschulen weiter. Den römischen Kaisern waren diese Institutionen mindestens so wichtig wie heute Putschgenerälen die Besetzung der Radiostation. Sie waren in der Tat indirekt eine Art Sendestation der Mächtigen. Die Rednerschulen wurden sogar zu eigentlichen «Pressestellen» der römischen Kaiser: Sie bildeten unter anderem auch die Experten für die kunstvoll gelenkte Informationspolitik der Herrscher aus.

Am Ende des Römischen Reiches richteten die letzten Kaiser dann in allen Städten Rednerschulen ein. Sie gelten als die Vorläufer der heutigen *Gymnasien.* Textanalyse, Aufsatzschreiben, Rezitations- und Schauspielübungen waren die Hauptfächer in diesen Schulen. Man übte die Berichterstattung von geschichtlichen Ereignissen im Stile eines modernen Reporters, der «dabei» gewesen war; man hielt Lobreden auf berühmte Männer und verteidigte berühmte Verbrecher. Vor allem aber übte man die zum Teil merkwürdigsten Themen ein. Die Schüler mussten ein «Lob des Staubes» verfassen oder die Frage erörtern:

Angenommen, Antonius hätte Cicero wählen lassen zwischen Tod und Verbrennung seiner Bücher – was hätte Cicero wählen sollen?

Die Parallele zu den Formen des heutigen Journalismus – Reportage, Kolumne, Interview, Glosse – sticht geradezu ins Auge, und so ist es sicher keine Geschichtsverfälschung, wenn man die alten Rednerschulen als die frühesten *Medienschulen* der Geschichte bezeichnet – auch wenn es damals noch keine Zeitungen im modernen Sinne gab. Sogar das Instrument der *Public Relations* gab es aber schon: Noch der Gotenherrscher *Theoderich* (471 bis 526) übernahm von seinen römischen Vorgängern einen berühmten Rhetor, damit der ihm das kulturelle «Image» der neuen «Barbaren»-Regierung aufpoliere.

Die Einfälle der Germanen haben aber im allgemeinen die alten Rednerschulen zerstört. Nur an den Rändern des Reiches, in Nordafrika, Sizilien und Südfrankreich, konnten sich einige halten. Sie sind deshalb in der Geschichte wichtig, weil einige der alten Kirchenväter – unter anderem der berühmte *Augustinus* (354–430) – diese Ausbildung noch genossen haben und so zum mindesten deren Tradition und Lehrgut in die moderne Zeit hinüberretteten. Die Rhetorik wurde nun nämlich für Jahrhunderte eine Domäne der Kirche und vor allem im Rahmen der *Theologie* gelehrt: Die Predigt nahm die alten Techniken der Antike auf und überlieferte sie bis in die heutige Zeit.

Grosse Zeiten erlebte die Rhetorik dann – wenn auch nicht mehr in der organisierten Form der antiken Rednerschule – vor allem in Perioden sozialen und politischen Umbruchs. *Martin Luther* (1483–1546) ging bei seinem Freund und Antikekenner *Melanchthon* (1497–1560) zur Schule und erhielt da jenen Schliff, der ihn zum grossen Redner und Reformator machte. Weitere Sternstunden der Rhetorik waren etwa die Zeit des amerikanischen Unabhängigkeitskrieges, die Französische Revolution oder die Arbeiterbewegung. Namen wie *Benjamin Franklin, Thomas Jefferson, Robespierre, Danton, Lassalle, Bebel, Rosa Luxemburg, Lenin* sind nicht nur grosse Namen in der Geschichte der Politik, sondern auch der Rhetorik.

Die Kunst der Rede ist freilich eine Waffe, die in alle Richtungen schiesst: Vorab die Nazis haben in unserem Jahrhundert mit ihrer ausgefeilten, auf Massenwirkung bedachten und mit dem Radio millionenfach vervielfältigten Rhetorik auch die manipulatorischen Kräfte demonstriert, die in der Rhetorik (und in den modernen Kommunikationsmitteln) stecken.

Ein Geschäft aus der Redekunst hat ein cleverer Selfmademan in Amerika gemacht. Im Jahre 1912 erteilte ein gewisser *Dale Carnegie* in der 125. Strasse in New York seinen ersten Redekurs vor dem Christlichen Verein Junger Männer. Inzwischen gibt es *Carnegie*-Kurse in der ganzen Welt. *Carnegies* Erfolg ist wohl vor allem damit zu erklären, dass er weit über die Vermittlung von einigen rhetorischen Tricks hinausging. Sein Rezept lautete: *Denken Sie an das Gefühl der Meisterschaft, das aus der Fähigkeit entspringt, Aufmerksamkeit zu fesseln, Gemütsbewegungen zu bewirken, eine Gruppe zum Handeln zu bewegen. Sie werden feststellen, dass Ihre Fähigkeit, sich gut ausdrücken zu können, Ihnen auch andere Fähigkeiten einbringen wird. Denn die Übung im wirkungsvollen Sprechen ist der sicherste Weg zum Selbstvertrauen in allen Bezirken des Lebens.*

Die Grundregeln: laut und ohne Pause sprechen

Die alten Rednerschulen der Antike, vor allem der Römer, haben uns umfangreiches Lehrmaterial hinterlassen, darunter die wertvollen 12 Bände «Redelehre» des *Marcus Fabius Quintilianus* (etwa 30–96), die im Spätmittelalter wiederentdeckt wurden und viele Humanisten der Renaissance beeinflussten. Die Griechen und Römer bauten die Rhetorik zu einer eigentlichen Wissenschaft vom «richtigen Reden mit den Massen» aus.

Natürlich sind einem modernen Redner all diese zum Teil sehr detaillierten Vorschriften, Rezepte und Erkenntnisse der Antike nicht mehr gegenwärtig. Aber in der Praxis haben sich die wichtigsten Regeln seit über 2000 Jahren erhalten und sind leicht sowohl in einer Rede von *Cicero* wie auch bei *Franz Josef Strauss, John F. Kennedy* oder auch in irgendeinem guten journalistischen Kommentar wiederzufinden.

Dies hat seinen Grund in der eigentümlichen und im Prinzip unveränderten Situation der Redner (und Journa-

listen) von damals wie heute: *Sie stehen allein einem Publikum von vielen gegenüber, dessen Aufmerksamkeit sie fesseln, das sie überzeugen, vielleicht sogar zu Taten anspornen oder zu Meinungsänderungen bewegen müssen.*
Die *erste* Regel, an die sich ein Redner halten muss, ist ganz einfach. Am schönsten ist sie wohl beim berühmten Rednertreff des *Speakers' Corner* im Londoner *Hyde Park* zu beobachten. Da stellen vornehmlich am Wochenende Dutzende von Rednern ihre Kistchen hin und beginnen lautstark ihr Anliegen vorzutragen: *für* den Katholizismus, *gegen* den Katholizismus, *für* die Vivisektion, *gegen* die Vivisektion, *für* und *wider* die Anarchie, *für* und *wider* die Monarchie. Da die einzelnen Redner nicht sonderlich weit voneinander entfernt sind, haben sie stets mit demselben Problem zu kämpfen: Sie müssen sich ihr Publikum «holen» und es «fesseln», damit es bei ihnen bleibt und nicht zur Konkurrenz überläuft. Der schlimmste Fehler, der nun einem *Hyde-Park*-Redner passieren kann, ist ein *Blackout:* eine unfreiwillige Pause, weil der Redner nicht mehr weiter weiss. Die Reaktion des Publikums stellt sich unverzüglich ein: Es wendet seine Aufmerksamkeit einem andern Redner zu.
Auch wenn der Redner allein vor einem Publikum spricht, droht ihm diese Gefahr. Der Redner muss sie vor allen andern Fehlern vermeiden – sonst funktioniert seine Kommunikation nicht mehr. Das wichtigste Mittel, dem *Blackout* zu begegnen, besteht darin, die Rede mit einer *Disposition* zu planen, also den Ablauf der Rede festzulegen durch Stichworte oder auch durch antrainierte Ablaufschemen. Eine solch einfache Disposition kann etwa in der Abfolge aus *Begrüssung – Vorstellen der These – Begründung der These – Erledigung der Gegenargumente – Schlussfolgerung* bestehen.
So rational-planend gehen wahrscheinlich die meisten Redner gar nicht vor. Sie folgen vielmehr dem Prinzip, dass sie einfach Einfall an Einfall aneinanderreihen. Die Sprache selbst kann dabei die Rede ständig vorwärtstreiben, indem einzelne Wörter den nächsten Satz «provozieren». Der deutsche Dichter *Heinrich von Kleist* (1777-1811) hat dieses assoziative «Naturverfahren» in einem berühmt gewordenen Aufsatz («Über die allmähliche Verfertigung der Gedanken beim Reden») an einem Beispiel aus dem Vorfeld der Französischen Revolution beschrieben:
Mir fällt jener «Donnerkeil» des Mirabeau ein, mit welchem er den Zeremonienmeister abfertigte, der nach Aufhebung der letzten monarchischen Sitzung des Königs am 23. Juni, in welcher dieser den Ständen auseinander zu gehen anbefohlen hatte, in den Sitzungssaal, in welchem die Stände noch verweilten, zurückkehrte, und sie befragte, ob sie den Befehl des Königs vernommen hätten. «Ja», antwortete Mirabeau, «wir haben des Königs Befehl vernommen» – ich bin gewiss, dass er, bei diesem humanen Anfang, noch nicht an die Bajonette dachte, mit welchen er schloss: «Ja, mein Herr», wiederholte er, «wir haben ihn vernommen» – man sieht, dass er noch gar nicht recht weiss, was er will. «Doch was berechtigt Sie» – fuhr er fort, und nun plötzlich geht ihm ein Quell ungeheurer Vorstellungen auf – «uns hier Befehle anzudeuten? Wir sind die Repräsentanten der Nation.» – Das war es, was er brauchte! «Die Nation gibt Befehle und empfängt keine» – um sich gleich auf den Gipfel der Vermessenheit zu schwingen. «Und damit ich mich Ihnen ganz deutlich erkläre» – und erst jetzt findet er, was den ganzen Widerstand, zu welchem seine Seele gerüstet dasteht, ausdrückt: «So sagen Sie Ihrem Könige, dass wir unsre Plätze anders nicht als auf die Gewalt der Bajonette verlassen werden.» – Worauf er sich, selbstzufrieden, auf einen Stuhl niedersetzte.

Honoré Gabriel de Riqueti Graf von Mirabeau (1749–1791).

Die *zweite* Regel für gewandte Rhetoriker ist ebenso simpel:
Der hinterste (und der Hinterste) muss ihn verstehen. Die Übung, mit der sich *Demosthenes* zermarterte, mag uns archaisch vorkommen, aber sie ist der erste Versuch, mit technischen Mitteln die *Reichweite* von Massenkommunikation (akustisch) zu verstärken: *Demosthenes* brüllte mit Kieselsteinen im Munde gegen die Meeresbrandung an, um sein Stimmvolumen zu trainieren. In die gleiche Richtung zielt der Versuch, einen *Ort* der Rede zu wählen, wo die Akustik möglichst günstig ist. Die phantastische Bauweise von griechischen Theatern wie *Epidauros,* wo 12000 Zuschauer selbst ein Flüstern auf der Bühne unten noch hören konnten, stellt bereits ein Beispiel von ausgereifter Medientechnik dar. Sie hat nichts mehr mit «Verbesserungen» am menschlichen Körper zu tun und deutet damit auch die Richtung an, die die Kommunikationstechnik nun während der nächsten zwei Jahrtausende nehmen wird: Sie wird die menschlichen Sinnesorgane über den Körper hinaus verlängern, die Kamera auf dem Mond zum «verlängerten» Auge, den Bohrturm zum verlängerten Finger, den Lautsprecher zum Ersatz des Resonanzraums «Mund» entwickeln. Griechische Theater sind, so verstanden, nichts anderes als riesige Ohrmuscheln, ähnlich wie später die Kirchen des Mittelalters oder die Theater und Konzertsäle von heute.

Jeder Satz ein Gedanke. Und jeder Gedanke ein Schritt zum nächsten

Die gute Akustik freilich wird dem Redner allein noch keinen Erfolg bringen. Ebenso wichtig ist es, dass auch das, was er sagt, verstanden wird. Auch auf diesem Gebiet haben die Rhetoriker ausgefeilte Techniken entwickelt und bereits in der Antike festgehalten.

Die kleine Galerie der grossen Rhetoriker(innen)

Demosthenes (384–322 v. Chr.) brüllte mit Kieselsteinen im Mund gegen das Meer an und stachelte die Hellenen zum Freiheitskrieg gegen Philipp II. von Makedonien an.

Cicero (106–43 v. Chr.) vereitelte die Verschwörung des Catilina und galt als der grösste Rhetoriker Roms.

Der Kirchenvater Augustinus (354–430) rettete die Kunst der Rhetorik aus der Antike ins Mittelalter hinüber.

Thomas Jefferson (1743–1826) verfasste die amerikanische Unabhängigkeitserklärung von 1776.

Georges Danton (1759–1794) wurde dank seiner stürmischen Beredsamkeit zum Führer der Pariser Unterschicht während der Französischen Revolution und bezahlte dafür mit seinem Leben.

Napoleon I. (1769–1821) wusste Rhetorik und Propaganda im Dienste autoritärer Staatsführung zu nutzen wie kaum einer zuvor.

Ferdinand Lassalle (1825–1864) war einer der ersten grossen Agitatoren der deutschen Arbeiterbewegung.

Die radikale Sozialistin Rosa Luxemburg (1870–1919) steht hier als eine der wenigen Frauen, die in die Geschichte der Rhetorik eingegangen sind.

Winston Churchill (1874–1965) führte die Briten im Zweiten Weltkrieg und forderte von ihnen «Blut, Mühsal, Tränen und Schweiss».

Charles de Gaulle (1890–1970) leitete die Franzosen mit altväterischer Rhetorik («Vive la France!»).

Mao-Tse-Toung (1893–1976) verdammte die Reaktionäre als Papiertiger und einigte das chinesische Volk als Redner, Politiker und Dichter.

Fidel Castro (* 1927) wurde durch stundenlange Reden berühmt.

Dale Carnegie (hier mit «Mamie» Eisenhower) machte mit der Rhetorik ein Riesengeschäft . . .

Sie kommen uns heute zum Teil unglaublich kompliziert vor. Aber für jene Menschen waren viele dieser Anweisungen und Regeln wahrscheinlich selbstverständlicher und einfacher zu befolgen als für uns. Dies hat damit zu tun, dass wir uns gesprochene Sprache – und ganz speziell *geformte* gesprochene Sprache – immer zuerst irgendwie als aufgeschrieben vorstellen.
Die Schrift aber – dies werden wir im nächsten Kapital noch genauer verfolgen können – besitzt die Eigenschaft des *re-play:* Man kann sie wieder «abspielen», kann nochmals nachlesen, wenn man etwas nicht verstanden hat. Was der Redner aber sagt, ist vorbei, wenn es seinen Mund verlassen hat. Im Vergleich zur aufgeschriebenen Sprache muss die Redesprache deshalb so gestaltet sein, dass sie diesem ständigen Vergehen der Zeit Rechnung trägt: Die Sprache muss *linear* sein, sie soll unser Gegenwartsbewusstsein – die rund 10 Sekunden, die wir als «jetzt» empfinden und in denen wir Gegenwärtiges im Kurzzeitgedächtnis speichern – nicht überfordern. Die Informationen sollen darum wie Perlen auf einer Schnur aufgereiht sein. Aber die Schnur soll keine Knoten oder Schlingen enthalten.
Grammatisch formuliert, heisst das: wenig untergeordnete Sätze, möglichst viele Hauptsätze – *Parataxe,* nicht *Hypotaxe,* wie die Sprachwissenschaftler sagen. Nebenbei bemerkt: Auch hier finden wir eine rhetorische Grundregel, die viel später für Journalisten wichtig geworden ist. Journalisten haben zwar Leser vor sich. Aber diese Leser wollen in der Regel beim ersten Mal verstanden haben, was sie vor sich haben. Sonst «steigen sie aus». Leser von Zeitungen befinden sich in einer ähnlichen Situation wie Zuhörer bei einem Redner – die Sprache des Redners (hier also: des Journalisten) muss dies berücksichtigen.
In einem Leitfaden mit dem Titel «News – How it is Written and Edited» schrieb denn auch *Lewis Jordan, News Editor* der angesehenen «New York Times», einmal:
Gewisse Journalisten schreiben, als ob jeder Satz der letzte wäre, den sie in ihrem Leben schreiben können. Sie überladen den Satz mit Information. Sie schwelgen in Nebensätzen. Sie gehen verschwenderisch um mit dem

Komma und dem Strichpunkt und geizen mit dem Punkt. So wird der Satz zu einem Rätsel für den Leser. Er muss sich anstrengen, um zu seiner Information zu gelangen. Im Kommunikationskanal wird ein Hindernis aufgestellt. Und die Zeitung hat versagt.
Diese Anweisung ist selbst ein Musterbeispiel für lineare «Schreibe». Kein Adjektiv zuviel. Jeder Satz ein Gedanke. Und jeder Gedanke ein Schritt zum nächsten Gedanken. Dass dieses – rhetorische – Muster auch für Radio- und Fernsehleute gilt, versteht sich von selbst: Die stehen (auch sitzend) ja ohnehin wieder – an einem Rednerpult!

Rhetorik – eine Form des Herrschens

Es ist für uns heute oft schwer, einfach und «linear» zu sprechen. Wir tragen schwer an der Last unserer Schriftkultur, die das mehrmalige Lesen möglich gemacht hat und nach ökonomisch knappen Formulierungen verlangt. Da hatten es unsere Vorfahren wahrscheinlich wesentlich leichter: Sie dachten vom gesprochenen Wort her. Was für uns mitunter Disziplin, Schulung und Überarbeitung erfordert, das war für sie noch ein natürlich erworbenes Sprechverhalten.
Sprach der Redner längere Zeit, so konnte er freilich nicht vermeiden, dass sein Publikum ihm nicht mehr unbedingt folgen konnte. Es ist anzunehmen, dass das Publikum dies in frühen Formen der Redesituation auch «gemeldet» hat und signalisierte, wenn es nicht mehr mitkam. Frühe Formen der Redekunst dürften viel mehr *dialogischen* Frage-und-Antwort-Charakter gehabt haben als die ausgereiften For-

In den spät alphabetisierten Gesellschaften Afrikas (hier: ein Stamm der Pokot, der letzten echten Nomaden Kenias) haben sich archaische Formen der Massenkommunikation bis heute erhalten. Hier bilden Tanz, Lied und eine stark dialogische Rede noch eine Einheit.

men, die wir in der rhetorisch blühenden Antike antreffen.

Solche archaischen Formen der Rhetorik haben sich bis heute erhalten. Man trifft sie vornehmlich in Afrika, das auf weite Strecken immer noch ein Kontinent ohne Schriftkultur geblieben ist: Zu schreiben angefangen haben hier eigentlich erst die beiden letzten Generationen.

Der Afrikaforscher *H.J. Praake* vom Afrika-Seminar in Münster (Westfalen) hat die afrikanische Publizistik als einer der ersten Ende der fünfziger Jahre systematisch erforscht. Er ist dabei zur Auffassung gelangt, dass die Rhetorik das weitaus wichtigste Mittel der afrikanischen, schriftlosen Massenkommunikation ist und der brillante Redner ihren mächtigsten Repräsentanten darstellt. *Praake* nennt das Frage-und-Antwort-Spiel zwischen Redner und Publikum die «beliebteste» Methode afrikanischer Massenkommunikation überhaupt. Er zeichnete dazu ein instruktives Beispiel einer Parteiversammlung der *Convention People's Party* in Akkra (Ghana) auf, das wir hier zitieren wollen, weil es einen seltenen Einblick in uralte Formen der Massenkommunikation erlaubt.

Der Sprecher beginnt damit, dass er irgendeine herausfordernde, gar nicht zum Thema gehörende Frage ans Publikum stellt. Wichtig ist ihm einzig, dass das Publikum mit «ja» antworten muss. Der Sprecher inszeniert nun ein Frage-und-Antwort-Spiel mit dem Publikum, das sich immer mehr steigert. Er sagt:

«Nkrumah hat euch bis hierher geführt. Er wird euch weiterführen! Er ist für euch ins Gefängnis gegangen; er hat für euch gelitten; er wird für euch sein Leben einsetzen! Ihr müsst Vertrauen zu ihm haben. Habt ihr Vertrauen zu ihm?»

«Ja!» brüllt die Menge.

«Werdet ihr ihm folgen?» fragt der Redner weiter.

«Ja!»

«Glaubt ihr, dass er für die Freiheit kämpft?»

«Ja!»

«Wer hat die CCP organisiert?»

«Nkrumah!»

«Wer hat jetzt den Ruf nach Selbstregierung erhoben?»

«NKRUMAH!»

«WER?»

«NKRUMAH!»

«ICH HABE EUCH GEFRAGT: WER?»

«NKRUUUUUMAAAAAAAAAH!»

«Wird er für euch kämpfen?»

«Ja!»

«Wollt ihr für ihn kämpfen?»

«Ja!»

«Und wofür kämpfen wir?»

«FREEEEEE-DOOOOM!
FREEEEEEE-DOOOOOOM!»

Man könnte die Information, die in diesem Vorgang geliefert wird, auch mit einem einzigen Satz umschreiben: «Eingedenk der Tatsache, das *Nkrumah* für das Volk ins Gefängnis gegangen ist, soll das Volk seinem Ruf nach Selbstregierung folgen und mit ihm für die Freiheit kämpfen.» Das wäre geschriebene Sprache: alles komprimiert in einen verschachtelten, komplexen, beim einmaligen Hinhören kaum vollständig verständlichen Satz. Die gesprochene Sprache geht anders vor: Sie ist in jedem Element «Gegenwart». Sie überfordert das 10-Sekunden-Bewusstsein nie, bleibt stets ganz linear. Eine Aussage folgt der andern ohne Einschübe oder Rückverweise. Und der Redner kontrolliert mit seinen Fragen stets, ob die Information auch angekommen ist.

Wir haben die Situation *«Wenn alles schweigt und einer spricht»* als Ur-Situation der Massenkommunikation bezeichnet. Scheinbar trifft das nicht auf diese uralten Formen zu, wie wir sie heute noch bei schriftlosen oder schriftungeübten Kulturen beobachten können (auch Kinder gehören übrigens dazu – im Kasperlitheater vollzieht sich ja ein ganz ähnliches Frage-und-Antwort-Spiel). Aber eben nur scheinbar: Ein echter Dialog ist dieses Zwiegespräch ja nicht. Der Redner kontrolliert die Situation vollkommen, wenn auch nur mit «Worten».

Rhetorik ist denn auch eine Form der Machtausübung mit Worten – es ist eine Grundtechnik des Herrschens. Das erklärt auch, warum Volksführer vor allem dann, wenn sie die Macht nicht einfach auf kaltem Wege erworben, also ererbt haben, sondern sie sich erkämpfen mussten, immer ausgezeichnete Redner gewesen sind und warum die Rhetorik vor allem zu Zeiten von Revolutionen immer eine so grosse Rolle gespielt hat.

Auch wenn «alle» in der rhetorischen Situation mitreden und antworten – im Grunde haben sie nichts zu sagen, sind sie zum Schweigen verurteilt. Das Publikum hat nur das Gefühl, es hätte etwas zu sagen. Es ist eines der Geheimnisse der Rhetoriker, dieses Gefühl des Miteinanders, das «Wir»-Gefühl, zu erwecken. Bei Führern religiöser Bewegungen, aber auch Feldherren und Sportvereinspräsidenten ist dies oft sogar das einzige Anliegen hinter dem rhetorischen Kraftakt...

Die Römer prägten dafür die Formel *tua res agitur* als eines der wichtigen Rezepte für Rhetoriker: Man soll dem Publikum den Eindruck vermitteln, es «gehe um seine Sache». Dieses Prinzip spielt bis heute vor allem in *Verkaufssituationen* eine Rolle: Wer für eine Sache bei seinem Publikum wirbt, der muss ihm zuallererst das Gefühl geben, es habe diese Sache dringend nötig. Darum argumentiert die *Werbung* nicht einfach für Apfelsaft – sondern für *Gesundheit*; sie verkauft nicht einfach Gummireifen, sondern *Sicherheit*, nicht Zigaretten, sondern *Freiheit und Abenteuer*: alles Dinge, die für das Publikum wichtiger sind als die Waren, die sich dahinter verbergen. Weil sie wichtiger sind, weil sie seine Existenz betreffen, wird der Kunde dann auch zum Produkt eher «ja» sagen – das *Tua-res-agitur*-Prinzip hat sich bezahlt gemacht.

Metainformation, Dreischritt und Anapher

Blackout vermeiden, lineares Sprechen und dem Publikum das Gefühl vermitteln, es gehe um seine Lebensinteressen – das sind Kräfte in der rhetorischen Kommunikationssituation, die absolut unverzichtbar sind, falls der Redner «ankommen» will.

Es gibt noch ein paar weitere solche Grundprinzipien: Eines haben wir eben gebraucht. Lesen Sie bitte die letzten Sätze nochmals durch. Was ist darin gesagt? Der Abschnitt fasst zusammen, was wir weiter oben geschildert haben. Er drückt etwas Gemeinsames von zwei Themen aus und kündigt an, dass nun noch ähnliche Elemente vorgeführt werden sollen.

Dieser Abschnitt bringt also keine neue Information. Er informiert bloss über den Stellenwert und die Einordnung von früher vermittelter Information. Er ist «Information über Information». Wir nennen solche Informationen *Metainformationen.*

Das Einflechten von genügend Metainformationen ist vielleicht das wichtigste Prinzip erfolgreichen Redens überhaupt. Wenn ein Redner nämlich die 10 Sekunden «Jetzt-Zeit» überbeansprucht und ein Gedankengang länger dauert, dann muss er notgedrungen auf einzelnes zurückgreifen. Wenn er drei Argumente für eine Theorie liefert und ausführt, dann wird er deshalb nicht gleich zur Schlussfolgerung übergehen. Er wird vielmehr zuerst sagen: «Ich habe ihnen nun drei Argumente geliefert», wird sie mit einem Stichwort benennen und dann weiterfahren: «Ich ziehe daraus nun die folgenden Schlüsse: ...» Er liefert *Metainformation*, um sicher zu sein, dass seine Informationen ankommen.

Solche Metainformationen helfen dem Zuhörer (der ja, wie man nicht vergessen darf, nie einen geschriebenen, wieder «abspielbaren» Text vor sich hat), sich in einer längeren Rede zurechtzufinden, den «Faden nicht zu verlieren», zu erkennen, in welchem Stadium der Rede – ob am Anfang, bei der Argumentation oder am Schluss – man sich befindet, wie das gegenwärtig Gesagte einzustufen ist. Metainformationen sind Erinnerungshilfen, *Mnemotechnik* – für das Publikum wie für den Redner selbst. Metainformationen fassen zusammen, kündigen an, wiederholen, nehmen Aussagen des Vorredners auf und bezeichnen sie als solche, kündigen Ironie an und prägen Gesagtes in unser mittelfristiges Gedächtnis ein.

Vor allem dem letzten Zweck dienen eine ganze Reihe von Kunstformen, die die Rhetorik entwickelt hat und die in den antiken Regelbüchern zu einem

Eine Handvoll guter fauler Tricks...

Die faulen Tricks der Rhetoriker sind so alt wie die Redekunst selbst. Sie leben bis heute fort. Kaum ein Politiker verzichtet auf sie. Und viele Fernsehzuschauer fallen auf sie genauso herein wie schon die alten Ägypter...

Die folgende kleine Liste fauler Rednertricks soll Sie nicht verleiten, sie anzuwenden, sondern sie beim rhetorischen Gegner zu erkennen. Denn der beste Trick eines guten Redners besteht immer noch darin, die Tricks der andern zu entlarven. Aus diesem Grunde geben wir auch einige Tips, wie Tricks wirksam entkräftet werden können. Aber aufgepasst: Auch hinter den Gegenmitteln steckt oft blosse rhetorische Strategie...

Merke: Jedes Publikum hat die Demagogen, die es verdient...

Der Dilemma-Trick

Der Redner konstruiert einen Gegensatz, der gar keiner ist, damit der Zuhörer keine Wahl mehr hat. Feldherren gebrauchen den Dilemma-Trick, wenn sie «Sieg oder Tod» ausrufen. Auch die in Wahlkämpfen häufig gebrauchte Formel «Freiheit oder Sozialismus» ist ein solches Dilemma.

Gegenmittel: Echte Alternativen aufzeigen.

Der «ad personam»-Trick

Man spricht über die Person statt über die Sache. «Wer sind denn eigentlich die Leute, die diese Sache vertreten?» heisst ein häufiger Satz, der diese Technik einleitet. Die primitivste Form dieses Tricks ist die Beschimpfung: «Sie Kapitalist!», «Sie Kommunist!»

Gegenmittel: Das Ablenkungsmanöver aufdecken. Bei Beschimpfungen sofort mit empörtem Zwischenruf reagieren.

Der Konzessions-Trick

Man gesteht scheinbar eine Schwäche ein, die in Wirklichkeit dem Gegner schadet. Eine grosse Mietwagen-Firma etwa wirbt mit diesem Trick: «Wir geben uns mehr Mühe. Wir müssen es. Wir sind nämlich nur die Zweitgrössten.»

Gegenmittel: Den Gegner auf seinem Zugeständnis behaften.

Der Verwirrungs-Trick

Eine beliebte Argumentationsmethode besteht darin, einen einfachen Sachverhalt kompliziert darzustellen und so das Publikum zu verwirren. «So einfach lässt sich

«Wollt ihr den totalen Krieg?»
Joseph Goebbels
am 18. Februar 1943

Kompendium von epischer Breite angewachsen sind. Zwei der wichtigsten sind der *Dreischritt* und die *Anapher*. Der afrikanische Redner, den wir zitiert haben, braucht beide Formen, ohne dass er wahrscheinlich die Begriffe dafür kennt. Betrachten wir zuerst den *Dreischritt:*

«Er ist für euch ins Gefängnis gegangen (1); *er hat für euch gelitten* (2); *er wird für euch sein Leben einsetzen!»* (3).

Diese Aufzählung von *drei* Dingen spielt in der Rhetorik und in allen Formen mündlicher Kommunikation eine grosse Rolle. Sie kommt auch häufig in Märchen und Sagen vor (Die drei Brüder, Die drei Faulen, Die drei Glückskinder, Die drei Spinnerinnen, Die drei Handwerksburschen, Die drei Wünsche). Dabei drückt die Zahl «drei» immer eine Menge aus. Und das dritte Glied des Dreischritts stellt oft eine Steigerung dar: *Nkrumah* ist nicht nur ins Gefängnis gegangen und hat nicht nur gelitten – er wird auch sein *Leben* einsetzen, sagt der afrikanische Redner. Den Dreischritt findet man auch sehr oft in geschriebenen Texten, vor allem dann, wenn sie rhetorischen Charakter haben, das heisst, wenn sie so gestaltet sind, dass sie möglichst linear gelesen werden können.

So etwa beginnt eine zufällig ausgewählte Reportage über Norwegen:

«Die Welt hat Norwegen einiges zu verdanken. Ich denke an Griegs Solveighs Lied und an seine Orchestersuiten, ich denke an Ibsens Nora oder Peer Gynt, ich denke aber auch an Fritjof Nansens Polarfahrt mit der Fram.»

Auch die Werbesprache lebt vom Reiz der rhythmischen Wiederholung und der magischen Dreizahl:

«Klar und spritzig, jung und modern, und köstlich frisch und erquickend – ja FANTA: so rein, so echt, so gut.»

Der afrikanische Redner braucht neben dem Dreischritt auch die *Anapher*. So nennt man eine Redefigur, die immer wieder am Beginn eines Satzes aufgenommen wird. Sie signalisiert so auf ebenso einfache wie effektvolle Weise die Metainformation, dass hier etwas aufgezählt wird, was in die gleiche Klasse von Informationen gehört. Der afrikanische Redner braucht die Anapher, wenn er fragt:

«Wer hat die CCP organisiert?» *«Wer* hat jetzt den Ruf nach Selbstregierung erhoben?» *«Wer?»*

Ganz ähnlich lesen wir in der Bibel immer wieder *«Ich aber sage euch»* und finden in der Werbesprache häufig die Kombination von Dreischritt und Anapher *(«so rein, so echt, so gut»).*

Auch Präsident *John F. Kennedy* kombinierte in einer seiner berühmtesten Reden die beiden wirkungsvollen rhetorischen Stilmittel, als er im Juni 1963 in Berlin ausrief:

Ich bin stolz, *heute in Ihre Stadt zu kommen, als Gast Ihres hervorragenden Regierenden Bürgermeisters, der in allen Teilen der Welt als Symbol für den Kampf- und Widerstandsgeist West-Berlins gilt.*

Ich bin stolz, *auf dieser Reise die Bundesrepublik Deutschland zusammen mit Ihrem hervorragenden Herrn Bundeskanzler besucht zu haben, der während so langer Jahre die Politik der Bundesregierung bestimmt hat nach den Richtlinien der Demokratie, der Freiheit und des Fortschritts.*

Ich bin stolz *darauf, heute in Ihre Stadt in der Gesellschaft eines amerikanischen Mitbürgers gekommen zu sein, General Clay, der hier in der Zeit der schwersten Krise tätig war, durch die diese Stadt gegangen ist, und der wieder nach Berlin kommen wird, wenn es notwendig werden sollte. Vor zweitausend Jahren war der* ***stolzeste Satz,*** *den ein Mensch sagen konnte, der: Ich bin ein Bürger Roms. Heute ist* ***der stolzeste Satz,*** *den jemand in der freien Welt sagen kann: Ick bin een Berliner.*

Der Speck, mit dem man Mäuse fängt

Lineare Sprache, *tua res agitur*, metainformativ reden, Dreischritt anwenden, Anaphern bilden – wir haben nun schon ein schönes kleines Repertoire an rhetorischen Regeln beisammen

---

das Problem nicht sehen», sagt der Redner dann in diesem Fall und beginnt, von der Grundfrage auf eine Unzahl von Details abzulenken.

Gegenmittel: Das Publikum auf die Grundfrage zurückführen.

Der Ausweich-Trick

Dieser Trick ist zur vielleicht beliebtesten Methode von Politikern geworden, die auf heikle Fragen nicht antworten wollen. Sie leiten dann ihre Antwort mit dem Satz ein: «Wenn ich Ihre Frage richtig verstehe, so meinen Sie...» – und legen sich so eine eigene Frage zurecht, auf die sie eine gute Antwort parat haben.

Gegenmittel: Nachhaken!

Der Witz-Trick

Eine simple Methode, einen Gegner blosszustellen, besteht darin, über ihn oder über sein Anliegen einen Witz zu erzählen. Witze fordern zum spontanen Lachen und damit zu einer unwillkürlichen Parteinahme für den Witzeerzähler heraus.

Gegenmittel: Mitlachen und nachher auch einen guten Witz erzählen.

Der Unterstellungs-Trick

Ähnlich wie beim «ad personam»-Trick wird hier dem Vorredner eine Absicht unterschoben, die er gar nicht hatte: «Sie besitzen ein Bauunternehmen – da müssen Sie ja für diese Autobahn sein!»

Gegenmittel: Die Unterstellung entlarven und widerlegen.

Der Gefühls-Trick

Mit der Einleitung «Ihnen fehlt jedes Herz für...» lässt sich manches Argument scheinbar widerlegen.

Gegenmittel: «Versuchen Sie doch sachlich zu bleiben und Emotionen aus dem Spiel zu lassen!»

Der Unterbrecher-Trick

Dieser Trick ist die simple Verwertung der Tatsache, dass ein Redner vor dem Publikum schlecht abschneidet, wenn er den Faden verliert. Zwischenrufe oder das geschickte Unterbrechen in winzigen Pausen können diesen Eindruck provozieren.

Gegenmittel: «Es verrät schlechte Kinderstube, jemandem, der das Wort hat, dreinzureden.»

Der Natur-Trick

Geschickten Rednern gelingt es immer wieder, Argumente mit ähnlichen Vorgängen in der Natur zu begründen. Sie werden so widerstandsfähig gegen Gegenargumente. Beispiel: «Es ist doch natürlich, dass der Mann der Frau überlegen ist.»

Gegenmittel: Den Natur-Trick als beliebte, aber nichtssagende oder auf diesen Fall eben nicht zutreffende Argumentationsfloskel entlarven.

Der Erfahrungs-Trick

«Aus meiner langjährigen Erfahrung kann ich Ihnen sagen...» Mit diesem Satz ist schon manche Redeschlacht gewonnen worden – auch wenn der Redner seine Erfahrungen dabei meist gar nicht näher beschreibt.

Gegenmittel: Andere Menschen machen eben andere Erfahrungen...

Der Autoritäts-Trick

Wer auf eine berühmte Persönlichkeit verweist (Redner finden diesbezüglich leichte Hilfe in Zitaten-Lexika), der stellt den Gegner vor die Aufgabe, eine anerkannte Autorität widerlegen zu müssen: «Schon Goethe sagte...»

Gegenmittel: Ein Gegenzitat desselben Autors finden oder nachweisen, dass das Zitat nicht in den gemeinten Zusammenhang passt.

Der Trick mit den anerkannten Werten

Wer mit dem «Fortschritt» argumentiert, sich als «realistisch» bezeichnet, auf seine «Neutralität» hinweist, sich auf «Objektivität» beruft, die «Gerechtigkeit» zum Zeugen nimmt oder ans «Vertrauen» appelliert, der nimmt damit Werte in Anspruch, die auch seinem Publikum viel bedeuten.

Gegenmittel: «Woher nehmen Sie das Recht zu behaupten, nur Sie...»

(und hiermit gleich wieder eine *Metainformation* geliefert!): Greifen wir aus der antiken Zauberkiste der Rhetoriker noch zwei Figuren heraus, die uns die Grundsituation der Kommunikation mit Massen noch etwas stärker ins Bewusstsein zu heben vermögen und die in jeder Talk-Show noch heute zu beobachten sind.
Zum Speck, mit dem ein Redner seine Mäuse fängt, gehört einmal die *captatio benevolentiae:* Dieser Ausdruck bezeichnet wörtlich das «Einfangen des Wohlwollens». Gemeint ist das Wohlwollen des Publikums. Genau so wichtig wie die Akustik, ist es für den Redner, dass er – ganz abgesehen von allem, was er sagen wird – vom Publikum als Mensch akzeptiert wird. Er muss sich also auf irgendeine Weise «sympathisch» machen. Er muss Sympathie (wörtlich: Mit-Empfinden) für sich erwerben, muss signalisieren, dass er ein «Wir»- und nicht etwa ein «Ihr»-Gefühl erwecken will.
Es gibt viele Wege, um dieses Ziel zu erreichen: Der Redner kann sich klein machen: «Ich habe auch nur als einfacher Arbeiter angefangen.» Er kann eine Frage stellen, auf die das Publikum garantiert in seinem Sinne antworten wird, wie das der afrikanische Redner tut oder wie es *Joseph Goebbels* in seiner berüchtigten Rede vom 18. Februar 1943 im Berliner Sportpalast tat:

200 000 Berliner begrüssten am 26. Juni 1963 den amerikanischen Präsidenten John F. Kennedy (am Rednerpult). Kennedy, der über exzellente Ghostwriters verfügte, bedankte sich mit dem legendären (deutsch gesprochenen) Satz: «Ick bin een Berliner.»

«Ich frage euch. Glaubt ihr mit dem Führer und mit uns an den endgültigen totalen Sieg? Wollt ihr den totalen Krieg? Wollt ihr ihn, wenn nötig, totaler und radikaler, als wir ihn uns heute überhaupt noch vorstellen können?»
Solche Fragen nennt man, weil sie in der Rhetorik so häufig sind, «rhetorische Fragen».
Der Redner kann auch mit einem Erlebnis beginnen, das jedem Zuhörer ebenso hätte zustossen können. «Vorhin habe ich auf dem Weg zu diesem Versammlungsort...»
Damit sind wir schon bei der nächsten Redefigur – *in medias res:* Die Römer bezeichneten mit dieser Formel die Forderung, wenn möglich «mitten in die Sache» hineinzuspringen, ein Thema also nicht zuerst theoretisch, sondern möglichst aktuell, spannend und konkret anzupacken. Für Journalisten ist das Postulat lebenswichtig geworden.
«In den ersten Zeilen entscheidet sich, ob der Leser Ihnen treu bleibt», heisst es zum Beispiel in einem Leitfaden für Boulevard-Journalisten, den ein erfolgreicher Chefredakteur der Schweizer Zeitung «Blick» verfasst hat.
Vor allem in den Nachrichtenmagazinen ist die *In-medias-res*-Technik geradezu zur Masche geworden – unbesehen der Sparte, in der die Story erscheint. Ein Blick in den «Spiegel» beweist das:
– Eine Reportage über die Salzburger Festspiele beginnt mit dem Satz:
«Für die diesjährige Neuinszenierung der Verdi-Oper ‹Macbeth› liess der Bühnenbildner Ezio Frigerio zwei haushohe Zypressen fällen und ins Festspielhaus rollen.»
– Ein Bericht über Computerspiele hebt so an:
«Mit weitausholender Linkskurve schwenkt der Pilot über den Hudson River, nähert sich der Halbinsel Manhattan von Süden her.»
– Ein Bericht über die Repression in Uruguay stellt eine Szene an den Anfang:
«‹Alarm! Ausbruch!› schreien die Wachsoldaten der Haftanstalt ‹Libertad› (Freiheit). Mit geladener Waffe zielen sie auf die Gefangenen, schleppen einzelne hinaus aus den Zellen und simulieren Hinrichtungen.»
– Ein Report über privates Fernsehen fängt seine Leser mit diesem Auftritt:

«Der Tag geht, die Schätzchen kommen zur Sache. Auf den Fernsehschirmen in Neapel, Turin und Mailand legen Professionelle und Hausfrauen ab, eingebettet in Werbespots von Mille baci und Amaretto. Auf über 300 lokalen Kanälen wippen und strippen in Porno-Shows die Schönen der Nacht und des Bäckers Frau.»

– Ein Bericht aus dem Nahen Osten schliesslich beginnt so:

«Im silberfarbenen gepanzerten Mercedes rollte der PLO-Chef Jassir Arafat in drei Stunden von Damaskus nach Amman. Er hatte einen riesigen Umweg hinter sich.»

In dieses Kapitel der «fesselnden», leserbindenden rhetorischen Kniffe gehört auch der Ratschlag, abstrakte Dinge mit konkreten Vergleichen zu veranschaulichen. Dies spielt heute in der Werbung eine grosse Rolle, vor allem wenn es darum geht, einem trockenen Produkt ein emotional wirksames «Image» anzuheften. Statt Benzin füllt man eben den kraftstrotzenden «Tiger in den Tank», man verleiht den magischen «Colgate-Ring der Frische» oder holt sich den «Meister Proper», um den Fussboden sauber zu kriegen.

Alles schweigt und alles spricht

Wenn man die Grundregeln Revue passieren lässt, nach denen sich rhetorische Kommunikation vollzieht, fällt die Ähnlichkeit mit den Techniken, deren sich die Journalisten bei ihrer Arbeit bedienen, auf eklatante Weise auf: Lineare Sprache, *Tua-res-agitur*-Prinzip, Metainformation, *captatio benevolentiae, in medias res* und viele andere rhetorische Techniken und Figuren sind tägliche Arbeitsinstrumente für Medienleute von Bildschirm und Schreibmaschine.

Von besonderer Wichtigkeit ist in der modernen «Rhetorik» der Massenmedien vor allem ein Prinzip: die Metainformation.

Das ist natürlich kein Zufall. Der Journalist befindet sich in der Tat in der gleichen Situation wie der Rhetoriker: *Alles schweigt und einer spricht* (oder schreibt). Das Schweigen *aller* ist aber im Massenmedium noch absoluter geworden: Der Schreiber oder Sprecher (bei Radio und Fernsehen) hat ja sein Publikum nicht mehr vor sich. Er kann nicht mehr direkt mit ihm kommunizieren. Er muss also noch mehr all die Erfahrungen verwenden, die Jahrtausende zuvor in der mündlichen Situation «Alles schweigt und einer spricht» gesammelt und in der Antike zu einer Wissenschaft ausgebildet worden sind. Im Unterschied zur Antike ist freilich – mit der Möglichkeit der Vervielfältigung durch Druck, Ton- und Bildträger in der modernen Massenkommunikation – die Zahl der «Redner» so sprunghaft angestiegen wie die Bevölkerung der Welt in den letzten hundert Jahren. Das heisst: Die modernen «Redner» – die Journalisten, Radio- und Fernsehleute – befinden sich in einer mit der Antike kaum vergleichbaren Konkurrenzsituation. Ständig ist einer da, der auch noch spricht. Alles schweigt – und alles spricht. Die Welt ist zu einem gigantischen *Hyde Park Speakers' Corner* geworden, wo jeder darum kämpfen muss, dass er «sein» Publikum kriegt.

Aus diesem Grunde ist das, was wir *Metainformation* genannt haben, zum vielleicht wichtigsten Prinzip geworden, das der Journalist heute im Berufsgepäck mitschleppen muss. Der originelle amerikanische Medien- und Werbefachmann *Tony Schwartz* nennt es das Prinzip des *stay tuned:* Der Medienmann muss pausenlos daran denken, dass das Publikum den Sender wechseln (oder, in der Zeitung, zum nächsten Artikel oder Bild hüpfen) könnte. Darum muss er mit allen möglichen Tricks zu erreichen versuchen, dass sein Partner eingeschaltet *(tuned)* bleibt.

Im amerikanischen Fernsehen, wo das *stay tuned* wegen der Abhängigkeit der Sender von der kommerziellen Werbung noch viel direkter wirtschaftliche Konsequenzen für den Sender haben kann als in Europa, sind diese Tricks und Regeln – alles im Grunde rhetorische Techniken – noch um einiges raffinierter geworden als in der Alten Welt. So sagt ein Nachrichtensprecher bewusst: *«Ein bekannter Broadway-Produzent ist angeklagt, einen 800 000-Dollar-Schwindel inszeniert zu haben.»* Der Sprecher kennt den Namen des Produzenten natürlich – aber er wird ihn erst nach der Ausstrahlung des TV-Spots nennen. So bleibt der Zuschauer eingeschaltet. Das Verschweigen der wichtigsten Information ist eine Metainformation. Sie signalisiert: Den Namen nennen wir nach dem *commercial.*

Zur *Stay-tuned*-Technik gehört auch die *Personalisierung,* die im modernen Journalismus so wichtig geworden ist. In frühen Zeitungen des 17. bis 19. Jahrhunderts findet man praktisch nie die Namen der Journalisten – sie sind uns zum grossen Teil auch gar nicht überliefert. Heute sind die Vermittler von Nachrichten und Botschaften vor allem in den elektronischen Medien Gesichter, die uns so vertraut sind wie Familienangehörige. Das Vertrauen, das das Fernsehen in sie aufgebaut hat, ist eine Metainformation: *Höre mich,* sagt sie, *mir kannst du's glauben.* Oder auch: *Ich weiss mehr als der andere.* Oder: *Bei mir klingt's spannender.* Oder *lustiger.* Auch die vier «B's» der Boulevardpresse – *Blut, Brot, Busen, Beten* – sind eigentlich nichts anderes als eine Folge jener Entwicklung, welche die Rhetorik im Zeitalter der modernen Massenkommunikation eingeschlagen hat: Kriminalität («Blut»), Nahrung («Brot»), Sexualität («Busen») und die Fragen nach dem Sinn des Lebens und des Todes («Beten») – garantieren stets ein möglichst grosses Publikum. Denn das Gute und das Böse, die Ordnung der Gesellschaft im Gesetz, das Überleben, die Fortpflanzung und die Frage nach den Kräften, die unser Leben bestimmen, sind Dinge, die jeden Menschen angehen und von denen man sich – mit Recht und Erfolg, wie die Auflagen der Massenblätter zeigen – ein möglichst grosses Publikum erhofft, das «eingeschaltet» bleibt.

So lebt die Rhetorik heute weiter, auch wenn sich die «Macher» in den Medien dieser Tatsache kaum bewusst sind und Rhetorik kein Fach ist in den modernen Journalistenschulen (den eigentlichen Nachfolgern der klassischen Rhetorikschulen).

Zwei Einwände

Ein Kritiker unserer These, wonach die moderne Massenkommunikation auf weite Strecken die Fortsetzung der Rhetorik mit andern Mitteln sei, könnte nun freilich zwei gewichtige Einwände vorbringen:

Er könnte zum *ersten* sagen, dass im Journalismus sorgfältig unterschieden werde zwischen *Information* und *Mei-*

nung und der *redaktionelle* Teil selbst bei den extremsten Kommerz-Sendern immer vom Werbeteil geschieden sei. Die Wurzel des modernen Journalismus müsste demnach nicht allein in der Rhetorik, sondern auch in Sagen, Märchen, Chroniken und den alten Formen des Erzählens und Berichtens zu suchen sein.

Er könnte, zum *zweiten,* darauf aufmerksam machen, dass vorab die elektronischen Medien insofern nicht mehr rhetorische Situationen darstellen, als die Sprecher dem Zuhörer im Vergleich mit einem Redner auf einem öffentlichen Platz viel *näher* erscheinen. Der Tagesschausprecher beispielsweise spricht auf eine (natürlich fiktive, der Kameraeinstellung entsprechende) Distanz von vielleicht zwei bis drei Metern. Die Beobachtung der nonverbalen Kommunikation lehrt aber, dass man sich auf diese Distanz anders verhält als auf die Entfernung, in der sich ein Redner befindet: Der Tagesschausprecher wird nie mit den Armen in der Luft herumrudern, wie es Hitler tat; dafür wird er ein feines Lächeln aufsetzen können, das bei einem Redner kaum zu sehen wäre. Und selbst das Schreiben – das Medium der Presse – sei eigentlich ein intimerer, dem Publikum «näherer» Vorgang als die rhetorische Situation.

Wir wollen zum Abschluss dieses Kapitels versuchen, selber ein wenig Rhetorik einzusetzen, um diesen Einwänden zu begegnen.

Zum ersten tun wir dies, indem wir – *captatio benevolentiae* – beiden Positionen zubilligen, dass sie etwas für sich haben. Es stimmt in der Tat: Moderner Journalismus trennt relativ scharf zwischen Meinung und Information. Er tat dies sogar weit früher, als man gemeinhin annimmt. Denn die Zeitungen aus dem 17. und 18. Jahrhundert pflegten einen Journalismus, dessen Ideal geradezu die unparteiische Vermittlung von Nachrichten war. Eine der damals erfolgreichsten Zeitungen nannte sich nicht von ungefähr *Hamburgischer unpartheyischer Correspondent.*

Und sicher ist es auch richtig, dass Sagen- und Märchenerzähler, Moritatendichter und Geschichtsschreiber, Reis- und Marathonläufer früherer Zeiten mit zu den Urvätern der modernen Journalisten gehören.

An der Nordostecke des Londoner Hyde Parks treffen sich am Wochenende viele passionierte Redner. So wie sich in der grossen Welt Presse, Fernsehen und Rundfunk gegenseitig das Publikum «abzujagen» versuchen, so kämpfen hier im kleinen die verschiedenen Redner gegen die Abwerbung durch die Konkurrenz – mit rhetorischem Grosseinsatz!

Die Bänkelsänger, die ihr Publikum mit Bildern anzulocken versuchten und es mit Sensationsgeschichten zu unterhalten pflegten, stellen eine frühe Form der öffentlichen Berichterstattung dar. Das Lied hat dabei nicht nur die Funktion des sinnlichen Reizes: Die Strophe gliedert den Stoff auch, der Vers hilft dem Bänkelsänger beim Auswendiglernen. Dieser Kupferstich stammt aus dem 18. Jahrhundert und zeigt einen französischen Bänkelsänger.

Nur: Dies schliesst nicht aus, dass wir auch in diesen Formen der «Berichterstattung» die Ursituation des Rhetorikers wiedererkennen. Auch die Märchentante musste sich an ein Publikum richten. Auch ein Chronist redete, während viele schwiegen. Auch ein Sagenerzähler stand vor einem Publikum, das er mit seiner Erzählung kontrollierte und das allenfalls Zwischenfragen stellen durfte. Einer sprach und viele schwiegen: darin unterschied sich die Stellung des «Berichterstatters» in keiner Weise von jener des Rhetorikers. Die Gesetze, an die sich jener halten musste, waren auch für sie von Bedeutung, wenn sie sicher sein wollten, dass ihre Information «ankam».

So finden wir auch in den Sagen, Märchen, Chroniken – oder in der Bibel – immer wieder jene Regeln, die uns die Antike erstmals systematisch überliefert hat: die ausgedeutschte Gliederung (Metainformation) ebenso wie den Dreischritt, das *Tua-res-agitur*-Prinzip nicht weniger als die *captatio benevolentiae* des Moritatensängers, der sich dem Publikum mit sensationslüsternen Bildtafeln anpreist.

Die Gliederung einer Geschichte in Verse, Strophen und «Gesänge» (so nennen sich die «Kapitel» beim ersten «Geschichtsschreiber» *Homer*) war dabei im mündlichen Vortrag noch viel wichtiger als im schriftlich niedergelegten Text. Wenn wir Metainformationen als «erinnerungstechnische» Mittel für die Bewusstmachung von Informationen bezeichnet haben, die das Kurzzeitgedächtnis womöglich nicht hat speichern können, dann sind *Rhythmus, Vers* und *Begleitmusik* natürlich nichts anderes als Metainformationen: Die Strophen eines Liedes gliedern den Inhalt ebenso wie die Ankündigung des Redners, er werde nun drei Gründe nennen oder er komme zum Schluss. Die ganze Harmonielehre der Musik besteht ja in Anweisungen, wie man Spannungen aufbaut, Wiederholungen strukturiert und Schlüsse signalisiert – auch das sind lauter rhetorische Mittel!

Das *Lied* spielt denn auch in archaischen Informationsformen als wohl älteste Form der Berichterstattung eine viel grössere Bedeutung als in der modernen Gesellschaft. Alle alten Epen sind uns in Versen, das heisst in musikalisch gestalteten, im Grunde leicht erinnerbaren Melodieeinheiten überliefert – das *Nibelungenlied* etwa oder auch der dreitausendjährige *Gilgamesch*, das älteste Epos überhaupt.

Afrikaforscher *Praake* hat bei seinen Untersuchungen zur afrikanischen «Publizistik» festgestellt, dass Lieder und von Trommeln begleitete «Epen» zu den wichtigsten Massenkommunikationsformen schriftloser Gesellschaften gehören. Bis in die afrikanischen Unabhängigkeitsbewegungen der fünfziger und sechziger Jahre hinein war das Lied, so *Praake*, «im Mittelpunkt aller politischen Aussagen». Nicht von ungefähr kommt es deshalb, dass die britische Kolonialregierung den Besitz von Versen der Mau-Mau-Rebellen unter Strafe stellte.

Praake stellte überdies fest, dass das Lied nie ohne nonverbale Kommunikation auskommt: «Das Lied in Afrika ist keine Aussageform, die sich allein und an sich vollzieht», sagt der Afrikaforscher. «Immer ist der *Tanz* dabei. Ganze Stämme und Stammesgruppen äussern ihre Gefühle und Gedanken im Tanz. Politische, soziale, religiöse Themen, Forderungen und Notwendigkeiten werden im und durch den Tanz geäussert.» *So sind Lied und Tanz die Zeitung der schriftlosen Gesellschaft.* Und was in einer Zeitung dic verschiedenen Sparten sind, das sind in Afrika die vielen Liederarten: politisches Lied, Spottlied, Preislied, Nationalhymne, religiöses Lied.

Die Beobachtung von Afrikaforscher *Praake* ist auch ein Hinweis darauf, dass die Unterscheidung zwischen *Information* und *Meinung* viel zu jung ist, als dass sie die These von der *Geburt der Massenkommunikation aus dem Geiste der Rhetorik* widerlegen könnte. Wenn die ersten Zeitungsschreiber sich mit Stolz als reine Nachrichtenvermittler fühlten, dann war dies ein bewusster Ausdruck ihrer gesellschaftlichen Mündigkeit und Unabhängigkeit. Den Anfang der Massenkommunikation aber markiert diese Einstellung sicher nicht. Viel wahrscheinlicher ist, dass die Trennung von Meinung und Information sich erst später vollzogen hat und dass archaische Berichterstattung ebenso «meinungsgefärbt» ist, wie frühe Rhetorik sich der Information als Meinungsmache bedient.

Massenkommunikation ist in diesem frühen Sinne weder Meinung noch Information für sich. Sie ist stets Ausdruck des *Interesses,* das ein Sprecher an der Verbreitung der Information besitzt – für die Beweiskraft seiner Argumente oder für die Kraft, die ihnen im Hinblick auf die «Fesselung» des Publikums eigen ist. Übrigens: Ist das nicht häufig auch heute noch der Fall?

Am Anfang aller Nachrichtenvermittlung steht wohl auch nicht der Wille, eine Information möglichst korrekt wiederzugeben. Kommunikationsforscher *Praake* hat in Afrika festgestellt, dass es überhaupt keine parteilose Publizistik in Afrika gibt. Und die zweite Hauptform, in der sich Massenkommunikation neben dem Lied vollzieht, ist keineswegs der nüchterne Bericht, sondern – das *Gerücht! Praake:* «Die meisten schwarzafrikanischen Führer haben sich dieser Waffe geschickt bedient, um Hass zu erzeugen und um im und durch den Hass die auseinanderstrebenden Stämme ihres Landes zu einigen.»

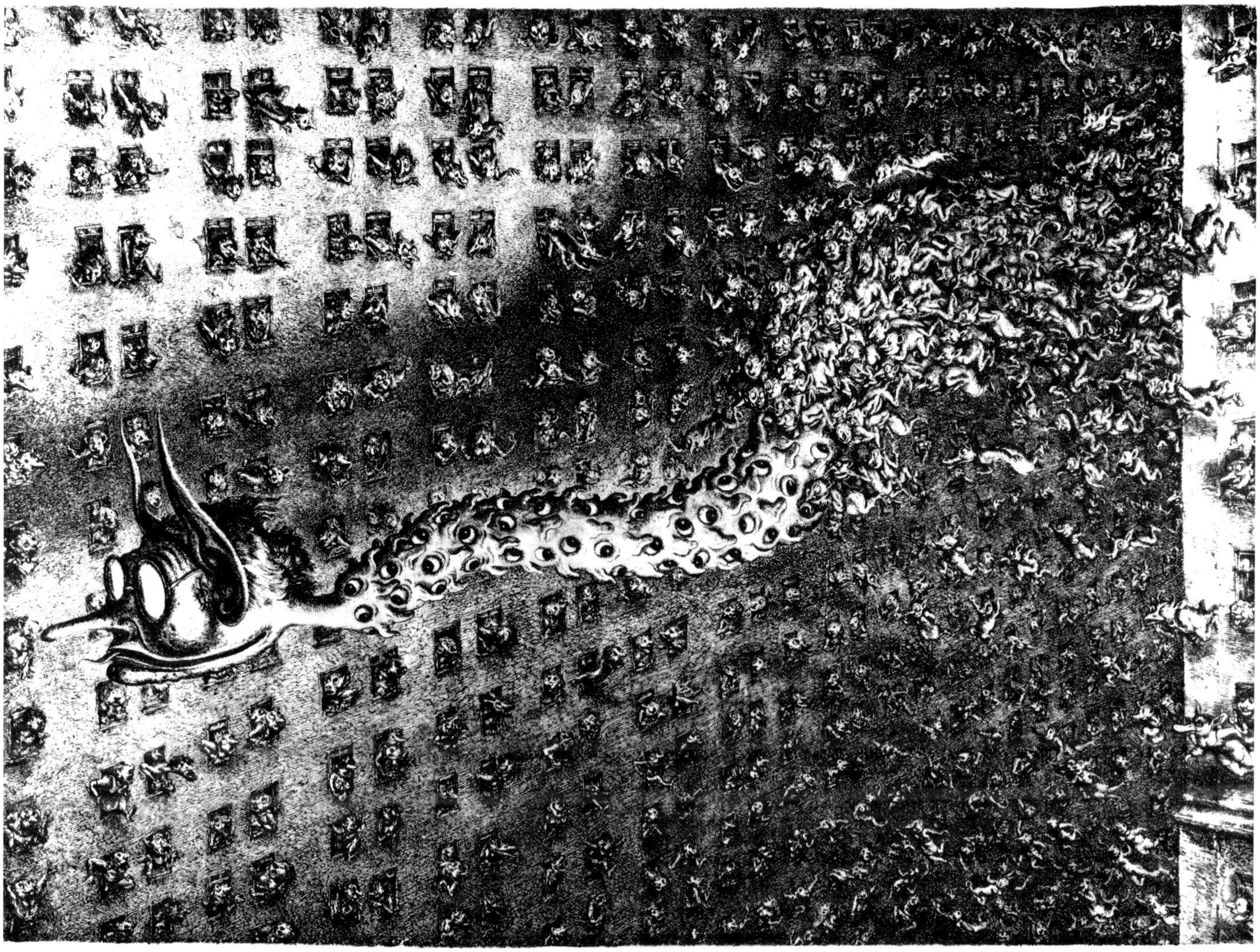

Gerüchte sind ungenaue, tendenziöse und unbestimmte Informationen. Sie verändern sich von Sprecher zu Sprecher wie die Botschaft in einer Scharade – aber sie sind schnell, reizvoll, spannend und oft von lebenswichtigem Inhalt.

Die afrikanische Publizistik liefert dafür die unglaublichsten Beispiele, die beweisen, dass Gerüchte von raffinierten Rhetorikern auch sehr bewusst eingesetzt werden. Der welterfahrene deutsche Journalist *Peter Scholl-Latour* erlebte dies am eigenen Leibe, als er die Befreiungskämpfe im Kongo verfolgte, während *Patrice Lumumba* – ein Rhetoriker vom Range eines *Robespierre* – im Lande herumreiste und sich ein immer grösseres und fanatischeres Publikum bilden konnte.

Scholl-Latour traf dabei eines Tages einen Belgier, der seine Taschenlampe sorgfältig in eine Zeitung eingewickelt hatte.

«Ich habe keine Lust, für *Mundela ya Muinda* gehalten zu werden», begründete er das eigenartige Vorgehen.

Mundela ya Muinda war die Hauptfigur eines von Lumumba-Anhängern bewusst gestreuten Gerüchts, das besagte, in amerikanischen Konservenbüchsen, auf denen ein Neger abgebildet sei, befinde sich Negerfleisch. Männer mit hellen Taschenlampen – *Mundela ya Muinda* – kämen nachts in die Eingeborenenviertel und holten sich die Kinder, die sie schlachten und zu Corned Beef verarbeiten würden...

In Leopoldville und Matadi kam es, so berichtet *Scholl-Latour* weiter, sogar zu Demonstrationen gegen den «Mann mit dem weissen Licht».

So leid es einem für unsern Berufsstand tut: die Urväter der Journalisten waren, neben den Liedermachern, den «Ent-rätslern» und den Märchenerzählern, die Gerüchteverbreiter! Die saubere Trennung von «Information» und «Tendenz» dagegen ist eine Erfindung der Neuzeit.

Mit dieser Lithographie aus dem Jahre 1943 versuchte der Illustrator Andreas Paul Weber einer frühen Form der mündlichen Nachrichtenübermittlung Gestalt zu verleihen: dem Gerücht.

Die Kamera kann Clint Eastwood noch so nahe ans scharfe Schlitzauge heranfahren – ein Zwiegespräch mit ihm führen kann der Zuschauer nicht. Auch wenn die modernen Massenmedien in ihrer Darstellungsweise oft «Nähe» suggerieren, bleiben die Helden doch weit entfernt. Das ist der Grund dafür, dass die rhetorischen Gesetze auch noch in den Massenmedien eine zentrale Rolle spielen.

Die Redner rücken uns näher...

Wie aber steht es mit dem zweiten Einwand, den unser Kritiker gegen die These von der Rhetorik als der Urmutter der Massenkommunikation vorbringt: dass die modernen Massenmedien «Medien auf kurze Distanz» seien? Der amerikanische Medien- und Werbespezialist *Tony Schwartz* verficht sie so: «Das Radio hat politische Kommunikation privat gemacht. Politische Streitpunkte sind nicht mehr so wichtig. Wir achten jetzt mehr auf die persönlichen Eigenschaften von Rednern.»

Auch diese Beobachtung hat zweifellos einen richtigen Kern. Die ersten «Korrespondenten» der geschriebenen Presse waren ja im Grunde *Briefschreiber.* Nachrichtenbriefe, vor allem aus diplomatischen Kreisen, die für den Hof gedacht waren, gehören zu den direkten Vorläufern der ersten gedruckten und regelmässig publizierten Zeitungen.

Briefeschreiben aber ist eine intime Kommunikationsform: In der Regel sind ja bloss zwei Menschen daran beteiligt. Und die Feststellung der «Nähe» zwischen Sender und Empfänger trifft auch auf Fernsehen und Radio zu: Die Technik der Gross- und Nahaufnahme bringt den Redner dem Publikum in der Tat – im Sinne der nonverbalen Kommunikation – näher, als er dies in einer rhetorischen Situation dem Publikum gegenüber wäre.

Auch die Stimme wird in modernen Studios ganz auf «intim» getrimmt – oft hauchen gewiefte Sprecher fast nur noch ins Mikrofon. Im Studio wird alles getan, damit kein Hall – die Atmosphäre der rhetorischen Situation! – entsteht.

Nur: Das alles sind nicht einmal in der Geschichte des Radios oder Fernsehens alte Erscheinungen. Sowohl die *Grossaufnahme* wie die präsente *Mikrofonstimme* sind relativ späte Entdeckungen der Medienmacher. Die ersten Radiosprecher brüllten ihre Texte noch ins Mikrofon, als befänden sie sich vor einer grossen Menschenmenge. Bei gewissen Sportreportern hat sich dieser urzeitliche Radio-Tonfall sogar bis in die Neuzeit des Hör-Mediums herübergerettet. Auch die *Nahaufnahme* ist in der Filmgeschichte erst nach einiger Zeit aufgetaucht. Die ersten Kameraeinstellungen waren fast ausschliesslich Totalen – gefilmtes Theater: rhetorische Ursituationen.

Und selbst wenn die modernen Techniken, die vor allem darin bestehen, den Akteur dem Zuschauer näher zu bringen, ihn auch mit feinster Mimik und leisen Tönen kommunizieren zu lassen, gewisse Merkmale der Rednersituation überflüssig gemacht haben – *an der prinzipiell immer noch rhetorisch strukturierten Kommunikationssituation haben sie nichts geändert.* Die Sängerin kann noch so «nahe» und sexy ins Mikrofon flüstern, die Kamera kann *Clint Eastwood* noch so nahe ans scharfe Schlitzauge heranfahren, der Nachrichtensprecher kann noch so feinsinnig-onkelhaft lächeln – reden, ein Zwiegespräch führen, können wir mit allen dreien nicht. Alle sind gezwungen, ihre Botschaften so zu «senden», dass sie verstanden werden können, ohne dass das Publikum nachfragen muss. *Die Nähe der Medienhelden ist eine Pseudonähe* – in Wirklichkeit sind sie uns ferner als selbst der Papst dem hintersten Besucher seiner Messe auf dem Petersplatz in Rom. Darum gelten die Gesetze der Rhetorik auch für sie: Einer spricht, die andern schweigen.

Rhetorik ist eine archaische Form der Massenkommunikation. Sie trägt alle Züge archaischer Technik: Sie ist noch unbequem, man muss hingehen, um konsumieren zu können, und relativ geringfügige Störungen vermögen den Kommunikationsvorgang bereits zu beeinträchtigen.

Aber untergegangen ist die Rhetorik deswegen nicht. Im Fernsehspot und in der Zeitung, in der Fussballreportage und in der Hitparade lebt sie weiter. Man muss nur genau hinhören.

Das Geheimnis der sprechenden Blätter

Seit zwei Jahrtausenden hat sich unser Alphabet kaum mehr verändert. Aber es war ein weiter Weg bis zur Erfindung der 26 Buchstaben, die auch heute noch die Hauptträger unserer Kultur sind. Und es war ein nicht minder beschwerlicher Weg zur Entwicklung der Kulturtechniken des Lesens und Schreibens, die heute in den Industriestaaten so selbstverständlich geworden sind.
Wie die Schrift entstanden ist und wie sie die Sprache des Menschen verändert hat, davon berichtet dieses Kapitel.

Denn was man schwarz auf weiss besitzt, kann man getrost nach Hause tragen.

Goethe, «Faust»

Die Weisshäute schrieben das Jahr 1819. Die Indianer vom Stamm der Irokesen dagegen hatten bis zu diesem Tag überhaupt noch nicht geschrieben, als *Sequoyah,* der angebliche Hexer, vor die Häuptlinge trat. Sie hatten die Jahre nicht mit Zahlen bezeichnet, sondern ihnen Namen nach bedeutenden Ereignissen gegeben, und wenn sie sich daran erinnern wollten, so zeichneten sie für jeden Winter ein Bildchen auf eine Tierhaut, das an dieses Ereignis gemahnte.

Sequoyah genoss keinen guten Ruf bei den alten Irokesen. Seit zwölf Jahren hatte er sein Vieh vernachlässigt und sich kaum um seine Familie gekümmert. «Ein Spinner», munkelten die Stammesgenossen über den merkwürdigen Nachbarn, der seine Tage lieber zu Hause als im Freien verbrachte und immer wieder von den «sprechenden Blättern» der Weissen faselte. Gerüchte machten die Runde über *Sequoyah,* einmal war er gar der Hexerei angeklagt und deswegen verurteilt worden. Kurzum: Er war eine unbequeme Rothaut.

Aber nun stand *Sequoyah* vor seinen Häuptlingen, und die kamen aus dem Staunen nicht mehr heraus, als er ihnen das Geheimnis der sprechenden Blätter erklärte.

Zwölf Jahre hatte *Sequoyah* gearbeitet, bis er eine Methode gefunden hatte, mit der er die Sprache seines Stammes aufzeichnen konnte. Bei den jahrelangen Forschungen hatte er entdeckt, dass die Sprache seines Volkes sich aus einer Reihe von immer wiederkehrenden Bausteinen zusammensetzte: *a–e–i–o–u, ga-ge-gi-go-gu, dla-dle-dli-dlo-dlu* usw. Insgesamt 85 verschiedene Silben hatte der «Hexer» ermittelt und für jeden Baustein ein Zeichen erfunden.

«Meine Tochter kann auch schreiben», verkündete *Sequoyah* nun seinen Häuptlingen stolz. Ihr hatte er als seiner ersten Schülerin die 85 Zeichen beigebracht und damit bewiesen, dass das System leicht erlernbar war.

Wie die Häuptlinge *Sequoyahs* Demonstration aufnahmen, ist nicht überliefert. Sicher ist nur, dass die Irokesen so begeistert über die tolle Erfindung waren, dass sie *Sequoyah* auf die denkbar schönste Weise rehabilitierten: Innerhalb weniger Jahre lernten Tausende nach seiner Manier schreiben, und 1880 stellten die Behörden fest, dass die Irokesen gebildeter waren als die Weissen in der unmittelbaren Nachbarschaft!

Die Geschichte des hartnäckigen *Sequoyah* ist keine Legende, wenn sie auch sicherlich in mancherlei Beziehung eine aussergewöhnliche Geschichte ist. Die Zeichensysteme der Chinesen, die Hieroglyphen der Ägypter, die Schnörkel der Araber und die 26 Buchstaben unseres eigenen Alphabets sind mit Sicherheit nicht von einem einzelnen Menschen erfunden worden, sondern das Produkt einer Jahrtausende zählenden Geschichte.

Und trotzdem ist die Geschichte des eigenbrötlerischen Irokesen eine exemplarische Geschichte für die Entstehung von Schriften, an der sich einiges ablesen lässt, was die Väter der grossen Schriftkulturen zu ihrer Zeit aufzuzeichnen vergessen haben. Sie lehrt nicht nur, dass der Weg von der Sprache zur Schrift ein mit Mühsal und Anfechtungen gepflasterter Weg ist, dass Schreiber sich wohl auch schon in früheren Zeiten gefallen lassen mussten, als Spinner und Hexenmeister verschrien zu werden, und dass Schreiben einen direkten Zusammenhang mit dem Bildungsgrad einer Gesellschaft besitzt.

Für die Sprachwissenschaftler ist es darüber hinaus bemerkenswert, dass *Sequoyah* mit einem Inventar von 85 Zeichen auskam und dass er auf den nicht unbedingt naheliegenden Gedanken kam, die gesprochene Sprache in Lautbestandteile zu zerlegen. Im Vergleich zu der Bildsymboltechnik, mit der sein Volk bislang die Winter bezeichnet und gezählt hatte, war das ein ganz unerhörter Fortschritt: Er erlaubte es den Irokesen, mit einer endlichen Zahl von fest vereinbarten Zeichen eine unbegrenzte Zahl von sprachlichen Äusserungen schriftlich festzuhalten. Wenn *Sequoyah* schliesslich nicht bei einem noch einfacheren Alphabet aus etwa zwei Dutzend Zeichen landete, dann zeigt dies, dass die einfachste Form der schriftlichen Fixierung gesprochener Sprache weit weniger simpel und selbstverständlich ist, als es angesichts der einfachen Erlernbarkeit des Alphabets den Anschein haben mag.

Ꭰ	a	Ꭱ	e	Ꭲ	i	Ꭳ	o	Ꭴ	u
Ꭶ	ga	Ꭸ	ge	Ꭹ	gi	Ꭺ	go	Ꭻ	gu
Ꭽ	ha	Ꭾ	he	Ꭿ	hi	Ꮀ	ho	Ꮁ	hu
Ꮃ	la	Ꮄ	le	Ꮅ	li	Ꮆ	lo	Ꮇ	lu
Ꮉ	ma	Ꮊ	me	Ꮋ	mi	Ꮌ	mo	Ꮍ	mu
Ꮎ	na	Ꮑ	ne	Ꮒ	ni	Ꮓ	no	Ꮔ	nu
Ꮖ	gwa	Ꮗ	gwe	Ꮘ	gwi	Ꮙ	gwo	Ꮚ	gwu
Ꮜ	sa	Ꮞ	se	Ꮟ	si	Ꮠ	so	Ꮡ	su
Ꮣ	da	Ꮥ	de	Ꮧ	di	Ꮩ	do	Ꮪ	du
Ꮬ	dla	Ꮮ	dle	Ꮯ	dli	Ꮰ	dlo	Ꮱ	dlu
Ꮳ	dza	Ꮴ	dze	Ꮵ	dzi	Ꮶ	dzo	Ꮷ	dzu
Ꮹ	wa	Ꮺ	we	Ꮻ	wi	Ꮼ	wo	Ꮽ	wu
Ꮿ	ya	Ᏸ	ye	Ᏹ	yi	Ᏺ	yo	Ᏻ	yu
Ꭵ	ö	Ꭼ	gö	Ꮂ	hö	Ꮈ	lö	Ꮕ	nö
Ꮛ	gwö	Ꮢ	sö	Ꮫ	dö	Ꮲ	dlö	Ꮸ	dzö
Ꮾ	wö	Ᏼ	yö	Ꭷ	ka	Ꮏ	hna	Ꮐ	nah
Ꮝ	s	Ꮤ	ta	Ꮦ	te	Ꮨ	ti	Ꮭ	tla

Schriften bestehen aus Zeichen, die je nach Kulturstufe ganze Sätze, Wörter, Silben oder Buchstaben bedeuten. Die Schrift des Irokesen-Indianers Sequoyah (Tabelle links) ist eine Mischung aus Buchstaben- und Silbenschrift. Die Gaunerzinken dagegen (unten) stellen eine alte Geheimsprache aus Bildsymbolen dar, die ganze Sätze oder zum mindesten Wortgruppen beinhalten. Die Inschrift bedeutet etwa: «Der Träger des Zinken Herz ist wegen Diebstahls verhaftet, begangen an einem Brauer unter Anwendung von Gewalt. Gestohlen wurden Würste, Pferdegeschirr, Stabeisen, Zinngeschirr, Kotzen und Schmalz. Der Kutscher hat jedoch gestanden.»

Handabdrücke wie dieser, den ein eiszeitlicher Maler auf die Felswand der Höhle von Pech-Merle in Zentralfrankreich «sprayte», finden sich in über 20 Höhlen Europas und auch in ganz ähnlicher Form in alten indianischen Höhlen Südamerikas. Über die Bedeutung dieser oft (vom Frost der Eiszeit?) verstümmelten Hände sind sich die Gelehrten immer noch nicht im klaren: möglich, dass sie eine sehr frühe Form symbolischer Darstellung bilden – Schriftzeichen der Urmenschen. Solche urtümlichen Schriftformen haben sich auch bei den nordamerikanischen Indianern erhalten. Das unten abgedruckte «Wampum» – eine Art Tuch aus Perlenketten – war der Friedensvertrag zwischen dem Quäker William Penn und den Irokesen und stammt aus dem Ende des 17. Jahrhunderts. Zwei Figuren geben sich darauf zum Zeichen des Friedensschlusses die Hände.

Die ersten Schriftzeichen zeigen den Besitz an

In der Tat beweist die Geschichte der Schrift, dass die einfachste Form nicht immer der Anfang, sondern mitunter auch der Endpunkt einer langwierigen Entwicklung sein kann. Die frühesten Spuren der Verwendung von schriftartigen Zeichen reichen noch in die Zeit zurück, wo die ersten Spuren des eindeutigen *Homo sapiens* überhaupt erst sichtbar werden – ins dreissigste Jahrtausend vor unserer Zeitrechnung. Über 1200 Generationen hinweg erreichen uns aus den Höhlen von Lascaux (Südfrankreich) und Altamira (Nordspanien), aber auch aus den weniger berühmten Felskritzeleien Skandinaviens, der Schweiz, Österreichs, Deutschlands oder aus der Gegend von Brescia Spuren erster Schreibversuche.

Immer wieder tauchen auf diesen Felswänden neben den unzähligen realistischen Tierdarstellungen Figuren auf, deren Zeichencharakter kaum zu verkennen ist – wenn man ihn auch bislang nicht eindeutig hat entschlüsseln können: Handabdrücke, merkwürdige Kästchen mit Strichsymbolen, Kreuze, Räder. Auch bemalte Kieselsteine hat man gefunden, und es ist nicht unmöglich, dass unsere Urahnen auch auf vergängliche Unterlagen malten und zeichneten.

Die Gelehrten streiten sich immer noch, ob diese Symbole wirklich von bildlichen Darstellungen abgeleitete Vereinfachungen – und damit jüngeren Datums – sind. Professor *Ignace Gelb* von der Universität Chicago zum Beispiel, ein Spezialist für prähistorische Schriften, glaubt eher an zwei Bildsysteme, die sich parallel entwickelt haben: Einmal beschreibende Bildsymbole *(Piktogramme)*, wie sie noch etwa die Indianer verwendeten, wenn sie Friedensverträge mit dem weissen Mann abschlossen: Sie zeichneten für ihre Dokumente zwei Menschen, die sich die Hand geben.

Solche Bildersprachen reichen bis in jene Zeit zurück, da die Indianer über die Beringstrasse von Russland nach Amerika übersiedelten. Das war vor rund 14 000 Jahren. Aus jener Zeit haben sich Schriftrollen aus Birkenrinde erhalten, die in der Art von *Comics*-Zeichnungen die komplizierten Rituale und die alten Geschichten über die Entstehung der Welt überliefern. Priester zeichneten sie auf, wahrscheinlich aber eher als Gedächtnisstützen denn zur «Publikation»: Die erste Strophe einer Litanei hatte etwa mit einem Fuchs zu tun. Also zeichnete der Indianer einen Fuchs auf die Rinde. Die nächste Strophe handelte von bösen Vorzeichen – eine Eule erinnerte den Medizinmann daran.

Die zweite Art von «Ur-Schriften» stellen nach Professor *Gelb* jene abstrakten Gedächtnisstützen *(Mnemotechniken)* dar, wie sie etwa die Inkas verwendeten. Mit ihren *Quipus* – farbigen Schnüren, die auf verschiedene Weise verknotet wurden – konnten sie Zahlen und Gegenstände bezeichnen. Der Knoten im Taschentuch, der Strich auf dem Bierdeckel, die Kerbe auf dem Gewehrschaft (für getötete Tiere oder Feinde) gehören noch heute zu dieser Kategorie der mnemotechnischen Zeichen.

Piktogramme sind Symbole: Die Bedeutung kann aus der Form des Zeichens abgelesen werden. Sie stellen deshalb noch nicht unbedingt ein System dar. Jeder Piktogramm-Schreiber kann sich seine eigenen Bildsymbole erfinden. Anders die abstrakten Gedächtnisstützen: Das sind allegorische, das heisst willkürliche Zeichen, aus denen keine Bedeutung unmittelbar abzulesen ist. Werden sie zur Kommunikation und nicht nur zum persönlichen Gebrauch benützt, so müssen sich die Benützer über Zeichen und Bedeutung absprechen.

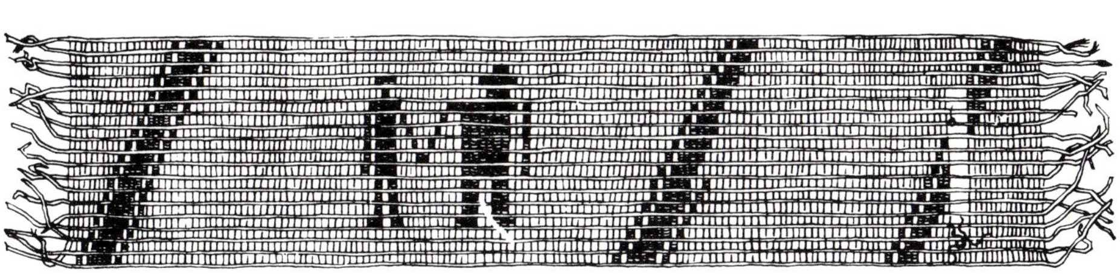

Auf dieser Lehmtafel hat ein sumerischer Schreiber ums Jahr 2400 v. Chr. Buchhaltung in Keilschrift geführt: Die Schrift stellt eine Abrechnung über eine Menge Korn dar, die an die Beamten im Tempel zu Baal bezahlt wurden. Die Mondsicheln bezeichnen die Einer, die Kreise die Zehner. Das Bild ist ein Beleg für den engen Zusammenhang zwischen der Entstehung der Schrift und des Handels: Massenkommunikation im modernen Sinne ist eine direkte Folge des Tauschhandels.

Die Gelehrten sind sich heute noch nicht einig, ob das Eulen- oder das Bierdeckel-System urtümlicher sei.
Ein Umstand stützt allerdings die Vermutung, dass die abstrakten Zeichen jünger als die deskriptiven Abbilder sind: Betrachtet man nämlich die Entwicklung der Schriftsysteme im Überblick, dann ist ein ganz eindeutiger Trend festzustellen: Die Schrift entwikkelt sich in bezug auf die drei «Konstruktionsebenen» der Sprache – Satz, Wort und Laut – sozusagen abwärts. Die ältesten Zeichen sind nämlich ganz klar vollständige Sätze: Ein Symbol sagt etwas aus, es benennt nicht nur: Die händchenhaltenden Figuren bedeuteten «Wir haben Frieden geschlossen»; das Beil, das Gauner früher als «Zinken» neben Haustüren kritzelten, warnte «Ohne Arbeit gibt es nichts!» Vor allem aber drückten die ersten Vorläufer von Buchstaben – ähnlich wie der Urin-Spritzer der Hunde – einen Besitzanspruch aus. Man hat solche Zeichen bei Wasserlöchern gefunden und sieht in den Totems primitiver Kulturen deren direkte Nachfolger.
Die frühesten schriftlichen Systeme sind also *«Satz-Schriften»:* Ein Zeichen steht für *eine* ganze Aussage. Da der Mensch aber unendlich viele Sätze bilden kann, würde es theoretisch unendlich viele «Satz-Zeichen» brauchen, wollte man aus derartigen Symbolen eine echte Schrift aufbauen. Eine solche Schrift hat es natürlich nie gegeben.
Die mnemotechnischen Ausdrucksformen gehen schon einen Schritt weiter. Das zeigt beispielsweise ein Tontäfelchen, das man in Mesopotamien gefunden hat. Es stammt etwa aus dem Jahre 3200 v. Chr. und registriert offensichtlich eine Viehzählung: Man sieht zwei Piktogramme einer Kuh und eines Ochsen. Davor aber stehen zwei abstrakte Symbole: fünf Punkte und vier längliche Formen – als ob der Schreiber zuerst fünf Finger senkrecht und dann vier Fingerkuppen schräg in eine weiche Lehmmasse gedrückt hätte. Das ganze bedeutet offensichtlich «54 Stück Vieh».
In reiner Bildschrift hätte der Schreiber 54 Kühe und Ochsen in den Lehm kritzeln müssen. Das abstrakte Symbol der Zahl erspart ihm die Mühe. Zugleich nähert sich diese Form des «Schreibens» der Wortschrift: Wie in der gesprochenen Sprache werden die Zeichen zu Teilen eines Satzes – Wörtern eben.
Allmählich entstehen auf diese Weise festgefügte Inventare von Zeichen. Spuren dieser ersten Formen schriftlicher Aufzeichnung hat man in der ganzen Welt gefunden – vor allem in Westasien, Ägypten, Kreta, Indien, China und bei den Indianern von Nord-, Mittel- und Südamerika.

Die Sumerer brauchen eine Buchhaltung

Das früheste ausgereifte Schriftsystem, das uns überliefert ist, wurde in Westasien entdeckt. Es ist rund 5500 Jahre alt. Die Kontinente – mit Ausnahme Australiens – sind um diese Zeit schon alle besiedelt. Die Nomaden beginnen sesshaft zu werden und gründen Dörfer, auch wenn sie vielerorts noch als Fischer, Jäger und Sammler leben.
In Mitteleuropa hausen an den Gestaden der Seen in einfachen Holzhütten Bauern und Fischer, die bereits Töpfe herstellen und Handel mit Südfrankreich treiben. Es sind die Nachfahren jener Jäger und Sammler, die es tausend Jahre zuvor bei der Jagd nach Rotwild mit den Herden hierher verschlagen hat.
Am meisten fortgeschritten aber sind die Kulturen im Bereich des heutigen Ägyptens und der heissen Region zwischen Mittelmeer, Schwarzem Meer, Kaspischem Meer und dem Persischen Golf (heute Syrien, Irak und Iran). Hier kanalisiert zu jener Zeit das sesshaft gewordene Volk der *Sumerer* die Gewässer von Euphrat und Tigris und baut im sagenumwobenen Zweistromland von *Mesopotamien* ein blühendes Landwirtschaftssystem auf. Der Getreideanbau ergibt Überschüsse, die man lagern und verkaufen kann. Das Rad ist erfunden, es stimuliert Töpferei und Transportwesen. Handel und Arbeitsteilung entstehen und konzentrieren sich in Städten: Es gibt bei den Sumerern schon eine zentralisierte Lebensmittelversorgung, eine Regionalregierung, Handwerker, Mediziner, Bildhauer – und *Schreiber.*
Träger der sumerischen Schrift sind gebrannte oder getrocknete Tontafeln – zum Wohlgefallen der späteren Historiker. Diese Technik ist nämlich der Grund dafür, dass eine grosse Anzahl von sumerischen Texten unzerstört erhalten geblieben ist. Darin finden sich Rechenschaftsberichte der Tempelverwaltungen, Dokumente über Landverpachtungen oder eigentliche Lohnabrechnungen. Die Sumerer benutzen bereits Geld und verleihen es sogar gegen Zinsen – die entsprechenden Buchhaltungen sind ebenfalls überliefert. Sogar Übungshefte aus den Schreiberschulen an den Tempeln sind erhalten. Schreiben ist zu dieser Zeit allerdings eine Fertigkeit, die sich auf den sehr kleinen Personenkreis der Priester beschränkt. Die Schreiber-Schulen befinden sich in den Tempeln.
Als Schreibgerät dient den heiligen Männern ein angespitztes Rohrstöckchen, das schräg gehalten wird und so im Ton eine keilförmige Markierung hinterlässt. Nach dieser Grundform nennt man das Schreibsystem der Sumerer heute «Keilschrift».
Die Keilschrift hat relativ lange gelebt – die Kultur der Sumerer blüht etwa von 3500 v. Chr. bis 1900 v. Chr. Als das Land im Jahre 1720 von den *Baby-*

loniern erobert wird, führen diese die alte Schreibtradition weiter. So hat man auch Tausende von babylonischen Tontafeln gefunden, die uns heute noch über Geschichte, Justiz, Medizin, Mathematik und Astronomie dieses Volkes informieren. Die Keilschrift wird nun auch in Stein gehauen und überlebt selbst die Babylonier. Sie verbreitet sich weiter in den semitischen Kulturen Mesopotamiens und im Nahen Osten.

Die langandauernde Überlieferung erlaubt einen einmaligen Einblick in den Wandel, den ein Schreibsystem im Laufe von vielen Jahrhunderten durchmachen kann. Am Anfang stehen auch bei den Sumerern noch sogenannte «Piktogramme», also stilisierte symbolische Abbilder. So stellt ein Kreis die Sonne dar. Bald einmal aber wird der Kreis auch für verwandte oder abgeleitete Bedeutungen (Tag, Licht, Zeit) verwendet. Wir befinden uns jetzt bereits im Stadium der *«Wortschrift»:* Der Schreiber spaltet den Satz in seinem Kopf in einzelne Einheiten («Wörter») auf.

Den Katalog aller Wörter einer Sprache nennt man «Lexikon». Dieses Lexikon ist bei den modernen Sprachen zu einem gewaltigen Wortsilo geworden, in welches Wissenschaft und Technologie täglich neue, differenziertere Begriffe einfüllen. Die kaum mehr zählbare Menge aller Wörter, die eine moderne Sprache aufweist, darf freilich nicht darüber hinwegtäuschen, dass der Wortschatz im Alltag bedeutend kleiner ist: Mit 350 Wörtern kann man ja bereits neun Zehntel eines gewöhnlichen Gesprächs bestreiten. Je nach Bildungsgrad hat ein Mensch in der modernen Industriegesellschaft zwischen 2000 und 6000 Wörter gespeichert, die er selber beim Sprechen oder Schreiben, also «aktiv», wie die Sprachwissenschaftler sagen, verwendet.

Auf ähnliche Grössenordnungen kamen nun auch die Sumerer: Ihr «Alphabet» beziehungsweise «Lexikon» der Keilschrift enthält ursprünglich rund 2000 Piktogramme. Im Laufe der lange beobachtbaren Geschichte reduzierte sich diese Zahl – dank einer Methode, die bis auf die heutigen *Bilderrätsel* weiterlebt: Die Zeichen für bestimmte Wörter werden mit der Zeit je nach ihrer Aussprache, das heisst aufgrund von Lautmerkmalen, als Teilzeichen für Wörter mit demselben Laut verwendet. Das Schriftzeichen für «Biene» zum Beispiel löste sich von seiner Bedeutung und wird – wie heute noch in den Bilderrätseln – einfach zu einer Art «Buchstabe» mit dem Klangwert «B».

So verschwindet der Zusammenhang zwischen Zeichen und Bedeutung: Das Zeichen löst sich vom ursprünglichen Inhalt und wird *willkürlich* eingesetzt. Das hat gleichzeitig zur Folge, dass das Bild, welches das Zeichen ursprünglich darstellte, an Bedeutung verliert – das Zeichen kann vereinfacht werden. Auf diese Weise schrumpft das sumerische «Lexikon» allmählich auf ein paar hundert Keilschrift-«Buchstaben» zusammen. Die *«Wort-Schrift»* wird zur *«Silben-Schrift»*.

Eine solche Silbenschrift hat seit 3500 Jahren bis auf den heutigen Tag überlebt: die *chinesische Zeichenschrift*. In der chinesischen Sprache sind die Silben Bedeutungsträger, das heisst, es gibt eigentlich nur einsilbige Wörter. So war es naheliegend, für diese Silben Zeichen zu entwickeln, die sich in China wie bei den Sumerern mit der Zeit vereinfacht und von den ursprünglichen «Abbildern» gelöst haben. Heute funktionieren die Zeichen der chinesischen Sprache ähnlich wie Verkehrszeichen oder Zahlen: Sie transportieren Ideen-Einheiten. Das Zeichen 人 beispielsweise bedeutet «Mensch» und wird vom Chinesen automatisch durch die Silbe *ren* wiedergegeben – ähnlich wie wir das Zahl-Zeichen «2» mit der Lautfolge *zwei* lesen. Der Chinese löst also ein Wort in seiner Schrift nie in Lautbestandteile auf, wie wir beim Alphabet. Deshalb hat sich die chinesische Schrift über dreieinhalb Jahrtausende erhalten können – trotz der Veränderungen, die auch in China mit der gesprochenen Sprache und ihren vielen Dialekten eingetreten sind. Das chinesische System ist sehr «schnell» – man kann in chinesischer Schrift auf kürzerem Raum viel mehr Information unterbringen als in einer alphabetischen Schrift. Darum enthalten chinesische Zeitungen auf relativ wenig Raum viel mehr Informationen, als es nach dem blossen Einschätzen des Umfangs für «alphabetisierte» Augen den Anschein hat. Umgekehrt ist das «Lexikon» der chinesischen Zei-

人民日報

RENMIN RIBAO

Chinesische Setzer haben es schwerer als europäische: Ihre Schrift zählt ein paar tausend verschiedene Zeichen. Die Lettern in einer chinesischen Druckerei füllen denn auch gewaltige Gestelle. Dafür hat in den chinesischen Zeitungen mehr Text Platz, wie der Kopf der grössten chinesischen Zeitung, RENMIN RIBAO, zeigt: Statt 11 Buchstaben (plus Zwischenraum) benötigt das chinesische Silben-«Alphabet» bloss 4 Zeichen.

Drucken konnten auch die alten Ägypter noch nicht. Dennoch vervielfältigten sie ihre Schriften bereits, wie dieses Kalksteinrelief aus dem Grab des Kaninisut (um 2500 v. Chr.) beweist: Es zeigt eine Gruppe von Schreibern, die mit Paletten und Papyrusrollen nach Diktat arbeiten. Ersatzpinsel haben sie sich hinters Ohr gesteckt. Die Zeichen über den einzelnen Schreibern stellen deren Namen dar. Entziffert wurden die ägyptischen Hieroglyphen erstmals durch den französischen Archäologen Jean François Champollion im Jahre 1822. Eine schwarze Basaltplatte mit dreisprachigem Text in Hieroglyphen, demotischer und griechischer Schrift aus dem Jahre 195 v. Chr., die unter dem Namen «Rosetta-Stein» berühmt geworden ist (er steht heute im Britischen Museum), lieferte ihm die Schlüssel-Informationen. Die Entzifferung dieser Schrift eröffnete der Menschheit den Zugang zur altägyptischen Kultur.

chen natürlich auch unvergleichlich umfangreicher. Ein chinesischer Journalist muss heute rund 6000 Zeichen beherrschen. Selbst für das Basis-Chinesisch der populären Literatur ist die Kenntnis von 1500 Zeichen nötig. Auch an der modernen Technologie scheitert die chinesische Schrift: Setzkasten sind in China monströse Labyrinthe, Schreibmaschinen nur mühsam mit dem «System Adler» (der Zeigefinger stösst auf eine Taste herunter) zu bewältigen. Kein Wunder, dass die Korrespondenten chinesischer Zeitungen in Amerika ihre Texte auf englisch per Telex nach Peking übermitteln, wo sie dann wieder in chinesische Zeichen übersetzt werden müssen!

Auch die lange rätselhaft gebliebene Schrift der alten *Ägypter* ist über viele Jahrhunderte hinweg erhalten geblieben. Aus den teils bildlichen, teils abstrakten Zeichen konnte man sich freilich keinen rechten Reim machen, bis es im Jahre 1821 dem französischen Gelehrten *Jean François Champollion* (1790–1832) gelang, die Hieroglyphen dank eines glücklichen Fundes zu entziffern. Champollion konnte sich auf den berühmten Rosetta-Stein stützen, der nebeneinander drei gleichlautende Texte in Griechisch, Spätägyptisch und ägyptischen Hieroglyphen enthält und heute im Britischen Museum in London steht.

Auch die Hieroglyphenschrift (die «heilige eingegrabene Schrift», wie die Übersetzung aus dem Griechischen lautet) entwickelte sich aus ursprünglichen Piktogrammen von der urtümlichen Satz- zur Wort- und Silbenschrift. Die alten Ägypter gingen sogar noch einen Schritt weiter: Sie entwickelten 24 Zeichen, die nur Konsonanten bezeichneten – eine reine *«Laut-Schrift»* also. Merkwürdigerweise blieb die Hieroglyphenschrift jedoch ein Bastard. Sie nutzte die Einsparungen nicht, die das Laut-Schrift-System gebracht hätte, und schleppte auch das umfangreichere Inventar der alten Bildkürzel weiter.

Der Grund, der die Vereinfachung bremste, ist im Fortschritt auf einem andern Gebiet zu suchen: Die Ägypter schrieben mit Rohrpinseln auf Papyrusrollen und verwendeten eine äusserst dauerhafte Tinte aus Russ, Wasser und Gummi. So mussten sie nicht mit dem Platz sparen wie die Sumerer, und auch der Schreibvorgang war viel weniger umständlich.

Auch bei den Ägyptern waren Lesen und Schreiben einer besonderen Kaste von Schreibern vorbehalten. Die Beherrschung der vielen Zeichen erforderte spezielle Kenntnisse und eine langjährige Ausbildung. Vielleicht spürten die Schreiber auch damals schon, dass Schreiben Macht bedeutet. Auf jeden Fall kamen sie sich als über die harte Handarbeit erhabene Elite vor. «Liebe die Buchstaben wie deine Mutter», so riet ein hoher ägyptischer Beamter seinem Sohn, «denn durch ihre Kenntnis kannst du dich vor harter Arbeit jeder Art schützen.»

Die ägyptischen Schreiber mussten al-

lerdings meist mit reichlich unkreativer Arbeit zufrieden sein: Wie ein Kalksteinrelief zeigt, wurden sie schon vor über 4000 Jahren als Vorläufer unserer Kopierapparate eingesetzt und mussten ihre Texte oft gruppenweise auf Diktat schreiben. Diese Vervielfältigungsmethode nach Sklavenmanier ist – wie manche Entwicklung im Bereich der Kommunikation – eine Sackgasse geblieben. Dennoch repräsentieren die Schreibstuben (die bis weit ins Mittelalter hinein existierten) die gedankliche Vorwegnahme des Drucks und sind damit eine der Urzellen der Massenkommunikation.

Das Alphabet entsteht

Neben den sumerischen, den chinesischen und den ägyptischen Zeichen sind uns noch vier weitere voralphabetische Schriftsysteme überliefert: die *elamitische* (die Elamiten waren die Nachbarn der Sumerer), die *frühindische,* die *frühkretische* und die *hethitische* Zeichensprache. Sie sind zum Teil bis heute noch nicht entziffert.

Alle sieben Urschriften entstanden in Kulturen, die die Landwirtschaft und den Getreidebau sehr intensiv betrieben. Dies hatte zur Folge, dass sowohl der Weg als auch die Tauschketten zwischen Produzent und Konsument immer länger wurden – die wichtigste Voraussetzung übrigens für die Einführung des Geldes. Rechnen, Buchhaltung, Steuern – kurzum: alles, was wir heute unter wirtschaftlichen Vorgängen verstehen, wurde allmählich immer bedeutsamer. Und so wie der Warentausch nicht mehr bloss von Angesicht zu Angesicht ablief, so entwikkelten sich auch sprachliche Kommunikationsformen, bei denen das unmittelbare *vis à vis* des Partners nicht mehr nötig war. Die Schrift ist der sichtbare Ausdruck dieser neuen Form zwischenmenschlicher Beziehungen.

Der Schritt von den Wort- und Silbenzeichen zu den Lautsymbolen des *Alphabets* war die nächste Stufe in der Entwicklung der Schrift. Auch sie wurde nicht auf einen Schlag erreicht, sondern über zum Teil recht merkwürdige Umwege. Eine Wurzel der «Buchstaben» haben wir bereits kennengelernt: das *Bilderrätsel.* Ein anderer Weg vom Wort zum Buchstaben ist das, was in vielen Sprachen als *Akzentzeichen* bis heute erhalten ist: Ein spezielles, ganz einfaches Symbol verhindert Verwechslungen von Zeichen, die mehrere Bedeutungen besitzen. So konnte das Keilschriftzeichen für «Assur» sowohl die Stadt als auch deren Schutzgott bezeichnen. Ein (unausgesprochenes) Zeichen verhinderte Missverständnisse. Auch solche diakritischen Zeichen oder «Akzente» stellen Vorformen von «Buchstaben» dar.

Eine dritte Wurzel des Alphabets erleben Chinareisende heute häufig, wenn sie ins Reich der Mitte fahren und fragen, wie man ihren westlichen Namen auf Chinesisch schreibe. Die Chinesen gehen dann so vor, dass sie den Namen in einzelne ähnlich lautende chinesische Silben zersplittern. Das ergibt dann zwar sinnlose und mitunter possierliche neue chinesische Ausdrücke. So erfuhr der eine Autor dieses Buches, dass er eigentlich «lachende Morgenröte» heisst – seinen Namen (Hadorn) splitterten die Chinesen in die zwei Silben *ha* (lachen) und *dong* (Morgenröte) auf. (Mario Cortesi konnten die Chinesen nur die Silbe *ma* = Pferd als sinnvollen Bestandteil seines Namens offerieren.)

Bei all diesen Vorgängen verliert das Zeichen seine abbildhafte Bedeutung und wird zum blossen Lautwert.

Wie unsere 26 Buchstaben entstanden

Über die Entstehung des *griechischen Alphabets* – der Mutter aller heute gebräuchlichen Alphabete – gehen die Meinungen der Gelehrten auseinander.

Die Griechen selber glaubten, was ihnen *Herodot,* ihr erster Historiker, im 4. Jahrhundert überliefert hatte: Das Alphabet sei 300 Jahre alt und sie verdankten es den Phöniziern. Präzise ist dies mit Sicherheit nicht. Wahrscheinlich besassen die Griechen schon im zweiten vorchristlichen Jahrtausend eine Schrift, die allerdings mit der zerstörerischen dorischen Einwanderung um 1100 verschwand.

Zeichen für Konsonanten, die deutliche Vorbilder für die griechischen Buchstaben sind, wurden jedenfalls bereits in der Mitte des zweiten Jahrtausends vor Christus von den *Kanaanäern* im heutigen Palästina und der Sinai-Halbinsel verwendet. Die ersten Inschriften mit derartigen Lautzeichen wurden im Jahre 1905 in den Türkissteinminen des Sinaigebirges vom englischen Archäologen *Sir William Flinders Petrie* gefunden. Die Zeichen auf den Inschriften kamen Sir William noch wie Hieroglyphen vor. Aber bald entdeckte man, dass die Schrift offenbar aus viel weniger Zeichen bestand. 1917 wurde diese erste alphabetische Schrift, die Inschrift eines Tempels, vollständig entziffert. Sensationelle Funde von Hunderten von beschrifteten Tontäfelchen in der Stadt *Ugarit* (dem heutigen *Ras Schamra* in Syrien) durch den französischen Archäologen *Claude Schaeffer* im Jahre 1929 brachten dann den endgültigen Beweis: Es handelte sich um ein Alphabet von 30 Zeichen, das die semitische Sprache der Kanaanäer darstellte und sich sowohl von der babylonischen Keilschrift wie von den ägyptischen Hieroglyphen herleitete.

Die Kanaanäer lebten in der Gegend zwischen den frühzivilisierten Völkern von Ägypten und Mesopotamien. Das Land muss ein wahrer Schmelztiegel von verschiedenen Einflüssen gewesen sein, handelten die Bewohner doch mit Wein, Metall, Oliven, Holz, Stickereien und einem von der Purpurschnecke gewonnenen Farbstoff, der den späten Kanaanäern ihren Namen gab: *Phönizier.* Die Phönizier waren gute Seefahrer – als Kolonialisten besiedelten sie den ganzen Mittelmeerraum und hinterliessen überall ihre Spuren in Form von Gräbern. Sie müssen auch die al-

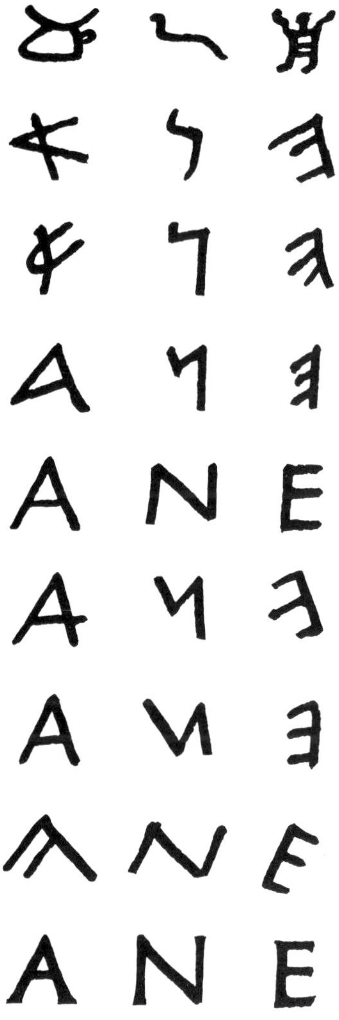

Die Entstehungsgeschichte der griechischen und römischen Buchstaben zeigt, dass sie ursprünglich auch auf Piktogramme zurückgehen: Am Anfang standen bildliche Darstellungen, die vermutlich mehr als einen einzigen Laut bezeichneten.

ten Keilschriften und die Hieroglyphen gekannt haben. Da die sinnunterscheidenden Laute in ihrer Sprache ausschliesslich Konsonanten waren, stellt ihr Alphabet – das *Proto-Kanaanäische* – ein reines Konsonantenalphabet dar.

Es wurde geritzt und gemeisselt, aber auch auf Papyrus und Leder – *linear,* wie die Fachleute sagen – geschrieben. Die Vokale musste der Leser erraten. Da die Zeichen in dieser reinen Lautschrift auch für andere Sprachen verwendet werden konnten, verbreitete sich die alphabetische Schreibtechnik in ähnlich unaufhaltsamer Form wie später die Errungenschaften der industriellen Revolution.

Das proto-kanaanäische Alphabet wurde bald einmal zur Mutter dreier weiterer Alphabete: des *phönizischen,* des *hebräischen* und des *aramäischen.* Der (früh-)hebräische Zweig der Alphabetenfamilie starb später aus. Aber das phönizische und das aramäische Schriftsystem entwickelten sich prächtig. Sie leben in sämtlichen modernen Alphabeten weiter:

– Das *Aramäische* wurde eine verbreitete Kultursprache und galt im ganzen Nahen Osten, insbesondere auch bei den Juden, als Verkehrssprache der Diplomaten, Beamten und Kaufleute. Auch die frühesten Christen – *Jesus Christus* eingeschlossen – bedienten sich dieser Sprache, deren Schrift sich in östlicher Richtung und nach Afrika ausbreitete und insbesondere zum Vorbild für die arabische Schrift wurde. Im 7. Jahrhundert vor Christus wanderte sie auch nach Indien und sorgte dort vor allem dank der reisefreudigen *Buddhisten* für Nachwuchs in ganz Asien. Auf die aramäischen Zeichen gehen heute zudem die Schriftsysteme des Irans, Georgiens, Armeniens, Israels, der Türken- und Mongolenvölker zurück. Sie alle kommen ohne eigentliche Vokal-Buchstaben aus und versehen einfach die Konsonanten mit bestimmten Markierungen (sogenannten «diakritischen Zeichen»), um Selbstlaute darzustellen. Mit anderen Worten: Sie verfahren im Grunde wie der Indianer *Sequoyah,* der ja in seinem System eigentlich auch jeweils die Kombination eines Vokals mit einem Konsonanten als Einheit für sein Irokesen-Alphabet empfand.

– Die *Griechen* übernahmen das *phönizische* Schreibsystem, als es noch 27 Zeichen umfasste – spätestens im Jahre 750 v. Chr., vielleicht aber auch schon drei Jahrhunderte früher. Sie entwickelten es um zwei bedeutende Neuerungen weiter: Sie setzten 5 Zeichen für Vokale ein und führten die konsequente Links-Rechts-Schreibweise ein, wahrscheinlich, weil sie den Rohrpinsel durch eine schräggestellte Rohrfeder ersetzten, wobei die Hand (meist die rechte!) auf der Schreibfläche auflag und den Text verdeckte.

Die klassische griechische Schrift mit ihren 24 Buchstaben erlebte eine rasante Verbreitung in westlicher Richtung, das heisst im Mittelmeerraum. Sehr schnell setzte sie sich als rasches, leicht erlernbares Kommunikationsmittel durch. Schon im 8. Jahrhundert vor Christus adaptierten auch die *Etrusker* in Italien das griechische Alphabet (bzw. die phönizische Vorlage) und bewiesen damit, dass die Buchstabenschrift auch für nichtindogermanische Sprachen taugte.

Die frühen Römer schrieben die (allerdings nicht immer gleichlautenden) Buchstaben A, B, E, H, I, K, M, N, O, T, X, Y und Z praktisch so wie die Griechen. Andere griechische Zeichen wurden umgewandelt in die Buchstaben C, D, L, P, R und S; die Buchstaben F, G, Q und V wurden neu entwickelt. J, U und W kamen erst im Laufe des Mittelalters dazu – so dass unser Alphabet heute 26 Buchstaben zählt.

Ebenfalls aus dem Griechischen abgeleitet wurden später die Schriften der *slawischen* Völker, während die *Kelten* ihre Schrift wahrscheinlich von den Etruskern entliehen. Die *germanischen* Runenzeichen schliesslich gehen ebenfalls auf das griechisch-römische Alphabet zurück.

Das *lateinische Alphabet,* das heute in der ganzen Welt verbreitet ist, stand bereits im 7. Jahrhundert vor Christus fest. Die Schrift hat sich seither im Prinzip nicht mehr weiterentwickelt: Lautformen oder -gruppen, die mit diesem Alphabet nicht bezeichnet werden konnten (etwa der germanische *ch*-Laut), wurden später einfach mit Kombinationen von lateinischen Zeichen wiedergegeben.

So ist die Geschichte des Alphabets also vor gut 2000 Jahren stehengeblieben – aller weitere Fortschritt bestand in kalligraphischen Variationen der

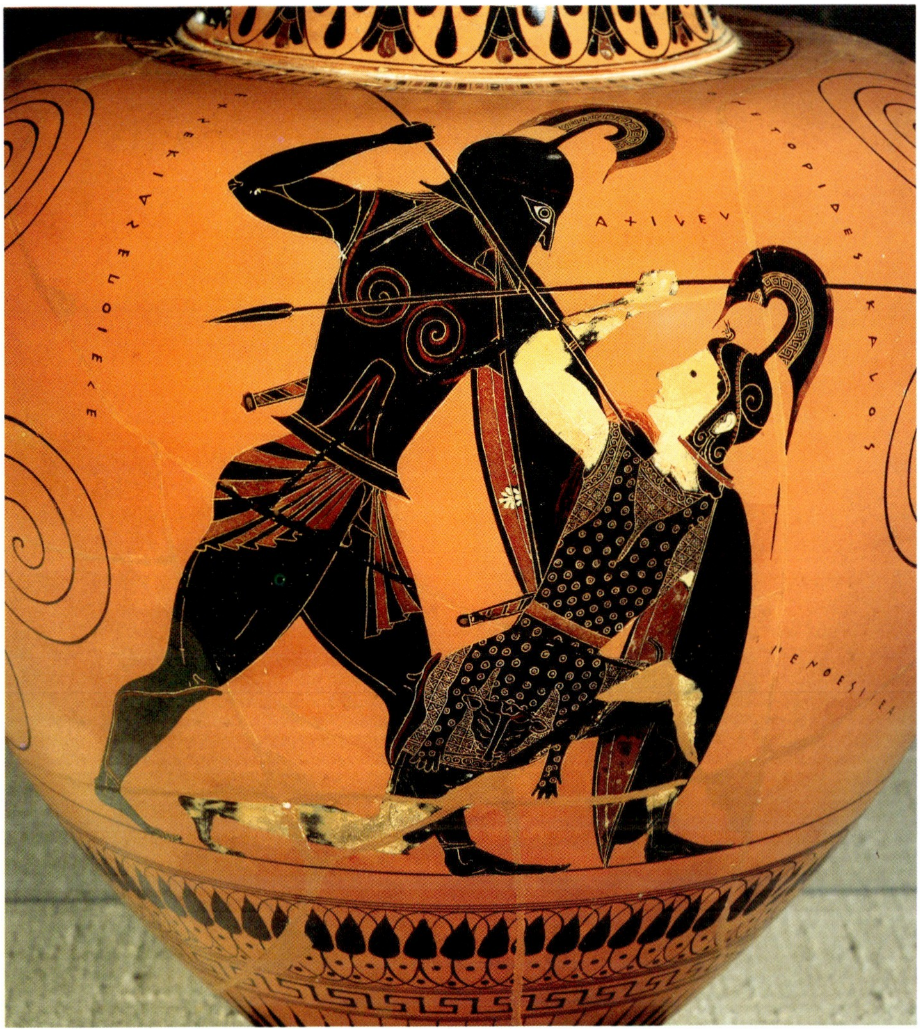

Auf dieser prächtigen griechischen Vase (links) aus dem Jahre 540 v. Chr. ist dargestellt, wie Achilles die Penthesilea ersticht. Die Namen der beiden «Hauptdarsteller» sind von links nach rechts geschrieben, die Inschrift am linken Bildrand dagegen von rechts nach links! Die konsequente Links-Rechts-Schreibweise bürgerte sich erst mit der Zeit ein – weil die Hand beim Schreiben mit der neuen Rohrfeder den Text oft verschmierte. In der Übergangszeit schrieben viele Griechen so, wie es heute manche Computer-Printer wieder tun: einmal links-rechts, dann rechts-links.

Diese ungewöhnlich geformte etruskische Vase aus dem 7. Jahrhundert v. Chr. diente wahrscheinlich als Tintenfass. Auf dem Bauch ist eine Silbenübung eingraviert, auf dem Sockel ein vom Griechischen abgeleitetes Alphabet.

Buchstabenformen, bis hin zu den unzähligen Schriftformen, die den Grafikern und Typografen heute zur Verfügung stehen. Weiter entwickelt wurden auch die Schreibgeräte, die Schriftträger (vom Papyrus über das Pergament bis zum Papier und Bildschirm) sowie Farben und Tinten – aber das ist alles nur Technik; am Alphabet und dem Prinzip der Lautschrift wurde nicht mehr gerüttelt.

Im alten Rom herrscht Papierkrieg

Als Rom zum mächtigsten Reich, das die Welt bislang erlebt hatte, heranwuchs, verbreitete und entwickelte sich auch das Schreiben.

Im Verwaltungszentrum des riesigen Imperiums gab es viel Arbeit für die professionellen Schreiber und Schriftschneider. Die Kanzleien des Reiches, die Buchhaltungen der Handelshäuser, die Strassenschreiber, die nach Diktat Briefe verfassten, die Steinmeissler, die die zahlreichen Monumente beschrifteten – sie alle trugen dazu bei, dass Buchstaben und Schriften in Rom zu einem unverzichtbaren Element des Alltags wurden.

Die Schreiber galten als das eigentliche Rückgrat der römischen Reichsverwaltung. Oft gehörten sie dem Ritterstand an und waren Stabsoffiziere. Schreiben war bei den Römern auch bereits eine einträgliche Dienstleistung: In den Edikten des Kaisers *Diokletian* aus dem Jahre 301 beispielsweise werden Höchstpreise für 100 Zeilen in Dokumentschrift, in erstklassiger und zweitklassiger Bücherschrift festgesetzt.

Zur Zeit des Kaisers *Augustus* (63 vor bis 14 nach Christus) muss auch ein hoher Prozentsatz der Bürgerschaft bereits schriftkundig gewesen sein: Es galt als schick, sich mit Schreibgeräten porträtieren zu lassen, wie ein Gemälde belegt, das in Pompeji gefunden worden ist. Die an Schelme und Taugenichtse gerichteten Inschriften an den Wänden der pompejianischen

Das Bildnis des Ehepaares mit Schreibgeräten wurde in einem Haus in Pompeji gefunden, das den Brüdern Neo und Procolus aus der Familie der Terentia gehörte. Höchst wahrscheinlich stellt es einen der beiden Brüder – der eine war ein gebildeter Mann, der andere ein Bäcker – mit seiner Frau dar. Sie hält einen Eisengriffel an die Lippen und trägt ein Diptychon aus aufklappbaren Wachstafeln, er hält eine Papyrusrolle in der Hand: typische Schreibgeräte der römischen Gesellschaft. Die Tatsache, dass sich angesehene Bürger mit Schreibgeräten abbilden liessen, verweist auf den hohen gesellschaftlichen Stellenwert des Schreibens im alten Rom. Das Bild ist wahrscheinlich nicht lange vor dem verheerenden Vulkanausbruch im Jahre 79 n. Chr. entstanden.

Weinschenken und Bordelle beweisen, dass man sogar vom Gesindel gewisse Lesefertigkeiten erwartete. Die tägliche Schreibarbeit scheint man allerdings Sklaven überlassen zu haben. Wie die Ägypter kannten auch die Römer die Methode der Vervielfältigung von Texten nach Diktat in Schreibstuben.

Im Unterschied zu Ägypten, wo Schreiben noch ein Privileg der Vornehmen war, verlor die Fertigkeit bei den Griechen und Römern an Ansehen. Vornehme pflegten bloss Entwürfe zu schreiben. Die Ausführung besorgten schreibkundige Sklaven. Mit der Zeit entwickelten sich vor allem die Römer zu wahren Schreibfanatikern. Da es noch keine regelmässige Post gab, benutzte man die Gelegenheit, wenn ein privater Bote vorbeikam, gleich zum Antworten. Oft schrieben sich die Römer dabei sogar, dass sie nichts zu schreiben hätten – eine Vorahnung unserer modernen Ansichtskarten zeichnete sich da ab!

Vor allem am Kaiserhof muss ein gewaltiger Papierkrieg geherrscht haben. «Männer von Einfluss sehen wir unaufhörlich Briefe lesen, schreiben und diktieren», meint *Wolfgang Riepl,* der im Jahre 1913 das immer noch umfassendste Werk über das antike Medienwesen geschrieben hat. *Cäsar* beispielsweise schrieb sogar im fahrenden Wagen (und machte eine Mode daraus); er muss in seinem Leben Zehntausende von Briefen verfasst haben. *Riepl:* «Der kaiserliche Hof war mit einer festen, undurchdringlichen Mauer aus Papier gegen die Aussenwelt abgeschlossen. Unser Zeitalter kann keinen ausschliesslichen Anspruch auf den Charakter eines papierenen Zeitalters erheben!»

Kein Geringerer als Kaiser *Julius Cäsar* zeichnet auch verantwortlich für das erste Produkt der Weltgeschichte, das man als echtes Massenkommunikationsmittel, ja als eine Frühform der Zeitung bezeichnen kann: die *Acta publica* – regelmässig erscheinende, öffentlich angeschlagene, von Schreibern vervielfältigte und in die Provinzen verbreitete politische Nachrichten.

Die Schrift verändert die Welt

Was war denn nun aber eigentlich die kulturelle Leistung, die hinter dieser

In die Anfangsbuchstaben dieser mittelalterlichen Handschrift (Mitte des 13. Jahrhunderts) hat ein Mönch ein paar Phasen der Buchherstellung jener Zeit eingepasst. Im ersten Bild malt ein Laienkünstler ein Porträt, im zweiten liniert ein Mönch das Pergament, im dritten schneidet ein anderer Kleriker von Hand je gleich grosse Seiten aus dem Pergament heraus. Die drei Initialen sind ein Hinweis auf die beginnende Arbeitsteilung im mittelalterlichen Verlagswesen.

recht komplizierten Entwicklung der verschiedenen Schriftsysteme steckt? Was passierte in den Köpfen der Menschen, die sich Schriften aneigneten? Wie hat die Schrift die Welt verändert?
Die augenfälligste kulturelle Leistung der Schrift besteht wohl darin, dass sie sprachliche Aussagen widerstandsfähig gegen das *Vergessen* gemacht hat. Die Schrift ist ein «Denkmal». Sie erweitert das Bewusstsein über die aktuelle Gegenwart hinaus und macht, indem sie den erlebten Augenblick «einfriert», Vergangenheit, Entwicklung, Geschichte erlebbar.
Insofern ist die Schrift zunächst einfach ein «mnemotechnisches» Hilfsmittel wie der Vers oder der Rhythmus oder der Dreischritt des Rhetorikers.
Aus dieser vergleichsweise primitiven Rolle emanzipiert sich die Schrift jedoch von dem Augenblick an, da sie nicht mehr bloss dem Sprecher selber dient, sondern als echtes Kommunikationsmittel eingesetzt wird.
Von da an erweitert sie das menschliche Bewusstsein über die aktuelle Gegenwart hinaus. Die Gegenwart wird in der Erfahrung zur Ernte der Vergangenheit, Planen für die Zukunft wird zu einem bedeutenden menschlichen Lebensinhalt.
In der linearen Abfolge der nacheinander aufgeschriebenen Wörter reift auch das *logische* Funktionieren unseres Denkapparates. Die Schrift ist die erste Zeitlupentechnik. Sie bremst den Denkvorgang ab, sie lädt zum «Überlegen», zum «Nachdenken» und «Nach-Lesen» ein. «Schreiben heisst: sich selber lesen», hat *Max Frisch* einmal zutreffend formuliert.
Dies ist die zweite Errungenschaft, die wir den Erfindern der Schrift zuschreiben dürfen. In der Sprache der Unterhaltungselektronik heisst sie *re-play*: Man kann die Schrift «wieder abspielen», und zwar, auf Wunsch, auch in «Zeitlupe».
Das gesprochene Wort ist, sobald es den Mund verlassen hat, in der Welt. Ich kann es nur korrigieren, wenn ich die Aussage neu formuliere. Am schriftlichen Ausdruck indessen kann ich feilen, bis er «sitzt» – und dann erst kann ich ihn «abspielen». Am andern Ende des Kommunikationsvorgangs aber kann der Empfänger sich die geschriebene Botschaft immer wieder anschauen. Er kann genau lesen, «bis er's verstanden hat». In der gesprochenen Sprache muss ich ständig durch Fragen und Beobachten absichern, dass die Information ankommt. Geschriebenes dagegen «steht fest».
Dieser ungeheure Vorteil schriftlich niedergelegter Aussagen wirkt sich bis in die moderne Wirtschaftswerbung aus, wo sich das immer wieder «abspielbare» Inserat gegenüber den flüchtigeren Radio- und TV-Spots immer noch erfolgreich behaupten kann.
Die Schrift nimmt, um ein Bild aus der Fernsehwelt zu gebrauchen, der Sprache ihren *Live*-Charakter, macht sie verfügbar, steuerbar, korrigierbar, manipulierbar und gestaltungsfähig.
Ein weiterer Vorteil der Schrift ist ihre

Transportierfähigkeit. Ich kann auf Papyrus, auf Pergament oder auf Büttenpapier schreiben, und der Zettel kann zu wandern beginnen und seine kommunikative Aufgabe erfüllen, ohne dass ich weiterhin daran beteiligt bin. Vom Moment an, wo ich nicht mehr einfach meine Spuren an einer Felswand hinterlasse, sondern ein Stück Leder oder ein Tontäfelchen beschreibe, wird die Schrift zu einer Art Objekt, das seinen Weg durch die Welt unabhängig vom Autor geht und von ihm nicht mehr verändert werden kann (jedenfalls nicht mit der Garantie, dass alle Adressaten die Korrektur erfahren). Der Text wird zur Ware – zum Buch, zur Zeitung, zur Zeitschrift, zum Dokument.

So kann Schriftliches auch gelagert – «gespeichert» – werden: Die Geschichte der Schrift ist auch die Geschichte der *Bibliothek.* Schon die Babylonier und die Ägypter bewahrten ihre Dokumente auf; die griechische *Museion*-Bibliothek in Alexandria etwa umfasste vor ihrem Brande im Jahre 47 v. Chr. sage und schreibe 700 000 Papyrusrollen. Rom besass im Jahre 330 n. Chr. bereits 28 öffentliche Büchereien. In Bibliotheken akkumulierte sich so das Wissen ganzer Generationen. Vergangenheitsbewältigung und Erinnerung brauchten nicht mehr bloss auf mündlich überlieferte Mythen und Sagen abzustellen, aufgeschriebene Gegenwart wurde mit den Jahren zu kontrollierbarer Vergangenheit, der *Sender* konnte mit einem *Publikum* kommunizieren, das noch gar nicht lebte, Geschichtsschreibung, Dokumentation wurden dank der Schrift erst eigentlich möglich.

Desgleichen der *Handel:* Die Schrift erst erlaubt die genaue und «festgesetzte» Bezeichnung und Bewertung von Ware und Warentypen, von Mengen und Grössen, die Berechnung von Preis, Rabatt und Zins. Ohne Schrift sind diese Handelsoperationen zwar auch möglich – aber nur die Schrift ermöglicht die Vervielfältigung der Tauschoperationen und damit die komplexen Prozesse, die einer entwikkelten, arbeitsteiligen Geldwirtschaft eigen sind.

Auch die Entstehung einer politischen *Bürokratie* ist eine der allerersten Begleiterscheinungen der aufkommenden Schrift. Zwar lassen sich Gesetze auch mündlich festlegen. Die mnemotechnischen Krücken in vielen alten Rechtsbegriffen (wie zum Beispiel die Stabreime in «Haus und Herd» oder «Kind und Kegel») sind ein Hinweis darauf, dass das Recht ursprünglich mündlich überliefert worden ist.

Aber mit Schrift und Schreibern lässt sich natürlich weit bequemer und raffinierter herrschen. Tributsysteme, die Kontrolle von entfernten Provinzen, Steuererlasse, Straf-, Erb- und Zivilrechte lassen sich in schriftlicher Form viel zuverlässiger und detaillierter festlegen. «Denn was man schwarz auf weiss besitzt, kann man getrost nach Hause tragen», meint Mephistos Schüler in Goethes «Faust».

Das gilt aber nicht nur fürs Menschenrecht. Auch das *göttliche Gesetz* erhielt erst durch die Schrift seine wahre Macht und Gültigkeit.

Die Schrift wird heilig

Moses, der sagenumwobene «Reporter» von Gottes Wort («Ich stand zwischen dem Herrn und euch», sagt er seinen Israeliten), bringt im 12. Jahrhundert v. Chr. vom Berg Sinai zwei hinten und vorne beschriebene Tafeln herunter. Darauf sind die Gesetze und Gebote des Gottes Jahve eingraviert. «Sie waren Gottes Wort», sagen die biblischen Chronisten, «und die Schrift war Gottesschrift, auf den Tafeln eingetragen.»

Der *Pentateuch,* wie die fünf Bücher von Moses bei den Juden heissen, hat die Sammlung der mosaischen Gesetze gespeichert.

«Dies sind die Tiere, die ihr essen dürft von allem Getier auf Erden», heisst es da etwa. «Alle Tiere, die gespaltene Klauen, und zwar zwei völlig getrennte Klauen, haben und Wiederkäuer sind, die dürft ihr essen. Doch dürft ihr von denen, welche wiederkäuen, und von denen, die gespaltene Klauen haben, folgende nicht essen: das Kamel – denn es ist zwar ein Wiederkäuer, hat aber keine gespaltenen Klauen; den Klippdachs – denn er ist zwar ein Wiederkäuer, hat aber keine gespaltenen Klauen; den Hasen – denn er ist zwar ein Wiederkäuer, hat aber keine gespaltenen Klauen; und das Schwein – denn es hat allerdings gespaltene Klauen, ist aber kein Wiederkäuer.»

Solche Detailfreudigkeit, von den Opfervorschriften über Verhaltensregeln

Das Werkzeug der Leser und Schreiber

Die Geschichte des Schreibens ist auch die Geschichte der Technik. Eine ganze Reihe von Erfindungen waren nötig, damit sich Lesen und Schreiben im Alltag durchsetzen konnten.

Papyrus

Die Geschichte der Schriftträger ist merkwürdig träge verlaufen. Über Jahrhunderte, ja Jahrtausende hinweg haben die Menschen immer wieder auf die gleichen Materialien geschrieben, und selbst das heutzutage meistverwendete Material, das Papier, nimmt sich in der modernen Welt von Kunststoff und Computer geradezu als technologischer Methusalem aus.

Die ersten symbolischen Zeichen ritzte der Mensch in Stein und Fels. Aber vermutlich schon zu jener Zeit nutzte er auch transportablere Schreibflächen – Ton, Knochen, Holzstücke, Wachstafeln, Bambusstäbe, Stoffe, Tierhäute, Blätter und Baumrinden. Der älteste Vorläufer des Papiers hat ihm seinen altehrwürdigen Namen gegeben: die Papyrusstaude, aus der die alten Ägypter schon um 3500 v. Chr. taugliche Schriftträger fertigten. Aus dem faserigen Mark der Papyrusstaude schnitten sie dünne Streifen, legten sie der Länge nach übereinander und breiteten eine zweite Schicht darüber aus.

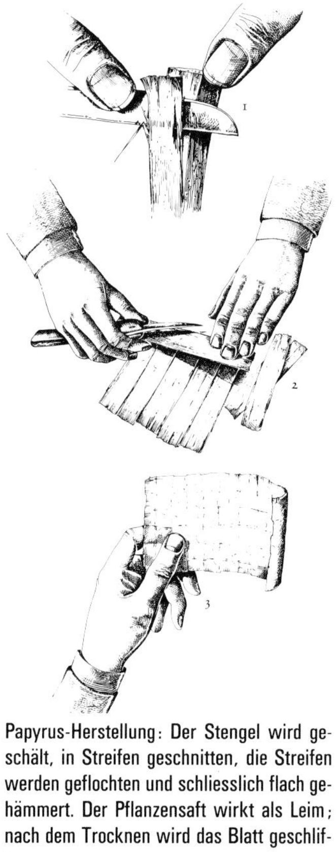

Papyrus-Herstellung: Der Stengel wird geschält, in Streifen geschnitten, die Streifen werden geflochten und schliesslich flach gehämmert. Der Pflanzensaft wirkt als Leim; nach dem Trocknen wird das Blatt geschliffen.

Dann hämmerten sie das Geflecht flach, trockneten es unter Druck und schliffen die unebenen Stellen weg. Der klebrige Pflanzensaft hielt die Fläche zusammen.
Ganze 4000 Jahre lebten die Ägypter einträglich von dieser Technik – bis die Bedürfnisse des aufsteigenden Roms und des ebenso schreibfreudigen Griechenlands zu einer Verknappung und einer massiven Papyrus-Preissteigerung führten.
Ersatz fanden die damals fortschrittlichsten Kulturen im Pergament.

Pergament

Der griechische Geschichtsschreiber Plinius der Ältere berichtet, dass es im zweiten Jahrhundert vor Christus zu einem Streit zwischen dem ägyptischen König Ptolemäus und dem König von Pergamon kam. Anlass war Eifersucht: Der Ägypter mochte dem Griechen nicht gönnen, dass dessen Stadt sich eines wachsenden Rufs als Zentrum der Gelehrsamkeit und des Schrifttums erfreute. So stellte er kurzerhand die Papyruslieferungen ein. Darauf soll in Pergamon das Pergament erfunden worden sein.
Aber das ist wahrscheinlich bloss eine patriotische Legende. In Wirklichkeit hatte man Tierhäute schon zwei Jahrtausende zuvor als Schreibflächen verwendet. Nicht nur Schafe und Kälber, aus denen das echte Pergament hergestellt wurde – auch Rinder, Ziegen, Gazellen, Hirsche, Antilopen und sogar Strausse hatten den Schreibern ihre Haut opfern müssen. Viel Haut: Noch für den Druck einer einzigen grossen Bibel von Johannes Gutenberg auf Pergament benötigte man 300 Schafe!
Für alltägliche Notizen verwendete man deshalb lieber Wachstafeln und Griffel – von der Griechenzeit bis ins Mittelalter.
Gegenüber dem Papyrus hatte Pergament den Vorteil, dass es auf beiden Seiten beschrieben und wiederverwendet werden konnte: Die Buchstaben liessen sich wieder abschaben. Dennoch dauerte es mehrere hundert Jahre, bis das Pergament den Papyrus ablöste. Noch im Jahre 273 prahlte der römische Thronanwärter Firmus Brutus damit, er könne allein aus den Papyruseinkünften eine ganze Armee finanzieren.
Vom 3. Jahrhundert an wurden die auf Papyrusblätter geschriebenen Texte sukzessive auf Pergamentblätter übertragen. Bis etwa ins 6. Jahrhundert hinein konnte der Papyrus freilich dem Pergament immer noch die Stange halten.
Mit dem Pergament änderte sich auch die Aufbewahrungsform der Texte: Anstelle der zerbrechlichen und feuchtigkeitsanfälligen Papyrusrollen trat nun die beständigere Buchform, der «Codex».
Das älteste vollständige Buch, der Codex Sinaiticus (eine Bibelschrift), stammt aus dem 4. Jahrhundert.

Papier

Es dauerte wiederum Jahrhunderte, bis sich im ausgehenden Mittelalter mit dem aufkommenden Druck eine neue Technologie durchzusetzen begann: das Papier.

So stellte man im Mittelalter Papier her: Ein wassergetriebenes Mühlrad zerkleinerte Lumpen, Leinen und Flachs. Das Ganze wurde gekocht und mit Wasser und Leim vermischt. Mit einem Sieb schöpfte der «Papierer» dann das Papier ab.

Auch diese Schreibfläche konnte indessen zu der Zeit, als sie das Pergament verdrängte, bereits auf eine ehrwürdige Geschichte zurückblicken.
Entwickelt wurde das Papier in China. Wann und wie das genau geschehen ist, verliert sich im Dunkel der chinesischen Herrscherhöfe, die aus dem Papierhandel ein profitables Staatsgeschäft zu machen verstanden und deshalb alles Interesse daran hatten, den Papier-Herstellungsprozess höchst geheim zu halten.
Die Legende schreibt die Erfindung zwar einem namentlich bekannten Minister zu. Im Jahre 105 nach Christus soll ein gewisser Tsai Lun erstmals Papier fabriziert haben. Sein Rezept: Man lasse Flachs verrotten, säubere und bleiche ihn, verkoche ihn sodann mit Haut und Lumpen zu einem Brei, vermische diesen mit Wasser und Weizenmehlkleister und lasse ihn alsdann auf einem feinen Netz abtropfen.
Neuere archäologische Funde in China zeigen allerdings, dass das Papier schon 200 Jahre früher erfunden worden war. Einige Jahrhunderte lang vermochten die Chinesen ihre Kunst für sich zu behalten. Als dann aber im Jahre 751 der islamische Gouverneur von Samarkand chinesische Kriegsgefangene machte, unter denen sich erfahrene Papiermacher befanden, war es aus mit dem Monopol. Die Gefangenen verrieten ihr Geheimnis, und von da an verbreitete sich die Papiermacherkunst in der islamischen Welt.
Die Ägypter fertigten Papier auch aus Leinen. Den Rohstoff holten sie sich in den Pharaonengräbern: Sie rissen den Mumien die Hüllen vom Leib.
Über Spanien und Sizilien gelangte die Papiermacherkunst im 12. Jahrhundert auch nach Europa. Die erste spanische Papierfabrik ist bereits im Jahre 1144 bei Valencia, die erste italienische 1268 in Fabriano bei Ancona bezeugt. Im folgenden Jahrhundert entstehen eine ganze Reihe von weiteren Papiermühlen in Norditalien. Das Papier wird hier aus Flachs und Leinenfasern hergestellt. Die Technik hatte sich in den tausend Jahren seit der Erfindung des Papiers in China kaum verändert. Lediglich die Siebe waren feiner geworden.
Von Italien aus verbreitet sich die Papierproduktion im Laufe der nächsten Jahrhunderte über den ganzen Kontinent – auch wenn sie vorerst auf Widerstand von seiten der Höfe stösst: So verbietet Kaiser Friedrich I. im Jahre 1231 die Verwendung von Papier für rechtsgültige Urkunden. Auch in Padua wird ein Gesetz erlassen, das Notariats-Urkunden auf Papier die Rechtskraft abspricht. Mailand versucht um diese Zeit vergeblich, Papiergeld einzuführen.
1338 ist dann die erste Papiermühle in Frankreich urkundlich nachweisbar, 1389 in Nürnberg, 1398 in Chemnitz, 1402 in Ravensburg, 1408 in Strassbourg, 1411 in Marly (Kanton Freiburg) in der Schweiz.
Um 1440, als Johannes Gutenberg an seiner ersten Druckerpresse bastelt, gibt es in Deutschland bereits 10 Papierfabriken. Die Druckerei stimuliert die Papierproduktion enorm und macht gleichzeitig dem unhandlicheren Pergament den Garaus.
Die Entstehungsdaten der ersten Papiermühlen in den verschiedenen Ländern werden nun zu eigentlichen Zeugen des um sich greifenden Lese- und Bildungshungers: 1491 ist die Papiermacherei in Polen bezeugt, 1494 in England, 1498 in Österreich, 1499 in Böhmen, 1546 in Ungarn, 1564 in Russland, 1575 in Mexiko, 1586 in Holland, 1589 in Dänemark, 1690 in Amerika.
Die meisten Fabriken stellen das Papier in dieser Zeit aus Lumpen her. 1682 wird in England ein erstes Patent auf eine lumpenauflösende und -zerteilende Maschine erteilt. «Holländer» – wannenförmige Tröge mit Messerwalzen – werden ab 1710 auch in Deutschland eingesetzt. 1720 gibt Frankreich das erste gültige Papiergeld heraus, im gleichen Jahr wird in England die erste Papiertapete an die Wand geklebt.
Gegen Ende des 18. Jahrhunderts wird so aus dem Handwerk allmählich eine Industrie. Papier wird jetzt auch aus Stroh oder Altpapier gefertigt. Chlor-Bleichmittel hellen die Schreibfläche auf. 1765 verwendet der Regensburger Naturforscher Jacob Christian Schaeffer zum erstenmal Holzstoffe (Hopfenranken, Weinreben, Disteln usw.) zur Papierherstellung. Um 1880 werden in Deutschland jährlich bereits etwa 15 000 Tonnen Papier produziert.
1803 nimmt die erste Langsiebmaschine der Gebrüder Fourdrinier ihren Betrieb auf. Sie stellt Papierbahnen von 76 cm Breite her. 1805 wird das Langsieb durch einen Zylinder («Rundsieb») ersetzt. Eine wichtige Neuerung bringt der sächsische Weber Friedrich Gottlob Keller: Er stellt 1844 Papier aus Holzspänen her. 1853 lösen Charles Watt und Hugh Burgess das Holz mit Natronlauge auf, 1864 erfindet der Amerikaner Benjamin Crew Tilgham den Holzzellstoff Zellulose, indem er das Holz in Kalziumsulfit kocht. Zellulosefasern sind bis heute der wichtigste Rohstoff für die Papierherstellung geblieben.
Im Jahre 1900 wird die Weltproduktion auf 5 Millionen Tonnen geschätzt, 1937 sind es 30, 1958 64, 1971 127 Millionen Tonnen, denen immer mehr Wälder zum Opfer fallen.
Zu Beginn der achtziger Jahre stossen die Papierfabriken in der ganzen Welt gut 170 Millionen Tonnen aus. Rund ein Drittel der ganzen Papiermenge wird dabei in den USA produziert, wo der Pro-Kopf-Verbrauch im Jahre 1982 auf 255 kg geschätzt wird (Europa: 149 kg, Welt: 39 kg).
Die älteste Schreibfläche freilich hat auch heute noch nicht ausgedient – ganz im Gegenteil: An Wände aus Stein und Beton schreibt die Grossstadtjugend seit zwei Jahrzehnten mit zunehmender Begeisterung ihre Sprüche von Hand. Wer weiss: Vielleicht werden die Graffiti der Sprayer auf dem Beton die vergänglichen Zeugnisse auf Papier dereinst sogar noch überleben. Die Geschichte der Schreibflächen ist eine träge Geschichte...

Griffel

Der Griffel gehört zu den ältesten Schreibwerkzeugen überhaupt. Aus Holz, Knochen, Eisen oder Schiefer hergestellt, diente er schon den frühesten Schriftkulturen.

Die Sumerer verwendeten Dreikantgriffel, die Griechen mitunter kostbare Elfenbeinstifte. Bis ins Mittelalter waren Wachstafel und Griffel die beliebtesten Notiztechniken.

Mit solchen Griffeln schrieben – und erdolchten sich – die Römer...

Sie wurden im 17. Jahrhundert durch Kreide und Schiefertafel abgelöst. In der Antike wurde der Griffel zuweilen auch als Waffe verwendet. Der schreibselige Cäsar beispielsweise, der Rom mit der Erfindung der Zeitung beglückte, wurde von Brutus sinnigerweise mit einem stilus – einem Schreibgriffel – erdolcht.

Feder

Ausgefaserte Pinsel aus Schilfrohrpflanzen benutzten schon die alten Ägypter vor 5000 Jahren. Sie kauten oder hämmerten das Ende eines 25 cm langen Binsenstücks weich, so dass es genügend Tinte für mehrere Hieroglyphen aufnehmen konnte. Im Gegensatz zum Keilschriftgriffel erlaubte diese Technik ein schnelles Schreiben. Kein Wunder, dass sie über Jahrtausende hinweg beibehalten wurde.

Erst die Griechen veränderten diese Schreibtechnologie. Sie erkannten, dass die Tinte wegen der Kapillarwirkung in einem kleinen Röhrchen hängenblieb und fertigten aus Schilf die ersten Rohrfedern. Um das Auslaufen der Tinte zu vermeiden, stellten sie die Schreibfläche schräg. Da die Schreibhand dabei die Schrift verdunkelte, gewöhnten sie sich an, von links nach rechts zu schreiben.

Mit der Ausbreitung des Christentums wurde dann auch die Kielfeder beliebter, die dem wichtigsten Schreibinstrument den Namen verliehen hat. Der älteste bezeugte Gänsekiel stammt aus dem 5. Jahrhundert nach Christus. Nur die Federn grosser Vögel eigneten sich als Schreibgeräte. Gänse, Schwäne, Truthähne und Krähen (für feine Linien) waren die Hauptlieferanten; die besten Schreibkiele kamen aus Russland und Holland. Auf dem Höhepunkt der Gänsekiel-Kultur – gegen Ende des 18. Jahrhunderts – importierte England bis zu 30 Millionen Gänsekiele: Der Handel mit dem unscheinbaren Vogelprodukt war mithin bereits ein grosses Geschäft.

Federn aus Metall benutzten bereits die Römer: In Pompeji ist auch eine Bronzefeder gefunden worden. Metallfedern setzten sich indessen erst im 19. Jahrhundert durch. Ein Aachener Beamter namens Johann Jantssen, der 1748 ein ganzes Buch mit einer Stahlfeder schrieb, nahm den Ruhm des Erfinders für sich in Anspruch. Zu Beginn des 19. Jahrhunderts begann man Stahlfedern maschinell herzustellen. Da es noch keine Schreibmaschinen gab und sich das Volksschulsystem ausbreitete, wurde die Stahlfederproduktion, ausgehend von Birmingham (England), im letzten Jahrhundert zu einer blühenden Industrie. Eine einzige Fabrik stellte damals gleichzeitig 400 Sorten von Stahlfedern her. Zur Beruhigung nervöser Finger kamen sogar «elektrische Federhalter» auf. Gegen Ende des 19. Jahrhunderts wurden in der Federhochburg Birmingham jährlich 175 Millionen Schreibfedern produziert.

Schon früh im letzten Jahrhundert hat man auch versucht, die ersten Füllfedern zu konstruieren. Da die Tinte damals noch schnell eindickte, funktionierten sie jedoch nicht befriedigend. Eine praktikable Füllfeder entwickelte erst der offenbar schreibfreudige Versicherungsvertreter Lewis Edson Waterman in New York im Jahre 1844.

Obwohl die Füllfederhersteller sich mit der Erfindung von Tintenpatronen gegen neue Schreibgeräte wehrten, setzte sich, von Japan ausgehend, Mitte der sechziger Jahre der Filzstift immer mehr durch. Mit dem schnelltrocknenden Wegwerfprodukt hat auch bei diesem Schreibutensil die Vergangenheit die Moderne eingeholt: Die fasrigen Filzschreiber, obwohl aus Kunststoff gefertigt, funktionieren im Grunde wieder nach dem gleichen Prinzip wie die Rohrfaserpinsel der alten Ägypter...

Tinte

Bis ins Mittelalter hinein bestanden die am häufigsten verwendeten Tinten aus einer Mischung von feinem Russ, Wasser und einer Gummilösung. Schon die alten Ägypter fertigten ihre Tinte nach diesem Rezept. Das Resultat waren höchst beständige Niederschriften, die ihre satte, schwarze Farbe bis heute kaum verloren haben. Die Griechen verwendeten auch die «Tinte» des Tintenfisches zum Schreiben. Seit dem 3. Jahrhundert nach Christus kam dann eine weitere Technik auf. Ein Eisensalz (z. B. Sulfat) wurde mit dem Sud von Galläpfeln (Gallussäure) und Tannin (einer Gerbsäure) vermischt. Diese Tinten verblassten allerdings mit der Zeit zu jenem Braun, wie es in vielen Bibelhandschriften und alten Dokumenten noch zu sehen ist.

Die stark säurehaltigen Tinten erwiesen sich als ungeeignet, als der Gebrauch von Stahlfedern aufkam: Die Säure brachte das Metall rasch zum Rosten. So griff man im 19. Jahrhundert vorerst auf die alte Russtinte der Ägypter zurück, bis die aufkommende chemische Industrie neue, dauerhafte und leichtflüssige Tinten auf synthetischer Basis und in verschiedenen Farben entwickelte.

Kugelschreiber

1888 liess sich ein gewisser John H. Loud ein Schreibgerät patentieren, das in der Lage sein sollte, problemlos auf rauhen Oberflächen wie Kisten zu schreiben. In seinem Instrument drehte sich eine Kugel in einem Röhrchen. Sie wurde durch zwei weitere Kügelchen und eine Feder festgehalten, die das Ausfliessen der Tinte verhindern sollte. Dies war die Geburtsstunde des Kugelschreibers, dessen weltweite Verbreitung freilich noch jahrzehntelang auf sich warten liess. Das Problem: Die Tinte floss aus. So musste eine zähere Tinte gefunden werden. Die Lösung bestand darin, dass man statt der wasserlöslichen Tinte eine Schreibpaste auf Ölbasis einführte. Zu Beginn schmierten diese Tinten noch. Erst als schnelltrocknende und beständige (dokumentechte) Kugelschreiberflüssigkeiten erfunden wurden, gelang dem Kugelschreiber der Durchbruch. Als eigentliche Erfinder des Kugelschreibers gelten die beiden ungarischen Brüder Ladislaus und Georg Biro, die den ersten Kugelschreiber im Jahre 1938 im Exil in Argentinien konstruierten. Nach ihnen heisst der Kugelschreiber in den angelsächsischen Ländern «biro» – obwohl auch ein Industrieller in Chigago, Middleton Reynolds, den Ruhm für sich in Anspruch nimmt, der Vater des beliebten Artikels zu sein.

Reynolds brachte das neue Gerät auf den Markt, und es verdrängte allmählich die Feder, obwohl viele Lehrer dem neuen Schreibgerät misstrauisch gegenüberstanden und dessen Gebrauch in den Schulen teilweise noch heute verpönt ist, weil es zwar Tintenkleckse verhindert, andrerseits aber angeblich die Entwicklung der persönlichen Handschrift beeinträchtigt. Tatsächlich eignet sich der Kugelschreiber weniger dafür, die abgestuften Formen der eckig geschnittenen Feder nachzuahmen. Statt dessen sieht eine Kugelschreiberschrift nun wieder ähnlich aus wie die Buchstaben, die die Schüler im alten Rom mit dem Griffel in ihre Wachstäfelchen kritzelten...

Bleistift

Wie viele Alltagserfindungen wurde auch der Bleistift von zwei Tüftlern gleichzeitig und unabhängig voneinander erfunden: Um 1795 kamen der französische Chemiker Nicolas-Jacques Conté und der Österreicher Joseph Hardtmuth auf die Idee, einen homogenen Faden aus Graphit und plastischem Ton in zwei Holzhälften zu kleben.

In Deutschland entwickelte sich rasch eine florierende Bleistiftindustrie. Das neue Schreibgerät hatte neben dem günstigen Preis den Vorteil, dass man das Geschriebene auch wieder ausradieren konnte. (Der Radiergummi – das Wort «radieren» geht auf lat. «schaben» zurück – ist schon um 1726 hergestellt worden.) Graphit war freilich schon von den Azteken, vor der Landung von Cortés in Mexiko, verwendet worden. Auch in England war reines Graphit als Produkt einer von 1564 bis 1833 ausgebeuteten Mine für Schreibstifte eingesetzt worden.

Das Wort «Bleistift» gab es ebenfalls schon vor Contés Erfindung. Es taucht erstmals im 17. Jahrhundert in Nürnberg auf und bezeichnete die «Bleiweissstifte». Bleiweiss ist ein schon im Mittelalter bezeugter Farbstoff. Das neue Gerät übernahm also in der deutschen Sprache den Namen des Vorgängers. Ähnlich verfuhr man im Englischen: «Pencil» geht auf eine lateinische Verkleinerungsform von «penis» (Pinsel) zurück...

Mechanische Bleistifte gibt es seit 1822.

Leser brauchen Brillen: Diese frühe Darstellung von Konrad von Soest stammt aus dem Jahre 1404 (Selbstbildnis).

Brille

Schon im Jahre 1270 muss ein findiger Kopf entdeckt haben, dass man aus dem meergrünen Halbedelstein mit dem Namen Beryll Vergrösserungslinsen schleifen konnte. Aus dem mittelhochdeutschen Wort «berille» ist dann die «Brille», aus der ursprünglich nur für ein Auge bestimmten Linse jenes Gerät geworden, das vielen, vor allem älteren Menschen, das Lesen ermöglicht.

Bezeichnenderweise nimmt die gewerbsmässige Herstellung von Brillen genau zu der Zeit ihren Aufschwung, als der Buchdruck eine massenweise Verbreitung von Schriftgut möglich macht. Um 1450 sind die ersten Brillenmacher nachzuweisen – in Frankfurt, der Nachbarstadt von Mainz, wo Johannes Gutenberg den Buchdruck eingeführt hatte.

Petrollampe

Eine unscheinbare Erfindung, die auf das Jahr 1860 zurückgeht, sorgte im 19. Jahrhundert für eine schlagartige Ausbreitung der häuslichen Lektüre: die Petrollampe. Aus erhaltenen Importstatistiken weiss man, dass die Petroleumeinfuhr in den sechziger Jahren enorm zunahm (nach Erdöl war erstmals in Pennsylvania im Jahre 1859 erfolgreich gebohrt worden).

«Jetzt brauchte man nicht mehr bis in den späten Abend zu spinnen», notierte ein Zeitgenosse. «Eine Zeitung wurde gehalten, die man statt dessen las, und lange in die Nacht hinein sass man bei Buch oder Spiel zusammen.»

In Arbeiter- und Bauernfamilien breitete sich das Lesen vor allem dank der Erfindung der Petroleumlampe aus.

Schreibmaschine

Das erste Patent für die «Druckerei für den Hausgebrauch» geht auf das Jahr 1714 zurück. Der britische Ingenieur Henry Mill beschrieb darin ein Gerät, das einzelne Buchstaben nacheinander druckte. 1730 wurde ein solcher Apparat dann auch gebaut. 1808 erdachte der Italiener Pellegrino Turri eine Schreibmaschine für seine blinde Freundin, damit sie ohne Sekretär Briefe verfassen konnte. Auch der Fürst und Fahrradpionier Freiherr Karl Friedrich von Drais trug zur Erfindung der Schreibmaschine bei: 1823 konstruiert er ein Schreibgerät, das bereits Typenhebel für die einzelnen Buchstaben aufwies.

Ein weiteres Patent stammt aus dem Jahr 1829. Der Amerikaner William Austin Burt erhielt es für seine «Familien-Buchstabenpresse».

Als erste brauchbare Schreibmaschine aber gilt der Apparat des Südtirolers Mitterhofer aus dem Jahre 1865, der noch aus Holz konstruiert war. Weder der Kaiserhof in Wien, dem Mitterhofer eine verbesserte Version vorführte, noch die Öffentlichkeit interessierten sich indessen für die Erfindung. Ähnlich erging es dem amerikanischen Buchdrucker Christopher Latham Sholes, der 1867 ebenfalls eine Schreibmaschine entwickelte, aber nicht verwerten konnte. So verkaufte er die Herstellungsrechte sechs Jahre darauf an den Waffenfabrikanten Philo Remington. Dessen Firma entwickelte dann das erste Modell einer Schreibmaschine, das serienmässig hergestellt werden konnte und 1874 auf den Markt kam. Die Remington-Maschine war zwar noch viel grösser als die späteren Schreibmaschinen; sie besass indes schon die gleiche Tastatur: Sholes hatte jene Lettern, die im Englischen am häufigsten vorkommen, möglichst weit auseinander angeordnet und war so auf die QWERT–Anordnung gekommen.

Mit am Erfolg der nun rasch populär werdenden Schreibmaschine beteiligt war die Frauenrechtsbewegung: Die Schreibmaschine bot Frauen, die aus ihrer Hausfrauenrolle ausbrechen wollten, einen bürgerlichen Beruf ohne besondere körperliche Anstrengungen. Die erste elektrische Schreibmaschine wurde bereits 1902 entwickelt. Handelsüblich wurden sie von 1941 an. Mit der Zeit wurden die Maschinen immer handlicher und technisch ausgereifter. 1961 revolutionierte die Firma IBM die Schreibmaschinentechnik mit dem Ersatz der Typenhebel durch den Kugelkopf, bald darauf folgten das noch modernere Typenrad und der von der Computertechnologie ausgeliehene Textspeicher, der aus der Schreibmaschine den modernen Schreibautomaten machte.

Christopher Latham Sholes' Tochter an der ersten Schreibmaschine. Auf einem solchen Gerät schrieb Mark Twain als erster ein Buch-«Manuskript».

bis zum Strafgesetz, kann nur in der Schrift präzise überliefert werden. Und wenn Jesus später verkündete, «bis der Himmel und die Erde vergehen, wird nicht ein einziges Jota oder Strichlein vom Gesetz vergehen, bis alles geschehen ist», dann ist diese Prophezeiung schon in der Formulierung nicht nur ein Bekenntnis zu Moses, sondern auch zur Genauigkeit der schriftlichen Überlieferung.

Auch das *Neue Testament* hat nur überlebt, weil es aufgeschrieben worden ist: Der Apostel *Paulus* etwa, eine Art Urvater der Auslandskorrespondenten und zugleich der erste und wohl auch grösste Werbefachmann für das junge Christentum, schrieb sein Glaubensbekenntnis in den Briefen auf, die er seinen Gemeinden nach Hause sandte. Sie bilden, neben den Evangelien, den Grundstock des neutestamentlichen Textmaterials.

Da die Papyrusrollen, die die Verfasser der neutestamentlichen Schriften ursprünglich benutzten, nicht sehr haltbar waren und durch häufigen Gebrauch bald einmal zerfielen, wurde das Abschreiben der Bibeltexte zum Rückgrat der christlichen Überlieferung. Irische Mönche hielten nach dem Niedergang des Alten Roms das Christentum und mit ihm die Kunst des Schreibens lebendig und verbreiteten sie mit ihren eifrigen Missionaren auf dem Kontinent. Schreiben – jetzt vornehmlich auf Pergament – war fortan über Jahrhunderte hinweg eine Domäne der Kirche. Das Wort «Schrift» wurde gar zum stehenden Ausdruck für die Bibel selber.

Aber auch andere Weltreligionen verdanken ihre Ausbreitung den Schreibern. Der *buddhistische Glaube* etwa breitete sich aus, weil Buddhas Jünger (*Buddha* selber hat keine Schriften hinterlassen) des Meisters Predigten aufschrieben. Ähnliches widerfuhr dem Kaufmann *Mohammed,* dessen Lehre zwanzig Jahre nach seinem Tod endgültig im Koran zusammengestellt wurde und so ihre transportfähige Form erhielt.

Die Welt wird lesend erlebt

Die zentrale Rolle, die die «heiligen Schriften» in der Kulturgeschichte der Menschheit während Jahrhunderten gespielt haben, ist zugleich ein Hinweis auf die bedeutende Rolle des Kommunikationsmittels Schrift als Lebensnerv institutionalisierter *Macht.* So wie sich heute Putschisten in aller Welt zuerst der Radiostationen bemächtigen, so wie sich die irischen Rebellen 1916 zuerst auf das Postgebäude in Dublin stürzten, um ihre Unabhängigkeit von England zu erkämpfen, so bedeutete die Verfügungsgewalt über das geschriebene Wort in der Frühzeit der überlieferten Geschichte Macht. Geschrieben wurde während Jahrtausenden fast ausschliesslich in den Herrschaftszentren – an den Höfen, bei der Regierung, in der Kirche.

«Wissen ist Macht», schrieb denn auch der englische Gelehrte *Francis Bacon* im Jahre 1597 an der Schwelle zur Neuzeit und just in jener Epoche, in der auf dem Kontinent die ersten Zeitungen entstanden. «Wissen» aber heisst bei Bacon, dem Bahnbrecher der modernen Wissenschaften, *schriftlich* überlieferbares Wissen: In der lateinischen Urfassung gebrauchte Bacon das Wort «Wissenschaft»: Mit «Wissen» meinte er also das schriftlich überlieferte Wissen seiner Zeit – Theologie, Naturwissenschaft, Philosophie, Geschichte, Mathematik.

In der Tat brachte erst die Schrift sowohl Kaufleute wie auch Politiker, Religionsstifter wie Wissenschaftler auf den Geschmack, ohne Augenkontakt miteinander zu kommunizieren. Schriftlich niedergelegte Kommunikation – von der Papyrusrolle bis zum modernen Buch – ist die erste und wahrscheinlich immer noch wichtigste Form der Kommunikation mit einem *Medium* – einem Mittler zwischen Sender und Empfänger. Wer schreibt, der verleiht einem «Text» ein Eigenleben. Er stellt einen «Stellvertreter-Sender» in die Welt, der auch unabhängig vom Körper des Autors funktioniert.

Darin steckt eine weitere, für die Entwicklung der menschlichen Kultur ganz grundlegende Leistung des Schreibens, die uns bereits im Zusammenhang mit der Körpersprache aufgefallen ist: *Das Auge ersetzt Mund und Ohr.* Der unmittelbare, «sinnliche» Kontakt zwischen Sender und Empfänger verliert an Bedeutung. Der Kontakt zwischen lesenden und schreibenden Menschen löst sich von den Personen: er wird «unpersönlicher».

Diesem Bedürfnis kamen zwar vor der Erfindung der Schrift auch schon andere Kommunikationssysteme entgegen – und sie haben zum Teil bis in die heutige Zeit überlebt. Die *Trommelsprache,* wie sie vor allem in Afrika entwickelt wurde, oder die *Telegrafie* mit Rauch- und Feuerzeichen, die schon *Homer* in seiner «Ilias» erwähnt, machten den unmittelbaren Kontakt von Angesicht zu Angesicht ebenfalls überflüssig. Der Schrift gegenüber freilich erwiesen sich diese Übertragungsmittel als schwer benachteiligt:

– Sie waren fehleranfälliger: Schlechtes Wetter konnte die «Sendung» von Rauch und Trommeln stören.

– Sie beanspruchten wesentlich mehr Zeit für die Übertragung der gleichen Anzahl von Informationen.

– Sie waren in ihrem Informationsrepertoire weit beschränkter als die gesprochene Sprache.

Der Kulturhistoriker *Norbert Elias* hat im allmählichen Überflüssigwerden persönlicher, «sinnlicher» Kontakte eines der Hauptmerkmale des europäischen Zivilisationsprozesses überhaupt gesehen: Je «zivilisierter» (im abendländischen Sinne) eine Gesellschaft ist, desto heftiger unterdrückt sie «sinnliche» Erfahrungen – Betasten, Riechen, Schmecken – zugunsten von bloss visuellen Erlebnissen.

Lesen statt erleben – oder auch: lesend erleben – das ist der «zivilisierende» Fortschritt, den die Schrift uns beschert hat.

Kinder lernen schreiben – und die Schrift gebärt die Kindheit

Schreiben allerdings will gelernt sein. Das ist für uns westliche Angehörige der Industriegesellschaft eine banale Feststellung. Europa ist seit der Zeit des Ersten Weltkriegs praktisch vollständig alphabetisiert, der Schulbesuch obligatorisch.

Weltweit gesehen, kommt der Schrift freilich immer noch die Rolle eines wichtigen Klassenmerkmals zu. Rund die Hälfte der Menschheit beherrscht heute noch kein Alphabet.

Bis zur Erfindung des Drucks waren Lesen und vor allem Schreiben aber auch in Europa noch das Privileg einer Elite, besonders der *Kirche.* Ausserhalb der Klöster wurde das Schreiben zuerst vor allem an den *Höfen* der grossen und kleinen Fürsten praktiziert. Die herrschenden Klassen spürten, dass die Kenntnis des Alphabets und die Fertigkeit des Lesens und Schreibens die Ausübung von Macht unerhört erleichterte, und zogen deshalb einen Stab von gelehrten Klerikern an sich. Aber auch die Städte wurden mehr und mehr schriftabhängig – nicht zuletzt, weil sie sich oft selbst verwalteten. Berufsschreiber standen hier den wohlhabenden Kaufleuten zu Diensten, begannen sich in Zünften zu organisieren und gründeten die ersten kirchenunabhängigen *Universitäten.*

An den Höfen und in den Städten entwickelte sich deshalb am Ende des Mittelalters auch das Bewusstsein, dass Kinder nicht einfach kleine Erwachsene sind, sondern – als Analphabeten – gewissermassen Wesen einer anderen Klasse. Das Alphabet wird damals zur Hürde, die es zu nehmen gilt, soll der standesgemässe Aufstieg nicht verpasst werden. Der Minnesänger hat durchaus noch Zugang zum Adel – auch wenn er verarmt ist, wie es häufig bei Minnesängern der Fall ist. Was zählt, ist der Zugang zum Welttheater der Bildung. Die Eintrittskarte ist die Kenntnis von Lesen und Schreiben. Wer diese Kenntnis noch nicht besitzt, der lebt in einer andern Welt: in der Welt des Kindes.

Dass Kinder ihre eigene Welt haben, weil sie schriftlos sind, wird uns seltsamerweise gerade heute wieder stärker bewusst, wo die Unterschiede zwischen Kindern und Erwachsenen sich wieder zu verwischen beginnen und das entsteht, was man in Amerika *«child-adult»* genannt hat: ein Zwitter aus Kind und Erwachsenem, der zwar von Krieg, Autos und Sex spricht, aber in Latzhosen daherkommt und eine Ponyfrisur trägt.

Ein Professor für die gesellschaftliche Wirkung der Medien an der Universität New York, *Neil Postman,* hat auf dieses Phänomen in einem vielbeachteten Buch mit dem Titel «Das Verschwinden der Kindheit» aufmerksam gemacht. Postman hat eine Fülle von Hinweisen dafür zusammengetragen, dass Kinder und Erwachsene sich heute immer weniger voneinander unter-

Im Film «Bugsy Malone» spielen Kinder Erwachsene; die «Muppets» machen als Kinderpuppen vor allem den Eltern Spass; die kleine Brooke Shields wird als Lolita (in «Pretty Baby») und Mannequin zum Star: drei klassische Beweise für Neil Postmans Theorie, wonach das aufkommende Fernsehen und das Unwichtig-Werden der Schrift die Unterschiede zwischen Kindern und Erwachsenen im zwanzigsten Jahrhundert immer mehr verwischen.

Zwei bedeutende Kulturphilosophen unseres Jahrhunderts, Neil Postman (links) und Norbert Elias, haben auf den Zusammenhang zwischen der Entstehung und dem Verschwinden der Schriftkultur und dem Bewusstsein der «Zivilisiertheit» oder des «Erwachsenseins» hingewiesen.

scheiden: Kinder tragen dieselben Kleider wie die Eltern, eigentliche Kinderspiele machen der Spielsalon-Elektronik Platz. Die klassischen Belege liefern die Medien: In «Bugsy Malone» spielen Kinder erwachsene Gangster, *Brooke Shields* wird als Zwölfjährige zum Star und Mannequin für Erwachsenen-Kleider; die Muppets, der Form nach ein Kinderspielzeug, erobern sich ein Millionenpublikum – von Erwachsenen!

Postman führt diese merkwürdige Vereinheitlichung zum «Kind-Erwachsenen» auf das Fernsehen zurück: «Bilder brauchen kein Abc», sagt der amerikanische Medienforscher und deutet damit gleichzeitig an, dass die Schriftkultur den Begriff «Kindheit» erst überhaupt hat entstehen lassen: «Seit der Erfindung des Buchdrucks mussten die Kinder erst Erwachsene werden, und dazu mussten sie lesen lernen, die Welt der Typographie betreten. Damit ihnen das gelang, brauchten sie Erziehung. Deshalb erfand die europäische Zivilisation die Schule. Und damit machte sie aus der Kindheit eine Institution.»

In der Tat gibt es das Wort *Kind* im Sinn von «noch nicht erwachsen» erst seit dem ausgehenden Mittelalter: *Kinderstube* bedeutete ursprünglich «Schule» (und damit «Schriftstube»), das Wort *Kind* konnte noch zur Ritterzeit auch für junge Männer und Frauen gebraucht werden und hiess in erster Linie «verwandt». (Das englische Wort *kind* bedeutet heute noch «Art, Geschlecht».) *Postmans* Meinung (die übrigens *Norbert Elias* schon lange vor ihm formuliert hat), wonach erst durch die Schriftkultur das Bewusstsein eines markanten Unterschieds zwischen Jung und Alt entstanden sei, hat mithin auch von der Wortgeschichte her einiges für sich.

Auf diesem Hintergrund ist es auch kein Zufall, dass das 19. Jahrhundert, in dem die Schriftkultur noch keine elektronische Bild- und Tonkonkurrenz besass und so wohl ihren Höhepunkt erreichte, zum «Jahrhundert des Kindes» (nach einem 1902 erschienenen Buch der schwedischen Pädagogin *Ellen Key*), zum Jahrhundert der ausgeprägtesten Trennung von Kindern und Erwachsenen wurde.

Weg vom Latein: die Schrift erobert die Muttersprache

Die Macht, die die Schrift in der Veränderung der menschlichen Gesellschaft besitzt und besessen hat, wird schliesslich auch in ihrer Rückwirkung auf die *Sprache* selbst augenfällig. *Francis Bacon* schrieb das Werk, in dem er seinen berühmten Satz von der Macht des Wissens (beziehungsweise der Wissenschaft) formulierte, auf *lateinisch*. Für die Sprache der Römer war unser Alphabet ja ursprünglich entwickelt worden. Schon im 2. und 3. Jahrhundert nach Christus wurde die Bibel ins Lateinische übersetzt. Und da die romanischen und germanischen Völker Europas das Christentum von den Römern übernommen hatten, blieb Latein die Umgangssprache jener, die schriftlich miteinander verkehrten. Als geschriebene Universalsprache der gelehrten Wissenschaft hat sich Latein bis in die Renaissance, als Fachsprache (etwa der Medizin) bis ins 20. Jahrhundert erhalten.

Mit der Erfindung der Druckkunst und der gleichzeitigen massiven Verbilligung des Papierpreises erhielt die Kunst des Schreibens Ende des 15. Jahrhunderts die Chance, sich auch an ein breiteres Publikum zu wenden. Schreiben verlor langsam seinen elitären Charakter. Die früher sehr angesehenen Schreiblehrer verkamen zu ver-

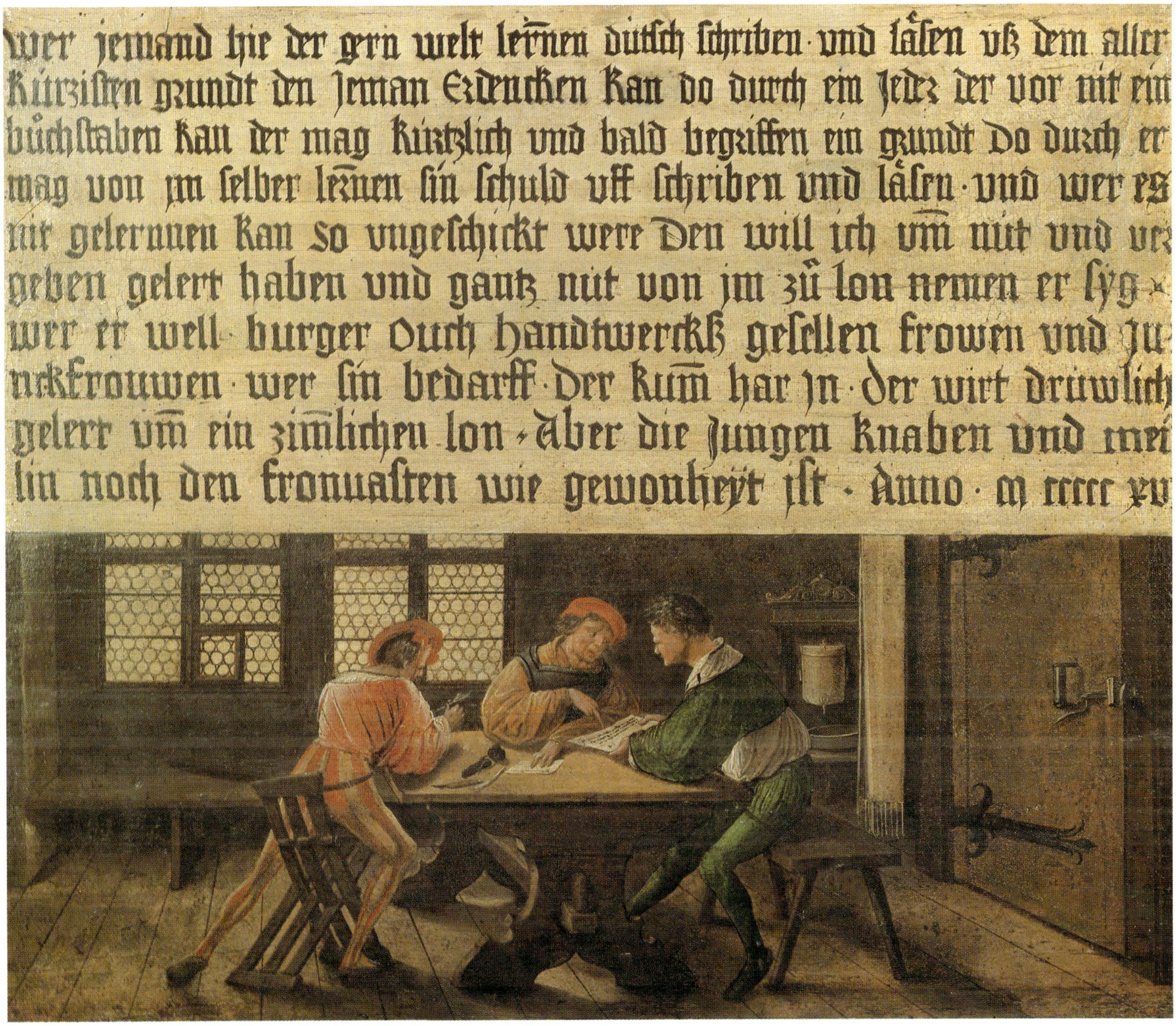

achteten «Schulmeistern», die öffentlichen Schreiber galten bald einmal als abgefeimte Betrüger.

Luthers Bibelübersetzung entsprang dem Bedürfnis des Reformators, aus dem geschlossenen Zirkel der schriftkundigen Kirchengelehrten auszubrechen und die Hürde des Lateins zu überspringen.

Freilich: Alphabete haben, wie der kanadische «Medienguru» *Marshall McLuhan* pointiert feststellte, «uniformierende Wirkung». Die Tendenz der geschriebenen Sprache nach möglichst breiter Verständlichkeit, der schon das Latein innerhalb der gelehrten Welt des Mittelalters entgegengekommen war, setzte sich denn auch dann noch durch, als Nationalsprachen die Sprache der Römer abzulösen begannen und das geschriebene Wort sich des Deutschen, des Französischen, Italienischen oder Englischen zu bedienen begann.

Dieser Prozess setzt im deutschen Sprachraum schon lange vor Luther bei *Karl dem Grossen* (768–814) ein. Der erste grosse deutsche Kaiser, der an seinem Hofe eine ganze Schreiberhorde beschäftigte, gab den Auftrag, eine deutsche Grammatik zu schreiben. Sie kam allerdings nie zustande. In den kaiserlichen Schreibstuben entstand indessen erstmals so etwas wie eine einheitliche *Schriftsprache.* Deren Breitenwirkung ist jedoch nicht zu vergleichen mit der Popularität, die die deutsche Sprache dann im 13. Jahrhundert im Schriftverkehr zunehmend gewinnt, als die Kirche dem Franziska-

Nicht nur wohlhabende Bürger, auch Handwerker, Frauen und Jungfrauen lädt auf diesem Strassenschild von Hans Holbein ein Basler Schreiblehrer im Jahre 1515 zum Unterricht ein. Die früher höchst angesehenen Schreiber müssen sich nun ein Auskommen suchen; ihr Beruf verliert immer mehr an Prestige. Gleichzeitig hört die Beherrschung des Alphabets auf, ein Privileg zu sein.

Zwei Vorkämpfer für eine deutsche Schriftsprache: Karl der Grosse (das Bildnis malte Albrecht Dürer) gab schon im 8. Jahrhundert den Auftrag, eine deutsche Grammatik zu schreiben. Paracelsus (hier in der Darstellung des niederländischen Malers Jan van Scorel) hielt in Basel die erste deutsche Vorlesung.

nerorden die Aufgabe der Volksbildung überträgt.
Schon 1235 erlässt *Kaiser Friedrich II.* das erste deutsche Reichsgesetz in deutscher Sprache, in den Schreibstuben und Kanzleien hält die deutsche Sprache Einzug, Minnesänger dichten in ihrer Muttersprache ihre inbrünstigen Verse an die unerreichbare Geliebte. Ums Jahr 1400 beginnen die ersten Zeugnisse für die häusliche Laienlektüre in deutscher Sprache. Chroniken, Streitschriften, Sendschreiben, Kochbücher, Satiren, vor allem aber kirchliche Erbauungsschriften werden vom 14. Jahrhundert an mehr und mehr in deutscher Sprache geschrieben. 1526 hält *Paracelsus* die erste deutsche Vorlesung an der Universität Basel.
Als wichtigste Promotoren der neuhochdeutschen Schriftsprache erweisen sich vorerst immer noch die *Bibelübersetzungen,* von denen jene durch *Martin Luther* zwar nicht die erste, aber die wichtigste darstellt. Luther wählt für sein epochemachendes Werk bewusst nicht seinen lokalen Dialekt, sondern eine ausgebildete Schriftsprache – die Sprache der kaiserlichen kursächsischen Kanzlei in Österreich, die zu dieser Zeit von Prag bis an den Rhein, von Innsbruck bis nach Brüssel, bereits einheitlich die Arbeit der Schreiber prägt. In einer seiner Tischreden bekennt der Reformator: *«Ich habe keine gewisse, sonderliche, eigene Sprache im Deutschen, sondern brauche der gemeinen deutschen Sprache, das mich beide, Ober- und Niederlender, verstehen mögen. Ich rede nach der sechsischen Cantzlei, welcher nachfolgen alle Fürsten und Könige in Deutschland.»*
Ein gutes Jahrhundert nach den Bibelübersetzungen, vor allem nach dem Ende des Dreissigjährigen Krieges (1648), sind es dann die *Zeitungen* und *Zeitschriften,* die – neben der langsam sich durchsetzenden Volksschule – Lesen und Schreiben, aber auch eine überregionale Schriftsprache bei immer breiter werdenden Schichten der Bevölkerung populär machen. Diese Zeitungen haben schon damals eine viel grössere Leserschaft, als man bis vor kurzem angenommen hat. Zusammen mit der deutschsprachigen *Bibel,* den vielen *Erbauungsschriften,* aber auch mit der langsam entstehenden deutschen *Literatur* sorgen sie für die Entstehung einer eigentlichen «Volksbildung», die die Alphabetisierung eines wachsenden Teils der Bevölkerung einschliesst.
Die Verbreitung der Schrift*kultur* zieht auch ausserhalb Deutschlands die Verbreitung von Schrift*sprachen* mit sich. Der Prozess läuft immer nach dem gleichen Schema ab: Neben Latein wird auf einmal auch die Muttersprache geschrieben; aus deren Dialekten bildet sich mit der Zeit eine überregionale Schriftsprache.
Ein reiches Schrifttum in lokalen Dialekten hat sich vor allem in *England* erhalten, wo noch vor der Einwanderung der Normannen im Jahre 1066 eine eigentliche angelsächsische Literatur entsteht. Später schreibt *Chaucer* seine «Canterbury Tales» in englischen Versen, so wie *Dante* in Italien seine «Göttliche Komödie» in italienischer Sprache verfasst.
Es entstehen mit der Zeit Nationalsprachen, denen jene dialektalen Besonderheiten fehlen, die die Verständigung zwischen entfernten Regionen erschweren, und die sich neben den Dialekten zu eigenständigen Schriftsprachen entwickeln. In einzelnen Gegenden müssen diese «Hochsprachen» von den Kindern fast wie eine neue Sprache erlernt werden – beispielsweise in der Schweiz, wo «Hochdeutsch» (die Schweizer sagen lieber «Schriftdeutsch») heute noch als «Halbfremdsprache» (so *Max Frisch)* gilt.

Weil die Schriftsprachen auch über die Barrieren der Zeit hinweg funktionieren, sind sie auch zu eigentlichen *Bremsfaktoren* in dem natürlichen Veränderungsprozess geworden, dem alle gesprochenen Sprachen unterliegen. Schriftsprachen sind konservativ. Sie bewahren alte Formen, entwickeln starre Grammatik-Regelsysteme, die wie die seit 1901 bestehende deutsche *Duden*-Ortographie quasi Gesetzeskraft erhalten. Schriftsprachen tun sich deshalb auch schwer damit, Neuerungen der gesprochenen Sprache zu akzeptieren. Mit der Zeit entwickelt sich die Umgangssprache oft dermassen weg von der Schriftsprache, dass gesprochene und geschriebene Laute kaum mehr etwas miteinander zu tun haben.

Bei besonders konservativen Schreibsystemen wie jenen Frankreichs oder Englands, wo die Revision der Schreibweise immer wieder verhindert worden ist, entstehen dann Schriftbilder, bei denen kein einziger Laut mehr so ausgesprochen wird, wie er ursprünglich geschrieben wurde. Im französischen Wort *oiseau* etwa ist kein einziger Buchstabe mehr ein Lautzeichen, im englischen Wort *enough* nur noch einer. Die Sprachwissenschaftler haben sich deshalb vor hundert Jahren auf ein international gültiges *phonetisches Alphabet* geeinigt, das in den Wörterbüchern die Aussprache der unverständlich gewordenen Schriftbilder ausschreibt: [wa'zo] für *oiseau*, [i'nʌf] für *enough*.

Freilich: Gerade wegen ihrer konservativen Tendenz wird die Schriftsprache umgekehrt zum verlässlichen Garanten einer Kommunikation, die weit über die Grenzen einer Region, einer sozialen Schicht oder eines Dialekts hinaus leistungsfähig bleibt. In den meisten Kultursprachen ist die schriftliche Form viel universaler, als es die vielen mündlichen Spielarten sind. Ihre «Reichweite» ist grösser.

Weil sie verständlicher und «unauffälliger» ist als etwa die spezifische Sprache von Schülern oder Arbeitern oder von Bayern oder Berlinern, wird die Schriftsprache oft auch als *Hochsprache* bezeichnet. Darin steckt eine Wertung, die wir dem bürgerlichen 19. Jahrhundert verdanken: Hochsprache gilt als «gut», *Dialekt* ist «schlecht». Die Franzosen etwa übersetzen den Begriff «Hochdeutsch» heute noch mit *le bon allemand*. In den meisten Industrieländern ist die Hochsprache sogar von der Schulsprache zur allgemeinen mündlichen Umgangssprache geworden. Die französischen *patois* beispielsweise sind sozusagen ausgestorben. In England gelten allzu starke Regionalismen als ausgesprochen unfein. Auch im deutschen Sprachraum verschwinden die Dialekte. In einer Befragung des Instituts Allensbach aus dem Jahre 1966 gaben nur noch 57 Prozent der Befragten an, Dialekt zu sprechen, 12 Prozent antworteten mit «ein wenig». Überall zeigte sich: je geringer das Einkommen und je kürzer die schulische Ausbildung war, um so mehr wurde Dialekt zum Stigma der Unterschicht.

Die Schweiz: Nur scheinbar ein Sonderfall

Die elektronischen Massenmedien haben die normative Funktion der Schrift übernommen. Auch wenn im Radio keine Schrift sichtbar ist und das Fernsehen nur sparsamen Gebrauch von Buchstaben macht – beide Medien bedienen sich der Hochsprache und nicht der Dialekte. In England beispielsweise hat die *British Broadcasting Corporation* (BBC) recht eigentlich die Funktion eines Sprachrichters übernommen. Orientierte man sich früher an der Sprache der Universität Oxford als der «reinen Hochsprache», so gilt heute *BBC-English* als vorbildlich. Sogar englische Sprachlehrer unterwerfen sich diesem Diktat. Taucht eine bislang verpönte sprachliche Wendung plötzlich in den Nachrichten der BBC auf, so gilt sie als akzeptiert. Was den Franzosen ihre «Académie française» und den Deutschen der Duden, das ist für die Engländer die BBC geworden: eine «Sprachpolizei», die für Ruhe und Ordnung in der Entwicklung der wichtigsten menschlichen Kommunikationsform sorgt.

Die *Schweiz* stellt in dieser Beziehung nur scheinbar eine Ausnahme dar. Auf der einen Seite hat sich nämlich die Hochschätzung der Schriftsprache auch im Alpenraum durchaus erhalten: In der Schule wird immer noch Hochdeutsch gelehrt – wenn es auch immer weniger gesprochen wird. Auch das eidgenössische Parlament spricht Hochdeutsch (wenn auch mit bewusst schweizerischer Färbung) – nicht um von den französischsprachigen Miteidgenossen verstanden zu werden, sondern aus einer Tradition heraus, die ins 19. Jahrhundert zurückreicht, wo der Dialekt noch als bäuerisch und ungehobelt galt. Sogar der urschweizerische Dichter *Gottfried Keller* nannte die Sprache seiner Zürcher Mitbürger damals verächtlich eine «Titităti-Sprache». Bis in die Anfänge des 20. Jahrhunderts hinein wurde denn auch in den vornehmen Zürcher Familien hochdeutsch gesprochen.

Das änderte sich erst in den dreissiger Jahren – unter dem Druck der politischen Abgrenzung gegen den Norden. Langsam galt der Dialekt jetzt als schick und wurde vom regionalen zum nationalen Gruppensignal, mit dem sich Schweizer von den *Sauschwaben* (so ein beliebtes Kriegsschimpfwort) abgrenzen konnten. Geschrieben wurde aber weiterhin Hoch- beziehungsweise Schriftdeutsch, und auch die Schweizer Massenmedien übernahmen diese Tradition. Heute noch werden Nachrichten, Ansagen für klassische Musikprogramme und Off-Texte in Filmbeiträgen kaum im Dialekt dargebracht, selbst Fussballreportagen werden meist hochsprachlich vermittelt.

Seit den fünfziger Jahren ist freilich eine Gegenbewegung zu beobachten. Ausgehend von Bern, wo Chansonniers wie *Mani Matter* die Mundart literaturfähig machten und eine eher von Intellektuellen geprägte Dialektbewegung der Zwischenkriegszeit erneuerten, ist *Mundart* so populär und salonfähig geworden, dass sie mittlerweile auch vehement auf die Massenmedien übergegriffen hat. Die neuen, privaten Lokalradiostationen bringen die Nachrichten praktisch ausnahmslos im Dialekt, und auch in einigen neueren, vor allem dialogischen Sendegefässen der quasi öffentlich-rechtlichen Schweizerischen Radio- und Fernsehgesellschaft (SRG) macht sich Mundart zunehmend breit. Für Mikrofon-Profis hat Mundart bereits offiziell eine Art Priorität. Die SRG-Richtlinien für regelmässige Programmitarbeiter legen nämlich fest: *«Programmitarbeiter, die regelmässig am Mikrofon eingesetzt werden, müssen sich sowohl in der Mundart wie auch in Hochdeutsch angemessen ausdrücken können. In begründeten Ausnahmefällen kann die Beherrschung einer Sprachform genügen.»* Das heisst im Klartext: im Zweifelsfall Mundart. Die SRG-Begründung dazu: «Der Deutschschweizer glaubt, in seiner Mundart mehr sich selber zu sein.» Selbst auf die Schreibgewohnheiten greift diese «Dialektwelle» über: Immer häufiger sieht man in der Schweiz Dialektwerbung, und die Jugend schreibt sich Postkarten und Briefchen kaum mehr in der Schriftsprache.

Die Bewegung steht freilich nur in einem scheinbaren Gegensatz zur vereinheitlichenden Wirkung, die die Schrift während fünf Jahrhunderten ausgeübt hat. Wenn sich «Schwyzertütsch» in den Schweizer Massenmedien breitmacht, dann geschieht dies nämlich nur dank der Tatsache, dass in der Grossregion Zürich, wo fast die Hälfte aller Deutschschweizer wohnt, auf der Grundlage der Landdialekte eine Art allgemeiner schweizerdeutscher Umgangssprache entstanden ist, deren lokale Merkmale nur noch der Spezialist herauszuhören vermag.

Die Massenmedien sind in diesem gegenwärtig sehr schön zu beobachtenden Prozess nicht nur Vermittler. Sie haben im Gegenteil das Heranwachsen einer merkmalärmeren schweizerischen *Einheits-Mundart* kräftig stimuliert. Mit andern Worten: Auch in der Schweiz haben die elektronischen Medien die Rolle der Schrift als eine Art «Sprachpolizei» übernommen. Sie setzen die Normen und achten darauf, dass sie eingehalten werden.

Das Ende der Schriftkultur

Der Übergang der sprachlichen «Gesetzgeber»-Funktion von den Druckmedien auf die elektronischen Medien in den Industrieländern ist vielleicht auch ein Anzeichen dafür, dass wir uns dem Ende der Epoche von *Sequoyahs* «sprechenden Blättern» nähern, in der die Schrift in der Entwicklung von Kultur und Zivilisation eine dominierende Rolle spielte.

Allerdings kommen auch die elektronischen Medien ohne Schrift nicht aus – und noch viel weniger die Konstrukteure der Apparate und die «Macher» der Sendungen. Das Vorlesen der schriftlichen Unterlagen zu einer Fernsehsendung würde in der Regel viel länger dauern als die Sendung selbst. Wissenschaft und Wirtschaft werden auch weiterhin auf die geniale Erfindung des Alphabets und der Zahlenzeichen angewiesen sein – selbst wenn die alphanumerische Tastatur im Taschenformat vielleicht bald einmal Kugelschreiber und Filzstift zu antiquarischen Raritäten stempeln wird.

Von der Warte einer fernen Zukunft aus mag es freilich nicht ganz unmöglich erscheinen, dass die Schrift in einigen Generationen weit häufiger von Lesern als von Schreibern benutzt wird und sich das Schreiben bald einmal aufs Notieren, auf die Unterschrift und den Postkartengruss beschränkt.

Die Schrift selbst wird dabei kaum untergehen. Und den Untergang des Abendlandes muss auch diese Entwicklung nicht bedeuten. Denn: Genau besehen, ist ja auch die bisherige Schriftkultur ohnehin bloss ein Atemzug in der langen Geschichte der Menschheit gewesen. Vielleicht ist es nötig, dass wir unserem gegenwartssüchtigen Bewusstsein hin und wieder die wahren historischen Proportionen vorhalten. Wenn wir als Beginn der Menschheitsgeschichte nämlich das Anfachen von Feuer annehmen und uns vorstellen, dass pro Generation ein Vertreter im Stadion der Weltgeschichte Platz nehmen darf, dann ergibt das eine Zuschauerkulisse von 20 000 Menschen. Nur 150 unter ihnen haben Schriftkulturen erlebt, und nur ein Dutzend sitzt auf der erhabenen Tribüne jener Epoche, in der Schreiben und Lesen Allgemeingut der (halben) Menschheit geworden sind.

In Mexiko City diktiert eine Analphabetin einem professionellen Schreiber einen Brief. Die Szene gehört heute noch in vielen Ländern der Dritten Welt zum Alltag. Trotz Gutenberg und Goethe, trotz Volksschule und Fernsehen haben heute noch 50 Prozent der Menschheit keinen Zugang zur Welt des geschriebenen Wortes...

Die Revolution mit dem Punzenstempel

Im Jahre 1436 denkt ein Mainzer Patrizier im Exil in Strassburg darüber nach, wie man mit den Fertigkeiten eines Goldschmiedes dem Gewerbe der Schreiber das Leben schwer machen könnte. Wahrscheinlich weiss Johannes Gutenberg nicht, in welchem Ausmass er damit die Welt verändern wird. Die Vervielfältigung des geschriebenen Wortes mit mechanischen Mitteln löst im ganzen Abendland einen mächtigen Lesehunger aus. Das Buch wird zum ersten Massenmedium. Flugblätter künden von neuen Zeiten.
Und die Mächtigen zittern vor den kleinen Stempeln aus Blei ...

Die Druckerey ist das höchste und äusserste Gnadengeschenk, durch welches Gott die Sache des Evangelii forttreibet; es ist die letzte Flamme vor dem Auslöschen der Welt.

Martin Luther

Die Druckereiarbeiter der «Times» wundern sich in dieser Nacht vom 28. auf den 29. November 1814. *John Walter II.*, der Sohn des britischen Zeitungsgründers und damals seit zwei Jahren Verleger der auflagenstärksten und bedeutendsten Tageszeitung in London, hat ihnen die Order zukommen lassen, sie sollten bis auf weiteres mit der Vorbereitung der Druckvorlagen für die nächste Nummer warten. Man erwarte noch «höchst wichtige Nachrichten vom Kontinent».

Untätig stehen die Drucker bis morgens um 6 Uhr im Pressensaal herum. Was wird wohl in dieser Nacht die Welt erschüttern?

Die Drucker ahnen nicht, dass das heisse Ereignis in nächster Nähe stattfindet, in einem Nebengebäude der «Times»-Druckerei am Printing House Square in Londen – und dass es sie selbst betrifft. Als *John Walter II.* nämlich morgens um sechs zu ihnen kommt und eine fixfertig gedruckte Ausgabe der «Times» in Händen hält, merken sie, dass man sie bloss hingehalten hat.

«Ihr könnt nach Hause gehen, die Zeitung ist bereits fertig gedruckt!» teilt ihnen der Verleger lakonisch mit. Wie das möglich war, können die Drucker und Setzer an diesem 29. November selbst in ihrem Leibblatt nachlesen:

Unsere Zeitung führt dem Publikum das praktische Resultat der grössten Verbesserung vor, welche die Buchdruckerkunst seit ihrer Erfindung erfahren hat. Der Leser dieses Artikels hält jetzt eine von vielen tausend Nummern der «Times» in der Hand, die in der verflossenen Nacht vermittels eines mechanischen Apparates hergestellt worden sind. Ein Maschinensystem, von dem man fast glauben könnte, es besitze eigene innere Lebenskraft, ist erfunden und eingeführt worden, das nicht nur den Menschen von aller schweren Arbeit beim Drucken befreit, sondern auch alle menschlichen Fähigkeiten hinsichtlich einer raschen und zuverlässigen Arbeitsweise weit übertrifft.

Um dem Publikum die Möglichkeit zu gewähren, die Grösse der Erfindung an ihren Wirkungen zu beurteilen, führen wir an, dass, nachdem der Typensatz fertiggestellt und zu einer sogenannten «Form» geschlossen worden ist, für die an der Maschine beschäftigten Leute wenig mehr zu tun bleibt, als dieselbe zu bedienen und ihren Gang zu überwachen. Man hat sie nur mit Papier zu versorgen; sie selbst treibt die Form hin und her, trägt die Farbe auf, bringt den Bogen auf die eingeschwärzte Form, druckt ihn und liefert ihn dann in die Hände einer zu seinem Empfange bestellten Person. Gleichzeitig geht die Form zurück zum abermaligen Empfang von Farbe für den Druck des nächstfolgenden Bogens, während ununterbrochen verrieben wird; das komplizierte Verfahren aber geschieht mit solcher Schnelligkeit und Gleichzeitigkeit in allen Bewegungen, dass nicht weniger als 1100 Bogen in der Stunde gedruckt werden.

John Walter II. hat seine Arbeiter ermahnt, sie sollten sich unter allen Umständen ruhig verhalten. Er werde jedem seinen bisherigen Lohn bezahlen, bis für seine Zukunft gesorgt sei. Er sei aber auch fest entschlossen, jegliche Störung des Betriebs rücksichtslos zu unterdrücken.

Des Verlegers Sorge ist wohlbegründet. Für die neue Maschine, die viermal schneller arbeitet als die bisher üblichen Handpressen und bei der erstmals zylindrische Druckwalzen die Farbe auf die Druckfläche auftragen, sind nur noch zwei Mann *(Walter:* «Zwei Knaben») nötig. Eine Dampfmaschine ersetzt die menschliche Muskelkraft, den Rest erledigt die sinnreiche Apparatur. Bislang aber gab derselbe Prozess 25 Druckern Arbeit. Kein Wunder, dass schon die 22 Mann, die die Maschinenpresse unter dem Siegel höchster Verschwiegenheit gebaut hatten (sie mussten sich bei einer Strafe von 100 Pfund verpflichten, nichts über die neue Konstruktion auszuplaudern), mitunter lauthals murrten, «den Erfinder mitsamt seinem Teufelswerk totzuschlagen».

Dieser Erfinder ist ein emigrierter Sachse namens *Friedrich Gottlob Koenig* (1774-1833), der viele Jahre seines Lebens und all sein Geld in die Entwicklung investiert hat. Die Idee hat er schon 1803, das erste Patent erhält er 1811. Er erlebt in dieser Nacht vom 28. November 1814 mit dem Überraschungscoup bei der «Times» den ersten echten Erfolg seiner bisher entbehrungsreichen Karriere. Der Leitartikel der «Times» nennt ihn freilich nur am Rande – möglicherweise ist es den stolzen Londonern peinlich, dass ein Mann aus der kontinentalen Provinz die epochemachende Idee gehabt hat...

Auf einer solchen Maschine druckte Friedrich Gottlob Koenig die «Times» in London mit einer Geschwindigkeit von 1100 Bogen pro Stunde.

Denn dies hat der weitere Verlauf der Geschichte bewiesen: Mit *Koenigs* Zylinderpressen beginnt im eigentlichen Sinne das Zeitalter der modernen Massenkommunikation. Jetzt wird es möglich, innerhalb weniger Stunden Extrablätter auf den Markt zu werfen; jetzt können Grossauflagen gedruckt werden, wie sie bis anhin undenkbar waren; jetzt wird die Herstellung von Information zu einer Industrie, die immer mehr Menschen beschäftigen wird – auch wenn es anfänglich eher nach dem Gegenteil aussieht und die Arbeiter sich vor dem «Job-Killer» vorläufig noch fürchten müssen. Und jetzt wird die «Presse» (im übertragenen Sinn) auch erst recht eigentlich – neben Regierung, Parlament und Justiz – zur vierten Macht im Staate.

Eine komplizierte Geschichte

Die Einführung der Maschinenpresse war ein entscheidender Schritt in der langen Geschichte der Entwicklung von Vervielfältigungstechniken. Man kann diese Geschichte im Grunde in ganz wenige Etappen einteilen:

– In einer ersten Phase wird von *Hand* geschrieben. Soll ein Text viele Leser haben, dann bieten sich zwei Möglichkeiten an: Entweder man macht den Text vielen Menschen zugänglich – als Plakat oder in einer Bibliothek; oder man schreibt ihn ab (oder lässt ihn abschreiben).

– In einer zweiten Etappe stellt man *Stempel* her, die mit ein und derselben Form Abdrücke erlauben.

– In einer dritten Phase werden die vielen Arbeitsgänge, die zum Drucken nötig sind, immer mehr *Maschinen* übertragen, die hohe Auflagen ermöglichen.

– In einer vierten Phase tritt die Chemie auf den Plan: Die Stempel werden ersetzt durch die Spuren, die das *Licht* in empfindlichen Schichten hinterlässt.

– Heute schliesslich erleben wir die ersten Auswirkungen der fünften Phase: *Elektronik* steuert immer mehr jene Prozesse, die bei der Reproduktion eine Rolle spielen.

Die Ursprünge der ersten Phase liegen im Dunkel der Geschichte verborgen. Wer zum erstenmal den Gedanken gehabt hat, dass man eine Botschaft auch verbreiten kann, indem man sie *re-produziert* und die Kopie wie eine Ware auf Reisen schickt, das lässt sich natürlich nicht mehr rekonstruieren. Wahrscheinlich haben schon die allerersten Schreiber und Steinmeissler auch vervielfältigt.

Anders die Geschichte der Erfindungen, die die weiteren Phasen der Reproduktionstechnik einleiteten. Sie ist uns in allen Fällen recht genau überliefert.

Über *Johannes Gutenberg* wissen wir einiges dank der Prozesse, in die er verwickelt war, und dank der Verbreitung seiner Erfindung durch seine Mitarbeiter in ganz Europa. Auch die Erfindung der Fotografie (die im Ursprung nichts anderes als eine neue Reproduktionstechnik war) ist belegt und gründlich erforscht worden – ebenso wie schliesslich die Erfindung der Maschinenpresse, die *Friedrich Gottlob Koenig* selbst in einem Bericht ausführlich geschildert hat, und die Einführung elektronischer Technologie.

Merkwürdig ist nun, dass sich die epochemachenden Erfindungen der Phasen 2 bis 4 (Druck und Fotografie) in mancherlei Beziehung ähneln:

– Alle werden von ihren Erfindern anfänglich höchst geheim gehalten. Aber sind sie einmal bekannt, so erobern sie die Welt dermassen geschwind, dass man ruhig von einer technologischen Revolution reden kann.

– Sie machen mit einem Schlag Scharen von Werktätigen arbeitslos, schaffen aber auch in kurzer Zeit zahllose neue Arbeitsplätze.

– Ihre Bedeutung geht weit über die reine Technologie hinaus: Sie verändern die Kommunikationsgewohnheiten der Menschen dermassen, dass sie neue Epochen auslösen und prägen.

– Sie sind zwar immer mit den Namen von einzelnen genialen Tüftlern verbunden; aber eine genaue Untersuchung der Biografien dieser Erfinder zeigt, dass ein guter Teil ihrer Erfindung in der Kombination bereits bekannter Techniken zu einer neuen Technologie besteht.

– Bei allen Neuentwicklungen spielen wirtschaftliche Faktoren eine wichtige Rolle: So wie Fotografien nicht nur genauer und schneller gemacht, sondern auch billiger als Porträts sind, so waren *Koenigs* und *Gutenbergs* Produkte kostengünstiger herzustellen als jene der Konkurrenz. *Koenigs* Erfindung wurde darüber hinaus begünstigt durch den fallenden Papierpreis (die ersten Papiermaschinen wurden 1803 in Betrieb genommen); *Gutenberg* seinerseits profitierte davon, dass das Papier in seiner Epoche das teure Pergament abzulösen begann.

Der kleine Überblick über die Gemeinsamkeiten der Erfindungen, die in der menschlichen Kulturgeschichte jeweils ein neues Zeitalter der Kommunikationsgewohnheiten einleiteten, lässt bereits erahnen, dass man diese Geschichte nicht einfach anhand von ein paar grossen Namen erzählen kann.

Der Schriftsteller *Bertolt Brecht* stellte in einem berühmten Gedicht einmal die folgenden «Fragen eines lesenden Arbeiters»:

Wer baute das siebentorige Theben?
In den Büchern stehen die Namen von Königen.
Haben die Könige die Felsbrocken herbeigeschleppt?
Der junge Alexander eroberte Indien.
Er allein?
Cäsar schlug die Gallier.
Hatte er nicht wenigstens einen Koch bei sich?
Philipp von Spanien weinte, als seine Flotte
Untergegangen war. Weinte sonst niemand?

Man muss all diese Fragen auch im Bereich der Schreib-, Druck- und Abbildungskünste stellen: *Louis Daguerre* gilt als Erfinder der Fotografie – in Wirklichkeit haben andere vor ihm die Technik entwickelt. *Koenig* besass ein Patent auf seine Maschine – in Wirklichkeit hat auch er von früheren Entwicklungen profitiert. Und selbst *Gutenberg* hat zwar schöne Bibeln gedruckt – das Drucken haben vor ihm schon andere entdeckt und genutzt.

Das macht die Geschichte der Reproduktionskunst zwar reichlich kompliziert – aber auch spannend...

Schriftgegner Sokrates

Die frühesten Schreiber waren, wie wir im Kapitel über die Geschichte der Schrift bereits gesehen haben, eine Kaste für sich. Die breiten Schichten der grossen alten Hochkulturen waren Analphabeten, und selbst bei den Römern, die – zum mindesten in den Städten – schon zu einem guten Teil

Das Vervielfältigen von Texten war vor der Erfindung der Druckerkunst eine mühselige Handarbeit, die vor allem die Mönche in den Klöstern beschäftigte. Viele Studenten verloren enorm Zeit mit dem Abschreiben von Texten – ein Grund dafür, dass die Wissenschaft nur langsam Fortschritte machte. Zur Zeit, als Gutenberg seine ersten typographischen Versuche anstellte, gab es allein in seiner Heimatstadt neben den Mönchen und Studenten 40 Lohnschreiber. Der Holzschnitt zeigt einen Mönch bei der Arbeit. Obwohl das Abschreiben seine Hauptarbeit ist, sieht man keine Büchergestelle in dem Raum: Bücher waren damals noch Luxusgüter – sie wurden auch nicht aufgestellt, sondern abgelegt.

lesen konnten, galt das Schreiben als eine besondere Fertigkeit.

Was wir heute noch oft als erste *Schriftkulturen* bezeichnen (weil sie uns schriftliche Überlieferungen hinterlassen haben), das waren in Wirklichkeit *Erinnerungs*kulturen: Die gesammelte Weisheit der Gelehrten, die kulturellen Errungenschaften des geistigen und handwerklichen Lebens, waren in den Köpfen gespeichert. Die *Rhetorik* war ja nicht nur die zentrale Wissenschaft, weil sie die Beeinflussung der Masse durch die Kunst der Rede lehrte, sondern auch deshalb, weil sie eine Reihe von wirkungsvollen «mnemotechnischen» Rezepten und eine Speicherungstechnik ohne Schrift lieferte. «Bildung» bedeutet bis ins Barockzeitalter des 17. Jahrhunderts hinein in erster Linie die Fähigkeit, gut reden zu können. Ein «Mann von Welt» muss bis zu diesem Zeitpunkt vor allem die klassischen Gesetze der Rhetorik beherrschen.

Der griechische Ober-Philosoph *Sokrates* (470–399 v. Chr.) sträubte sich sogar sehr gegen das Speichern von Informationen ausserhalb der Köpfe. Er erzählte seinen Schülern die Geschichte des Königs *Thamus* von Ägypten, dem der Gott *Thot* mit andern Wissenschaften auch die Kunst des Schreibens überbracht hatte. Aber *Thamus* (alias *Sokrates*) meinte skeptisch:

Kunstvollster Thot, diese Erfindung wird die Lernenden in ihrer Seele vergesslich machen, weil sie dann das Gedächtnis nicht mehr üben; denn im Vertrauen auf die Schrift suchen sie sich durch fremde Zeichen ausserhalb, und nicht durch eigene Kräfte in ihrem Innern zu erinnern. Deinen Schülern verleihst du aber nur den Schein der Weisheit, nicht die Wahrheit selbst. Sie bekommen vieles zu hören ohne eigentliche Belehrung und meinen nun, vielwissend geworden zu sein, während sie doch meistens unwissend sind und zudem schwierig zu behandeln, weil sie sich für weise halten, statt weise zu sein.

Die Klage gegen das Schreiben (die uns, Ironie des Schicksals, nur deshalb überliefert ist, weil *Sokrates*-Schüler *Platon* sie aufgeschrieben hat!) erinnert verblüffend an die moderne Klage gewisser Medienkritiker an die Adresse des Fernsehens, das die aktiven und kreativen Fähigkeiten des Menschen und besonders der Kinder verkümmern lasse. Solche Klagen gegen die Schädlichkeit neuer Medien lassen sich aus jeder Epoche zitieren. Sie haben indessen nicht verhindern können, dass die Technik die Verlegung von Erkenntnissen aus dem Hirn in aussermenschliche «Datenbanken» immer weiter vorangetrieben hat. Die Kulturgeschichte der Medien ist zu einem wichtigen Teil nichts anderes als die Entwicklung derartiger Speicherungstechnologien, mit denen das nur vom einzelnen erworbene «Wissen» durch die allen zugängliche «Information» ersetzt und ergänzt wird.

Im Altertum gab es allerdings vorerst nur ganz wenige umfassende Datenbanken. Die berühmteste war die alexandrinische Bibliothek mit ihren rund 700 000 Büchern. Sie war zugleich

Diese ägyptische Wandmalerei aus dem Tal der Könige in Chamnaset zeigt den Mond- und Schreibergott Thot, dessen heiliges Tier der Ibis war. Sokrates hielt nicht viel von ihm...

Ausgangspunkt des gesamten Buchhandels der Antike – denn schon damals erkannte man, dass man Wissen nicht nur «erwerben» konnte, indem man zur Informationsbank *hin*ging, sondern auch indem man sich die Information *her*holte: indem man sie *vervielfältigte.*

Die sokratische Warnung vor dem blinden Vertrauen in gespeicherte Informationen wurde grausam bestätigt, als die alexandrinische Bibliothek im Jahre 47 v. Chr. durch einen Brand zugrunde ging (ein Bestand von rund 40 000 Buchrollen konnte gerettet werden – verbrannte dann aber ebenfalls im Jahre 391).

Jahrhundertelang büsste die gelehrte Menschheit dafür, was *Sokrates* mit seiner *Thamus*-Geschichte als «Sündenfall» gebrandmarkt hatte: die schriftliche Aufzeichnung. Die Tätigkeit ganzer Generationen von Schreibern bestand nämlich bis zum ausgehenden Mittelalter weitgehend darin, die verlorenen Schätze der alexandrinischen Bibliothek wieder zusammenzustellen. Wissen war etwas Verlorenes, das es wiederzugewinnen galt. Aus dieser Motivation heraus legten sich schon die wohlhabenden Römer Privatbibliotheken an und sammelten die Klöster die Texte der heidnischen Weisen Griechenlands. Im Laufe der Jahrhunderte ergänzte dabei das «Her-Prinzip» des Abschreibens und Vervielfältigens in zunehmendem Masse das «Hin-Prinzip» des Bibliotheksbesuchs, vor allem als sich – nach dem «dunklen Mittelalter» – vom zehnten Jahrhundert an von den italienischen Städten und Höfen ausgehend langsam wieder eine mit schriftlicher Überlieferung operierende Kultur entwikkelte.

So erholte sich das einstige römische Reich langsam vom Einbruch der geistig genügsameren Agrarkulturen der Germanenstämme; und ähnlich wie früher bei den Sumerern entstand zuerst im Mittelmeerraum wieder ein Handel, der auf Schrift und Information angewiesen war. Die Kreuzritter brachten Gold nach Europa zurück, man entdeckte das römische Recht wieder und fand in den Schriften der Araber die Texte des *Aristoteles.* Von der Mitte des 12. Jahrhunderts an entstanden in Paris und Montpellier, in Salerno und Bologna, in Oxford und Cambridge die ersten Universitäten, an denen neben Theologie auch Jurisprudenz und Medizin gelehrt wurden. Und als sich in der Mitte des 13. Jahrhunderts auch das Papier verbreitete und die Herstellung von Schriftstücken wesentlich verbilligte, da begannen die Studenten, sich ihre Texte selber zu kopieren.

Um 1350 finden wir in Europa die Büchermacher zu einem festen Gewerbe organisiert: Textschreiber und Buchmaler bilden immer mächtiger werdende Zünfte, die die Preise festlegen, Berufsgeheimnisse wahren und sich gegen unlautere Konkurrenz zu schützen versuchen.

So zeichnet sich im Bereich der Schriftkultur mit den je für sich organisierten Schreibern, Bindern, Papiermachern und Verlegern die erste moderne Arbeitsteilung ab und eine frühe Form der streng reglementierten Berufsausübung. In seiner siebenjährigen Lehrzeit übt der Schreiber vom Herstellen der Farben über das Schreiben mit dem Gänsekiel bis zu den verschiedenen Schriften seine vielseitige Kunst. Der Verleger – der Buchhändler – koordiniert die Arbeiten der verschiedenen Handwerker, schliesst Produktionsverträge ab und verkauft die Bücher in einem Laden. Die Schreiber lassen sich pro Buch bezahlen – mehr schlecht als recht übrigens. So ist überliefert, dass ein Schreiber in England ums Jahr 1320 für ein Buch von rund 317 000 Wörtern 128 Schilling samt Wohnung und Kost erhält. Und dafür arbeitet er 16 Wochen lang an dem Werk.

Warum die Bücher früher angekettet wurden

Eine Massenindustrie war das Buchgewerbe damals noch nicht. Man kann dies etwa an den Steuerlisten der Stadt Paris – schon zu jener Zeit eine der gelehrtesten Städte der Welt – aus dem Jahre 1292 ablesen. Sie verzeichnen rund 15 000 Steuerzahler in der französischen Metropole, darunter aber bloss 33 Maler, 24 Bildermaler und 13 Illuminatoren (die die Bücher ausmalen). Dagegen gibt es 350 Schuster und Schneider, 104 Bäcker und 157 Wirte – die überdies alle mehr verdienen als die Angehörigen der Schreiberzunft. Die Buchproduktion, so muss man annehmen, ist zu jener Zeit noch ein Luxusgewerbe. Eine handgeschriebene Bibel kostet denn auch ein Vermögen. Kein Wunder, dass viele Bücher in den Bibliotheken angekettet werden müssen...

Im 15. Jahrhundert mehren sich die Anzeichen dafür, dass aus dem eher armseligen Gewerbe eine zukunftsträchtige Industrie mit einem sich ständig ausweitenden Markt entsteht. Sieben von zehn heute erhaltenen Handschriften stammen aus dieser Zeit. Mit ihnen wird mehr und mehr ein schwunghafter Handel betrieben – sogar einzelne Buchseiten verkaufen sich immer leichter. Berufsschreiber versorgen Sammler mit «klassischen» Manuskripten und Studenten mit theologischen und juristischen Handbüchern. So können die Studenten sich nun langsam aufs Lesen konzentrieren und brauchen nicht mehr jeden Text mühsam selber abzuschreiben.

Von dem florentinischen Buchhändler *Vespasiano da Bisticci* heisst es, dass er bis zu 50 Abschreiber in seinem Solde stehen hat. In 22 Monaten schaffen sie 200 Bände.

Wie weit die Arbeitsteilung im 15. Jahrhundert bereits fortgeschritten ist, erhellt eine Notiz in einer französischen Handschrift um 1450, die beschreibt, durch wie viele Hände ein Buch nach der Niederschrift zu gehen hat: Einer schmückt die Ränder mit Filigran, ein Illuminator malt die Initialen aus, ein anderer fügt die Bilder bei, ein vierter Handwerker sammelt und glättet die Lagen, ein fünfter näht sie zusammen,

Schon die ersten Drucker verkauften Sensationen...

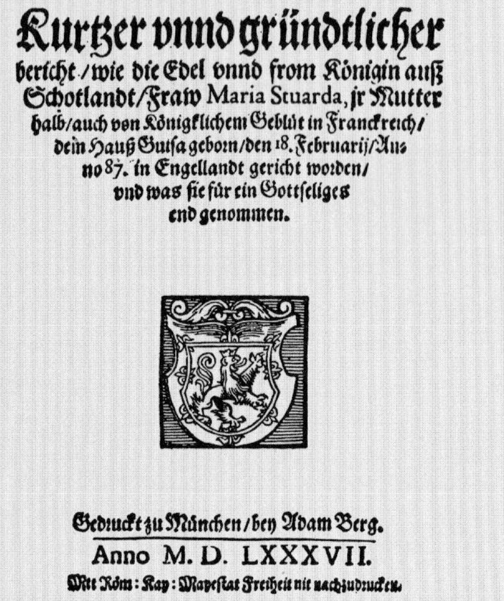

Das Flugblatt über die Hinrichtung von Maria Stuart wurde 1587 in München gedruckt.

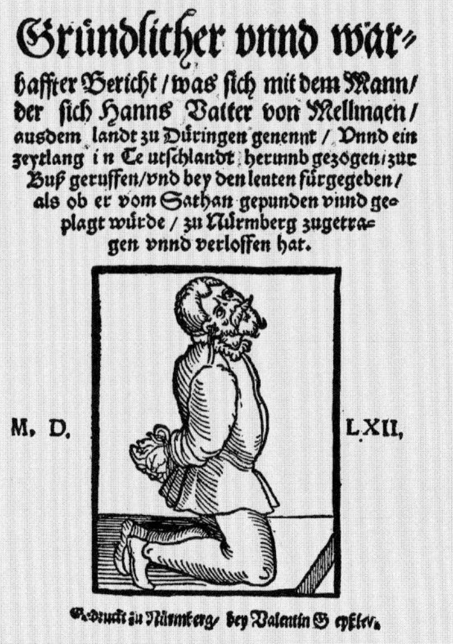

Aus Furcht vor dem Teufel laufe ihm Blut aus den Ohren, gab dieser Betrüger laut einem Flugblatt aus dem Jahre 1562 an.

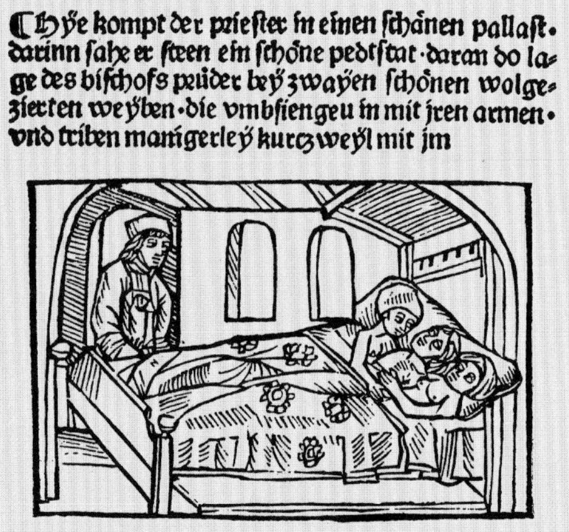

Mönch entdeckt Bischof mit Damen: So würde man heute wohl die Schlagzeile zu diesem Bild aus dem Jahre 1507 formulieren. Der Mönch büsste übrigens mit dem Kerker für die Verbreitung der Nachricht...

Die Angst vor den Türken (hier eine Horror-Nachricht aus dem Jahre 1529) stimulierte das Ablassgeschäft – und damit die Druckkunst!

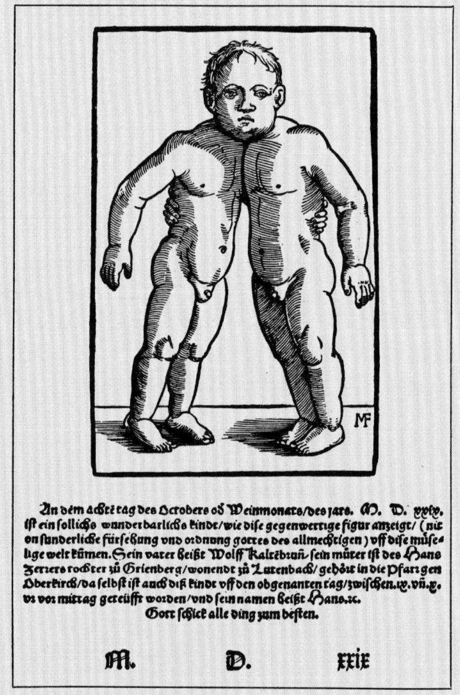

Besonderes Interesse erregten zu allen Zeiten Missgeburten. Das Flugblatt aus dem Jahre 1524 mit den verschmolzenen Köpfen (ein Holzschnitt) wird sich gut verkauft haben...

Auch mit Nachrichten («Zeitungen») von fernen Ländern konnten die frühen Drucker bereits viele Leser neugierig machen. Die ersten dieser «Neuen Zeitungen» enthielten allerdings in der Regel nur eine einzige Nachricht – wie die vorliegende, die in Text und Bild über die Entdeckung Yucatans (Mexiko) im Jahre 1521 berichtet.

ein sechster vergoldet die Blätter, ein siebenter stellt die Beschläge für den Umschlag her, ein achter bindet die Bücher, ein neunter vergoldet sie auch aussen, und ein zehnter bringt Deckelbretter und Beschläge an!

Die fortgeschrittene Spezialisierung ist sicher auch ein Hinweis darauf, dass der Marktfaktor «Zeit» in der Herstellung der Bücher eine Rolle zu spielen beginnt: Wer schneller zu produzieren versteht, der kann kostengünstiger liefern.

Noch vor dem Aufkommen gedruckter Bücher breitet sich auch schon eine Art Hauslektüre in Europa aus. Seit ungefähr 1400 gibt es Zeugnisse dafür – etwa in Mariendarstellungen, auf denen plötzlich nicht mehr nur ein Kultbuch, sondern eine kleine Sammlung von Büchern zu sehen ist. Man darf nicht vergessen, dass die lesekundigen Geistlichen damals einen respektablen Teil (rund 5 Prozent) der erwachsenen Bevölkerung ausmachen. Zudem ist anzunehmen, dass zum mindesten das Lesen auch ausserhalb der Klöster, Höfe und Universitäten immer mehr Anhänger gewinnt. Man hat geschätzt, dass der «Bestseller» des deutschen Mittelalters, der *Schwabenspiegel* (ein Rechtsbuch), in 57 000 Handschriften existierte!

Der klassische Beweis für die wachsende Bedeutung des Lesens ist der *Ablassbrief.* Er ist zugleich eine Vorbedingung für den wirtschaftlichen Erfolg des Buchdrucks. Der Papst – aber auch Kardinäle und Bischöfe – sprechen sich das Recht zu, für die Erfüllung bestimmter religiöser Übungen Nachlass von zeitlichen Sündenstrafen zu erteilen. Die Rituale sind mit einem Opfer für einen guten Zweck verbunden – worunter man im 15. Jahrhundert vor allem eine Kriegsspende für die Feldzüge gegen die Türken versteht. Die Türken werden damals als tödliche Bedrohung für das Abendland empfunden, dem sie 1453 mit der Eroberung Konstantinopels gefährlich nahe auf den Leib rücken.

Ein spezieller, der Insel Zypern gewidmeter Ablass ist für die Zeit von 1452 bis 1455 verkündet worden, und der zypriotische Koordinator der Spendenaktion beschliesst, seine Aktion von Mainz aus zu starten. Für die Spende erhält der mehr oder minder arme Sünder eine Quittung – den Ablassbrief. Ein ganzes Heer von Schreibern muss üblicherweise aufgeboten werden, um Zehntausende von solchen Quittungen herzustellen, denn die Kirche braucht viel Geld. Die Produktion dieser Quittungen frisst aber einen guten Teil der Spendengelder auf. Die Zypern-Spendenaktion profitiert deshalb von der neuen Technologie, die just hier in Mainz zu dieser Zeit das Licht der Welt erblickt. Mit diesen Ablassbriefen (und nicht so sehr mit dem Druck der Bibel!) können die Drucker aus dem Hause *Gutenberg & Fust* nämlich erstmals beweisen, wie überlegen sie den organisierten Schreibern sind, wenn es darum geht, binnen kurzer Zeit eine grosse Anzahl von exakten Reproduktionen schriftlicher Dokumente herzustellen.

Die Erfindung von Johannes Gutenberg

Die neue Vervielfältigungsmethode ist für die wohlorganisierten Schreiberzünfte und Buchhersteller eine wahre Schmutzkonkurrenz. Denn *Johannes Gutenberg* ist alles andere als ein zünftiger Schreiber. Er gehört dem Gewerbe der Goldschmiede an, ist ein stolzer, streitbarer Geselle, der sich auf eine Reihe von Handwerken versteht und der seine neue, vorerst höchst geheim gehaltene Tätigkeit als *«afentur und kunst»,* als (finanzielles) Abenteuer und technisches Wunderwerk begriffen haben will.

Die wichtigste Erfindung, die auf ihn zurückgeht, entstammt denn auch der zeitgenössischen Metallurgie: das Handgiessinstrument. Es ist ein relativ einfaches Werkzeug – ein viereckiger Hohlraum aus messingverstärktem Holz, an dessen einem Ende ein Kupferplättchen angebracht ist.

Gutenberg hat in den Kegel eines Stahlstiftes mühsam eine spiegelverkehrte, erhabene Buchstabenform geschnitten. Mit diesem «Punzenstempel» graviert er dann einen vertieften Buchstaben in das Kupferplättchen. Wird nun der Hohlraum mit einer flüssigen Bleilegierung gefüllt, so bildet sich darin eine stabförmige Letter, an deren oberstem Ende ein Buchstabe, das sogenannte Schriftauge, sitzt. Da der Buchstabe aus dem Bleistäbchen herausragt, nennt man das Druckverfahren *Hochdruck.* Sind aus einem Kupferplättchen («Matrize») genügend Buchstaben («Patrizen») hergestellt, so stempelt *Gutenberg* für das nächste Gussverfahren ein neues. *Gutenberg* kennt ähnliche Verfahren aus seiner Goldschmied-Vergangenheit: Er hat selber Kurse für das Arbeiten mit dem Punzenstempel für Schmuckstücke erteilt.

Die einzelnen Lettern werden nun in einen «Winkelhaken» (der die Zeilenbreite vorgibt) gestellt, die fertigen Zeilen bilden den eigentlichen Druckstock.

Die Druckpresse, die ihm der Drechslermeister *Conrad Saspach* gebaut hat, besteht aus einer ursprünglich hölzernen Spindel, die mit einem Hebel in einem Querbalken zwischen zwei senkrechten Stützen hinauf- und hinuntergeschraubt wird. Am unteren Ende der Spindel befindet sich der «Tiegel» – die Druckplatte. Unter der Spindel liegt das Schlittengestell, mit dem der fertige Satz aus- und eingefahren wird. Der Satz wird mit Druckerschwärze eingerieben, dafür verwendet man lederne Druckerballen. Das Papier wird in ein Rähmchen gespannt, und zwar mit Nadeln, damit Schöndruck und Widerdruck (Vorder- und Rückseite) präzise übereinstimmen. Vor dem Bedrucken der Rückseite werden die Bogen zum Trocknen aufgehängt.

Vor allem die Arbeit an der Presse ist zu *Gutenbergs* Zeit noch ein anstrengender Job, der viel Muskelkraft erfordert. Dabei treten die Drucker anfänglich schon morgens um fünf zur Arbeit an und verlassen die Werkstatt erst nachts um neun!

Die Erforscher der alten Drucktechniken (die alten Apparaturen sind heute noch etwa im Gutenberg-Museum in Mainz oder im Plantin-Moretus-Museum in Antwerpen zu besichtigen) haben immer wieder darauf hingewiesen, dass ausser dem Handgiessinstrument sozusagen alle Elemente des Druckvorgangs schon weit vor Gutenberg bekannt gewesen sind.

In der Tat: Bereits die Römer brachten ihren Kindern mit einzeln gefertigten Elfenbeinbuchstaben das Lesen bei; die alten Babylonier kannten schon den Trick, Stempel für Siegel durch negative Metallformen herzustellen; die alten Münzer bedienten sich im Prinzip ähnlicher Techniken, wenn sie Porträts von Herrschern (erstmals von *Cäsar)* in Metallscheiben prägten. *Gutenberg* wird dieses Handwerk ebenfalls von Kind auf gekannt haben: Viele Angehörige seiner Familie sind im Münzgewerbe tätig.

Auch die Druckerpresse ist keine eigentliche Neuerfindung des Mainzer Goldschmieds. Die Schraube – das wichtigste Element der Presse – reicht in vorgeschichtliche Zeiten zurück. Pressen wurden schon in den alten Kulturen für mancherlei Zwecke verwendet – von der Ölpresse über die Tuch- und Papierpresse bis hin zur Folterschraube kann *Gutenberg* hier auf eine Reihe von Anwendungszwekken der Schraube zurückgreifen. Im Weingebiet des Rheinlandes sind damals überdies Weinpressen vielerorts im Gebrauch.

Das Drucken von ganzen Holzschnitten ist ebenso schon vor *Gutenbergs* Zeit bekannt – vor allem für die Herstellung von Heiligenbildern und deren lasterhaften Gegenstücken, den Spielkarten!

Sogar das Drucken von Texten mit ein-

zelnen Lettern ist bereits Jahrhunderte vor *Gutenberg* bei den alten Chinesen und in Korea erfunden worden. Und selbst Bücher sind schon vor *Gutenberg* gedruckt worden: in Form von ganzseitigen Holzschnitten, in die auch Wörter oder ganze Sätze eingelassen waren. Das älteste erhaltene gedruckte Buch stammt aus den buddhistischen Mönchshöhlen in Westchina. Es wurde 868 hergestellt – 100 Jahre nachdem man schon in Japan (verschollene) Bücher gedruckt hatte. All diese frühen Drucktechniken zielten indes in erster Linie auf die Reproduktion von *Bildern* ab. Das trifft im Grunde auch auf die asiatischen Vorläufer der Textreproduktion zu, da deren Schrift ja nicht aus Buchstaben bestand.

Gutenbergs Neuerung – deren sichtbarer Ausdruck das Handgussinstrument ist – besteht also eigentlich darin, dass er eine neue Vervielfältigungsmethode für schriftlich niedergelegte *Sprache* erfindet, dass er zwischen die Tätigkeit des «Autors» und des Druckers jene des *Setzers* einschiebt, der aus vorgefertigten Lettern den *Text* zusammenstellt, und dass er schliesslich frühere Techniken für den Druck funktionsgerecht macht.

Gutenbergs Leistung ist im Verlaufe der Geschichte denn auch verschieden bewertet worden. *Martin Luther* nannte die Druckerei «das höchste und äusserste Gnadengeschenk, durch welches Gott die Sache des Evangelii forttreibet». Der grosse französische Schriftsteller *Victor Hugo* (1802–1885) sah in der Erfindung der Buchdruckerkunst gar schlicht «das grösste Ereignis der Weltgeschichte». Für den Drucktechnik-Historiker *Hans-Jürgen Wolf* ist *Gutenberg* demgegenüber nicht mehr als ein geschickter «Verfahrenstechniker».

Ein faires Urteil wird berücksichtigen, dass *Gutenberg* – möglicherweise just weil er als Aussenseiter in die Reproduktionstätigkeit der Berufsschreiber einbrach – sich sein neues Handwerk von Grund auf selbst erarbeitete und es darin auch zu praktischer Meisterschaft brachte. Er hat nämlich nicht nur eine für seine Zwecke geeignete Presse bauen lassen und speziell für sein Druckverfahren eine neue Farbe aus Russ und Öl (die «Druckerschwärze») erfunden; er war auch als Satzgiesser, Schriftenmacher und Buchgestalter bereits einsame Spitze.

Der pingelige Handwerksmeister begnügte sich nicht damit, bloss die Buchstaben des Alphabets für seine Bibeldrucke zu giessen. Er stellte überdies ein riesiges Inventar von verbundenen Zeichen und Abkürzungen bereit, die es ihm ermöglichten, ein geschlossenes Schriftbild, das sich durchaus mit den kostbaren Handschriften der damaligen «Profis» vergleichen liess, herzustellen. Insgesamt hat man nicht weniger als 290 verschiedene Zeichen nachweisen können, deren sich seine Setzer bedienen mussten!

Die eigentliche Wertung der Leistung *Gutenbergs* wird aber weniger auf die Erfindung selbst als vielmehr auf deren Wirkungen abstellen. Und hier besteht Einvernehmen in der Fachwelt: Die Druckkunst läutete im ganzen Abendland ein neues Zeitalter ein.

Dafür ist *Gutenberg* allerdings nicht allein verantwortlich. Der «ehrsame Meister» (so nennt ihn der einzige erhaltene Hinweis auf sein Todesdatum) ist 1468 in Mainz verschuldet und vergessen gestorben.

Das entscheidende Jahr ist 1462. Bis zu diesem Zeitpunkt ist das Drucken eine Mainzer Spezialität geblieben. Die Drucker haben sich auch gehütet, das Geheimnis ihrer Technik preiszugeben. 1459 aber gibt es Streit zwischen dem Mainzer Erzbischof *Diether von Isenburg* mit Kaiser und Papst. Der Papst setzt *Isenburg* ab und erklärt den Grafen *Adolf von Nassau* zum neuen Kurfürsten und Erzbischof. Viele ein-

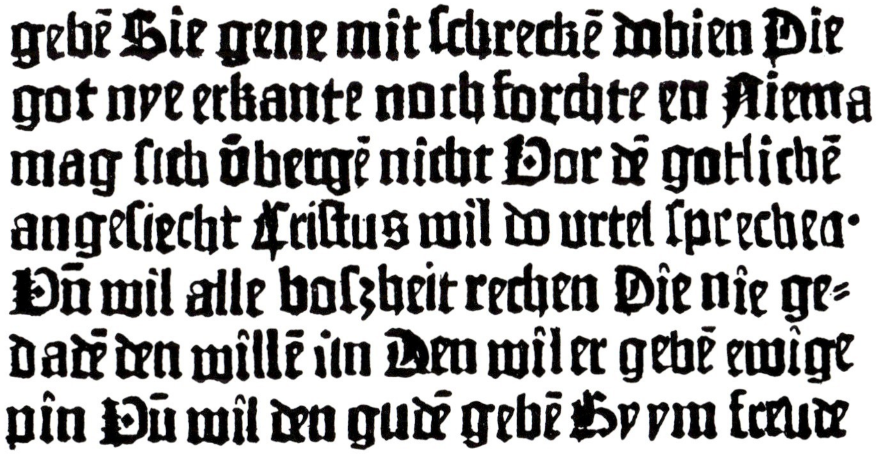
gebē Sie gene mit schreckē dobien Die
got nye erkante noch forchte en Niema
mag sich übergē nicht Vor dē gotlichē
angesiecht Cristus wil do urtel sprechen·
Vñ wil alle boszheit rechen Die nie ge=
dadē den willē iln Den wil er gebē ewige
pin Vñ wil den gudē gebē Hymelreich

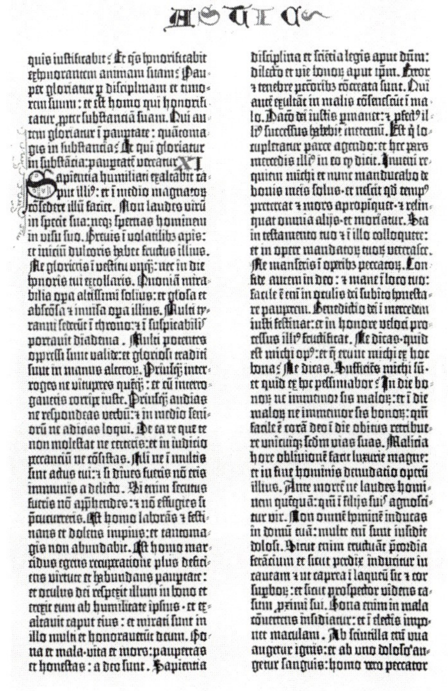

Die frühesten Druckwerke der Weltgeschichte sind auf diesen Seiten abgebildet. Die älteste datierte und gedruckte Buchrolle stammt aus den legendären Höhlen von Dun-huang im chinesischen Turkestan. Sie ist 5 Meter lang und wurde im Jahre 868 gedruckt. Das «Fragment vom Weltgericht» (Mitte) gilt als der älteste mit einzeln gegossenen Metallbuchstaben hergestellte Druck der Welt. Das einzige erhaltene Exemplar wird im Mainzer Gutenberg-Museum aufbewahrt und stammt etwa aus dem Jahre 1445. Es wurde erst 1892 in Mainz entdeckt und weist noch eine sehr unregelmässige Linienführung der Buchstaben auf: Gutenberg goss seine Buchstaben noch nicht mit der Präzision, die dann sein Meisterwerk, die 42zeilige Bibel aus dem Jahre 1457 (rechts) auszeichnete.

Der Schrifftgiesser.

Ich geuß die Schrifft zu der Druckrey
Gemacht auß Wißmat/Zin vnd Bley/
Die kan ich auch gerecht justiern/
Die Buchstaben zusammn ordniern
Lateinisch vnd Teutscher Geschrifft
Was auch die Griechisch Sprach antrifft
Mit Versalen/ Puncten vnd Zügn
Daß sie zu der Truckrey sich fügen.

In seinem berühmten «Ständebuch» aus dem Jahre 1568 beschrieb der Dichter Hans Sachs (1494–1576) nicht nur sämtliche Berufe im Bereich der Druckkunst, er illustrierte es auch mit zeitgenössischen Holzschnitten von Jost Ammann. Das Giessen von Einzelbuchstaben mit dem Handgussinstrument war die eigentliche neue Erfindung von Johann Gutenberg.

gesessene Mainzer Bürger unterstützen aber nach wie vor den alten Erzbischof, darunter auch *Gutenberg,* der für *Isenburg* sogar ein Flugblatt druckt. Den Schutzvertrag zwischen *Isenburg* und Mainz nimmt Graf *Adolf* Ende 1461 nun zum Vorwand für einen wahren Amoklauf. Mordend und brandschatzend durchstreifen seine Horden die Druckermetropole. 400 Männer kommen bei dem Massaker um, zahlreiche Häuser gehen in Flammen auf, die Stadt verliert für immer ihre alten Freiheiten. *Adolf von Nassau* vertreibt alle ihm feindlich gesinnten Männer aus der Stadt. Auch *Johannes Gutenberg* gehört, wahrscheinlich mitsamt Verwandten und Mitarbeitern, zu den Verbannten.

Aber gerade deshalb wird der kriegerische Kirchenmann nun zum unfreiwilligen Urheber der wie ein Flächenbrand einsetzenden Verbreitung der Druckkunst. Denn wenn sich *Adolf von Nassau* auch rasch wieder die Gunst der Vertriebenen zu erwerben sucht und bald einmal reumütig *Gutenberg* sogar zu seinem Hofmann ernennt (was dem Erfinder der Druckkunst zum mindesten den materiellen Lebensunterhalt an Nahrung und Kleidung für den Rest seines Lebens sichert) – des Meisters Gesellen ziehen es vor, in andern Städten ihr Gewerbe auf eigene Faust weiter zu führen.

Und damit wird die Druckkunst zum öffentlichen Handwerk – und zwar sehr schnell, wenn man bedenkt, dass die Drucker auf ihre Reise höchstens die Buchstabenformen aus Hartmetall mitnehmen können. Die Pressen müssen sie sich am neuen Ort bauen lassen. Da dies eine relativ kostspielige Angelegenheit ist (*Gutenberg* selbst hat sich dafür ein Vermögen von seinem Partner *Fust* borgen müssen), richten sich die Wege der ausschwärmenden Drukker natürlich vor allem nach den grösseren Städten des Reiches.

Sie drucken alles, was ihnen in die Hände gerät ...

Deutschland ist zu jener Zeit ein zersplittertes Gebilde mit insgesamt an die 20 Millionen Einwohnern. Etwa ein Viertel davon lebt bereits in Städten, deren grösste, Augsburg, allerdings nicht mehr als 50 000 Einwohner zählt. Daneben ragen Köln, Magdeburg, Strassburg, Breslau, Frankfurt, Ulm, Regensburg, Speyer, Worms und Mainz mit je über 10 000 Seelen heraus. In diesem Städtenetz verbreitet sich die Druckkunst nun innerhalb weniger Jahre.

Bereits im Jahre 1464 ist der erste Drucker in Köln bezeugt. Er hat sein Handwerk bei *Fusts* Schwiegersohn *Peter Schöffer* (dem ursprünglichen Betriebsleiter *Gutenbergs*) in Mainz erlernt und wird in den Akten der Universität genannt. Köln besitzt ausgezeichnete Beziehungen zu den Niederlanden. Von hier aus gelangt die Druckkunst ins nördliche Europa.

Im flandrischen Brügge lernt auch der erste Drucker der Briten, der Hof- und Kaufmann *William Caxton,* die neue Reproduktionstechnik kennen. (Viele Engländer halten *Caxton* heute noch für den Erfinder der Druckkunst.) Er etabliert sich zuerst in Westminster, später in der *Fleet Street,* die sich zum Zentrum der Buchhändler und Zeitungsmacher Englands entwickelt.

Bedeutsamer sind die Ausstrahlungen gegen Süden. Vor allem Augsburg unterhält rege Beziehungen mit der Hafenstadt Venedig, dem damaligen kulturellen Zentrum Europas. Dahin wandern nun viele Jünger *Gutenbergs.*

Bald finden sich Druckereien überall in Europa. Belegt sind u.a. Strassburg (bereits 1460), Köln und Subiaco (1465), Rom (1467), Augsburg (1468), Nürnberg und Venedig (1469), Basel, Paris und Utrecht (1470), die meisten grösseren Städte Italiens (ab 1471), Barcelona, Budapest, Lyon, Krakau, Valencia (1473), Westminster (1476), Genf und Oxford (1478), Zürich (1479), München und Wien (1482), Stockholm (1483) usw. Bereits 1539 besitzt Mexico-City die erste aussereuropäische Druckerei, 100 Jahre später erst folgt Amerika.

Ums Jahr 1500 gibt es in Europa rund 260 Druckereien. Davon stehen allein 150 in Venedig. Sie drucken bis zu diesem Zeitpunkt über 40 000 verschiedene Bücher – insgesamt an die 20 Millionen Exemplare. Man nennt diese Bücher heute *Inkunabeln* («Wiegendrucke»), weil sie sozusagen in der Wiege der Buchdruckerkunst entstanden sind. Ihre Auflage übersteigt selten die Zahl von 300 Exemplaren; viele sind bereits mit der älteren Form des Drucks – dem Holzschnitt – angereichert: Die Symbiose von Bild und Text ist keine Erfindung der Illustriertenmacher! Von der Jahrhundertwende an wird es sogar üblich, die Bücher mit einem fein ausgearbeiteten Titel-Holzschnitt auszustatten.

Die vielen Druckereien setzen den alten Schreibern mächtig zu. Man hat geschätzt, dass die neue Kunst im gesamten römischen Reich 40 000 Schreiber arbeitslos machte. Der grosse Drucker *Aldus Manutius* erkennt den Markt für kleinere und deshalb billigere Bücher und druckt Auflagen bis zu 1000 Stück. So beschäftigt ist der wahrscheinlich meistbeschäftigte Drucker der Christenheit, dass er an seinem Laden ein Schild anbringt, auf dem das Wortspiel steht: «Wenn du mit Aldus sprechen willst, beeile dich – die Zeit drückt/druckt.» Einfache Drucke sind schon in jener Zeit 20- bis 30mal billiger als Handschriften. Luxusbibeln kosten lediglich noch etwa ein Zehntel im Vergleich zu handgeschriebenen – und sind erst noch ein gutes Geschäft: Man hat berechnet, dass *Gutenberg* mit seiner 42zeiligen Bibel einen Gewinn von mindestens 200 Prozent erwirtschaftet hat.

Da können die Hand-Schreiber natürlich nicht mithalten. Wenn sie nicht selber Drucker werden, spezialisieren sie sich auf die Ausschmückung der gedruckten Bücher. Aber selbst damit ist auf die Länge kein Staat mehr zu machen. Schon 1480 klagt der berühmte Schreiber *Antonio Sinibaldi,* er habe durch die Erfindung des Druckens soviel Aufträge verloren, dass er sich kaum noch Kleider kaufen könne...

So wenig wie es zu Beginn des Computerzeitalters etwa schon Datenschutzgesetze gab, so wenig wird zu Beginn der maschinellen Textvervielfältigung die Tätigkeit der Drucker durch urheberrechtliche Bestimmungen eingeschränkt. Honorare an Autoren kennt man damals überhaupt noch nicht – im Blickpunkt des Interesses steht ja immer noch das alte Ziel des «Wiederherstellens» einer Bibliothek.

Und so wird, 16 Stunden täglich während 6 Tagen in der Woche, gedruckt, was die Pressen halten – bald einmal mehr, als selbst den druckfreundlichen Reformatoren lieb ist. «Es ist die ganze Welt auf Kaufen und Verkaufen eingestellt», schimpft etwa der Prediger *Johann Eberlin von Günzburg* im Jahre 1524. «Schau nur, wie unbedacht die Drucker sich auf die Bücher stürzen; ob sie gut oder böse seien, sie drucken alles – Schandbücher, Buhlbücher, was ihnen in die Hände gerät und dem Säkkel zuträglich ist und dem Leser Geld rauben kann!» Auch *Martin Luther* beklagt sich in einer «Warnung» in seiner 1541 gedruckten Bibel über die «raffgierigen und räuberischen Nachdrucker», und noch 1625 stöhnt der englische Satiriker *George Wither:* «Wenn so ein Kerl etwas in die Hände kriegt, das sich verkaufen lässt, dann druckt er es, ob der Autor will oder nicht.»

Ein Inventar der Titel, die in dieser Anfangsphase unter die Pressen geraten, beweist, dass in jener Zeit ein gewaltiger Hunger nach Lesestoff geherrscht haben muss. Neben theologischen, juristischen und den klassischen antiken Schriften sind Lexika beliebt (schon *Gutenberg* druckt das berühmte *Catholicon*), daneben lateinische Wörterbücher, Kalender (neben den Flugblättern die frühesten Vorläufer der Zeitungen, die periodisch erscheinen und – wie heute noch viele Presseerzeugnisse – «Lebenshilfe» in Form von Gesundheitsregeln, Wetterbeobachtungen u.a. anbieten), aber auch spätmittelalterliche und zeitgenössische Schriftsteller wie *Dante, Petrarca, Boccaccio, Rabelais, Erasmus* oder *Chaucer* sowie Reiseführer, Ritterromane, Totentänze und Arzneibücher. Auch volkstümliche Lesebücher, in denen die Texte verschiedener Verfasser vereinigt sind, gibt es schon zu jener Zeit – ein wichtiger Beweis für die sich ausbreitende Lesefähigkeit des breiten Publikums. Bis 1500 erscheinen ein Viertel aller Bücher bereits in Nationalsprachen – erstaunlich viel, wenn man berücksichtigt, dass sich lateinische Werke natürlich in ganz Europa verkaufen lassen. Die Drucker machen sich, kurz gesagt, schon in den ersten 50 Jahren ihres Wirkens daran, die gesamte Wissenschaft und Unterhaltung der damaligen Zeit zu vermarkten und zu verbreiten. Das Buch wird zum ersten Medium moderner Massenkommunikation.

Und darin dürfte auch die wichtigste kulturhistorische Bedeutung der neuen Technologie liegen...

Der grosse deutsche Reformator Martin Luther (1483 –1546) trug entscheidend zur Verbreitung des Druckergewerbes bei: Seine Schriften verkauften sich ausgezeichnet...

500 Jahre Drucktechnik

In der ältesten bekannten Darstellung einer Druckereiwerkstatt aus dem Jahre 1499 ist die Arbeitsteiluung zwischen dem (sitzenden) Setzer und den beiden Druckern an der Presse bereits klar ersichtlich. Ein Buchladen gehört zur Druckerei. Der zeittypische Totentanz stammt aus Lyon.

Fast 300 Jahre nach Gutenberg sieht eine Druckereiwerkstatt noch nicht viel anders aus. Links erkennt man die (jetzt stehenden) Setzer, rechts die Drucker, vorne die beschwerten Druckbogen, im Hintergrund den Prinzipal, der mit einem Kunden verhandelt. Selbst der Druckerballen, mit dem die fertig gesetzte Seite eingerieben wird, hat sich nicht verändert.

Dieses Neujahrsblatt eines deutschen Druckers zeigt, wie eine Zeitungsdruckerei noch vor der Entstehung der Tageszeitung funktionierte. Der Mann links vorne steht vor einer Truhe, in der das kostbare «Privileg» (die Druckerlaubnis) aufbewahrt wird. Die Herren links hinten halten eine Redaktionskonferenz ab, der Chefredakteur (hinten Mitte), dem eben ein Bote einen Brief bringt, ist am Redigieren. Im Hintergrund sieht man weiter den Setzer und die Drucker, rechts vorne verkauft der Zeitungshändler einem Kunden das neuste Blatt. Der Mann in der Mitte ist der Verleger: Die Narrenkappe verweist darauf, dass er – wie ein Narr – die unbequeme Wahrheit sagt. Der Holzschnitt stammt aus dem Jahre 1631 (Ort unbekannt).

Dieser Stich aus dem Jahre 1831 zeigt eine frühe Stanhope-Presse, die wahrscheinlich schon vor 1800 entstanden ist. Sie ist ganz aus Metall gefertigt. Sinnreiche Hebelkonstruktionen erleichtern dem Drucker (ein Mann genügt jetzt) die Arbeit. Mit der Stanhope-Presse erreichten die Handpressen ihre höchste Stufe vor der Einführung der dampfgetriebenen Schnellpressen Koenigs.

In dieser Druckerei aus der Mitte des 19. Jahrhunderts wird die menschliche Muskelkraft nun bereits durch Dampfmaschinen ergänzt. Mächtige Treibriemen deuten auf ihre Verwendung hin. Frauen – die im Druckereigewerbe schon früh auch als Verlegerinnen auftraten – konnten nun auch an den Maschinen eingesetzt werden.

Und so sieht es in einer modernen Offsetrotationsdruckerei aus. Solche Maschinen drucken auf endlose Papierrollen mit Auflagen von 20 000 Exemplaren pro Stunde. Zum Vergleich: Die «Totentanz»-Drucker schafften kaum ein Hundertstel dieser Menge!

Die Drucktechnik wird zur politischen Waffe

Die Mitte des zweiten Jahrtausends ist eine gewaltige Zeit des Umbruchs. Das mittelalterliche Feudalsystem beginnt sich aufzulösen, die Autorität des Papstes wird angezweifelt, Städte stehen in Fehde mit den Fürsten, die Bauern werden aufmüpfig und beginnen sich für ihre Rechte einzusetzen. Die entstehende «Erwachsenenwelt» der Lesefähigen entdeckt die Lektüre als Zugang zu einer neuen Welt – einer Welt der Vergangenheit und des Anderswo. Eine ganze Bevölkerungsschicht geht auf Entdeckungsreise.

Neue Welten tun sich auf – geistige und geografische: 1492 entdeckt *Kolumbus* Amerika (weil er, der gelernte Buchhändler (!), mit einem gedruckten Buch den Seeweg nach Indien berechnet), 1498 findet *Vasco da Gama* den Seeweg nach Ostindien, 1500 entdeckt *Cabral* Brasilien (einer der frühesten Drucke mit dem Titel «Newe Zeitung» berichtet darüber), *Cortez* erobert 1519 Mexiko, *Pizarro* 1531 Peru. 1522 beendet *Magalhães* seine kühne Weltumseglung.

«O saeculum! O literae! Iuvat vivere!» ruft ein begeisterter *Ulrich von Hutten* (1488-1523) in einem vielzitierten Brief aus. «O Jahrhundert, o Wissenschaften, es ist eine Lust zu leben, wenn auch noch nicht, sich zur Ruhe zu setzen. Es blühen die Studien, die Geister regen sich! Du, nimm den Strick, Barbarei, und mache dich auf Verbannung gefasst!»

Der Ausspruch ist ein Widerhall eines neuen Lebensgefühls, für das die neue Reproduktionstechnologie an vorderster Stelle mitverantwortlich erscheint: Der Druck verbreitet nicht nur bekanntes Wissen – er macht es auch unabhängiger vom Besitzer der «Schriften».

Zum Reiz des Neuen, der sicherlich jener ersten Medienrevolution mindestens ebensosehr anhaftete wie später der Einführung von Zeitung, Radio, Fernsehen und Computer, gesellt sich ein Demokratisierungseffekt: Schriftgut wird allgemeiner zugänglich. Texte sind mit einem Mal nicht mehr blosse Abschriften von schriftlichen Denkmälern, die einfach darauf warten, immer und immer wieder kopiert zu werden. Das Zeitalter der Wiederherstellung der alexandrischen Bibliothek ist vorbei – in der Epoche *Gutenbergs* werden *neue* Bücher geschrieben. Nur noch etwa bis ins Jahr 1700 vermögen die klassischen und mittelalterlichen Titel den neuen Werken auflagenmässig die Stange zu halten.

Damit wird das Buch vom Schmuck- und Kultobjekt zum Gebrauchsgegenstand. Schriftlich Niedergelegtes, bislang im Grunde bloss vor allen Dingen zum Vorlesen bestimmte «gefrorene» Sprache, wird zum Text – zur käuflichen und verkäuflichen Ware. Ein bezeichnendes Detail: Man legt Bücher jetzt auch nicht mehr hin, sondern stellt sie auf...

Das früher kostbare Bild sinkt zur bloss informativen Illustration herab – wenn es nicht überhaupt für eine Weile aus den gedruckten Texten verschwindet. Denn die *Druck*kultur ist auch in erster Linie eine *Text*kultur: Reizvoll und neu sind die vielen Buchstaben, und wer «in» sein will, der hascht vorerst einmal vorab nach Text und nicht nach den als *passé* empfundenen Bildern, die ja auch Analphabeten «lesen» können.

Die demokratisierende Kraft, die dem Druck innewohnt, zeitigt in der zweiten und dritten Druckergeneration (das Handwerk hat sich mittlerweile etabliert) vor allem im kirchenpolitischen Bereich Folgen. Die Macht der Herrschenden in Kirche und Staat gründete bis dahin nicht zuletzt auf ein seit den Römerzeiten entwickeltes Kommunikationssystem, von dem die breite Bevölkerung absolut ausgeschlossen war. Nachrichten wanderten via Sendboten von Hof zu Hof und sickerten von Rom aus die klerikale Hierarchie herunter.

Die Reformation zerreisst dieses umgreifende Band, das die Kirche zusammenhält. Der Druck lässt es zu, dass plötzlich konkurrierende Nachrichtensysteme entstehen, die der Macht der Kirche und der weltlichen Herrscher zu entgleiten drohen.

Vor allem *Martin Luther* ist nicht denkbar ohne die Druckkunst. Er ist der erste prominente Beweis dafür, wie die neue Reproduktionstechnik Mächtige und Ohnmächtige zu beeinflussen vermag – allein kraft der Vervielfältigung des geschriebenen Wortes.

Dank des neuen Verfahrens kann der grosse Reformator Hunderttausende ansprechen. Die berühmten Thesen wider den Ablass, die er am 31. Oktober 1517 an das Portal der Schlosskirche von Wittenberg heftet, verbreiten sich dank der Druckereien innerhalb von 14 Tagen in ganz Deutschland.

Im Jahre 1522 erscheint erstmals *Luthers* Übersetzung des Neuen Testaments. Sie erreicht eine Gesamtauflage von über 200 000 Exemplaren. Vorausgegangen sind eine Reihe von Schriften, mit denen sich der Papstkritiker als Autor einen Namen geschaffen hat. «Unsere Exemplare haben wir bis auf zehn sämtliche verkauft, mit keinem Buche haben wir je ein besseres Geschäft gemacht», schreibt ihm sein Drucker.

An die Stelle beschaulicher Kontemplation tritt in der Reformation auch bereits aktualitätsbezogene Propaganda und Agitation. Pamphlete und Flugschriften, oft nur Einblattdrucke, die vor allem an Messen und Märkten durch fliegende Händler verkauft werden und die neben ketzerischem Gedankengut oft auch bloss reine Sensationsmeldungen enthalten, überfluten das Reich. Die Anzahl der Titel schnellt mit der Reformation in die Höhe: Die Druckwerke werden immer kürzer und zahlreicher.

Dafür sorgt vor allem *Luther* selbst. 1519 wurden noch 11 neue Titel registriert. 1523 sind es 498 – davon stammen 418 von *Luther* und seinen Gegnern. Binnen kurzer Zeit verdreifacht sich die deutschsprachige Produktion. *Erasmus*, der für ein internationales Publikum lateinisch schreibt, rümpft indigniert die Nase: «Die schreiben alles deutsch», notiert er in seinem Brief an einen römischen Prälaten. «Wir haben es mit der Masse zu tun.»

Man hat geschätzt, dass in der Zeit zwischen 1518 und 1523 über 3000 Flugschriften erschienen sind. Sie zeugen davon, dass der eigentliche Vorteil des Druckens, die rasche Vervielfältigung, nun voll im Sinne aktueller (wenn auch noch nicht periodischer) Information genutzt wird. Der Druck dieser weniger umfangreichen Streitschriften und Einzelblattdrucke muss die Druckereien damals dermassen in Beschlag genommen haben, dass sie für ihr ursprüngliches Geschäft, den Buchdruck, kaum mehr Zeit hatten. «So liegt leider aller Bücherverkauf in diesen betrübten Zeiten also ganz danie-

der», klagt der Strassburger Prediger *Martin Butzer* 1547.

Man hat die Reformation eine «Buchbewegung» genannt. Vom Medium her gesehen ist sie eher eine Pamphletbewegung. Richtig an der Feststellung ist aber, dass die Reformation die erste gesellschaftliche Umwälzung ist, die ohne die (Buch-)Drucktechnik undenkbar wäre: Mit der Reformation wurde das geschriebene, mechanisch vervielfältigte Wort zu einer politischen Waffe, die für die uralte Rhetorik wie ein gewaltiger Lautsprecher wirkte.

Erst jetzt (immerhin sind schon fast hundert Jahre seit *Gutenbergs* ersten Druckversuchen vergangen) entdecken die Drucker auch die politische Bedeutung ihres Gewerbes. Mit der Nutzung der Möglichkeit, Texte schnell und präzise zu vervielfältigen und zu verkaufen, wird ein erster journalistischer Wert der Druckkunst sichtbar: die Aktualität. In diesem Sinne sind die Flugschriften und Pamphlete, die seit dem Ende des 15. Jahrhunderts, vor allem aber seit dem Thesenanschlag *Luthers,* Deutschland überschwemmen, die ersten Vorboten der modernen Presse.

Die Rückbesinnung auf den (deutschen) Bibeltext und die unter Protestanten nun üblich werdende Gewohnheit, täglich die Bibel im Familienkreis zu lesen (oder vorzulesen), wird überdies zu einem mächtigen Förderer der Lesefähigkeit. Dank dieser Gewohnheit war der Schritt zum belehrenden Roman, der dann im 18. Jahrhundert vorab in Deutschland und in England die Blüte der Literatur einläutete, relativ klein, und auch das Zeitungslesen (meist in Gesellschaft) wird bald einmal zur alltäglichen Beschäftigung.

Die kolorierte Radierung von Christian Ernst Stoelzel aus dem Jahre 1832 zeigt eine sogenannte «Zeitungslesegesellschaft» in einem ländlichen Wirtshaus. Die Erfindung der Drucktechnik bringt nicht nur die tägliche Bibellektüre in die Familie – auch andere Druckerzeugnisse überschwemmen bald einmal Stadt und Land.

Die grossen Namen in der Druckgeschichte

Pi Sheng (11. Jahrhundert)

Der chinesische Vorläufer Gutenbergs ist eigentlich Schmied von Beruf. Er modelliert in der Zeit von 1041 bis 1049 erstmals Schriftzeichen in Ton, brennt sie und klebt sie der Reihe nach auf eine Platte. Den Satz überstreicht er mit Tusche und reibt dann ein Papier darauf ab. Uigurische Drucker ersetzen den Ton im 13. Jahrhundert durch Zinn. Die Koreaner richten 50 Jahre vor Gutenberg die erste staatliche Schriftgiesserei ein, die den Druck von Büchern in Massen erstmals möglich macht. Gutenberg hat diese Arbeiten aber kaum gekannt.

Johannes Gutenberg (um 1397–1468)

Über das Leben des angeblichen «Erfinders des Druckens» sind mit Sicherheit mehr Legenden als Fakten im Umlauf: In Wirklichkeit war jener Johannes mit Vaternamen Gensfleisch, der sich nach seinem Haus «zum Gutenberg» nannte, ein sinnreicher Goldschmied, der ein neues Gerät zum Giessen von einzelnen Buchstaben erfand und im übrigen damals bereits bekannte Techniken zu einem neuen Wirtschaftszweig kombinierte.
Die biografisch gesicherten Daten lassen sich vor allem aus insgesamt 33 Archivakten ablesen – so aus seinem gerichtsnotorischen Streit mit Johannes Fust. Über seine Jugend, über seinen Tod, über seine Familie und über seinen Betrieb dagegen ist wenig bekannt. Kein einziger der ihm zugeschriebenen Drucke nennt seinen Namen, und selbst sein Aussehen ist im Dunstschleier der Vergangenheit verschwunden. Das früheste Bildnis mit dem legendären Rauschebart, der in den meisten späteren Porträts wiederkehrt (vgl. Kapitelanfang), stammt aus dem Jahre 1584 und ist mit Sicherheit falsch: Ein langer Bart war Zeichen eines Pilgers oder Juden. Gutenberg aber war ein Mainzer Patrizier.
Spätestens von 1434 an hält er sich (bis 1444) in Strassburg auf. Hier schliesst er 1438 einen Gesellschaftsvertrag zum Zwekke einer von ihm bislang geheimgehaltenen Kunst, zu der er Blei und Pressen braucht. Gutenberg hat die Buchdruckerei also wohl schon ab 1436 im Elsass betrieben. Sein bedeutendstes Werk, die 42zeilige lateinische Bibel (46 sind erhalten) stellt er aber eindeutig erst her, als er wieder nach Mainz zurückgekehrt ist – in den Jahren 1452–1455. Sein Betrieb muss damals schon eine kleine Fabrik gewesen sein: Gutenberg beschäftigt eine ganze Reihe von Gesellen.
Daneben druckt er Psalterbücher, Kalender, lateinische Schulgrammatiken und Ablassbriefe. Der Prozess gegen seinen Darlehensgeber Johannes Fust muss ihm den Lebensabend gründlich vermiest haben. Möglicherweise erblindet, stirbt Gutenberg am 3. Februar 1468, ohne Nachkommen zu hinterlassen.

Johannes Fust (um 1400–1466)

Der Mainzer Bankier leiht Gutenberg ums Jahr 1450 die für damalige Verhältnisse riesige Summe von 800 Gulden (damit konnte man 100 Ochsen kaufen). Fünf Jahre später fordert er die Summe in einem Prozess, dessen Akten zum Teil erhalten sind, zurück. Gutenberg will mit dem Geld Pergament und Tinten kaufen und seine Geräte fertigstellen, kommt aber mit der Summe nicht aus. Eine zweite, ebenso hohe Rate gibt Fust nur unter der Bedingung, Teilhaber zu werden. Während der folgenden drei Jahre druckt Gutenberg seine berühmte 42zeilige Bibel. Dann kommt es zum Streit. Fust, der das Geld seinerseits geborgt hat, gewinnt den Prozess im wesentlichen: Die Druckerei geht an ihn über. Gutenbergs Zahlungsunfähigkeit ist 1458 aktenkundig. Mit seinem Schwiegersohn Peter Schöffer führt Fust das Unternehmen erfolgreich weiter. Die beiden drucken bereits zweifarbig. Die Geschichte sieht in Fust einen Profiteur: Kaum war Gutenbergs Erfindung fertig und leistungsfähig, riss Fust sie an sich.

William Caxton (1424–1491)

Der Präsident der englischen Handelsgesellschaft in Brügge (Flandern) gehört zum Hof einer mit dem Burgunderherzog Karl dem Kühnen verheirateten englischen Prinzessin. Hier hat er Zugang zu einer exzellenten Bibliothek. Auf diplomatischen Missionen in Köln erlernt er selbst das Druckerhandwerk und führt es 1476 in England ein, wo er in Westminster bei London bis zu seinem Tode eine Werkstatt betreibt. 20 seiner 700 Bücher übersetzt Caxton selbst und leistet damit einen wichtigen Beitrag zur Entstehung der englischen Schriftsprache.

Anton Koberger (um 1445–1513)

Der grösste Drucker/Verleger des 15. Jahrhunderts in Deutschland ist in Nürnberg zu Hause, das zu jener Zeit etwa 20 000 Einwohner zählt und als «heimliche Hauptstadt» des Deutschen Reiches gilt. In seiner Druckerei arbeiten an 24 Pressen bereits mehr als 100 Mitarbeiter. Der erste Grossunternehmer in der langen Geschichte der «Medienmultis» druckt seine Bücher mit schönen Holzschnitten, so auch seine deutsche Bibel aus dem Jahre 1483 oder die berühmte Weltchronik von Hartmann Schedel (1493).

Aldus Manutius (1449–1515)

Neben Koberger der grösste Drucker seiner Zeit in der damaligen europäischen Metropole Venedig. Er schafft die (schräge) Kursivschrift, die ersten Bücher in Taschenbuchgrösse (dem 22,5 cm hohen Oktavformat) und wird berühmt durch den Druck der antiken Klassiker.

Christoph Plantin (1520–1589)

Die Druckerei, die der gebürtige Franzose 1555 in Antwerpen gründet, gehört bis zur industriellen Revolution zu den grössten Europas. Plantin druckt mit 150 Arbeitern und 22 Pressen mehr als tausend Werke, unter anderem eine legendäre fünfsprachige Bibel. Mit Anton Koberger gehört er zu den ersten industriellen Druckern. Zeitgenossen rühmen seine Druckerei als «achtes Weltwunder».

Willem Janszoon Blaeu (1571–1638)

Bedeutender holländischer Kartograph und Drucker. Der Freund des legendären Astronomen Tycho Brahe bringt bedeutsame Verbesserungen an den Gutenbergschen Holzpressen an: Eine konvexe metallische Platte und ein Gegengewicht erleichtern die Arbeit, weil der federnde Druck nicht mehr so viel Kraft benötigt. Der Bengel schnellt von nun an von selbst nach oben. Blaeu ersetzt auch andere Teile der Druckerpresse durch Metall. Ein Grossbrand und die Versteigerung seiner Bücher zur Schuldendeckung verbittern den genialen Tüftler.

François D. Didot (1689–1757)

Stammvater der grössten Druckerdynastie Frankreichs im 18. Jahrhundert. Sein ältester Sohn François Ambroise (1730–1804) perfektioniert das bis zum elektronischen Satz gültige typografische Masssystem (Didotpunkt), dessen Bruder Firmin (1764–1836) kreiert eine Schrift mit dem

DIDOT

Familiennamen, Enkel Pierre (1761–1853) tut sich als Chef der Königlichen Druckerei im Louvre und – neben Bodoni – als europäischer Erstklassdrucker hervor. Die Familie Didot war auch im Buchhandel und in der Papierherstellung tätig. In ihrer Fabrik wurde das endlose Maschinenpapier (Rollenpapier) erfunden.

William Ged (1690–1747)

Der Edinburger Goldschmied erfindet die «Stereotypie»: Er stellt aus handgesetzten Druckvorlagen Gipsabgüsse her, mit denen er später weitere gleiche Druckvorlagen giessen kann. So spart er sich mehrfaches Setzen bei späteren Neuauflagen. Sein erstes Werk nach diesem Verfahren muss Ged aus Furcht vor den «Profis» heimlich drukken. Das Prinzip wird von Stanhope weiterentwickelt. Als der Gips (erstmals 1829 von Claude Genoux) durch biegsamen Karton ersetzt wird, können aus diesen flachen Satzvorlagen («Matern») auch runde Zylinderdruckvorlagen für Rotationsmaschinen hergestellt werden. Dies ermöglicht den Rotationsdruck.

Giambattista Bodoni (1740–1813)

Der Enkel einer Druckerfamilie wird herzoglicher Schriftgiesser und Drucker am Hofe von Parma. Er gibt einer heute noch gebräuchlichen Schrift seinen Namen und gilt zu seiner Zeit als König der Drucker.

Charles Earl Stanhope (1753–1816)

Der englische Konstrukteur zeichnet für eine Reihe von wichtigen technischen Erfindungen vor der Entwicklung der dampfgetriebenen Schnellpresse durch Friedrich Gottlob Koenig verantwortlich. So baut er die erste ganzmetallische Presse, bewegt die Schraube mit einem doppelten «Kniehebel» (was die Druckarbeit wesentlich erleichtert) und konstruiert grössere Druckflächen (was vor allem für den Zeitungsdruck

von Bedeutung ist). Die Stanhope-Pressen werden sehr beliebt und sind seit 1789 auch in den USA verbreitet. Lord Stanhope gelingt es 1804 auch, druckfähige Platten aus Gipsmatrizen zu gewinnen.

Friedrich Gottlob Koenig (1774–1833)

Der gelernte Drucker und Setzer aus Eisleben im Harz bildet sich schon während der Lehrzeit in Leipzig selber in Mathematik, Mechanik und Naturwissenschaften aus. 1802 macht er sich selbständig und geht daran, die grösste Revolution in der Vervielfältigungstechnik seit Gutenberg in Gang zu setzen: die Erfindung der automatisierten, ganzmetallischen Schnellpresse.
Das technologisch rückständige Deutschland, in dem man zudem keine Erfindungen patentieren kann, nervt Koenig zusehends. 1806 setzt er sich, nachdem er in ganz Europa vergeblich Partner gesucht hat, völlig mittellos nach London ab. «Ich habe die ganze Bitterkeit des menschlichen Schicksals kennengelernt», schreibt er seiner Mutter.
Er arbeitet zunächst in einer Buchhandlung, kann aber schon nach einem Jahr den Drukkereibesitzer Thomas Bensley und einen deutschen Freund (Friedrich Andreas Bauer) als Partner gewinnen.
Statt eines flachen Tiegels verwendet Koenig für seine erfolgreiche Maschine, die er 1814 bei der Londoner «Times» aufstellt (das Patent hat er seit 1811), Zylinder (Walzen) und verbindet sie mit einer Dampfmaschine. Die Walzen sind bloss Pressen – die Druckform mit den Buchstaben bleibt flach. Koenig erhält zwar auch ein Patent für eine Zylindermaschine, bei der die Buchstaben auf der Walze sitzen. Aber die Konstruktion misslingt.
Bensley macht in der Folge Koenig Schwierigkeiten, weil er Konkurrenz durch weitere Koenig-Maschinen befürchtet. 1817 kehrt der Erfinder verärgert in seine Heimat zurück, um nun dort zu versuchen, die Maschinendruckerei aufzubauen. Nach jahrelangem Bemühen nimmt die erste deutsche Druckmaschine 1823 im Kloster Oberzell bei Würzburg endlich ihren Betrieb auf. Die französische Bürgerrevolution von 1830 freilich bringt erneut einen Rückschlag: Die Maschinen werden vielerorts zerstört, viele Drucker und Setzer verlieren ihren Arbeitsplatz. Mitten in dieser Krise stirbt Koenig. Seine Söhne führen das Unternehmen weiter.

Ottmar Mergenthaler (1854–1899)

Der schwäbische Auswanderer und gelernte Uhrenmacher ist nach Gutenberg und Koenig wahrscheinlich der dritte massgebliche Erfinder im Bereich der Drucktechnologie. Unaufhörlich beschäftigt er sich in Washington mit der Idee, den Druckvorgang auch im Bereich des Satzes maschinell zu gestalten. Das Ei des Kolumbus findet er mit seiner Linotype-Maschine, die ein gleichzeitiges Schreiben und Giessen von ganzen Zeilen in einer einzigen Maschine ermöglicht. Vor geladenen Gästen führt er seine revolutionäre Erfindung erstmals 1884 vor. «Wir sind jetzt befreit von den Millionen kleiner, dünner Typen, welche für meine Vorgänger so störend waren», kommentiert Mergenthaler. Die «New York Times» wird zwei Jahre später erstmals mit der Linotype gesetzt, die von da an mit ihrem Klappern fast ein Jahrhundert lang die Zeitungsherstellung prägt. Bei seinem Tode gehört Mergenthaler zu den reichsten Männern Amerikas.

Die Drucker werden an die Kandare genommen

Die Gegner der Reformation mögen auf die neue Waffe freilich auch nicht verzichten. Schon lange bevor der dräuende Unmut über Rom mit *Luther* explodiert, spürt das damalige Establishment – Kirche und Adel – die Bedrohung, die von der neuen Kunst und ihrem Demokratisierungspotential ausgehen wird. Die Gegenreformation nutzt den Druck aber viel weniger für Pamphlete und Streitschriften (und wenn, dann in der Regel in volksfernem Latein). Das Hauptanliegen der katholischen Kirche ist ein anderes: Kontrolle.
Bis in die Anfänge der Druckkunst reichen die Versuche der Herrschenden zurück, die Drucker an die Kandare zu nehmen. Nicht von ungefähr sind viele frühe Druckereien in den Klöstern anzutreffen.
Dass es nicht nur der reformatorische Geist ist, der die Kirche erzürnt, sondern dass diese vor allen Dingen das neue Medium mit seiner raschen Breitenwirkung fürchtet, das lässt sich historisch nachweisen. Die ersten Druckzensurverordnungen kommen nämlich nicht aus Rom. Sie stammen von den *deutschen* Universitäten und Bischöfen, die die Entwicklung der Druckerkunst hautnah miterleben müssen.
Bereits 1475 übt die Universität Köln eine solche Zensur aus. 1487 erscheint die erste päpstliche Bulle, die die Drukker unter Kontrolle zu bringen versucht. Scheinheilig preist Papst *Innozenz VIII.* darin die Nützlichkeit der Buchdruckkunst. Gleichzeitig verfügt er aber, dass kein Druck ohne Erlaubnis der Kirchenbehörden (das *Imprimatur*, lat. «es darf gedruckt werden») erscheinen soll. Zudem ordnet Rom die Nachzensur bereits gedruckter Werke an. Zuwiderhandlungen werden mit drakonischen Strafen – Exkommunikation und saftigen Bussen, später auch mit Berufsverbot – bedroht. 1559 erscheint erstmals der berühmte *Index librorum prohibitorum*, eine schwarze Liste verbotener Bücher. Dieser Index wird bis ins Jahr 1965 weitergeführt. (Das Imprimatur wird noch heute für katholische Bücher gefordert.)

Auch die weltlichen Fürsten spüren sehr bald, dass ihre Macht durch das neue Medium tangiert werden könnte. So wie die Regierenden im 20. Jahrhundert der technischen Entwicklung hinterherhinken und eine Gesetzgebung über die elektronischen Medien erst relativ spät auf solide verfassungsrechtliche Grundlagen zu stellen vermögen (die Schweiz schafft es erst im Orwell-Jahr 1984) und deshalb versuchen, mit allerlei zum Teil sehr fragwürdigen Befugnissen etwa der Piratensender Herr zu werden – so greifen auch die Politiker der beginnenden *Gutenberg*-Ära zu Notmassnahmen. Sie sind freilich in der Wahl ihrer Mittel weniger zimperlich, als es die heutigen Demokratien zum Glück doch sein müssen.
Die reichsdeutschen Landesherren sind die ersten, die eine Zensur etablieren. 1491 ist sie in Nürnberg nachweisbar. Auf Reichsebene folgt 1521 das berühmte Wormser Edikt, das zwar in erster Linie *Luther* das Handwerk zu legen versucht, daneben aber auch die von den Reformierten so geschickt eingesetzte Druckkunst generell im Visier hat. 1530 wird die Schraube noch einmal angezogen: Jetzt wird für jede Druckschrift ein *Impressum* (Angabe von Drucker und Druckort) verlangt. Ein drittes Mittel, mit dem die politischen Herrscher die Drucker zu kontrollieren versuchen, ist wirtschaftlicher Natur. Es kommt im 17. Jahrhundert auf, als die ersten regelmässig erscheinenden Zeitungen entstehen und sich teilweise in den Städten Konkurrenz machen. Gouvernemental gesinnte Drucker wenden sich nun an den Fürsten, damit der ihnen ein sogenanntes «Privileg» erteilt – was nichts anderes ist als eine Konzession, wie sie heute der Staat an die elektronischen Medien vergibt. Solche Privilegien sichern den Druckern Pressemonopole.
Eine weitere Bremse – noch einmal hundert Jahre später – verbietet dann den Zeitungen, Anzeigen aufzunehmen. Dieses Geschäft sichert sich der Staat im Zeitalter des Merkantilismus für die eigene Kasse. Die Idee wird in Frankreich geboren und 1727 mit einer im Wortsinn preussischen Verfügung auch in Deutschland zementiert. Erst die Französische Revolution und der Umsturz von 1848 werden diese Fesseln sprengen und den Druckern die «Pressfreiheit» (wie es noch heute in der schweizerischen Bundesverfassung von 1848 heisst) bringen.
So rabiat Kirche und Staat die Drucker zu gängeln versuchen, so unbekümmert setzen sich diese über die Verbote hinweg. Man druckt einfach anonym oder macht sich mit einem fingierten Impressum über die Vorschriften lustig. «Gedruckt zu Pormesquick, da man die krummen Arschlöcher bohrt/ bey Herrn Stefan Pumpernickel, 1609» heisst es beispielsweise auf einem zeitgenössischen Einblattdruck.
So ganz risikolos sind derartige Impertinenzen allerdings nicht. 1527 etwa nützt einem Drucker namens *Hans Herrgott* auch der fromme Name nichts, als er gegen das Wormser Edikt verstösst und in einer Schrift eine «Neuordnung der gesamten öffentlichen Verhältnisse auf kommunistischer Grundlage» fordert: Der *Herrgott* wird hingerichtet.
Trotzdem: Den Sieg der Druckkunst können alle Verbote und Zensurmassnahmen nicht aufhalten. «Alle Versuche von Kirche und Staat, diese unkontrollierte und unkontrollierbare Flut von Druckerzeugnissen einzudämmen, schlugen zunächst fehl», stellt die Dortmunder Zeitungshistorikerin *Margot Lindemann* vergnügt fest.

Eine Technik für 375 Jahre

Die Bedeutung der *Gutenbergschen* Erfindung lässt sich zweifellos auch daran messen, dass sie von 1436 (dem Datum der ersten Druckversuche *Gutenbergs*) bis 1811 (*Koenigs* Patent) über 375 Jahre hinweg praktisch unverändert erhalten blieb.
Bis zur heissen Nacht in der «Times»-Druckerei hat sich nämlich an der Drucktechnik im wesentlichen nichts geändert: Noch immer werden die Buchstaben mit dem Handgiessinstrument gegossen, noch immer wer-

Die Sintflut der Buchstaben

Der «Schwabenspiegel», die meistverkaufte Handschrift vor Entstehung der Buchdruckkunst, brachte es bis Ende des 15. Jahrhunderts auf eine Gesamtauflage von 57 000 Exemplaren. Das war noch für die Anfangszeit der Druckerei eine unerhörte Zahl, denn die ersten Bücher wurden in der Regel nur 100- bis 300mal gedruckt. Auch die ersten Zeitungen erlebten selten Auflagen von über 1000 Exemplaren.
Wenn man sich die Zahlen anschaut, die heute für die Medien Buch und Zeitung erhältlich sind, und wenn man sich darüber hinaus vorstellt, wie viele einzelne Buchstaben heute in Zeitungen und Büchern gedruckt sind, dann muss einem der Einbruch der Buchstaben in die Menschenwelt wie eine gigantische Sintflut vorkommen.
Nach den Erhebungen der UNESCO wurden in den Jahren 1979, 1980 oder 1981 in 44 Ländern der Welt je mindestens 2000 Bücher gedruckt. Insgesamt rechnet die UNESCO für 1981 mit rund 667 000 verschiedenen Titeln!
An der grössten Buchmesse der Welt, der Frankfurter Messe, werden davon heute Jahr für Jahr um die 300 000 verschiedene Titel ausgestellt (1984: 312 000). Runde 90 000 dieser Bücher sind neue Titel! Im Orwell-Jahr 1984 erreichte die Zahl der Ausstellerländer den neuen Rekordstand von 92. Die meisten Buchproduzenten stammten dabei aus Deutschland, England, den USA und Frankreich.
Welches Buch oder welcher Autor die grösste Auflage erreicht hat, ist bei dieser Flut von Büchern kaum auszumachen. Nach Angaben des Büros des Guinness-Buchs der Rekorde war das meistverkaufte Buch bis zur Einführung des Copyrights ein amerikanisches Schullesebuch (Vails McGaffey Reader). Es wurde bis 1896 60 Millionen mal verkauft. Seither soll das Guinness-Buch der Rekorde mit 50 Millionen (einschliesslich der Übersetzungen) das meistverkaufte Buch der Welt sein.
Am meisten Übersetzungen vereinigt wohl die Bibel auf sich. Sie soll bislang in 1987 Sprachen übersetzt worden sein (zweitplaziert in der Übersetzungsrangliste sind die Sherlock-Holmes-Geschichten). Der meistgedruckte Autor ist nach derselben Quelle Josef Stalin – ob seine Schriften mit der Gesamtauflage von 672 Millionen allerdings auch gelesen worden sind, ist eine andere Frage. Auch Maos «Rotes Büchlein» und vor allem Hitlers «Mein Kampf» sind zwar millionenfach gedruckt worden – an der Begeisterung der Leser darüber ist indessen zu zweifeln.
Ihrer Leser gewiss dürften sich dagegen die Spitzenreiter aus der Belletristik sein – auch wenn sie nicht auf Stalins Gesamtauflagen kommen. Georges Simenons 89 Maigret-Romane sind in über 100 Sprachen übesetzt worden, Agatha Christies 50 Krimis fanden 100 Millionen Käufer, Edgar Wallace verkaufte mehrere 100 Millionen Bände mit seinen 173 Krimis. Als Jahrhundert-Bestseller gilt auch George Orwells «1984», das in 62 Sprachen übersetzt und mit einer Gesamtauflage von schätzungsweise mehreren Dutzend Millionen (in der englischen Taschenbuchausgabe mit über 10 Millionen) erschienen ist.
Die Autoren der meistverkauften Bücher dieses Jahrhunderts sind indes nicht in der hehren Galerie der grossen Literaten zu finden. Nach einer ernst zu nehmenden Zusammenstellung von Alice P. Hackett und James H. Burke über die meistverkauften Bücher zwischen 1895 und 1975 in den USA zieren vielmehr drei Kochbücher die Spitze der Hitparade bei den «Hardcovers» (Nr. 1 ist mit 18 684 976 verkauften Exemplaren ein Buch aus dem Jahre 1930 mit dem Titel «Better Homes and Gardens Cook Book»).
Bei den US-Taschenbüchern stehen ein Säuglingspflegebuch, ein Wörterbuch und

den sie in Setzkasten abgelegt, noch immer mit dem Winkelhaken zu Zeilen gefügt. Und noch immer hebeln die Drucker mit ihren eigenen Armen an der Presse herum.
Die Verbesserungen, die an der *Gutenberg*-Technologie bis zu *Koenig* angebracht werden, dienen vor allem dazu, den Druckern die Arbeit leichter zu machen und die Geschwindigkeit des Arbeitsablaufes zu erhöhen. Immer mehr Metallteile wirken zudem dem Verschleiss der teuren Holzmaschinen entgegen. Aber erst 1827 gelten Holzpressen eindeutig als veraltet. Die gusseisernen *Stanhope-Pressen,* die vor *Koenig* der letzte Schrei auf dem Markt werden, sind zwar solider und ausserdem leichter zu bedienen als die alten Holzgestelle. Sie schaffen denn auch mehr als *Gutenbergs* schwerfällige Maschinen. Statt 10 sind nun bis zu 300 Bogen in der Stunde möglich. Trotzdem: Dies ist immer noch mühselige Handarbeit.
In ganz Europa etabliert sich während der 375jährigen *Gutenberg*-Ära das Druckgewerbe und entwickelt sich zu einem der wichtigsten Wirtschaftszweige. Mit dem Fortschritt von Technik, Wissenschaft, Bildung, Unterhaltungsbedürfnis und der wachsenden Neugier der Leute durchdringen Drucksachen mehr und mehr den Alltag aller Bevölkerungsschichten der zivilisierten Welt. Mächtigen Aufgabenzuwachs erhalten die Drucker vom Beginn des 17. Jahrhunderts an durch die Zeitungen, die von etwa 1609 an (aus diesem Jahr sind die ältesten Exemplare erhalten) wöchentlich, von 1650 an (zuerst in Leipzig) sogar täglich erscheinen. Bis zum Ende des 17. Jahrhunderts entstehen in Deutschland bereits 170 Tageszeitungen. Der Dreissigjährige Krieg (1618–1648) wirft Deutschland allerdings wirtschaftlich arg zurück. Frankreich und England werden fortan die Pionierländer. Dort entstehen nun auch die ersten Zeitschriften, für Gelehrte zuerst, bald einmal auch für spezifische Fachbereiche oder für Frauen. Riesige Auflagen (bis 300 000) erreichen die Kalender – heute noch eine wichtige, risikolose Einnahmequelle für viele Druckereien!
Daneben verlassen natürlich weiterhin Bücher die Pressen – in immer gigantischeren Mengen. Gab es 1450, kurz vor der Erfindung des Buchdrucks, insgesamt nur etwa 100 000 Bände, so steigt die Zahl bis gegen Ende des 16. Jahrhunderts auf 200 Millionen. Ende des 18. Jahrhunderts gibt es bereits Privatgelehrte, die über Bibliotheken mit über 20 000 Bänden verfügen. Die Belletristik läuft den religiösen Schriften langsam, aber sicher, den Rang ab: 1740 sind noch 76 Prozent aller Bücher religiösen Inhalts; um 1800 sind es nur noch 20 Prozent.

Von Koenigs Schnellpresse zur Rotationsdruckmaschine

Die Druckereien entwickeln sich schon früh zu eigentlichen Fabriken. Schon vor 1500 schufteten in der Grossdruckerei von *Anton Koberger* in Nürnberg über 100 Arbeiter an 26 Pressen. Nicht selten finden sich unter den Druckereibesitzern auch schon früh Frauen. Der Berufsstand der Drucker ist denn auch im Bereich der Arbeitspolitik stets eine Art Vorhut der Arbeiterbewegung und aufgeschlossen für Emanzipationsbestrebungen gewesen – nicht erst im 19. Jahrhundert.
Schon recht früh setzt bei den Jüngern der «Schwarzen Kunst» (wie man die Drucker im Gegensatz zu den «Papierern» nennt) auch eine Arbeitsteilung ein.
Die erste Spezialisierung stellen die Schriftgiesser dar, die seit dem 16. Jahrhundert ein eigenes Gewerbe bilden. Die grossen Namen der Druckkunst sind freilich noch lange mit dem Schriftguss verbunden – viele Schriften tragen die Namen berühmter Drucker, z. B. *Baskerville, Bodoni, Caslon, Didot, Garamond* oder *Plantin.* Auch der Buchhandel löst sich im 16. Jahrhundert vom Druck. Bei den Zeitungen üben von Anfang an auch spezielle Redakteure und Journalisten (anfänglich

das Guinness-Buch an der Spitze dieser Rangliste (Nr. 1 ist das «Pocket Book of Baby and Child Care» mit 23 210 000 ausgewiesenen Exemplaren). Orwells «1984» erscheint übrigens in dieser Liste erst auf Rang 17 – weit abgeschlagen etwa hinter dem «Godfather» (14 Millionen) oder der «Love Story» (9,5 Millionen).
Eine weit gigantischere Buchstabenflut ergiesst sich aber aus den Rotationsmaschinen der Zeitungshersteller. Allein in den USA ist die Gesamtauflage aller publizierten Werktagszeitungen seit dem Jahre 1946 von 51 auf 63 Millionen im Jahre 1982 gestiegen. Dazu kamen noch 54 Millionen Sonntagszeitungen!
Insgesamt druckten die amerikanischen Schnellpressen in diesem Jahr damit gut 22 Milliarden einzelne Zeitungen. Der Papierberg, den diese Gazetten verschlangen, wog 7,6 Millionen Tonnen! Deutschland steht daneben trotz der 4-Millionen-Auflage der «Bild»-Zeitung mit 1,56 Milliarden Blättern verhältnismässig bescheiden da.

Das Guinness-Buch der Weltrekorde hält selbst einen Rekord inne: Es gehört mit 50 Millionen verkauften Exemplaren zu den meistgehandelten Büchern unseres Jahrhunderts.

Die Zeitung mit der grössten Auflage der ganzen Welt stammt allerdings von der anderen Seite unseres Planeten: Die zweimal täglich erscheinende japanische Zeitung «Yomiuri Shinbon» druckt täglich sage und schreibe 13,9 Millionen Blätter – davon 8,9 Millionen am Morgen! Die grösste Tageszeitung der USA, die «New York Daily News», hat da mit ihren 1,4 Millionen täglich wenig zu bestellen. Mehr als zehnmal soviel (gut 18 Millionen pro Nummer) verkaufen allerdings die grossen amerikanischen Magazine, an der Spitze der «TV Guide» und «Reader's Digest», das zudem in vielen Lizenzausgaben in der ganzen Welt den amerikanischen «Way of Life» verbreitet.

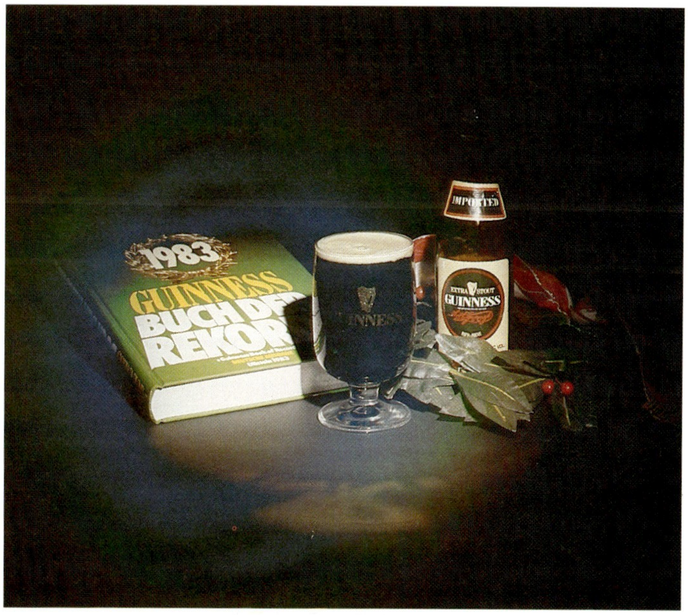

ohne Lohn) die Arbeit der Textauswahl und -vorbereitung aus.

Mit *Friedrich Gottlob Koenig* allerdings beginnt eine neue Epoche in der Geschichte des Druckens. Die dampfgetriebene Maschine ersetzt viele menschliche Manipulationen, das Drucken hört auf, ein Handwerk zu sein – zum mindesten was die Tätigkeit an der Presse angeht. Zu dieser Zeit ist das wirtschaftlich rückständige Deutschland längst nicht mehr Pionierland – im Gegenteil: *Koenig* und seinen Partner *Andreas Friedrich Bauer* kostet es grosse Mühe, bis auch in ihrer Heimat 1823 endlich die erste Dampfmaschine eine maschinelle Zylinderpresse antreibt.

Ähnlich wie zu *Gutenbergs* Zeit schlägt aber auch diesmal die technische Revolution voll und rasch durch. *Koenig* und *Bauer* stellen bis 1830 insgesamt 44 Schnellpressen her. Stolz rechnet *Koenig* seiner Konkurrenz vor, dass seine Schnellpresse dreimal billiger druckt als die bisherigen Handpressen. Viele Handdrucker werden arbeitslos, in den dreissiger Jahren stürmen sie gar die neuen Maschinen. Vor allem in den angelsächsischen Ländern wetteifern indes findige Ingenieure unverdrossen das ganze Jahrhundert hindurch untereinander um immer schnellere und leistungsfähigere Druckmaschinen.

Die Idee, die die neuen Pioniere beflügelt, ist der Zylinder. Schon *Koenig* hat im Jahre 1811 gesagt, dass eine Maschine, bei der die Druckbuchstaben auf dem Zylinder angebracht wären, viel schneller arbeiten könnte, wenn man die zu dieser Zeit bereits herstellbaren Papierrollen an ihnen vorbeilaufen lassen könnte. Vielleicht kennt der deutsche Erfinder die Zylindertechnik aus der Textilindustrie. Dort sind Zylinderwalzen für Stoffdruck seit 1755 im Gebrauch. Das Patent, das *Koenig* im Jahre 1811 für eine solche «Rotationsdruckmaschine» erhält, erweist sich allerdings noch nicht als realisierbar. *Koenig* schafft es nicht, die Buchstaben auf der Walze zu befestigen.

Drei Angelsachsen sind im Jahre 1846 erfolgreicher. Die beiden Maschinenbauer *Applegath* und *Cowper* entwikkeln in diesem Jahr für die «Times» eine funktionsfähige Rotationsmaschine mit vertikal laufenden Walzen. Das Leibblatt von Königin *Victoria* ist ein weiteres Mal Schauplatz einer Pionierleistung. Der Amerikaner *Richard M. Hoe* lässt sich gleichzeitig eine Rotationsmaschine mit horizontal laufenden Walzen patentieren, wie sie heute weltweit in der Zeitungs- und Zeitschriftenindustrie üblich sind. Er verwendet keilförmige Lettern, die auf der runden Walze besser sitzen.

Die Rotationsmaschine macht es möglich: Die Zeitung überholt das Buch. James Gordon Bennett druckt eine der ersten Boulevardzeitungen mit einer Auflage von 40 000 Exemplaren.

Das Modell, das allen späteren Pate steht, wird allerdings erst 1865 in Amerika beim «Philadelphia Inquirer» von *William Bullock* aufgestellt. Bis Ende der achtziger Jahre sind diese Rotationsmaschinen auch mit funktionstüchtigen Falz- und Schneideautomaten ausgerüstet. Viele dieser Maschinentypen halten sich bis weit ins 20. Jahrhundert hinein. Mit der Zeit werden sie auch mit mehreren Walzwerken ausgerüstet, die verschiedene Farben hintereinander drucken, und arten zu haushohen Ungetümen aus, für die eigene Fabriksäle gebaut werden müssen.

Die ersten Rotationsmaschinen bedrucken nun beidseitig bereits gut 10 000 Seiten pro Stunde. *Gutenberg* hatte für eine entsprechende Arbeit noch ein gutes halbes Jahr gebraucht! Gegen die modernsten Rotationsmaschinen waren die Walzwerke unserer Urgrossväter freilich immer noch lahme Enten: Eine moderne «Rotation» spuckt bis zu 40 000 Seiten in der Stunde aus – sechsfarbig und beidseitig bedruckt – und stösst damit an die Grenze der Belastbarkeit des Zeitungspapiers.

Die Rotationsmaschinen wären natürlich nicht gebaut worden, wenn dafür im 19. Jahrhundert nicht ein riesiges Bedürfnis bestanden hätte. In der Tat: Die Zeitungen und vor allem die Zeitschriften beginnen nun, die Buchproduktion zu überflügeln. Der wachsende Sensationshunger des immer lesefähigeren Publikums verschlingt mehr und mehr Zeitungen. Sogar auf den Sonntag hin wird nun gedruckt – das *Sunday Paper* wird zum Attribut des englischen Gentleman wie Monokel und steife Oberlippe.

1833 wirft der New Yorker Drucker *Benjamin Day* die «New York Sun» auf den Markt, die erste Billigzeitung, die statt der bisherigen sechs Cents nur noch einen kostet. *News boys* verhökern das erste Boulevardblatt auf der Strasse – und treiben die Auflage in die Höhe. *Days* Konkurrent *James Gordon Bennett* (1841–1918) zögert nicht lange: Sein «New York Herald» gehört ebenfalls der *Penny press* an und erreicht binnen 15 Monaten eine Auflage von 40 000 Exemplaren: So gebären die neuen Maschinen eine neue Form des Journalismus.

Daneben entstehen die ersten Illustrierten und zeitschriftenartige, spottbillige Kurzromane (die *Dime-* oder *Penny-novels).*

Aber auch andere Bereiche des täglichen Lebens nehmen die Druckindustrie in Anspruch: Die Eisenbahnen brauchen Fahrkarten und Fahrpläne, die Telefongesellschaften Telefonbücher, die Post führt Briefmarken ein (auch um sie auf die 1869 aufkommenden Postkarten kleben zu lassen), und selbst Geld wird mehr und mehr zu bedrucktem Papier. Was Wunder, dass es allein in England ums Jahr 1850 bereits 300 dampfgetriebene Papierfabriken braucht, um den enormen Bedarf der Druckereien zu befriedigen!

Aber auch das älteste Massenmedium, das Buch, verschlingt nun langsam ganze Wälder von Holz. Erschienen 1800 noch 3600 neue Titel mit Auflagen von durchschnittlich 500 Exemplaren neu auf dem Markt, so sind es 1890 schon 18 800 Titel. Inzwischen hat der Reclam-Verlag mit seinen 20-Pfennig-Nachdrucken von klassischer Literatur auch das Zeitalter des Taschenbuchs eingeläutet. In 75 Jahren wird diese Reihe 8000 Bände mit einer Gesamtauflage von 250 Millionen errei-

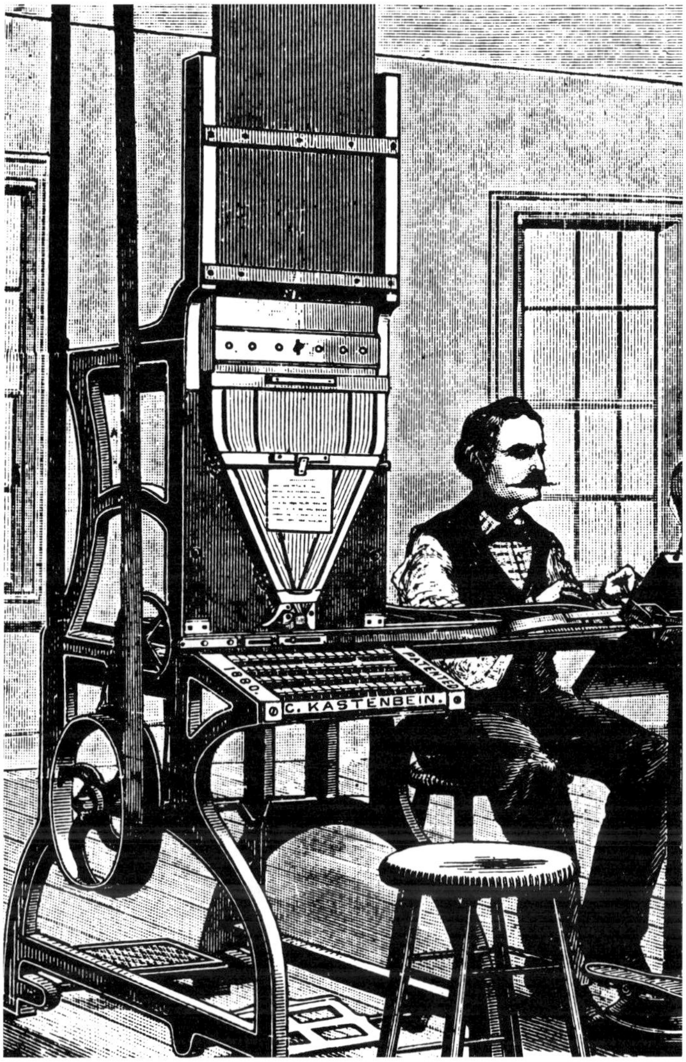

Die wichtigsten Neuerungen im 19. Jahrhundert: die Setzmaschine (hier die Anlage der damaligen «Times») und das Prinzip der Stereotypie (mit der «Mater« und der daraus gegossenen runden Druckplatte).

chen. In England folgen 1935 die *Penguin Books,* in Amerika 1939 die *Pocket Books* mit ähnlichen Steigerungsraten. Heutzutage werden allein in den USA Jahr für Jahr schätzungsweise 6,6 Milliarden neue Bücher gedruckt!

Eine Epoche nähert sich ihrem Ende

Ein Hauch von *Gutenberg* überdauert freilich zum mindesten noch ein Weile die Epoche, die *Koenig* und *Bauer* eingeläutet haben: Gesetzt wird zu dieser Zeit immer noch in alter Manier – von Hand. Aber auch hier kündigt sich der Abschied von *Gutenberg* an, womöglich auf viel radikalere Weise als im Druckpressenbereich.

Eine der genialen Ideen *Gutenbergs* bestand ja darin, dass er mit seinem Punzenstempel und dem Handgiessinstrument beliebig viele Buchstaben herstellen konnte. Die Lettern waren nach dem Druck wieder verwendungsfähig. Hatte ein Drucker ein paar Seiten gesetzt, so konnte er sie wieder in den Setzkasten einordnen und mit demselben Material neue Druckvorlagen schaffen.

Der erste Schritt zu einer Automatisierung dieses Arbeitsgangs sind die Setzmaschinen. Wiederum ist es der geniale Tüftler *Koenig,* der sich als erster mit dem Gedanken beschäftigt, wie er in einem Brief an den «Times»-Verleger *John Walter II.* schreibt. Wahrscheinlich hat er das Kapital nicht erhalten, das er zur Ausführung der Idee gebraucht hätte. Ein Landsmann, *Carl Kastenbein* aus Kassel, konstruiert dann eine klavierartige Tastatur-Maschine, die – wo sonst? – bei der «Times» zum ersten Einsatz gelangt und dort zwischen 1870 und 1908 ihren Dienst versieht.

Der Deutschamerikaner *Ottmar Mergenthaler* geht dann aber noch einen entscheidenden Schritt weiter: Sein ratterndes Ungetüm stellt nicht mehr einfach die einzelnen Buchstaben zusammen – sie macht auch *Gutenbergs* Kernerfindung, das Handgussinstrument, überflüssig. Denn die berühmte *«Linotype»*-Maschine braucht als Einzelelemente nicht mehr «Patrizen» (Stempel), sondern «Matrizen» (Gussformen). Ist eine «Lino»-Zeile fertig zusammengestellt, so wird sie durch eine sinnreiche Apparatur gleich in eine ganze Zeile gegossen. Die Setzarbeit geht nun viel flotter voran. *Gutenberg* hatte noch 12 Stunden für etwa 3000 Buchstaben gebraucht. Gute Handsetzer schaffen später mit den einfacheren Schriftsätzen 1500 Buchstaben in einer

Stunde. Mit der «Linotype» geht es viermal schneller...

Mergenthaler geht nicht aus freien Stücken in die Geschichte der Reproduktionstechnik ein. Kongressreporter haben es satt, dass mit dem umständlichen Handsatz so viel Zeit verlorengeht. Sie beauftragen deshalb den ausgewanderten deutschen Uhrenmacher, eine Maschine zu erfinden, die ihre Arbeit beschleunigen soll. *Mergenthaler* braucht mehrere Jahre dazu – aber das Resultat wird ein Grosserfolg.

Die «Linotype»-Maschine, die 1886 erstmals bei der «New York Tribune» eingesetzt wird, erobert sich rasch die Druckereien der ganzen Welt. Sie stellt die letzte Vervollkommnung des Entwicklungsprozesses dar, den *Gutenberg* in Gang gesetzt hat. Eine Maschine von *Tolbert Lanston,* die Einzelbuchstaben setzt, hat dagegen nur im Buchdruck Erfolg. Ein neues Prinzip an ihr ist allerdings äusserst zukunftsträchtig: Die *«Monotype»*-Maschine stanzt zuerst einen Lochstreifen, der dann den *Gussvorgang* steuert.

Der Gedanke, zwischen Setzen und Drucken weitere Arbeitsgänge einzufügen und die einzelne Letter nicht mehr direkt als Druckstempel, sondern nur noch als Zwischenprodukt einzusetzen, hat allerdings schon weit vor *Mergenthalers* Zeit noch auf andere Weise eine wichtige Neuerung gebracht: die sogenannte *Stereotypie.*

Die Druckform mit dem fertig gesetzten Satz (und den Bildvorlagen) gelangt dabei nicht mehr direkt in die Druckpresse, sondern man stellt zuerst einen Abdruck (eine «Matrize») her. Von dieser Matrize als eigentlicher Druckvorlage kann nun eine ganze Druckplatte gegossen werden.

Das Verfahren bringt entscheidende Vorteile:

– Es spart Buchstaben: Ist die Seite nämlich einmal fertig korrigiert, so können die Lettern wieder für neuen Satz verwendet werden.

– Es lässt höhere Auflagen zu: Aus den Matrizen («Matern» nennen sie die Setzer) können sehr schnell beliebig viele Druckplatten hergestellt werden, die in mehreren Druckmaschinen verwendet werden können.

– Es ermöglicht den Rotationsdruck: Stellt man nämlich die Matern aus biegbarem Material her, so können runde Druckformen gegossen werden, die – auf Walzen angebracht – den Rotationsdruck und damit ein viel schnelleres Druckverfahren ermöglichen.

Die Erfindung der Stereotypie geht schon ins frühe 18. Jahrhundert zurück. Merkwürdigerweise ist es wieder ein Goldschmied, der die Druckkunst damals «von aussen» her befruchtet: *William Ged* macht von den Druckvorlagen vorerst Gipsabgüsse – ein Verfahren, das er von seinem Beruf her kennt. Das geschieht im Jahre 1725. Erst ein Jahrhundert später kommen *Stanhope* und der Franzose *Claude Genoux* auf den Gedanken, den festen Gips durch biegbares Pappmaché zu ersetzen. Die Kombination von Rotationsdruck und Stereotypie wird gegen 1860 zum Standardverfahren, mit dem die heutigen älteren Drucker und Setzer noch in ihren Beruf eingeführt worden sind. Im Verein mit dem Linotype-Satz prägt es fast ein Jahrhundert lang die Herstellung der Zeitungen und ist der eigentliche technologische Geburtshelfer der modernen Massenpresse. Auflagen in Millionenhöhe werden nun möglich, wenn mehrere Maschinen mit den gleichen Druckplatten losrattern. Die Zeit zwischen dem Ereignis und der Ankunft der Nachricht bei der Leserschaft verkürzt sich auf weniger als einen Tag. Stolz rückt die «Times» 1911 auf ihre Titelseite ein Emblem ein, das eine Uhr enthält, die halb fünf zeigt: den Abschluss des nächtlichen Druckvorgangs.

Indes: So lange wie *Gutenbergs* Werkstatt-Technik hält die Mechanisierung des Druckens im Geiste *Koenigs* nicht mehr an. Das Standarddruckverfahren für Zeitungen (für den Buchdruck taugen die alten Bogendruckmaschinen länger) bewährt sich bloss bis in die siebziger Jahre des 20. Jahrhunderts.

Da aber bahnt sich, nach *Gutenberg* und *Koenig,* die dritte grosse Revolution im Bereich der Reproduktionstechnik an. Die Verleger und Druckereibesitzer sind die ersten, die darauf scharf werden. «Wir sind genaugenommen bei *Gutenberg* stehengeblieben», nörgelt *Axel Springer* 1966 in einem Vortrag: Der Name des Druckpioniers ist für den grössten Verleger Deutschlands nun bereits ein Schimpfwort. Verständlich: die neuen Verfahren versprechen nicht nur eine nochmalige Verkürzung der Reproduktionszeit, eine Steigerung von Druckqualität und Auflagen sowie flexiblere Gestaltungsmöglichkeiten, sondern vor allen Dingen eine Verbilligung der Kosten durch die nochmalige Einsparung von menschlicher Muskelkraft.

Und noch einmal sind es gewissermassen «artfremde» Aussenstehende, die das Druckereigewerbe in den siebziger Jahren zu revolutionieren beginnen und die Ära *Gutenberg* endgültig zum Abschluss bringen: Fototechniker und Elektroniker machen nun dem alten Gewerbe mit derselben achselzuckenden Zukunftsgläubigkeit den Garaus wie einst *Gutenbergs* Gesellen den alten Schreibern und Kopisten...

Die Ära Gutenberg geht zu Ende...

Wenn die Sonne zu schreiben beginnt

Die Epoche Gutenberg – das ist die eine Seite der Druckgeschichte: die Entwicklung von Verfahren zur Vervielfältigung eingefrorener Sprache. Die andere Seite ist die Geschichte der Bildreproduktion. Sie ist älter als der Schriftdruck – und jünger zugleich. Denn die neuen Technologien, die sich heute in den Fotolabors und Druckereien der Industriestaaten durchgesetzt haben, sind im Grunde nichts anderes als die Fortsetzung der ältesten Vervielfältigungsverfahren mit neuen Mitteln. Im Lichte der Geschichte unserer Bilderwelt erscheint die Ära Gutenberg als eine vergängliche und vergangene Epoche...

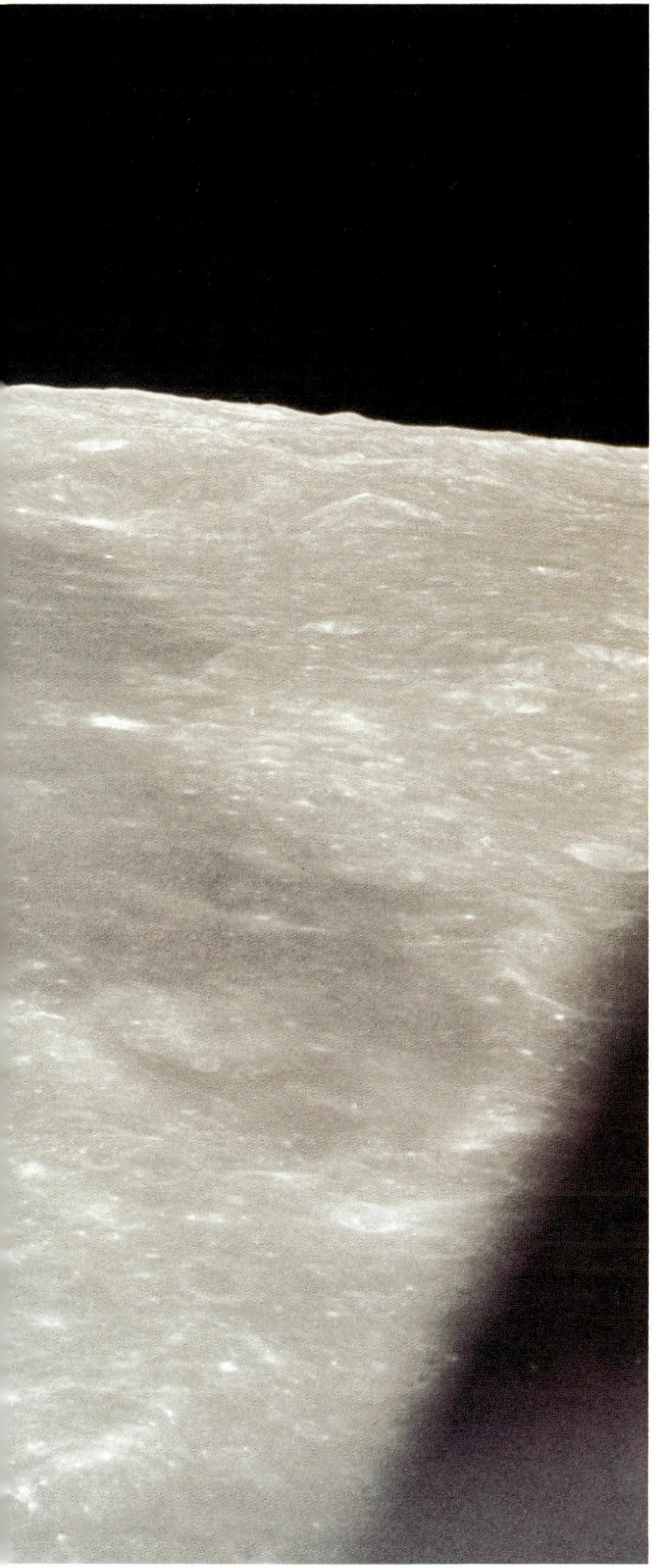

So wie die Automobile sozusagen die Verlängerung unserer Beine darstellen, so bildet die Kamera eine Erweiterung unseres Sehapparats. Fotografien erlauben dem Menschen Ein- und Ausblick in Bereiche, die ihm vordem verschlossen waren. Als das amerikanische Apollo-Programm erstmals gestochen scharfe Farbbilder vom Mond her auf die Erde schickte (Bild: Das «Lunar Modul» mit den Mond-«Besteigern» Armstrong und Aldrin an Bord nähert sich der Apollo-Raumfähre), da faszinierte die Menschen fast noch mehr die kleine Kugel über dem Mondhorizont: Die Astronauten hatten einen Erdaufgang ins Bild bekommen. Entdeckungen machten Kameras aber auch in der Welt des Kleinen: Die gefährlich aussehende, stachlige Keule ist in Wirklichkeit die «Antenne» eines Borkenkäfers. Mehrfachbelichtungen mit einer Stroboskop-Kamera (hier: ein Tennisspieler) zeichnen präzise Spuren von blitzschnellen Bewegungen auf.

Man getraute sich zuerst nicht, die ersten Bilder, die er anfertigte, lange anzusehen. Man scheute sich vor der Deutlichkeit dieser Menschen und glaubte, dass die kleinen, winzigen Gesichter der Personen, die auf dem Bilde waren, einen selbst sehen könnten, so verblüffend wirkte die ungewohnte Deutlichkeit der ersten Daguerreotypiebilder auf jeden.

Max Dauthendey,
Schriftsteller und Sohn
des ersten deutschen Fotografen

Anlässlich einer Reportage in der *Notre Dame de la Maigrauge,* einem Zisterzienserinnenkloster in Freiburg (Schweiz), erzählte uns die Novizenmeisterin eine merkwürdige Geschichte. Wir hatten sie gefragt, ob die Zisterzienserinnen von der «Mageren Au», die ein sehr zurückgezogenes, weltabgewandtes Leben führen, hin und wieder auch Zugang zu den Massenmedien hätten.

«Ja, das kommt vor», sagte die Novizenmeisterin. «Als *Papst Johannes XXIII.* im Jahre 1962 das Zweite Vatikanische Konzil in Rom eröffnete, liessen wir uns ein Fernsehgerät aufstellen.»

«Und dann schauten alle zu?»

«Ja, sogar die älteste Schwester, eine uralte Frau, sie war damals schon über neunzig.»

«Und wie hat sie das aufgenommen?»

«Merkwürdig. Wir hatten ihr einen bequemen Sessel mit Kissen bereitgestellt. Aber sie sass während der ganzen Übertragung aufrecht wie ein Gardesoldat da. Nachher fragten wir sie: ‹Schwester, warum haben Sie es sich denn nicht bequem gemacht?› Da schüttelte sie ganz entsetzt den Kopf und rief: ‹Aber das konnte ich doch nicht! All die Bischöfe und Kardinäle – die hätten mich ja sehen können!›»

Die Situationen, in denen wir erleben können, dass ein Mensch ein reproduziertes Bild mit der Wirklichkeit verwechselt, sind heute sehr selten geworden. Selbst die Dritte Welt ist bis in die hinterste Insel mit Fotografien überschwemmt worden. So ist auch die Scheu schwer nachvollziehbar, die der Dichter *Max Dauthendey* empfand, als er die Wirkung der ersten Daguerreotypien, die sein Vater herstellte, beschrieb: «Man glaubte, dass die winzigen Gesichter der Personen, die auf dem Bilde waren, einen selbst sehen könnten...»

Die meisten Menschen des 20. Jahrhunderts haben wahrscheinlich den Sinn für die Magie des Abbildes – den der sagenhafte *Narziss* noch ebenso empfunden haben muss wie die alte Klosterfrau in der *Maigrauge* – verloren, sind stumpf geworden für die Faszination reproduzierter Wirklichkeit. Es braucht schon etwas Aussergewöhnliches, um uns dieses Staunen wieder empfinden zu lassen – beispielsweise die sensationelle erste dreidimensional wirkende, aber völlig flache Holografie eines kleinen, farbigen Adlers, den das amerikanische Reportagemagazin «National Geographic» in der Märznummer des Jahres 1984 als erste Zeitschrift der Welt in elfmillionenfacher Auflage verbreitete.

Sonst aber lässt uns eine Fotografie heute kalt – zumindest was die Technik ihrer Herstellung angeht. Dass die Bilder aus den schwarzen Kistchen heute präzise und scharf die Wirklichkeit abbilden, das ist eine Selbstverständlichkeit geworden!

Die zweite Hälfte des 20. Jahrhunderts hat sich dank der Fotografie zu einem visuellen Zeitalter sondergleichen entwickelt. Wir sind offensichtlich bildsüchtig geworden!

Man muss nur etwa eine Ausgabe der «Times» aus dem Jahre 1890 und eine moderne Boulevardzeitung nebeneinanderhalten, um zu erkennen, wie das Bild den Text und das gedruckte Wort verdrängt hat. Auf einer einzigen «Times»-Seite hätte der Text von 12 Seiten des «Daily Mirror» Platz – nahezu die redaktionelle Produktion einer ganzen Nummer. In einer Nummer der «Times» konnte ein Engländer damals soviel lesen, wie heute während drei Wochen in einem Boulevardblatt steht. Allerdings: In der «Times» gab es vor der Jahrhundertwende ein einziges Bild – die Wetterkarte!

Die Zahl der reproduzierten Bilder, denen wir täglich begegnen, lässt sich, da wir heute auch bewegte Bilder reproduzieren können, gar nicht mehr zählen. Nicht nur Fernsehen und Film, auch Plakate, Inserate oder Prospekte, Zeitungen und Zeitschriften bombardieren uns ständig damit. Sogar die guten, alten Bücher werben, wie das vorliegende, mit der Anzahl ihrer fotografischen Illustrationen...

Längst hat die Kamera – diese Verlängerung unseres Auges – die Leistungsfähigkeit des menschlichen Sehorgans hinter sich gelassen. Fotografien bilden heute nicht mehr bloss die Wirklichkeit ab, wie sie unser Auge erfasst hat – sie erlauben uns auch Einblicke in die Natur, wie sie den Menschen bisher verborgen waren:

– Satelliten funken uns Nahaufnahmen von Jupiter-Trabanten und der Rückseite des Mondes auf die Erde; automatische Wetterbeobachter auf bald nicht mehr zu zählenden Umlaufbahnen führen uns täglich über elektronisch rekonstruierte und eingefärbte Bilder das Wolkengebrodel in der Atmosphäre vor.

– Elektronenmikroskope und gigantische Teilchenbeschleuniger machen subatomare Vorgänge sichtbar, über die die Wissenschaftler bislang nur theoretisch spekulieren konnten; die Medizin kann heute sogar Prozesse wie die Vereinigung von menschlichem Ei und Samen filmen.

– Filme, die unsichtbare Röntgen- oder Infrarotstrahlen in sichtbare Informationen umwandeln, haben nicht nur der Medizin, sondern auch den Energieforschern und den Ökologen unverzichtbare Instrumente in die Hand gegeben.

– Extrem empfindliche Filme und lichtstarke Blitze ermöglichen extrem kurze Belichtungszeiten und damit Detailaufnahmen von Abläufen, die für das menschliche Auge im Wortsinn nur ein Augenblick sind; Sportler profitieren davon ebenso wie etwa Autokonstukteure, die aus solchen super-

160 bis 170 Zeilen zu 45 bis 55 Anschlägen auf 6 Spalten pro Seite, und das über 20 Seiten hin: Das war die «Times» vom 17. Januar 1890: ein Blatt ohne Bilder, dafür mit ungefähr 50 000 Zeichen pro Seite (oder einer Million pro Nummer). Soviel las man damals an einem gewöhnlichen Freitag...

LATEST INTELLIGENCE.

(FROM OUR CORRESPONDENTS.)

PORTUGAL.

LISBON, JAN. 15.

When the Chamber of Peers met this afternoon there was every sign that the storm had blown itself out. Neither outside nor inside was there any crowd. Everything, indeed, was quieter than it usually is when a new Ministry makes its *début*. The Premier presented the new Cabinet, dealing in a short speech with the circumstances of their accession to power, and touching only slightly on the difference with England.

The Minister of Justice followed, saying that it would be folly to suppose that the Cabinet had the confidence of the Chambers, but it would do its best to solve grave pending questions.

I understand that the present Chambers will only pass the Budget, and will then be prorogued, if this can be managed.

Senhor Dias Ferreira attacked the late Government for yielding to England before the British Fleet was in the Tagus.

The Minister for Foreign Affairs, Senhor Ribeiro, in reply, declared that the new Government, in accepting the painful heritage of the old Ministry, would endeavour, while fulfilling the engagements made by its predecessors, to safeguard to the utmost the national honour and colonial interests.

Senhor Lobos Avila, amidst general applause, defended the policy of Senhor Barros Gomes, who, he said, during four years had done his utmost to insure Portuguese sovereignty in Africa.

[The above appeared in our Second Edition of yesterday.]

PARIS, JAN. 16.

It is amusing to see the anti-English *Temps* appeal triumphantly to the anti-English *Cologne Gazette* as an impartial judge in the Anglo-Portuguese quarrel. The compliment ought certainly to be returned. Even animosity against perfidious Albion does not prevent some French papers from chuckling over the thought that Monarchy does not save Portugal from being coerced by another Monarchy. Much has been said here on the alleged violation by England of the mediation clauses of the Berlin Treaty.

The *Débats* of to-night remarks that two articles of the final act of the Congo Conference have been frequently referred to in connexion with the dispute—viz., Articles 12 and 34, and that it is the first of these which relates to the settlement of the differences arising between the signatory Powers. The rule of obligatory mediation and optional arbitration is applicable only to territories included within a line of demarcation traced in Article 1. This lies along the coast of the Indian Ocean, from the 5th degree of latitude to the mouths of the Zambesi. It runs up that river to five miles above the confluence of the Shiré, and then follows in a north-easterly direction the water passage which separates the basin of Lake Nyassa from that of the Zambesi. It appears from this that the territories situated on the middle or upper Zambesi—namely, the Matabele and the Mashona countries, are not included in Article 1, and therefore that the rule of Article 12 does not apply to them.

The *Débats* adds :—

"But the other part of the regions claimed by England—that which touches the Ruo, the Shiré, and Lake Nyassa—is undoubtedly comprised within the limits traced by the final act of the Conference of Berlin. Before resorting to, or threatening to resort to, force, before announcing an *ultimatum*, England should have instigated the mediation of one of several friendly Powers. The clause of arbitration is simply optional. But the mediation clause is the object of a strict obligation. England had no right to disregard it."

Of Article 34 the *Débats* says that it has no relation to the present question, as it refers only to the territories situated on the coasts of the African continent.

*LISBON, JAN. 16.

Senhor Serpa Pimentel, the new Premier, is suffering from a severe attack of influenza, and was consequently prevented from attending the sitting of the Chamber of Peers to-day ; and, in his absence, Senhor Lopo Vaz, Minister of Justice, delivered a Ministerial declaration similar to that made by the Premier in the Chamber of Deputies yesterday. A discussion followed, in which several Conservative and Progressist peers exchanged recriminatory observations, but all agreed in patriotic denunciations of the British *ultimatum*. As is usual on the resignation of a Cabinet, several colonial governors have tendered their resignations to the Government, and among the number is Captain Neves Ferreira, Governor-General of Mozambique.

The city is quite quiet this evening.

It is stated this evening that several old-established English business houses here and at Oporto are endeavouring to obtain the adhesion of the British residents in Portugal to a protest against Lord Salisbury's *ultimatum*, the despatch of British war vessels to Portuguese waters being regarded in business centres here as useless and even harmful.

A sensational announcement was published this afternoon in the *Diario Popular*, asserting that King Carlos had intimated in a very delicate manner to Queen Victoria his renunciation of the distinction of Knight Grand Commander of the Bath, at the same time declaring that it would be impossible for him to accept the Order of the Garter offered to him by her Majesty. This statement is, however, declared in official quarters to be devoid of foundation.

RUSSO-AMERICAN EXTRADITION.

PHILADELPHIA, JAN. 16.

The Senate, in executive Session, has considered the proposed Russian extradition treaty. Senators Edmunds, Teller, Eustis, and Hoar opposed it because of the paragraph permitting the extradition of political offenders, known as the dynamite clause, which provides that murder and manslaughter, comprising the wilful or negligent killing of the Sovereign or chief magistrate of a State or any member of his family, also an attempt to commit or participate in the said crimes, shall not be construed as an offence of a political character.

The argument of Mr. Teller and the other Senators abovenamed against this clause was to the following effect :—Under this clause, apparently so reasonable, an attempt will be made by the Russian Government to induce the United States to surrender to the authorities in Russia persons who have been engaged in revolutionary projects in that empire. If the fugitives demanded under this treaty were to be tried according to the rules of law as for ordinary offences, there could be but little objection to such a provision, but the difference of procedure and punishment according to Russian law between ordinary cases of murder and manslaughter and political crimes, including attempts against the life of the Czar, is very great. According to the principles recognized everywhere by international law and comity, a demand for extradition should only be allowed where the legislation of the State which demands it conforms to the principles adopted by civilized nations. But in respect to political trials Russian jurisprudence does not conform to any principles adopted by civilized nations anywhere. For all other offences, including murder, the right of trial by jury is recognized by the Russian code, but in political crimes, including an attempt upon the life of the Czar or any member of his family, no jury is allowed. The trial is by a military tribunal, it is held in secret, and the judgment and sentence are frequently prescribed beforehand. In these political prosecutions a mere attempt not followed by any result is punished to the same degree as a successful effort—by death. This principle is contrary to the doctrines of modern penal jurisprudence. The point in the treaty which Russia considers of the greatest importance is that the United States shall declare that the revolutionary movement in Russia has no political meaning, and that any attempt which shall endanger the Czar's life, even for the purpose of obtaining constitutional government, which is now denied in Russia, shall be declared in advance by the American people, so far as a treaty can declare it, to be a simple plot to commit murder. This is a concession which the Russian Government has not yet got from any of the Powers, except Germany and Austria. Recently the Russian Government tried its utmost to influence England to deny the right of asylum to Russian political offenders, but the British Government remained true to her ancient traditional idea of asylum.

After nearly two hours' debate, the Senate adopted a motion referring the treaty back to the Foreign Committee. The indication is that the treaty cannot pass without this clause being omitted.

THE GERMANS IN EAST AFRICA.

BERLIN, JAN. 16.

Another White-book on East African affairs has to-day been presented to the Reichstag. It contains Major Wissmann's written reports up to November 27, and two telegrams received on December 16 and January 3. The first of these reports deals with the engagements at Pangani and Saadani. It narrates that, from information received from the English mission station in Magila reporting the massing of unfriendly natives in that district, Major Wissmann ordered Dr. Schmidt, one of his subordinates, to attack their position. The rebels, numbering 1,200, were accordingly attacked by this officer's forces, numbering 100 men, and driven from their position with a loss of 30 killed.

On November 10, in answer to an appeal for help from the French missionary station at Mandera, Major Wissmann advanced against Bwana Heri. Former friendly treatment of this chief having been mistaken by him for weakness, and he having allied himself with Bushiri, strong measures were resolved upon against him. The expeditionary force, consisting of four companies under the command of Herr von Zelevski, was ordered to march towards Mandera, a town two days' journey from the coast. All fortified villages lying on the line of march were captured, and on November 9 Herr von Zelevski's troops joined those of Major Wissmann at Saadani. Major Wissmann's forces consisted of a company of infantry and a body of marines. The force under Herr von Zelevski then advanced to Mandera, only, however, to find the country peaceful. To safeguard the coast-line between Pangani and Bagamoyo, Major Wissmann determined to establish a post of observation at Mkwadja, whither Baron von Gravenreuth marched with a company of infantry, followed a day later by the main body under Herr von Zelevski. On November 11, as narrated in the despatch dated November 20, Mkwadja was taken after slight resistance.

Sixty men with two officers having been left as garrison, the remainder of the force on November 14 pushed on further towards the north in order to capture Makarro, a strongly fortified village, for many years the resort of Arab slavers. The land forces were supported by two ships, the Sperber and München. On their arrival at Makarro the village was found to be deserted. On the 13th the German forces reached Pangani. On reaching Zanzibar Major Wissmann received reports that predatory bands of rebels had appeared on the Bagamoyo-Mpwapwa road. As several caravans, among others the one under the command of the American correspondent, Mr. Vizetelly, for the relief of Stanley's expedition, and others with supplies for the English and French mission stations, were ready to start in this direction, Baron von Gravenreuth was ordered to escort them with 100 men. In order to control the importation of weapons and ammunition and to prevent the export of slaves, Major Wissmann issued a proclamation confining Arab dhows to certain ports between Samanga and Pangani. In the despatch dated November 28 Major Wissmann reports that Simboja and other chiefs were willing to make their submission to the German authorities.

The despatch is followed by a telegram announcing the arrival of Mr. Stanley and Emin Pasha with their companions at Mpwapwa. This telegram is followed by one dated November 27, sending on two letters from Dr. Schmidt narrating the arrival of Mr. Stanley and Emin. Dr. Schmidt says :—

"Emin was extremely pleased to receive your letters. Stanley was very amiable, and expressed himself much pleased with the progress we have been making here. His expedition met the Wanjamwesi caravan, and were much pleased by their military bearing, and by the fact that they could report in their broken German that the Arabs in Bagamoyo are *caput* (smashed). Emin and Stanley dined with me to-day, and Emin and Schinze (a missionary) visited me later. We have promised to spend a German evening together, and are already very friendly with one another. . . . Stanley is recognized by Emin as the leader of the expedition. The expedition has only touched the Mwutan Nsige, which Stanley has named, if I mistake not, Lake Albert Edward. He has explored much country between here and that lake, and has discovered an unknown lake."

Accompanying this letter from Dr. Schmidt was one from Emin Pasha to Major Wissmann, in which he says :—

"I could not have had a more joyful surprise than that of being welcomed by such a celebrated explorer on my return to civilization. I take it as a happy omen for my further plans, and I should be pleased if my experience could in any way aid in the advancement of the great enterprise at the head of which you stand. I have communicated the contents of your kind letter to Mr. Stanley, and he begs me to express to you his thanks and to assure you that he looks forward with pleasure to renewing your acquaintance. I need hardly tell you that for my own part I await with impatience the moment when I can personally express to you my gratitude for your kindness and for the warmth of my reception in this station. . . . . I hope you have good news of Dr. Peters. It would be a source of regret to me if any misfortune happened to him in his search for me. . . . Remember me to your officers, and so, hoping soon to see you, I remain yours sincerely, EMIN."

The telegrams which follow, dated December 16 and January 5, communicate the fact of Bushiri's trial and execution and the unsuccessful attack on Bwana Heri's stronghold on December 25, in regard to which Major Wissmann says :—

"On December 25 last a portion of my expeditionary corps attacked Bwana Heri, but was repulsed, Sergeant Ludwig and eight men being killed and six men wounded. On January 5, with 500 of my troops, who fought with great bravery, I stormed the strongly-fortified position of Bwana Heri, which was occupied by about 1,500 men. Our loss in the fight, which lasted three hours, amounted to 12 wounded, including two whites. This engagement, I take it, will deprive the insurrection of its last support in the north."

On the 15th inst. Major Wissmann telegraphed that the pardoned rebels were returning in great masses.

RUSSIA.

ST. PETERSBURG, JAN. 16.

To-day's *Journal de St. Pétersbourg* congratulates itself that the great part played by Russia's loyal policy in bettering the European situation and restoring universal confidence in the maintenance of peace is at last admitted by Europe. It would be better, however, not to be too hasty in accepting the probably passing impression produced by M. Vishnegradski's Budgetary declarations, which the *Journal* itself confesses were made in the identical terms of the Budgets of the last two years, as any admission of the kind. Russian policy, as the newspaper says, has remained without the least modification for the last eight years, but it thinks the psychological moment for its recognition has only now arrived.

The interesting congratulatory addresses exchanged between the Czar and Moscow on New Year's Day may form a sort of supplement to the Budget as regards the allusions to Russian policy, especially in home affairs. The gist of Russian internal policy is there given, and also the direction which it has already taken in the past 12 months. Prince Dolgorouki's address runs :—

"The venerable nursery of the noble traditions of the Russian nobility, the ancient capital of the Empire, has received with gratitude the fresh evidence of your Majesty's gracious concern for the leading class of the community, who are now called to guide the course of rural life. By the wisdom of this Imperial desire a beneficent and regenerating principle has been introduced into that vast province of agricultural existence which forms the fundamental and mightiest Power of the people and State. Beneath your autocratic sway, majestically calm in the consciousness of its might, and free in its initiative, Russia appears, indeed, the bulwark of general peace. Your words uttered at the jubilee of the Russian artillery, and re-echoed throughout Europe, strengthened the hearts of peoples in their desire for peace. With these tranquillizing signs of the future, Russia, directed by your Imperial rule, will accomplish her development in a spirit of State unity, and, while reinforcing the labours of production and improving her finances, will bless your Imperial triumph as the means of strengthening her within and leading her in the paths of honour and glory."

In answering these sentiments and wishes of Moscow the Czar says :—

"Inspired by love for the Fatherland and devotion to the Imperial power, these sentiments accord with my ardent endeavours and sincere concern for the introduction of order in the administration, the strengthening of the national welfare under the security of law and established authority, and the improvement of family and agricultural existence among all classes."

The Emperor has sent a very complimentary rescript to General Rosenbach on his resignation of the Governor-Generalship of Turkestan and his appointment to a seat at the Military Council. The Czar states that he complies with General Rosenbach's request to be relieved of his duties as Governor-General at Tashkend on account of shattered health.

Another well-known personage in Russian Central Asia, Colonel Alikhanoff, has just been superseded by Colonel Bebootoff as Governor of Merv and its district, but this is only thus far a temporary replacement. It does not follow that Colonel Alikhanoff has quitted for good the post of Lord Warden of the Afghan frontier marches in which he has so greatly distinguished himself. At the present moment a revision of the Turcoman administration is being made in the Transcaspian, and there are the usual complaints and insinuations against certain of the Russian authorities to be examined. No able Russian ever distinguishes himself without falling under the worst accusations of his colleagues, subordinates, and fellow countrymen. Complaints have been made against Colonel Alikhanoff, but whether or not his leave of absence is connected with the revision now going on I am unable to say.

In May next a new large ironclad will be begun on the Neva, and at the same time the new Imperial yacht, the Polar Star, and a new gunboat will be launched in the river.

Owing to the Court being in mourning for four weeks for the late Empress Augusta, the first grand Imperial ball in the Winter Palace will not take place before January 26. It will be followed at intervals by four others.

The German Emperor was to have visited Russia this winter to take part in an Imperial hunt near Vitebsk, but, in consequence of the death of the Empress Augusta, the visit has been deferred. His German Majesty's visit next August to attend the Russian manœuvres seems to be a settled matter. Preparations are already talked of. The manœuvres, it is said, will extend from Krasnoe Selo right away to the Baltic seacoast, and will be on an unprecedented scale of interest and magnificence.

THE BALKAN STATES.

VIENNA, JAN. 16.

The issue of the Bulgarian loan has been such a complete success that it constitutes a political demonstration of some significance on the part of the public of this Monarchy in favour of Bulgaria. Nor can it be doubted that the confidence of foreign investors in the solvency and good faith of the Bulgarian Government must greatly strengthen Prince Ferdinand's position. It will now, however, be M. Stambouloff's business to curb the impatience of those Bulgarians who may wish to hasten the day of national independence on the strength of their great financial success. It is so obviously in the interest of Bulgaria to remain for the present under Turkish suzerainty, a suzerainty which lays distinct obligations on the Sultan as regards the protection of his vassal State, that Europe has assuredly no reason to fear that a man of M. Stambouloff's shrewdness will fail to perceive the danger that would underlie any rash action.

By the Sultan's order a force of redifs has been sent from Salonica to protect the famous monastery of Detchani from further aggressions on the part of the Albanians.

The young King of Servia has been much pleased at receiving an autograph letter from the Czar, accompanying a gift of his Imperial Majesty's portrait. On the other hand, the King of Servia, and those who are devoted to the Obrenovitch Dynasty, have not much reason to be gratified at a singular appointment which has just been made in the Foreign Office—namely, that of M. Vladimir Liotitch, who has been named First Secretary to that department. M. Liotitch has long been the avowed agent of the Pretender Karageorgevitch, and a most active conspirator against the reigning dynasty. He was the companion in exile and chief friend of M. Patchitch, and it is to this politician that he is said to owe his appointment.

At the recent communal elections in Servia 145 municipalities out of 150 elected Radical councils.

AUSTRIA-HUNGARY.

VIENNA, JAN. 16.

M. Szilagyi, the Hungarian Minister, has been in Vienna to confer with the Austrian Government as to the administration which should definitively be given to the Danube island of Ada Kaleh, which was occupied by Austro-Hungarian troops on May 26, 1878. The island contained a fortress and a Turkish garrison of over 800 men, but the Turks did not feel in a position to defend it during their war against Russia, and the Austrians deemed it inexpedient to let it fall into Servian hands. It accordingly received an Austrian garrison, and was placed for purposes of civil government under Hungary.

Some interesting experiments have been made on the carcasses of horses in order to test the destructive power of the Mannlicher rifle. The result has been to show that a Mannlicher bullet would pierce clean through a human body at a distance of 1,500 mètres. The penetrative force of the bullet is said to be so great that at 1,200 mètres a single shot would place several men *hors de combat*.

An evening journal states that an English nobleman of "the highest aristocracy" was dangerously wounded yesterday in [illegible] near Vienna with a Frenchman. No names are given, and [illegible] accounts of this affair as have been procured up to this evening are conflicting.

It is stated that the marriage of the Emperor of Austria's younger daughter, the Archduchess Marie Valérie, with the Archduke Franz Salvator will take place at Ischl on August 18, the Emperor's birthday.

FRANCE.

PARIS, JAN. 16.

The Senate to-day re-elected M. Le Royer as President for the year, and the Chamber, which on Tuesday re-elected M. Floquet as President, appointed to-day its other annual office bearers. The Senate will begin business on Monday and the Chamber on Saturday. The Newfoundland discussion in the Chamber is expected to be fixed for Monday.

The receipts of the Lyons Railway last year show an increase of 23 millions, the Orleans and Northern 18 millions each, the Western 11 millions, and the Eastern 10 millions. This is, of course, due to the Exhibition, and the benefit will be reaped by the State, which has usually to make up the sum required for a 4 per cent. dividend.

THE EPIDEMIC OF INFLUENZA.

PARIS, JAN. 16.

The deaths yesterday further fell to 220, which is about 50 above the usual January figure.

*VIENNA, JAN. 16.

The influenza has almost disappeared from this city and it is decreasing in the large provincial towns and in the low-lying districts of Central and Western Austria.

The epidemic prevails in a virulent form in certain districts of Galicia.

*ZARA, JAN. 16.

The influenza continues to spread in Dalmatia, and the provincial schools have been closed for a fortnight. Several serious cases of pneumonia have occurred here.

*BERLIN, JAN. 16.

The Berlin Medical Society has decided, in conjunction with the Medicinal Association, to take steps for collecting evidence relating to the causes and progress of the influenza epidemic. The most prominent specialists, including Drs. Hirsch, Fuerbringer, and Frentzel, and Professor Leyden, will take part in the investigations.

The condition of Baron zu Frankenstein, who was yesterday attacked by influenza, has become serious, inflammation of the lungs having set in. The distinguished patient is 78 years of age.

*CASSEL, JAN. 16.

The influenza in the Westphalia coal district is increasing rapidly, and, in consequence, work in the mines is seriously impeded. The output from several of the pits being considerably restricted, the dealers have been informed that the supply of coal will probably, for a time, be limited. The railway officials are also seriously affected by the malady, and it has been found necessary to withdraw some of the goods trains.

*ATHENS, JAN. 15.

The influenza epidemic has raged here with remarkable severity. There is hardly a house in Athens which has not been affected, while in many cases several of the inmates have been attacked.

The entire Royal Family have been among the sufferers, and some of the Princes and Princesses are still down with the malady. Sir E. Monson, the British Minister, and his family have not escaped.

It is estimated that, without exaggeration, 40,000 persons have been attacked by the epidemic. It is spreading in the provinces.

*ROME, JAN. 16.

The Duke of Aosta has been attacked by influenza.

*LIMASSOL, JAN. 16.

The influenza is assuming an epidemic character in this town, and it is estimated that 500 of the inhabitants are suffering from the malady.

*BRUSSELS, JAN. 16.

General van der Smissen, commander of the troops here, has been attacked with influenza. Many of [illegible] the Belgian army are also suffering [illegible] the [illegible].

*NEW YORK, JAN. 16.

The mortality in New York has now fallen to almost its normal rate, but in Chicago there are cases of Russian influenza and the death-rate is increasing.

*OTTAWA, JAN. 16.

The attendance of members at the opening of Parliament to-day was seriously affected by the influenza epidemic, and at the State dinner given this evening Lady Stanley was not present in consequence of an attack of influenza.

THE EX-EMPEROR OF BRAZIL.

CANNES, JAN. 16.

The ex-Emperor of Brazil, who had been expected for the last two or three days, but who had broken the long journey from Lisbon first at Pau and then at Toulouse, arrived at Cannes this afternoon, accompanied by his daughter, the Countess d'Eu, her husband, their three children, and the ex-Emperor's grandson, Prince Pedro of Saxe-Coburg. The Imperial party, who had a very numerous suite, travelled by the express from Marseilles, due here at half-past 3, and they were met at the station by Prince Augustus of Saxe-Coburg, who had arrived two or three days in advance, and by the Count and Countess de Caserta, the former of whom was nearly related to the late Empress.

The Mayor of Cannes, the Consul of Brazil at Nice, and several of the principal residents were also at the station to testify their respect to Dom Pedro, who has aged terribly since I last saw him at Cannes just two years ago. He seems to be enfeebled both in body and mind, and it is impossible not to feel the deepest sympathy with him in his exile and affliction. There was not, of course, anything in the way of a demonstration at the station, and the Imperial party at once drove to the Hôtel Beau Séjour, where, as when his Majesty stayed at Cannes two years ago, the whole of the first floor has been reserved for him. The ex-Emperor himself occupies the same set of rooms he did then, his *cabinet de travail* overlooking the beautiful gardens of the hotel and the island of St. Marguerite across the bay. It is Dom Pedro's intention to remain here all the winter.

*Through Reuter's Agency.

THE PARIS EXHIBITION.—The final meeting of the committees of the Indian section of the Paris Exhibition was held yesterday afternoon at the Society of Arts, Sir George Birdwood presiding. The report of the honorary director (Mr. Vincent Robinson) mentioned that for the first time in the history of international exhibitions, India has been represented on a strictly commercial basis without State aid or public guarantee of any kind. Complaint, however, was made of the controlling power exercised by the Mansion-house Committee, which, it was urged, checked progress and subsequently rendered the counsels of the specialist Indian Committee practically useless. "It was," says the report, "the old difficulty of want of knowledge of Indian affairs joined with the most perfect confidence in dealing with them which all those who really understand India so deplore and suffer from so much in their relations with the Home Government, especially in commercial connexions." The meeting recommended that the gold medal awarded to the Indian pavilion should be offered to the Indian Tea Districts Association, the largest renters of space in the section. Thanks were voted to the honorary director for his valuable services.

THE VINTAGE IN ITALY.—The official returns, as published in the *Bolletino di Notizie Agrarie* of the Italian vintage last year give the total yield as being only 475,629,750 gallons, or not quite 58 per cent. of the average yield for the previous ten years. The decrease was greatest in the northern provinces of Italy, the quantity of wine made in Venetia, Lombardy, Piedmont, Liguria, and Tuscany being only 23, 26, 32, 35, and 49 per cent. of the average. But in Sicily, where a third of the Italian wine was made last year, the decrease was barely 10 per cent., but the southern Adriatic and Mediterranean districts did not make half as much wine as usual. The area of land planted with vines was estimated at rather under 5,000,000 acres 17 years ago, but the total had increased to 7,638,232 acres five years ago, while in the interval [illegible] of viticulture in Italy by founding five special schools, and expending £300,000 in combating the ravages of the phylloxera.

FOREIGN AND COLONIAL NEWS.

We have received the following telegrams through Reuter's Agency :—

SPAIN.

MADRID, JAN. 16.

The doctors having declared that the little King is convalescent, the Queen Regent to-day gave audience to Marshal Martinez Campos and General Jovellar for the purpose of consulting with them regarding a settlement of the Ministerial crisis.

THE CHIN FIELD FORCE.

CALCUTTA, JAN. 16.

News received to-day from Rawvan *vid* Kan, dated the 10th inst., announces that the Yokwa Chins have submitted unconditionally to all the terms imposed by the British commander, acknowledging British supremacy, and agreeing to pay a tribute. The Yokwas will, however, be allowed self-government. Much sickness prevails among the troops forming the Chin field force.

FAMINE IN THE SOUDAN.

CAIRO, JAN. 16.

Authentic intelligence received here from the Soudan states that a terrible famine prevails there, owing to the want of rain in the autumn. The mortality is stated to be enormous, and all the fighting forces have been dispersed in great measure on account of the famine.

Letters which have lately arrived from Slatin Bey prove that the recent reports of the death of the Khalifa were unfounded. They contain no other important facts.

Osman Digna has left Omdurman for Tokar. The object of his journey is of a pacific nature, and connected with trade.

THE DUKE AND DUCHESS OF EDINBURGH.

ST. PETERSBURG, JAN. 16.

The Duke and Duchess of Edinburgh and suite arrived here to-day. Their Royal Highnesses were received at the railway station by the Empress and several of the Grand Dukes, as well as the staff of the British Embassy and various high officials.

The Duke and Duchess will stay at the Anitchkoff Palace, while their suite will be accommodated in the Winter Palace. The Duke wore the uniform of a vice-admiral in the Russian navy, with the riband of the St. Andrew Order.

OPENING OF THE CANADIAN PARLIAMENT.

OTTAWA, JAN. 16.

The Governor-General, Lord Stanley of Preston, in his speech on the occasion of the opening of Parliament to-day, offered his congratulations on the continued progress and prosperity of the country. Referring to his recent visit to Manitoba, the North-west Territories, and British Columbia, he mentioned the loyal reception everywhere accorded to him, and expressed the opinion, comparing his observations with those of his predecessors, that great progress had been made in the settlement of those provinces and in the development of their agricultural, mineral, and other natural resources. In consequence of the repeated seizures in the Behring Sea by United States cruisers strong representations had been made to the Imperial Government, urging the necessity of the protection of Canadian shipping while engaged in their lawful calling, and of guarding against the assumption, by any nation, of exclusive proprietary rights in those waters. Confidence was expressed that these representations had due weight, and he hoped shortly to be able to announce that the differences in question were in course of satisfactory adjustment. Improvement was anticipated in the development of the herring fisheries from an examination of the report of the Commission that had been inquiring into the subject. Legislation on the following subjects was foreshadowed :—For the prevention of confusion in the titles to foreshores on harbours, rivers, and lakes ; in connexion with the labour laws ; expiring bank charters ; facilitating the administration of the North-West Territories ; North-west Mounted Police ; bills of exchange and promissory notes ; improvement of the patent laws ; amendment of the laws relating to adulteration, inland revenue, and the geological survey, and for the better organization of the national printing bureau. The estimated revenue for the last financial year was fully realized, and, after fully providing for the various public services, a substantial surplus remained.

THE PRUSSIAN DIET.

BERLIN, JAN. 16.

The Lower House of the Prussian Diet to-day re-elected Herr von Koeller President and Baron Heereman von Zuydwyk and Herr von Benda Vice-Presidents. The former secretaries were also re-elected.

Dr. von Scholz, the Minister of Finance, then submitted a statement concerning the Budget of 1886-1887 and the general accounts for the year 1888-89, and finally the Budget for 1890-91. The Minister declared that the financial position of the State was favourable. The Budget for 1888-1889 showed a surplus of about 80,000,000 marks, of which 3,800,000 were derived from direct taxes, 9,800,000 from indirect taxes, and 37,000,000 from the railway receipts. The former chronic deficit had been removed by the economic measures of the Government, particularly the spirit tax. The estimates for 1890-91, amounting to a total of 1,586,000,000 marks, exceeded those of the preceding year by 108,000,000 marks. The Minister warned the House against a retrograde revision of the customs legislation, and in conclusion announced that it was the intention of the Government that, subject to the approval of the House, the 18,000,000 marks set apart for the redemption of the debt should be devoted to increasing the salaries of officials.

PAPAL ENCYCLICAL ON THE DUTIES OF CHRISTIANS.

ROME, JAN. 16.

The Encyclical letter issued by the Pope on the 6th inst., upon the duties of Catholics, is published to-day. In this document, which is of considerable length, the Pope commences by declaring that great evils, by disregard of the principles of Christian wisdom are caused to which the peoples should return. The enjoyments of this life are too much sought after, while the higher gifts of the spirit are forgotten. Catholics are especially bound so to act that the Christian life may again flourish. His Holiness, while enjoining the love of country for which men should even lay down their lives, says that Christians should cherish a still higher love for the Church, their divine country here below, which inculcates upon them their duties towards God, more sacred than their duties to man. When conflicts arise between the calls of the State and the rights of the Church, it is better to obey God than man. It is only a good Christian who is also a good citizen, since he religiously respects the principle of authority, and even when power may dwell with an unworthy depositary he sees in it a reflex of God. But the Christian cannot submit himself except for righteous works ; the law of God comes before the law of man. The adversaries of God seek to obtain power in order to insure the triumph of their principles, and in many countries have attacked Catholicism. Every Catholic, continues the Encyclical, should have his apostleship, but private individuals cannot set themselves up as doctors ; they can only preach by the example which they afford, and must above all things remain in unity, submitting themselves not only in matters of dogma, but also in discipline. The Pope has the right of pronouncing with authority upon dogma and morals, and upon the means necessary to attain salvation. The Church regulates the various ideas which prevail under various governments. Where a delimitation of rights and duties may be necessary the Church seconds the State by respecting its rights. But the Church is not in subjection to any political party, and approves all systems of government which respect religion and the Christian discipline of morals. Those who would involve the Church in the quarrels of parties abuse religion. All parties should respect and guarantee religion, and Catholics should, before all things, be solicitous to serve religion well. They should not extend their favours to men hostile to the rights of the Church, but in public affairs should support men of probity, capable of rendering service to the Catholic cause. His Holiness insists upon union among Catholics, and declares that intestine quarrels and dissension have given supremacy to their adversaries. Catholics should be neither timid nor rash. The former category show excessive indulgence and exercise a dissimulation attended by pernicious effects, while the latter play a part which they are not entitled to assume, desiring to conduct the affairs of the Church according to their own will and their own particular ideas, and not readily accepting what may not agree with their own views. To act thus is to usurp legitimate authority. Catholics should submit to the Pope and the Bishops and act with prudence, for the political prudence of the Pope himself has to be exercised in regard to civil acts. The laity should submit with respect to the Bishops, and the ideas or conduct of a Bishop should not be judged by them.

The nations will only be strong in so far as they put into practice these Christian virtues. Fathers of families should conduct on these Christian precepts the education of their children, and energetically resist all unjust violence directed against their control of such education. The Pope eulogizes the Catholics of all nations who found schools, and concludes by declaring that the salvation of society depends upon practical home training in Christian virtues.

THE PRINCE OF NAPLES.

ROME, JAN. 16.

The Prince of Naples has arrived in Sicily, where he was received with great enthusiasm.

THE INTERNATIONAL RAILWAY CONFERENCE.

ROME, JAN. 16.

The International Railway Conference to-day resolved to establish a service of *express trains de luxe* between the principal capitals of Europe. It was also decided to divide the Indian mail train at Alessandria from which point one section of the train would proceed to Rome, while the other portion with the mails would continue its journey to Brindisi.

BELGIUM.

BRUSSELS, JAN. 16.

In the Chamber of Deputies to-day M. Beernaert, Minister of Finance, introduced a Bill to establish a relief fund for the benefit of workmen sustaining injuries in their employment as a memorial of the Jubilee of King Leopold. The Minister proposed to devote to this purpose a sum of 2,000,000f.

CHARLEROI, JAN. 16.

The strike among the coalminers has broken out afresh, in consequence of a dispute between the masters and men as to the mode in which effect should be given to the concession granted to the men of a reduction in the hours of labour.

It is feared that the strike will again spread over the whole district.

MOUSSA BEY.

CONSTANTINOPLE, JAN. 16.

It is stated that in consequence of the appeal lodged in the Court of Cassation against the judgment in the Moussa Bey trial the Sultan has instructed Djevdet Pasha, Minister of Justice, to devise means for re-opening the case, but at present no steps have been taken with that object. The Court of Cassation has not yet given its decision. The inquiry into the other charges against Moussa Bey is proceeding slowly.

THE TOBACCO RÉGIE AT CONSTANTINOPLE.

CONSTANTINOPLE, JAN. 16.

The general meeting of the administration of the Tobacco Régie was held to-day, when it was decided to pay a dividend of 12½f. All the members of the present Board will remain in office, with the exception of MM. Berger and De Vaux, who have resigned, but the president will be elected by the council. The meeting appropriated a sum of £T5,000 for the expenses of the administration, and granted an *honorarium* of £T1,000 to M. Auboyneau for his services as director.

FLOODS IN QUEENSLAND.

BRISBANE, JAN. 16.

A storm, followed by floods, has occurred at Gympie. Great damage to property has been caused, and four persons have been drowned.

SAMOA.

SYDNEY, JAN. 16.

Intelligence from Samoa reports all quiet in those islands. Food was plentiful.

THE UNITED STATES.

WASHINGTON, JAN. 16.

The Treasury to-day accepted $801,600 of Four per Cent. bonds at 126.

NEW YORK, JAN. 16.

A slight shock of earthquake was felt yesterday at Columbia, South Carolina.

Six Choctaw and Chickasaw Indians were hanged to-day at Fort Smith for murder.

The Illinois Central Railway has declared a half-yearly dividend of 3 per cent.

THE PAN-AMERICAN CONGRESS.

NEW YORK, JAN. 16.

The *New York Herald* publishes a despatch from Washington stating that the delegates of the Argentine Republic and Brazil to the Pan-American Congress [illegible] arbitration as a means of preventing war. The resolution also provides that success in war should give no rights to the victor to the territory of the defeated State.

ELECTRIC LIGHT ACCIDENTS.

NEW YORK, JAN. 16.

Two explosions were caused yesterday evening by the electric wires running beneath the roadway in Sixth-avenue. At Hartford a factory operative was killed by grasping an electric light wire.

THE PERUVIAN BONDHOLDERS.

NEW YORK, JAN. 16.

A despatch from Santiago de Chile states that the Senate, in secret session on the 13th inst., approved the arrangement concluded by Chili with England for the benefit of the Peruvian bondholders, Chili remaining free from all responsibility.

CRICKET IN INDIA.

ALLAHABAD, JAN. 16.

The English cricketers to-day began a match against an eleven of the North-West Provinces. Mr. Vernon's team were the first to bat and put together a total of 153 runs. The home team then went in, and when stumps were drawn for the day had scored 19 for the loss of four wickets.

THE CHESS CHAMPIONSHIP.

HAVANNAH, JAN. 16.

The ninth game in the match for the Chess Championship between Mr. Gunsberg (London) and M. Tschigorin (Russia) resulted in the victory of the former, the Russian player resigning after the 45th move.

THE CREWE RAILWAY WORKMEN.

At Crewe last night a meeting of workmen employed in the London and North-Western Railway Works was held to condemn the action of those who were seeking to disturb the relations existing between the railway company and their servants. A similar gathering was called a fortnight ago, but the opposition was such that the meeting was prematurely dissolved. Last night the hall was well filled, and the majority present appeared to be favourable to the object of the meeting.

Mr. SAMUEL ARROWSMITH presided, and explained that they were met to express confidence in the officials whom the shareholders of the railway company had placed over them. He denied that there was any ground for the statement that workmen had been persecuted on account of their holding Liberal principles, and said that during a long connexion with the works he had in Parliamentary and municipal elections always exercised, without interference, the greatest freedom. They were charged with holding a whitewashing meeting to free the officials from blame, but that was a spontaneous gathering. ("Oh, oh.") The real intimidation came from the persons who managed the Liberal Club. (Cheers.)

Mr. ROBERT WILLIAMS proposed a resolution condemning the action of those who, in their opinion, were disturbing the good relations which had hitherto existed between the workmen and their employers. He said the charge that officials had persecuted Liberals on account of their Liberal principles was unjust and untrue. From his long experience as a servant of the company he could say that the superintendent of the Crewe Works, Mr. Webb, endeavoured to promote everything that was for the moral and material advancement of the men. (Cheers.) The allegations which had been made against officials were scandalous and calculated to work an irreparable amount of mischief. He charged those who made them with seeking self-aggrandizement. Mr. Webb had preferred to put men on short time rather than discharge them wholesale. The railway company and Mr. Webb had exercised a benevolence which they were in no wise compelled to display. ("Oh, oh" and cheers.)

Mr. G. GRIME, another workman, seconded the motion, which was carried by a substantial majority, although a large number held up hands against it.

Mr. THOMAS HARDING, a workman, proposed a resolution expressing unabated confidence in the directors of the company, and especially in the officials of the locomotive department at Crewe. He said he had been employed under the company for 36 years, and had never known or heard of a workman having suffered on account of his political principles. He denied that Liberals were coerced and Conservatives allowed to walk about the works with their hands in their pockets. Eight-tenths of the best jobs in the shops were done by Liberals. The officials did not interfere with their politics. (Cries of "Bosh" and interruption.)

Mr. MACKAY seconded the resolution.

Mr. DAVID NIELD said he was a Liberal and had worked for the company 29 years. He denied that there was any intimidation. He had inquired of some of the most honourable Liberals, and they too confirmed his belief that there had been no intimidation.

The resolution was carried by a substantial majority. It was decided to send copies of the resolutions to Sir Richard Moon and the officials of the company, and the meeting terminated with cheers for Mr. M'Laren.

DAILY MIRROR, Saturday, January 19, 1985 PAGE 11

Dying father kills his wife and two sons

A DEVOTED father slaughtered his family then killed himself because he believed he was dying, neighbours said yesterday.

By TOM MERRIN and ROGER BEAM

The murders were discovered when police smashed their way into a quiet suburban house.

Downstairs lay the blood-soaked body of 37-year-old Bill Stacey.

A trail of blood led upstairs—to the bodies of his wife Rosemary, 31, and sons Daniel, eight, and Lee, five.

All four were in their nightclothes. They had been stabbed to death.

Last night, a police spokesman said: "We're not looking for anybody. It seems the father did it. We have the murder weapons—two knives."

Mr. Stacey, a double-glazing salesman suffered from crippling arthritis of the spine and regularly took pain killers. He was very depressed.

Last night, Mrs. Rita Slipper, a neighbour in Bexleyheath, Kent, said: "He told me he thought he had only a few years to live and would end up in a wheelchair."

Mrs. Slipper, who may have been the last person to see the family alive, said: "I called in on Tuesday.

"Bill was just sitting there with his eyes closed.

"Rose said he was very depressed. The thought of his disease tortured him.

"He idolised his family. I can only think he had a brainstorm."

Neighbour Sophie Ackerman said: "They were a really close family."

The breadline

ALL over wintry Britain, animal lovers are handing out crumbs of comfort for peckish birds. But in this garden the catering arrangements are particularly well organised.

The food is served in a plastic box. A plank is provided for the guests to stand on. And the whole cafeteria, at Broadstairs, Kent, is suitably sign-posted. The birds know the form. They even wait in an orderly queue, as requested.

One of the five here did hop up to eat ahead of his turn. But he might well have been a foreign visitor unaccustomed to our ways. And he was clearly told where to get off.

Picture: PETER POWELL

WORLD BRIEFING

Edited by NICHOLAS DAVIES

Wives conned into sex with strangers

AN AMERICAN TV executive has been accused of conning housewives into having sex with strangers.

From PAUL CONNEW in New York

Kenneth Cohen, 47, vice-president of the Metromedia Corporation, is alleged to have phoned the women, posing as their husbands' psychiatrist.

New York prosecutors say Cohen would tell them their husbands were on the verge of suicide and their lives could only be saved by satisfying their sexual fantasies.

These included the wives making love to strangers. The wives were told not to discuss it with their husbands.

Police believe hundreds of wives may have fallen for the story.

One woman reported she even took her gardener away from mowing the lawn to have sex with him. Others made love to neighbours or men from the streets.

Two die on holiday isle

NEW violence has broken out on the Caribbean island of Jamaica after the ending of two days of rioting over petrol price increases earlier this week. Two men have been killed in a battle between rival gangs in the capital, Kingston.

Holidaymakers were still crowding airports yesterday after their flights home were held up by the rioting. But the new troubles have not cut the flow of incoming tourists.

THEN: Chernenko (arrowed) in the 1930s

NOW: The leader

The Red star

RUSSIA'S leader is to be a film star. This rare picture of a youthful President Konstantin Chernenko, now 73, appears in a new Russian film about the Soviet leader. Chernenko, whose health is currently causing concern, was a guard on the Chinese border at the time—in the early 1930s.

Germany crippled by smog

CARS were banned from roads in the industrial heartland of West Germany yesterday as six million people were hit by smog.

Scores of people collapsed in the streets in the cities of the Ruhr with bronchial illnesses caused by a mixture of fog and pollution.

Only taxis, buses and emergency vehicles were allowed to stay on the roads.

Premier Margaret Thatcher, who is visiting West Germany, said yesterday that Britain has been smog-free for more than 20 years because of the 1956 Clean Air Act.

Der «Daily Mirror» vom 19. Januar 1985 – 95 Jahre nach der «Times», die auf der vorangehenden Seite abgedruckt ist – bringt es theoretisch (bei etwa 25 Anschlägen pro Zeile, rund 125 Zeilen pro Spalte und 7 Spalten pro Seite) auf rund 22 000 Zeichen pro Seite – halb soviel wie die «Times». Die Verwendung grosser Schlagzeilen und vieler Bilder reduzieren den Textanteil allerdings erheblich: Auf dieser Seite sind nur noch etwa 4200 Zeichen gedruckt. Das heisst: Auf einer «Times»-Seite hätten 12 Seiten des «Daily Mirror» Platz. Da der «Daily Mirror» 32 Seiten aufweist, lässt sich in etwa sagen: Der «Times»-Leser von 1890 las – wenn er sein Leibblatt ganz verschlang – gut sieben Ausgaben des heutigen «Daily Mirror»! Das Rechenbeispiel zeigt, dass andere Typographie, mehr Bilder und neue Lesegewohnheiten die Kommunikationsformen ganz erheblich beeinflussen.

schnellen Bildfolgen ersehen können, was bei einem Aufprall passiert.

Die gigantische Bilderflut unseres Zeitalters ist das deutlichste Anzeichen dafür, dass die *Gutenberg*-Ära zu Ende ist. Eine 400jährige Episode, in der der Text die Kommunikation ausserhalb der direkten Gesprächs- oder Kontaktsituation beherrschte, macht einer Epoche Platz, in der Anschauung wieder wichtiger als Lesen wird und reproduzierte Bilder immer mehr zum Hauptinstrument der Massenkommunikation werden.

Natürlich ist die Bezeichnung «Episode» für das *Gutenberg*-Zeitalter etwas bescheiden gewählt. Sie soll die Erfindung und die Bedeutung der Druckkunst nicht schmälern. Ohne Text sind auch heute viele Bilder nicht kommunikationsfähig.

Und trotzdem ist das Wort angebracht.

Denn die Reproduktion von Text nach der Methode des Mainzer Meisters ist auch technologisch gesehen eine Übergangsphase. Gedruckt hat man, wie wir im letzten Kapitel bereits gesehen haben, schon früher.

Am Anfang aber war nicht das Wort – sondern das Bild: Die ersten Drucke waren *Bild*reproduktionen.

Die Faszination der Wiederholung eines Abbildes der Natur hat die Menschen schon viel früher ergriffen, als es selbst die ersten Buchdrucke aus Asien vermuten lassen. Schon in den Höhlenzeichnungen und -malereien finden sich primitive Reproduktionstechniken. Die merkwürdigen Hände, die man in manchen Höhlen sieht, sind bereits das Ergebnis einer Vervielfältigungstechnik: Die Hand wird wie eine Schablone auf die Wand gelegt, die Farbe darum herum aufgetragen.

Auch Siegel, Stempel und Münzen gibt es bereits bei den ältesten Kulturen. Und schon an diesen ältesten Zeugen menschlicher Kunst wird sichtbar, dass Bilder sich stets aus zwei Quellen nähren: der Aussen- und der Innenwelt. Bilder sind Abbilder der Natur, aber auch Versuche, die Erinnerungen, Wünsche oder Pläne, die sich in unserem Gehirn zu bildlichen Vorstellungen oder Träumen formen, in materialisierter Form festzuhalten.

Für uns sind das heute oft getrennte Welten, verschiedene «Wirklichkeiten». Man kann aber mit Fug daran zweifeln, ob dies immer so war. Archaische Kulturen, aber auch Kinder haben zum Bild oft eine ähnliche Einstellung wie die Klosterfrau zum Fernsehbild oder der junge *Dauthendey* zu den Daguerreotypien seines Vaters: Die Bilder sind für sie kaum weniger «wirklich» als die natürlichen Vorlagen und selbsterstellten Vorstellungen, die sie abbilden. Sie tragen einen Zauber in sich, beschwören die Welt: *Bilder sind magisch.* Abgestumpft durch die Fotografien, können wir das heute nur noch sehr schwer nachempfinden – allenfalls noch in den Unikaten grosser Künstler. Die Einmaligkeit des «Originals», die der kluge Kulturphilosoph *Walter Benjamin* die «Aura» genannt hat, dieser «Heiligenschein» ist vielleicht noch der letzte Rest jener Bildmagie, die früher die Menschen viel stärker ergriffen haben muss als heute.

Bilder ein Teufelswerk?

Die heimliche Kraft, die früher von einem von Menschen gefertigten Bild ausging, ist wohl auch verantwortlich dafür, dass die meisten Bilder bis zur Renaissance im Zusammenhang mit religiösen Ritualen auftauchen. Dabei haben die verschiedenen Kulturen immer auch ganz unterschiedliche Beziehungen zum Bild gehabt. Es gibt ausgesprochen bilderfreundliche, aber auch extrem bilderfeindliche Epochen in der Geschichte der Menschheit.

Archaische Kulturen nutzten die Magie des Bildes noch ausgiebig. Totems, Götzenbilder, Masken von Dämonen und Geistern hausten unter den Sterblichen so selbstverständlich wie lebendige Wesen. Jene Kulturen aber, bei denen sich höhere Gottesvorstellungen herausbildeten, lehnten häufig die bildliche Darstellung von transzendenten Mächten ab. «Du sollst dir kein Bildnis machen» wurde nicht nur im Christentum zu einer gesellschaftsprägenden Maxime. Auch der Buddhismus und der Islam sind ausgesprochen bilderfeindliche Kulturen.

Besonders bilderfeindlich waren die ersten zwei Jahrhunderte des Christentums. Der gestrenge Kirchenlehrer *Tertullian* (ca. 150–225) verdammte die Bilderkunst rundweg als Teufelswerk. Erst nach seinem Tode setzte zögernd eine christliche Symbolkunst ein – vielleicht auch wegen des Zwangs zum Gebrauch von geheimen Symbolen in Zeiten der Verfolgung.

Vom 4. Jahrhundert unserer Zeitrechnung an schleicht sich dann wieder eine zunehmende Bildverehrung in die christliche Kirche ein. Die Bischöfe lassen sich schon zu Lebzeiten wie Heilige porträtieren, die immer monumentaleren Kirchen werden farbenprächtig ausgemalt und mit bilderreichen Glasfenstern geschmückt, die Gläubigen beginnen sogar an die wundertätige Kraft von Bildern zu glauben. Die Stadt *Edessa* (das heutige Urfa in der Südosttürkei) macht von sich reden, weil sie behauptet, das «wahre Bild Christi» zu besitzen: Es habe sie 544 vor der Einnahme gerettet.

Im 8. Jahrhundert beginnt in der oströmischen Kirche ein jahrhundertelanger, blutiger «Bilderstreit» zwischen bildfeindlichen Kaisern und bildfreundlichen Päpsten. Die ganze Christenheit fiebert schliesslich mit bei der Frage, ob Christus abgebildet werden dürfe. Als eine Synode in Konstantinopel im Jahre 754 die Bilderverehrung kategorisch verbietet, lehnen sich die Mönche auf. Viele werden für die Bilder sogar zu Märtyrern. Fast hundert Jahre später werden die Bilderverehrer rehabilitiert: Eine Prozession mit Heiligenbildern bewegt sich jetzt durch die Hauptstadt Ostroms.

Auch im westlichen Abendland schaffen sich – trotz der Bilderskepsis von *Karl dem Grossen* und *Ludwig dem Frommen* – die Bilder wieder Raum. *Papst Gregors* raffinierte Kompromissformel («Die Bilder sind für die Laien, was die Schrift für die Lesekundigen») bricht dem Bild wieder eine Bahn. Fortan beobachten wir eine seltsame

Zwei Jahre vor seinem Tode im Jahre 1528 schuf Albrecht Dürer diesen meisterhaften Kupferstich, der den grossen Gelehrten und Humanisten Erasmus von Rotterdam als Schreiber zeigt. Die Darstellung weltlicher Motive rettete die bildende Kunst über die bilderfeindliche Epoche der Reformation hinweg. Dürer gilt als einer der Wegbereiter dieser neuen Aufgabe der darstellenden Kunst – aber auch als einer der ersten grossen Meister der Vervielfältigung.

Die «Armenbibel» erschien bereits vor Gutenberg gleichzeitig in Deutschland, Frankreich und Holland jeweils in der Landessprache. Die Seiten wurden als Holzschnitte hergestellt und sind ein Beleg dafür, dass schon vor Gutenberg auch in Europa Bücher mit Bildern gedruckt wurden – in einer «Ganz-Seiten»-Technik, an die dann erst wieder das 20. Jahrhundert mit der «Ganz-Seiten»-Technik des Filmsatzes anknüpfte.

Wendung in der Geschichte: Das Christentum, das im Kampf gegen die heidnischen Idole gross geworden ist, nimmt die antike Tradition der darstellenden Kunst wieder auf und verteidigt sie sogar aktiv gegen die rein ornamental werdende Kunst des Islams.

Die christliche Bildkunst besitzt allerdings von Anfang an einen stark symbolischen Charakter. Der Himmel ist goldfarben, die Figuren sind stilisiert, die Malereien in Kirchen und auf den Altarbildern stellen Szenen aus der Bibel dar. Noch *Albrecht Dürer* (1471–1528) malt zwar höchst realistische Flügel nach genauesten Studien von toten Vögeln; aber die Flügel sind – Engelsflügel!

In der Renaissance, wo auch der Buchdruck entsteht, trägt diese «Ver-Wirklichung» der religiösen Inhalte schon den Keim zu einer Abkehr vom Jenseits, einer Hinwendung zum Diesseits in sich. *Leonardo da Vinci* (1452–1519) empfindet sich bereits als Wissenschaftler, auch wenn er malt. Die Zentralperspektive, von *Filippo Brunelleschi* (1376–1446) erstmals entdeckt, verleiht einem Bild anstelle der alten Magie die nüchterne Raffinesse der realen Abbildung. Das Tafelbild kommt auf, das nicht mehr auf einer festen Wand sitzt, sondern transportiert und verkauft werden kann. Die Welt des Bildes wird zum viereckigen Guckkastentheater; Landschaft, Stilleben, Porträt sind nicht mehr blosse Staffage für eine heilige Szene, sondern gewinnen ihren Wert aus der Qualität der möglichst getreuen Nachbildung der Natur. Nicht nur der Raum, auch das Licht wird nachgeahmt und sogar als Gestaltungsmittel eingesetzt – *Rembrandt* (1606–1669) wird der grosse Meister in dieser Kunst, die dann im beginnenden Filmzeitalter wieder so wichtig werden soll. Schon um 1500 ist schliesslich das Porträt so beliebt, dass *Albrecht Dürer* sagen kann, die Malerei habe zwei Aufgaben: die Leiden des Herrn «anzuzeigen» – aber auch: das Bild eines Menschen über den Tod hinaus zu bewahren.

Ein Jesus fürs Anatomielehrbuch

So wird das Bild in dieser gewaltigen Zeit des Umbruchs säkularisiert, wird ein prosaischer Gegenstand, verlässt die Kirche und verbreitet sich millionenfach im Volk.

Eine entscheidende Bedeutung kommt bei diesem Prozess der *Vervielfältigung* des Bildes zu: Der *Holzschnitt* entwikkelt sich aus einfachen Stempeln für den Stoffdruck, wie sie auch die Briefmaler verwenden. Wann die neue Technik in Europa genau entstanden ist, lässt sich heute nicht mehr feststellen. Holz- und Kupferplatten gibt es in Japan schon im 6. und 7. Jahrhundert. Die Europäer kamen allerdings erst 1548 nach Japan. So haben sie die Technik der Bildreproduktion wahrscheinlich selbst «wiedererfunden». 1423 gibt es mit Sicherheit europäische Holzschnitte. Wahrscheinlich ist das Verfahren zwischen 1390 und 1400 entwickelt worden.

Schon früh werden gedruckte Bücher mit Holzschnitten angereichert. Der Papierpreis ist ja inzwischen gesunken, so kann das Bedürfnis nach billigen Bildern leicht befriedigt werden. Kurz darauf entsteht auch der *Kupferstich.* Der Kupferstich hält den Pressendruck besser aus und erlaubt darum höhere Auflagen, zudem bringt er feinere Striche, mehr Details und damit höhere Naturtreue. So setzt er sich bald einmal gegen den Holzschnitt durch.

Die beiden Reproduktionstechniken sorgen binnen kurzer Zeit für eine Flut von Bildern, die jener der Schriftdrukke in nichts nachsteht. Schon um 1420 ist die *Armenbibel* beliebt – ein Holzschnittbuch mit Texten in Deutsch, Französisch oder Niederländisch. Auch die frühen Flugblätter weisen meist eine Illustration auf; oft verwendet man denselben Stich für mehrere Ereignisse. Warum eine zweite Vorlage produzieren, wenn wieder ein Erdbeben gemeldet wird? Die alte tut es auch noch – eine neue Legende macht sie wieder verwendbar! So kommt es, dass sogar die Abbildung eines gekreuzigten Christus als Illustration für ein Anatomielehrbuch herhalten muss.

Die Reformation allerdings ist wieder eher eine bilderfeindliche Bewegung. Die Rückbesinnung auf die Heilige Schrift fördert auch die Erinnerung an das Zweite Gebot:

«Du sollst dir kein Gottesbild machen, keinerlei Abbild, weder dessen, was oben im Himmel, noch dessen, was unten auf Erden, noch dessen, was in den Wassern unter der Erde ist; du sollst sie nicht anbeten und ihnen nicht dienen.»

Deutsch und deutlich übersetzt *Martin Luther* diese steingemeisselten Moses-Sätze – und sie tragen Wirkung: Der Bildersturm, den die Reformation auslöst und der in dieser Beziehung an die chinesische Kulturrevolution der sechziger Jahre unseres Jahrhunderts erinnert, zerstört vor allem die vielen Figuren, mit denen die Kirchen im Laufe der Jahrhunderte angefüllt worden sind. Heilig ist die *Schrift,* nicht das Bild. Der Ansturm der Neugläubigen gilt indessen in erster Linie dem *kirch-*

lichen Bild und der nichtreproduzierbaren Plastik. Die nüchternen Vervielfältigungen sind gegen den Bildersturm gefeit. *Zwingli* und *Calvin* verbannen die Bilder generell aus dem Kirchenhaus. *Luther* dagegen ist weniger streng. Er lehnt zwar die Bilderverehrung ab, aber er duldet Bilder auf Grabsteinen und Altären.
Die gegenreformatorischen Bemühungen der katholischen Kirche drehen sich bald darum, im Bereich der Bildkunst ähnliche Vorschriften zu erlassen wie bei den Druckern. Darstellungen von nackten Menschen sind fortan verpönt. Die Bilderstürme dauern aber trotz dieser katholischen Konzession an die Bildverächter bis in 17. Jahrhundert an. Noch *Oliver Cromwell* lässt alle Madonnendarstellungen vernichten. In jenen Sekten in Amerika, die sich heute noch gegen das Fotografiertwerden sperren, hat sich dieser reformatorische Eifer erhalten.

Mehr Text – weniger Bild, mehr Bild – weniger Text

Die Hinwendung zum gedruckten Buchstaben und die gleichzeitige Skepsis dem Bild gegenüber sind eine merkwürdige Bestätigung von Feststellungen, die die Hirnforscher über die Funktionen unserer beiden Hirnhälften gemacht haben. Die linke Hirnhälfte, sagen uns die Neurologen, beherbergt das Sprachzentrum. Sie denkt analytisch, rational, in Zahlen und «Buchstaben» sozusagen. Die rechte Hälfte dagegen denkt ganzheitlich, momentan, emotional – eher in Bildern eben.
Es ist riskant, darüber Hypothesen aufzustellen. Aber fast macht es den Anschein, als ob in dieser Umbruchszeit im Wortsinn mehr «in den Köpfen» passiert ist, als sich unsere Schulweisheit träumen lässt. Hat die europäische Menschheit in jener Zeit vielleicht einen Entwicklungssprung durchgemacht? Drosselt die Textfreude des Druckzeitalters die Funktionsbereitschaft der rechten Hirnhälfte? Wir wissen es nicht. Die Naturwissenschaft hat sich wenig um die historische Wechselwirkung von Hirnentwicklung und Kulturgeschichte gekümmert, und

Lange vor dem Zeitalter des Rasterdrucks und der raffinierten Beleuchtungstechnik gab es bereits Künstler, die mit ihren relativ beschränkten Mitteln ihrer Zeit weit voraus waren. Der Franzose Claude de Mellan gravierte das Schweisstuch der heiligen Veronika mit einer einzigen, mehr oder weniger dikken Spirallinie in eine Kupferplatte (1649). Rembrandts Darstellung seiner Mutter fasziniert vor allem durch die raffinierte Lichtführung.

den Kulturhistorikern fehlen in der Regel die naturwissenschaftlichen Kenntnisse, die Aussagen über derartige Phänomene zuliessen.
Dass in der Wechselwirkung *Mehr Text – weniger Bild* und *Mehr Bild – weniger Text* eine gesellschaftsformende Energie steckt, darauf deuten aber zum mindesten die Beobachtungen hin, die der amerikanische Medienwissenschaftler *Neil Postman* über unser wieder eher bildbetontes Fernseh- und Foto-Zeitalter gemacht hat, wenn er das Ende der *Gutenberg*-Ära direkt mit dem Verschwinden des Kindheitsbegriffs zusammenbringt. Wenn der Text seine Bedeutung verliert, wenn also wichtige Informationen aus der Erwachsenenwelt dank der ohne Alphabet verständlichen Bilder plötzlich auch von Kindern aufgenommen werden können, dann verlieren die kindheitsgemässen Symbole und Verhaltensformen, so *Postman* in seinem Buch «Das Verschwinden der Kindheit» ihre Funktion. Das Bild- und Geschichten-Medium Fernsehen, so *Postman,* macht es überflüssig, zwischen Kind und Erwachsenen zu unterscheiden. Kein Wunder, dass nun auch Kinder kriminell werden und die Erwachsenen Kinderspeisen löffeln, in Latzhosen herumtollen – oder gar, zur arbeitslosen Urlaubszeit, nackt «wie Gott sie schuf»: Auch das klassische Erwachsenen-Signal der Scham verkümmert.

Vom Kupferstich zum Tiefdruck

Der *Kupferstich* ist die erste ausgereifte Technologie, in der sich das kommende Bildzeitalter ankündigt. Er erlebt seine grosse Zeit im 17. und 18. Jahrhundert. Selbst die grössten Meister scheuen sich nicht, reproduzierbare Werke herzustellen. Die fast manische Verehrung des «Originals», die den modernen Kunsthandel auszeichnet, ist zu dieser Zeit noch wenig spürbar. Selbst *Albrecht Dürer* stellt seine Kunst in den Dienst des sensationsträchtigen Flugblattes – etwa mit dem Kupferstich einer Schweine-Missgeburt. *Raffael* engagiert sogar eigens einer Reihe von Kupferstechern, die seine Gemälde vervielfältigen. Auf gleiche Weise gelangen auch die Mona Lisa und die Sixtinische Kapelle in viele gute Bürgerstuben des ganzen Abendlandes – als Kupferstiche.

Der Kupferstich ist billiger als das Gemälde eines Porträtmalers. Das macht ihn nun auch zum hervorragenden Mittel einer rein weltlichen Kunst – der Gebrauchsgraphik. *Matthaeus Merian* (1593–1650) und sein gleichnamiger Sohn werden mit ihren Stadtansichten Europas berühmt. Landkarten entstehen, Modebilder, Karikaturen, Werbebilder. Der grosse Volkserzieher und fromme Prediger *Johannes Amos Comenius* (1592–1670) schafft 1658 das erste Bilderbuch für Kinder. Wissenschaftler aller Fakultäten – vor allem natürlich Mediziner, Zoologen und Botaniker – finden im Kupferstich ein hervorragendes Lehrmittel für den Anschauungsunterricht. Selbst der berufliche Alltag wird dargestellt – Holz- und Kupferstiche sind dafür verantwortlich, dass wir die Geschichte der Reproduktionstechniken selbst recht genau rekonstruieren können. Der erste Holzschnitt mit der Darstellung einer Druckerwerkstatt datiert bereits aus dem Jahre 1499, berühmter sind allerdings die 1568 veröffentlichten Abbildungen des Zürchers *Jost Ammann,* zu denen *Hans Sachs* seine berühmten Verslein geschmiedet hat (vgl. Seite 154).

Es gibt kaum einen Bereich des Lebens, der nun nicht vom Stichel des Kupferstechers erfasst würde. Das Zeitalter des Kupferstichs verleiht auch dem Bild eine zunehmende Breitenwirkung, und die Künstler werden immer raffinierter. Der Franzose *Claude Mellan* beispielsweise schafft es 1649, ein äusserst realistisches Jesusporträt aus einer einzigen, mehr oder minder dicken Linie zu zeichnen. Dies ist ein Verfahren, das schon die spätere Rastertechnik der Bildreproduktion vorwegnimmt.

Der Kupferstich weist mitunter auch Text auf. Wenn man die Buchstaben in einem Stich mit einer Lupe betrachtet, dann sieht man allerdings deutlich, dass sie von Hand auf die Platte gebracht worden sind. Bei Holzschnitt-Einblattdrucken dagegen wird der Text nach *Gutenberg*-Manier *gesetzt.* Das ist beim Kupferstich nicht so leicht möglich, denn dieses Verfahren unterscheidet sich prinzipiell vom Holzschnitt.

Der Holzschnitt produziert einen Stempel. Das heisst: Man schneidet aus dem Holz heraus, was *nicht* drukken soll. Die druckenden Stellen bilden also ein Relief. Man nennt das Verfahren darum auch *Hochdruck.*

Anders beim Kupferstich: Da drucken die Vertiefungen. Das *Tiefdruck*-Verfahren ist wahrscheinlich mindestens so alt wie der Hochdruck. Schon die alten «Ritzer», die ihre Zeichen auf Knochen anbrachten, waren im Prinzip Graveure. Holzstempel, bei denen eine Vertiefung ausgeschnitten wurde, sollen schon von den alten Ägyptern für Drucke in Wachs und Ton verwendet worden sein.

Der eigentliche Kupferstich wird von den Berufsgenossen *Gutenbergs,* den Goldschmieden, erfunden. Mit Spielkarten und Andachtsbildchen schafft sich die neue Technik einen Markt.

Der erste Druck eines Kupferstichs geht auf das Jahr 1446 zurück. Damals hatte *Gutenberg* noch nicht einmal mit seinem Bibeldruck begonnen. Die erste erhaltene Druckplatte stammt aus dem Jahre 1452. Sie zeigt die Krönung der Jungfrau *Maria* und wird heute in Florenz aufbewahrt – der Stadt, die im 15. und 16. Jahrhundert zum Zentrum der Kupferstecherei wird.

Aus der Welt der Rüstungsschmiede kommt die Technik der *Radierung* – ein Ätzverfahren, das *Rembrandt* zu einsamer Meisterschaft entwickelt: Gezeichnet wird auf eine Wachsschicht, die mit Säure behandelt wird. Sie frisst sich in den Vertiefungen in

Die brutal-nüchternen Kupferstiche machen den Landsknecht-Maler Urs Graf zu einem der ersten Kriegsreporter. Der Stich stammt aus dem Jahre 1521.

Diese Darstellung einer Kupferdruckwerkstatt von Johann Galle (1537–1612) gibt einen Eindruck von der Emsigkeit, mit der sich die Buchillustratoren ihrem Geschäft widmeten. Das 16. Jahrhundert war in der Tat das goldene Zeitalter der Buchillustration. Von Kupferstichen liessen sich auch mehr Abdrucke herstellen als von Holzschnitten – deshalb verdrängte diese rentablere Tiefdrucktechnik bald einmal das alte Hochdruckverfahren.

das Kupfer ein. Die erste geätzte Platte wurde wahrscheinlich im Jahre 1505 hergestellt. Der erste datierte Druck einer geätzten Platte (Radierung) geht auf den berühmten Basler Landsknecht-Künstler *Urs Graf* (ca. 1485 – ca. 1527) zurück und wird 1513 ausgeführt. *Urs Graf* kann mit seinen oft brutalen Darstellungen des Söldnerlebens als einer der ersten *Kriegsbildreporter* gelten – zusammen mit dem Franzosen *Jacques Callot* (1592–1635), einem ebenso abenteuerlichen Gesellen, der in seinem kurzen Leben über 1400 detailbesessene Radierungen, u.a. über das Elend des Kriegs, schafft.

Im ganzen 16. Jahrhundert entstehen verschiedene weitere Verfahren zur Herstellung von Kupferdruckplatten. Die Technik wird so perfektioniert, dass ab 1550 der Kupferstich den Holzschnitt an Bedeutung überholt. Einen wichtigen Schritt vorwärts tut der Frankfurter Kupferstecher *Jakob Christoph LeBlon*. Im Jahre 1719 erhält er das erste Patent für Farbendruck. Auf der 1671 entwickelten Farbenlehre von *Isaac Newton* (1643–1727) aufbauend, gelingt ihm die Herstellung von naturfarbenen Drucken mit den Grundfarben Rot, Blau, Gelb und Schwarz. Erstaunlich: *LeBlon* stellt in der Beschreibung seines «Coloritto»-Verfahrens (so nennt er es selbst) bereits die Theorie der additiven und subtraktiven Farbmischung auf: «Weiss ist eine Konzentration von Licht, Schwarz dagegen ist ein Mangel an Licht», sagt er und beschreibt, wie sich verschiedene Mischfarben ergeben, je nachdem ob man farbiges Licht oder farbige «Materien» drucke – eine Theorie, die viel später zur Grundlage der Farbzerlegung im Farbfernsehen wird.

LeBlon ist damit der Erfinder des Vierfarbendrucks – wenn auch schon die Zeitgenossen *Gutenbergs (Fust* zum Beispiel) bereits eine zweite, manchmal auch eine dritte Farbe verwendet haben – allerdings nicht über-, sondern nebeneinander.

In den vierziger Jahren des 17. Jahrhunderts entwickelt der gebürtige Holländer *Ludwig van Siegen* (1609–1680) das sogenannte «Mezzotinto»-Verfahren, das die Deutschen «Schabkunst» nennen. Er rauht dabei die Kupferplatten mit einem Hartmetallrädchen auf und schabt sie dort wieder flach, wo das Bild hell erscheinen soll. Die Technik dient insbesondere der Reproduktion von Gemälden und kommt im Effekt dem späteren Rasterverfahren gleich, das heute beim Druck von Pressebildern verwendet wird.

Die Maschinen kommen auf

Schon lange bevor *Friedrich Gottlob Koenig* bei der «Times» seine dampfgetriebene (Hoch-)Druckpresse in Betrieb setzt, wird auf dem Tiefdrucksektor der Maschinendruck entwickelt. Einem gewissen *Thomas Bell* wird bereits 1783 – mehr als 30 Jahre vor der heissen Nacht bei der Londoner «Times» – für eine Textil-Tiefdruckmaschine ein englisches Patent erteilt. Die Patentschrift berichtet von «einer neuen, besonderen und verbesserten Art und Weise für das Drucken von ein, zwei, drei, vier, fünf und mehr Farben, alle zur gleichen Zeit auf Leinen oder auf irgendeine andere Ware oder Material, auf das man drucken kann, auf eine viel billigere Art und Weise, als man bisher herausgefunden hat».

Diese Tiefdruckmaschine enthält erstaunlicherweise bereits alle Elemente der späteren Rotationstiefdruckmaschinen: Die Druckform ist ein Zylinder, die Druckunterlage (es kann auch Papier sein!) eine endlose Bahn (bzw. Rolle), ein Farbschiff trägt die (dünnflüssige) Farbe auf, ein sich hin- und herbewegendes sogenanntes «Rakel» (eine Art Messer) streift die überflüssige Farbe ab. Zukunftsträchtig ist vor allem die eigentliche Druckunterlage: ein Eisenkern mit einem Kupferüberzug, den man auswechseln kann. Die Kupferplatten von *Thomas Bell* sind handgraviert – kein Zufall: Der Erfinder ist von Beruf Kupferstecher.

Fast gleichzeitig wie beim Hochdruck wird auch im Tiefdruck die erste *Rotationsmaschine* für Stoffdruck gebaut. Sie ist 1847 in einem französischen Lexikon beschrieben. Eine Rotation, die auch Papier im Schön- und Widerdruck verarbeiten kann, wird 1860 patentiert. Der Verleger *Auguste Godchaux* druckt darauf Millionen von linierten Schulheften mit verschnörkelten Einbänden.

Es ist gut möglich, dass die Tiefdruckmaschinen die Entwicklung auf dem Hoch- (bzw. Buch-)druck beeinflusst haben. Trotzdem konnten diese Maschinen eines noch nicht: Text in der Menge drucken, die für eine Zeitung nötig war. Einzellettern für Tiefdruck hat es nie gegeben: Die Tiefdrucktechnik musste erst jene technologischen Zwischenstufen abwarten, die es möglich machten, mit fertigem Satz eine ganze Druckplatte herzustellen.

Warum die Handmaler länger leben als die Handschreiber

Die Malerei hat dem Kupferstich gegenüber einen schweren Stand. Ölgemälde sind teuer, und nur die Reichen an den Höfen können sie sich leisten. Die Maler sind deshalb auch auf die Reproduktionstechnik angewiesen – oder entwickeln billigere Verfahren, wie die Miniaturmalerei oder die Silhouettenkunst des Scherenschnitts, der bis zur Erfindung der Fotografie das volkstümlichste Mittel zur «Erinnerung an die Lebenden», wie *Dürer* gesagt hatte, wird.

Trotzdem kann sich das Handwerk der Malerei gegenüber der Bildreproduktion viel länger halten als die handgeschriebene Schreibkunst gegenüber der *Gutenbergschen* Drucktechnik. Das hat verschiedene Gründe:

– Das Bild besteht nicht aus einer endlichen Reihe von definierten Zeichen wie das Alphabet; es braucht auch für den Kupferstich die nötige «Kunst» und Fertigkeit, die sich in der Reproduktionstechnik nicht wesentlich vom Original unterscheidet.

– Das Bild besitzt als Original weiterhin einen Wert, namentlich wenn es von einem berühmten Maler stammt.

– Die Bildermaler können sich wirtschaftlich halten, da sie an den Höfen und in den katholischen Kirchen reichlich Arbeit finden.

– Die Malerei entwickelt Techniken, die sie der Reproduktion weit überlegen machen: Ein farbiges Ölbild kann, kommunikationstheoretisch formuliert, mehr Informationen vermitteln als ein Kupferstich, der in aller Regel eine Schwarzweiss-Strichkunst bleibt.

– Kupferstiche lassen sich – anders als gesetzte Texte – nicht leicht korrigieren.

– Schliesslich sind Kupfer- und Holzstiche auch nur bis zu einer begrenzten Auflage verwendbar. Das erneute Stechen ein und desselben Stichs erfordert aber viel mehr Aufwand als das Neusetzen einer Buchseite.

In existenzielle Gefahr gerät die Malerei wirtschaftlich erst, als all diese Vorteile nicht mehr geltend gemacht werden können. Es sind vor allem zwei Erfindungen, die das bewirken: die Lithographie und die Fotografie.

Die Lithographie bereitet den Offsetdruck vor

Die Lithographie (wörtlich: «Steinschreiberei») ist eng mit dem Namen von *Aloys Senefelder* (1771–1834) verbunden. Viele moderne Drucker sehen in ihm sogar den Erfinder des heute wichtigsten Druckverfahrens, des *Offsetdrucks,* obwohl das nicht ganz richtig ist. *Senefelder* selbst hat sein Verfahren «Chemische Druckerey» genannt. Dieser Begriff bezeichnet auch genauer den Unterschied zu jenen beiden Verfahren, gegen die die Lithographie und ihre Fortentwicklung nun antreten müssen: Hoch- und Tiefdruck. Diese beiden klassischen Verfahren, die sich bis ins 19. Jahrhundert hinein säuberlich die Bereiche Text- und Bildvervielfältigung aufteilen, nutzen das «mechanische» Prinzip des Abdrucks aus. *Senefelders* Lithographie aber, das erste *Flachdruckverfahren,* beruht auf einem *chemischen* Naturgesetz: der gegenseitigen Abstossung von Fett und Wasser.

Wie viele Erfinder kommt auch *Senefelder* durch eine zufällige Beobachtung auf sein Verfahren, als er eines Tages von seiner Mutter aufgefordert wird, eine Wäscheliste zu notieren. Da er gerade kein Papier zur Hand hat, schreibt *Senefelder* auf einen Stein. Bevor er den Stein abwäscht, interessiert ihn der Effekt, den Säure auf die Tintenschrift haben mag. Als er den Stein mit Seifenwasser waschen will, entdeckt er, dass der feuchte Stein die (fettige) Tinte nicht aufnimmt, dass die beschriebenen Partien jedoch wieder eingefärbt werden können.

Nach langem Pröbeln und vergeblichem Experimentieren gelingt es *Senefelder,* auf einem besonderen geschliffenen Kalkschieferstein aus der Gegend von Solnhofen (Bayern), der damals zum Belegen von Hausfluren verwendet wird, so mit einer speziellen Tinte zu schreiben, dass sich davon Abdrucke herstellen lassen.

1797 gilt als das Jahr der eigentlichen Erfindung. 1809 veröffentlicht *Senefelder* ein Inserat, in dem er sowohl dem Hoch- wie dem Tiefdruck den Kampf ansagt. In der Anzeige für ein Musterbuch von Steindrucken heisst es:

«Man erhält hier authentische Nachrichten über eine Kunst, welche schon itzt mit der Kupferstecher-, Formschneider- und Buchdruckerkunst wetteifert und sämmtlich in vielen Fällen weit hinter sich lässt, man mag nun auf die Schönheit und Reinheit der Exekution, oder auf die Vortheile der Geschwindigkeit und der Wohlfeilheit sehen, welche die Lithographie gewährt.»

Unermüdlich werkelt der Tüftler weiter. «Mit meinem Mann habe ich ein Kreuz», jammert seine Frau. «Er sitzt von frühmorgens bis abends in der Druckerei und schmiert, druckt, will neue Erfindungen machen, und so vergeht ein Tag um den anderen ...»

Senefelder denkt auch schon daran, den Stein durch eine Metallunterlage zu ersetzen. Das ist der Grundgedanke für den Offsetdruck. Die Realisierung schafft er aber noch nicht.

Die Lithographie jedoch wird ein Erfolg. Die Buchdrucker wehren sich zum Teil gegen die neue Technologie oder versuchen möglichst bald, ebenfalls Steindrucke herzustellen.

Der Flachdruck erlaubt nun auch grossformatige Drucke und eine Feinheit in der Farbabstufung, die bislang nicht möglich war. Kein Wunder, dass sich auch renommierte Künstler dafür interessieren – einer der berühmtesten unter ihnen ist *Honoré Daumier* (1808–1879), dessen lithographierte Karikaturen dank ihrer politischen Brisanz und dank der neuen Methode Weltruhm erlangen. Als Illustrationstechnik verdrängt die Lithographie bald einmal den Kupferstich, zumal auch die Ingenieure aus dem Druckmaschinensektor hier eine Chance für grosse Geschäfte sehen: *Friedrich Gottlob Koenigs* Kompagnon *Andreas Friedrich Bauer* nimmt als einer der ersten den Bau von Steindruckpressen auf.

Heute hat die Lithographie vor allem als Kunstdruckverfahren noch eine ge-

wisse Bedeutung. Für die Riesenauflagen der Massenpresse, vor allem aber auch der illustrierten Zeitschriften, hat sie sich nicht als geeignet erwiesen.

Aber gewissermassen ein Abfallprodukt von *Senefelders* Erfindung sorgt von der Jahrhundertwende an langsam, aber sicher dafür, dass die *Gutenberg*-Ära mit den direkt druckenden Einzellettern zur Vergangenheit wird: das *Offsetverfahren.*

Es wird zwei Männern gleichermassen zugeschrieben: dem Deutschen *Caspar Hermann* (1871–1934) und dem Drukkereibesitzer *I.W. Rubel* aus Nutley (USA). Der zweite hat auf jeden Fall die hübschere Geschichte der Erfindung geliefert:

Einer von *Rubels* Arbeitern soll im Jahre 1904 eines Tages vergessen haben, in das Druckwerk einer gewöhnlichen Hochdruckrotationsmaschine Papier einzuführen. So zeichnet sich die Farbe von der Farbwalze auf der Gummiwalze ab, die in der betreffenden Maschine als Unterlage für die Papierrollen dient. Als der Drucker nun wieder Papier einführt, bemerkt *Rubel,* dass der Gummiabdruck sich hervorragend auf dem Papier abzeichnet. Dieser Zufallsentdeckung ist die Entstehung der dreiwalzigen Offsetmaschinen zu verdanken, bei denen die Farbe von der Druckwalze zuerst auf ein Gummituch und erst von da auf das Papier übertragen wird.

Der Offsetdruck hat in unserem Zeitalter innerhalb kurzer Zeit die klassischen Druckverfahren überflügelt – aber nur, weil er sich mit dem zweiten Verfahren verschwistert, das die Reproduktionstechnik im 19. Jahrhundert und vor allem im 20. Jahrhundert revolutionieren wird: die Fotografie.

Die Lithographie war nicht nur eine Kampfansage an die traditionellen Hoch- und Tiefdruckverfahren und ein Vorbote des Offsetdrucks. Auch als reine Bildreproduktionstechnik machte sie bald einmal Furore und verhalf zwei alten Massenkommunikationsmitteln zu neuer Blüte: der Karikatur und dem Plakat. In Frankreich gilt Honoré Daumier (seine Lithographie eines Bankiers stammt aus dem Jahre 1836) als Wegbereiter der satirischen, sozialkritischen (Ver-)Zeichnung. Das Plakat, dem der Berliner Drucker Ernst Litfass mit seiner runden Säule einen neuen «Kanal» geschaffen hatte, fand in Henri de Toulouse-Lautrec (seine Moulin-Rouge-Lithographie entstand 1891) einen ersten grossen Meister.

Dokumente zur Geschichte der Fotografie

Dies ist die einzige erhaltene Fotografie von Nicéphore Niepce und gleichzeitig die älteste Fotografie der Welt. Sie zeigt die Aussicht aus Niepces Fenster. Die Sonne wirft scheinbar auf beide Seiten Schatten – eine Folge der achtstündigen Belichtung. Das Bild auf einer 20,3 × 15,5 cm grossen Zinnplatte stammt aus dem Jahre 1826 und wurde 1952 in England gefunden.

Diese Daguerreotypie aus dem Jahre 1839 von Louis Daguerre (Ausschnitt) ist die erste Abbildung eines Menschen: Er liess sich auf dem Pariser Boulevard die Schuhe putzen – weil er stillstand, wurde er verewigt!

Um 1845 verfügte Fox Talbot bereits über eine Art Freiluftstudio. Nackenstützen verhalfen zu einem scharfen Konterfrei.

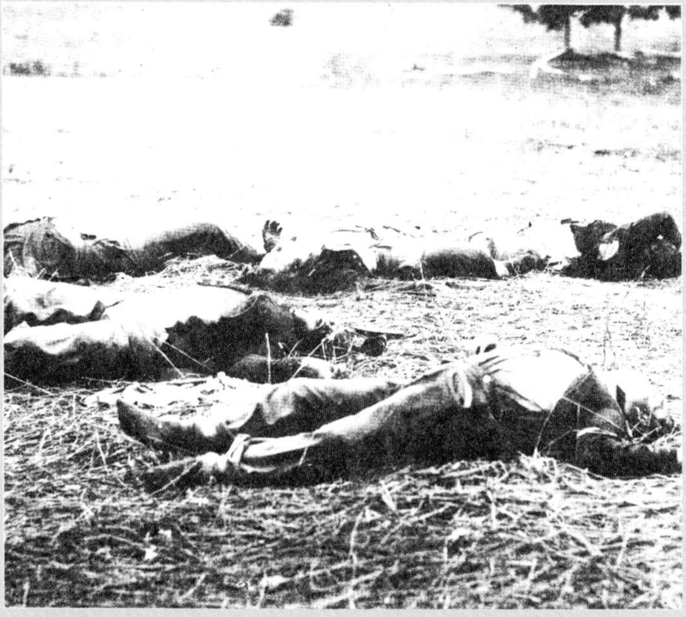

Timothy O'Sullivan aus dem Reporterteam von Matthew B. Brady fotografierte diese Toten auf dem Schlachtfeld von Gettysburgh 1863.

Carl Ferdinand Stelzner zählt zu den ersten grossen deutschen Fotografen. Seine Daguerreotypie (oft als erstes Reportagebild bezeichnet) zeigt die Ruinen von Hamburg nach dem grossen Brand vom 5. bis 8. Mai 1842. Stelzner war ursprünglich Miniaturen-Maler und verlor mit der Erfindung der Fotografie auf einen Schlag seine Existenzgrundlage. Wie viele andere Künstler sattelte er auf die neue Technologie um.

Oscar Reijlanders Montage «The Two Ways of Life» aus dem Jahre 1857 zeigte erstmals die Manipulationsmöglichkeiten der Fotografie. «Wo hat er nur die vielen nackten Mädchen her?» munkelte das Volk.

Das fotografische Zwiegespräch mit dem 100jährigen Chemiker Chevreuil aus dem Jahre 1886 geriet dem legendären Paul Nadar zum ersten Fotointerview. «Bis zu meinem 97. Lebensjahr war ich ein Feind der Fotografie. Aber vor drei Jahren habe ich kapituliert!» lautete Chevreuils Kommentar.

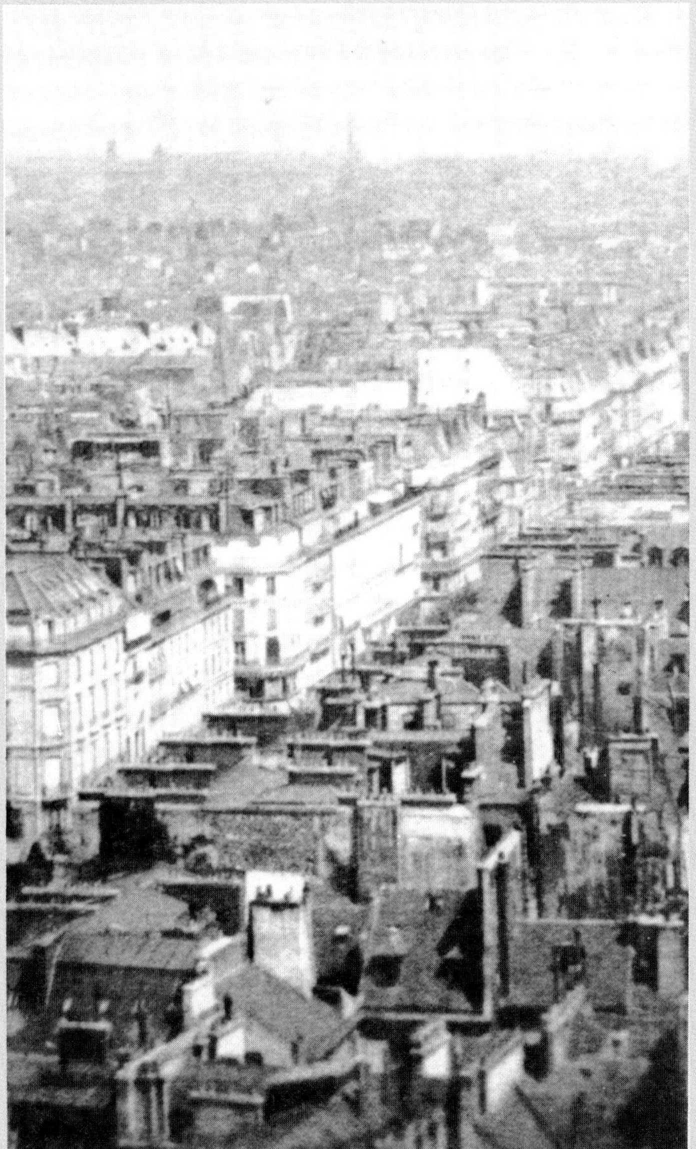

1859 stieg Paul Nadar in einen Luftballon und lichtete seine Heimatstadt Paris erstmals aus der Luft ab.

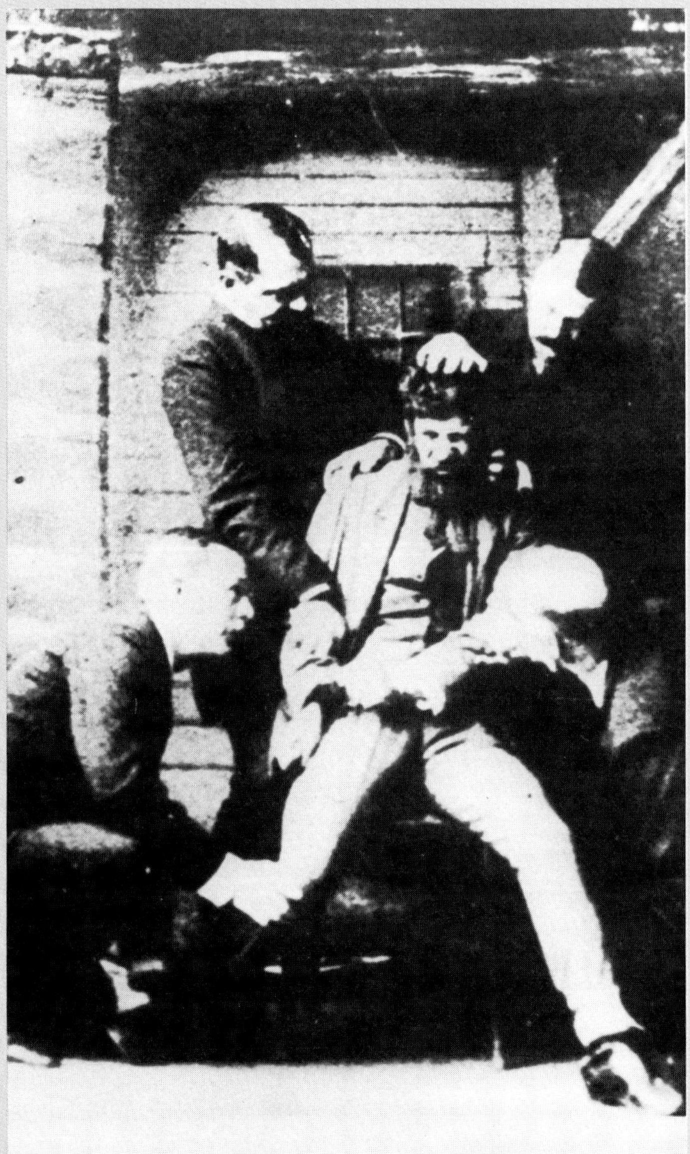

Eine wichtige Rolle spielte die Fotografie auch in der Kriminalistik. Die Übeltäter wehrten sich freilich heftig gegen die Prozedur...

Ein Fantast beschreibt, wie man Bilder festhalten kann

Es mag auf den ersten Blick merkwürdig erscheinen, dass wir die Fotografie in die Geschichte der Druckkunst einordnen. Geläufiger ist ja die Vorstellung, dass die Fotografie eine Art Weiterentwicklung der Malerei und nicht in erster Linie ein Reproduktionsverfahren darstelle.

Aber das ist ein Irrtum, der freilich historisch zu erklären ist. Er hängt mit der Persönlichkeit jenes Mannes zusammen, der in der populären Meinung häufig immer noch als Erfinder der Fotografie gilt: *Louis Jacques Mandé Daguerre* (1789–1851).

Die Daguerreotypie, wie sie am 19. August 1839 in einem sensationellen Vortrag in Paris vorgestellt wird, ist nämlich – wie die Porträtmalerei oder die Silhouettierkunst, die ihr erstes, rasches Opfer wird – keine Reproduktions-, sondern bloss eine neue Abbildungstechnik. *Daguerres* Bilder entstehen durch eine lichtempfindliche Schicht auf Kupferplatten und können darum nicht vervielfältigt werden.

Aber *Daguerre* ist mitnichten der Erfinder der Fotografie, zum mindesten nicht der einzige. Der Schausteller aus Paris, der in der französischen Hauptstadt ein «Diorama» betreibt (eine Art Theater mit täuschend echt gemalten, spektakulären Schaubildern), ist in erster Linie ein gewiefter Geschäftsmann, der auch über alle nötigen Beziehungen verfügt, um die neue Kunst geschickt propagieren zu können. Aber schon zwei Jahre vor ihm lichtet ein Landsmann namens *Hippolyte Bayard* erfolgreich den Montmartre ab.

Der geniale Geist jedoch, der am meisten zur Erfindung der Fotografie beigetragen hat, ist *Joseph Nicéphore Niepce* (1765–1833). Der leidenschaftliche Forscher interessiert sich von 1813 an für Lithographie, findet aber das Zeichnen auf den Stein zu mühsam. Da er selber nicht gut zeichnen kann, macht er sich auf die Suche nach technischen Abbildungsverfahren.

Ein wichtiger Ausgangspunkt von *Niepce* ist die sogenannte *Camera obscura*. Deren Prinzip wurde schon in der Antike entdeckt und ist von *Aristoteles* (384–322 v. Chr.) beschrieben worden. Bringt man in einem dunklen Raum in einem (ebenfalls verdunkelten) Fenster ein kleines Loch an, so bildet sich die Aussenwelt auf der dem Fenster gegenüberliegenden Wand ab. Die «dunkle Kammer» (die unseren Foto*kameras* den Namen gegeben hat) wurde oft für die Abbildung von Sonnenfinsternissen benutzt. Sie ist im 10. Jahrhundert erstmals durch den Araber *Ibn Al-Haitham* beschrieben worden und wird in Europa 1267 in einer Schrift eines gewissen *Roger Bacon* erwähnt. Auch *Leonardo da Vinci* beschäftigte sich 1490 mit dem Phänomen. 1568 schlug der Venezianer *Daniel Barbaro* (1528–1570) vor, eine auf beiden Seiten nach aussen halbrunde («bikonvexe») Linse am Loch anzubringen, um das Bild wieder auf den Kopf zu stellen. Diese Beschreibung stellt die Urform des späteren Kameraobjektivs dar. Die erste brauchbare Beschreibung einer *Camera obscura* lieferte dann der 15jährige *Giovanni Battista della Porta* (1538–1615). In den folgenden Jahrhunderten wurde die *Camera obscura* auch als transportable Kiste gefertigt und in dieser Form nicht nur zu einer beliebten Jahrmarktsattraktion, sondern auch zu einem wichtigen Hilfsmittel der Maler zur Darstellung der natürlichen Perspektive. Der für seine Stadtansichten berühmte Maler *Antonio Canaletto* (1697–1768) beispielsweise fertigte die ersten Skizzen für seine legendären Stadtansichten mit Hilfe einer transportierbaren *Camera obscura* an.

1685 ist die Kamera so weit entwickelt, dass sie ohne weiteres bereits als Fotoapparat hätte verwendet werden können! Es ist darum auch gar nicht erstaunlich, dass Dichter und Fantasten schon lange vor der ersten gelungenen

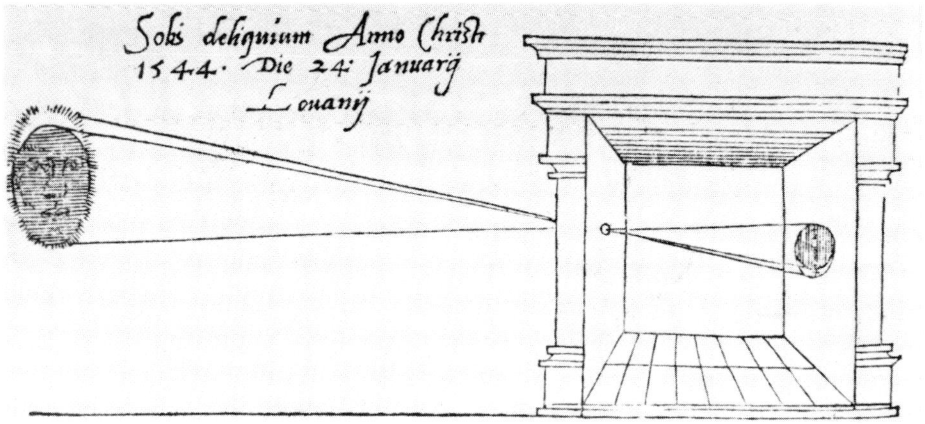

Die erste Darstellung einer Camera obscura geht auf das Jahr 1544 zurück. Später ersetzte man das Loch in der Wand durch eine Linse: Dadurch wurde das Abbild lichtstärker.

Fotografie die zukunftsträchtige Technik in den Science-Fiction-Romanen jener Zeit verblüffend genau voraussagen. Der Franzose *Tiphaigne de la Roche* zum Beispiel beschreibt in seinem Roman «Giphantie», wie es ihn in eine mysteriöse Oase mitten in der Wüste verschlägt. Seine Gastgeber zeigen ihm einen Raum mit einem Fenster, in dem er – den Ozean erblickt! Als er das Fenster öffnen will, schlägt er den Kopf an der Wand an, denn «das Fenster, der Ozean, der weite Horizont sind bloss ein Bild», erklärt ihm der Gastgeber und fährt fort:

«Du weisst, dass die von der Sonne reflektierten Lichtstrahlen ein Bild formen und auf der Netzhaut des Auges abbilden. Die Elementargeister haben nun versucht, diese flüchtigen Bilder zu fixieren, und eine Masse hergestellt, die sehr zähflüssig ist und schnell trocknet. Im Bruchteil eines Augenblicks kann diese Masse ein Bild formen. Man taucht nun Leinwände in diese Masse und hält sie vor die Objekte, die man abbilden will. Die Wirkung ist wie bei einem Spiegel. Aber im Gegensatz zu einem Spiegel kann die Leinwand dank der zähen Masse die Bilder festhalten. Wenn man nun die Leinwand sofort ins Dunkle bringt und sie dort trocknen lässt, erhält man ein Bild, das deshalb so wertvoll ist, weil es weder von einem Künstler nachgeahmt noch von der Zeit zerstört werden kann. Wir überlassen alles der Natur – die Wahrheit des Ausdrucks, die Abstufung der Schatten, die Regeln der Perspektive.»

Der Text stammt aus dem Jahre 1760! Der Gedanke an die Fotografie lag also schon lange in der Luft.

Wie aber sollte man nun das gewissermassen von der Natur, genauer: vom Sonnenlicht «geschriebene» Bild festhalten, ohne es zeichnen zu müssen? Das war die zweite Grundfrage, an deren Lösung sich *Niepce* nun zusammen mit seinem Bruder machte.

Auch auf diesem Gebiet kann er sich auf frühere Erfindungen stützen. Schon die mittelalterlichen Alchimisten hatten erkannt, dass Silbersalze sich unter dem Einfluss der Sonne schwarz zu verfärben pflegten.

Mehr durch Zufall als durch Methode gelangen im Jahre 1725 dem deutschen Universitätsmediziner *Johann Heinrich Schulze* (1687–1744) die ersten Lichtbilder: Er stellte eine Flasche mit Silbernitratmischung ins Sonnenlicht. Als er die Flasche nach ein paar Minuten betrachtete, fiel ihm auf, dass die von den Sonnenstrahlen getroffene Seite sich violett verfärbt hatte. *Schulze* klebte nun Schriftschablonen auf die Flasche und konnte auf diese Weise eine Art Abdruck der Wörter auf dem Flascheninhalt herstellen. So konnte er erstmals beweisen, dass nicht die Wärme, sondern das Licht der Sonne die Silberverbindung zur Reaktion gebracht hatte.

Der Engländer *Thomas Wedgwood* (1771–1805) aus der berühmten Keramikerfamilie kam dann schon kurz vor 1800 auf den Gedanken, *Camera obscura* und lichtempfindliche Silberverbindungen zur Abbildung auf eine Mattscheibe zu benutzen. Mehr als Silhouetten gelangen ihm freilich noch nicht. Seine Bilder konnten auch noch nicht fixiert werden. Zu jener Zeit pröbelten bereits eine ganze Reihe von Künstlern und Druckern, aber auch Soldaten und Geistliche an dem Verfahren herum. Auch der stille *Niepce* im Dörfchen Chalon-sur-Saône gehörte zu ihnen.

1816 beginnt er mit seinen Experimenten. Merkwürdigerweise hat er seine ersten Erfolge jedoch nicht mit Silber-, sondern mit Asphaltverbindungen. *Niepce* weiss, dass Asphalt sich unter Lichteinwirkungen ebenfalls verändert, das heisst, hart wird. Er bestreicht nun ein Blech mit aufgelöstem Asphalt und legt eine Strichzeichnung darüber. Das Papier hat *Niepce* mit Öl durchsichtig gemacht, so dass das Sonnenlicht die Asphaltschicht dort härtet, wo es durchscheinen kann. Die unbelichteten, weichen Stellen wäscht *Niepce* mit Lavendelöl bis aufs blanke Metall aus und ätzt das Blech nach Radierermanier aus.

Das Vorgehen *Niepces* beweist, dass die Erfindung der Fotografie ursprünglich nichts anderes ist als eine Episode in der Geschichte der Druckverfahren – denn seine geätzte Zinnplatte ist eine *Druck*vorlage, und *Niepce* geht eigentlich von der Idee aus, Lithographien herzustellen. Er nennt die Technik denn auch «Heliographie» oder «Heliogravüre» (der Ausdruck bedeutet einen «Stich mit der Sonne herstellen»).

In einer späteren Phase kommt *Niepce* darauf, eine lichtempfindliche Platte auf die Rückwand einer *Camera obscura* anzubringen. So gelingt ihm im Jahre 1826 (und nicht 1822, wie man oft liesst) die erste Abbildung, die man wirklich als Fotografie bezeichnen kann. Sie ist im Jahre 1952 in einer englischen Sammlung entdeckt worden und zeigt eine Aussicht von *Niepces* Fenster. Die Sonne scheint auf beiden Seiten des Bildes – ein Beweis für die mehrstündige Belichtungszeit.

Eine Sensation geht um die Welt

Louis Daguerre ist vom Charakter her das pure Gegenteil des zurückhaltenden, ruhigen, gebildeten Landadligen *Niepce:* ein geschickter Zeichner, von bürgerlicher Herkunft, ein guter Tänzer und Bonvivant, ein Seiltänzer nicht nur auf dem Parkett der Gesellschaft, sondern sogar echt auf dem Hohen Seil.

Daguerre, der in seinem Schaubildtheater auch ein hervorragender Beleuchtungstechniker gewesen sein muss, probiert in den zwanziger Jahren des letzten Jahrhunderts ebenfalls mit lichtempfindlichen Materialien herum, allerdings ohne die wissenschaftlichen Kenntnisse eines *Niepce.* Seine Frau zweifelt deswegen zuweilen an seinem Verstand.

Daguerre informiert *Niepce* in verschiedenen Briefen über seine Versuche, täuscht ihn allerdings auch, indem er *Niepce* gegenüber ein gemaltes Bild als Fotografie ausgibt. Als es im Jahre 1826 zum ersten und einzigen Besuch des Parisers in Chalon kommt, scheinen sich die gegensätzlichen Typen sehr gut zu verstehen. In der Folge tauschen sie ihre Erfahrungen brieflich miteinander aus; *Niepce* schlägt *Daguerre* sogar vor, eine gemeinsame Gesellschaft zu gründen. Beide experimentieren nun vor allem mit Jod, dessen Dämpfe, auf einer Silberschicht niedergeschlagen, sich als sehr lichtempfindlich erwiesen haben. *Niepce* stirbt allerdings, bevor er die Früchte seiner jahrelangen Bemühungen ernten kann.

Um so mehr Erfolg hat *Daguerre,* als er den renommierten Naturwissenschaftler *François Dominique Arago* (1786–1853) bittet, «seine» Erfindung (an der er lediglich mit der 1837 erstmals gelungenen Fixierung beteiligt ist) am 7. Januar 1839 anlässlich einer gemeinsamen Sitzung der Akademien der Wissenschaften und der Künste in Paris vorzustellen. Der Nichtakademiker *Daguerre,* der seine Abwesenheit mit angeblichem Halsweh entschuldigt, beweist eine gute Nase mit diesem Vorgehen: *Arago* verleiht dem neuen Verfahren nicht nur wissenschaftliche Würde, er schiebt auch den ganzen Ruhm *Daguerre* zu und motiviert die französische Regierung, *Daguerre* das Verfahren gegen eine satte Pension von total 200 000 Francs abzukaufen. Der schlaue «Erfinder» hat allerdings fünf Tage vor dem Entscheid noch schnell ein Patent in London bestellt...

Der Erfolg *Daguerres* ist sensationell und kann in der ganzen Geschichte der Reproduktionstechniken nur mit dem Effekt verglichen werden, den seinerzeit *Gutenbergs* Buchdruck ausgeübt hatte.

Während *Arago* noch spricht, haben sich vor dem Gebäude schon viele Menschen angesammelt. Bereits eine Stunde nach dem Vortrag sind die Läden der Optiker belagert. Ein Augenzeuge berichtet: *«Nach einigen Tagen sah man auf allen Plätzen von Paris dreibeinige Guckkästen vor Kirchen und Palästen aufgepflanzt. Jedermann polierte seine Silberplatten, sogar die Gemüsehändler opferten einen Teil ihrer Mittel auf dem Altar des Fortschritts.»*

Innerhalb weniger Wochen verbreitet sich die «Daguerreotypomanie» (so ein Zeitgenosse) in der ganzen Welt.

Pro Woche einmal «Klick»

Seit 1951 zeichnen Auguste Wolfman und seine Nachfolger minuziös auf, was die US-Bürger vor ihre Linsen kommen lassen – und wieviel. Der Wolfman-Report gibt deshalb auf recht repräsentative Weise zum mindesten über die Fotografiergewohnheiten der Amerikaner Auskunft.
Wer die Zahlenreihen und Diagramme durchgeht, der merkt bald einmal, dass die Bildproduktion sich der Buchstabenflut gegenüber (siehe Seite 162) durchaus sehen lassen kann.
Im Jahre 1982 wurden nämlich in Amerika insgesamt 11,75 Milliarden Bilder geschossen. Zwanzig Jahre zuvor waren es noch ziemlich genau die Hälfte gewesen. Noch phantastischer macht sich die Steigerungsrate aus, wenn man sie in Dollars misst: 1962 erwirtschaftete die Fotoindustrie in den USA insgesamt noch 1,38 Milliarden. 1982 waren es 15,86 Milliarden – gut elfmal mehr!
Obwohl Fotos heute technisch bereits vollelektronisch als Papierabzüge von Video-Standbildern machbar sind (der neuen Technologie werden freilich wegen der hohen Kosten vorderhand wenig Chancen eingeräumt), stellt das gute, alte Silber mit seinen verschiedenen lichtempfindlichen Verbindungen immer noch den Hauptstoff dar, aus dem unsere Bildträume geschaffen sind.
Die Fotoindustrie ist mittlerweile zum grössten Silberverbraucher überhaupt aufgerückt – 1982 wurden in den USA 1460 Tonnen des Edelmetalls in Emulsionen verarbeitet – das sind 34,4 Prozent des gesamten Silberverbrauchs.
Der Wolfman-Report zeigt auch an, welchen wichtigen Stellenwert die Amateurfotografie im ganzen Bildgeschäft einnimmt: 93,2 Prozent aller Familien besitzen in Amerika mindestens eine Kamera. Die weitaus meisten Bilder sind im Endprodukt ein farbiger Papierabzug (87 Prozent), die Dias sind mit 9 und die Schwarzweissaufnahmen mit 1 Prozent klar im Rückzug.
Das beliebteste Sujet der Amerikaner sind eindeutig Kinder – zwei Drittel aller Aufnahmen werden für Porträts des Nachwuchses verbraucht. Dies begründet auch die grossen Boom-Erwartungen, die die Fotoindustrie für die Zukunft hegt: In den achtziger Jahren werden die geburtenstarken Jahrgänge zwischen 25 und 40 Jahre alt. «Das bedeutet mehr Einkommen, mehr Heiraten, mehr Kinder, mehr Fotos», folgert der Wolfman-Report cool. Gute Zukunftsaussichten also auch für die 115 000 Profis – darunter 32 000 Porträtisten, 19 800 Industriefotografen, 16 000 Fotojournalisten sowie je 15 000 Freiberufliche und reine Hochzeitsfotografen!
Die amerikanischen Zahlen dürften auch für andere Industriestaaten repräsentativ sein, wie ähnliche Zahlen aus der Schweiz nahelegen: Da waren 1983 85 Prozent aller Haushalte mit mindestens einer Kamera bestückt. Die Schweizer gaben in diesem Jahr insgesamt 122 Franken pro Kopf für Fototechnik aus und verarbeiteten insgesamt 320 Millionen Papierfotos (die mit 76 Prozent ebenfalls das Hauptprodukt der Fotoindustrie darstellen). Jeder Schweizer macht pro Jahr im Durchschnitt 60 Aufnahmen – bei jedem klickt's jede Woche einmal...

Ein Amerikaner namens *Samuel Morse* (1791–1872), der zu der Zeit eine für die Kommunikationsgeschichte ebenso sensationelle Erfindung, den Telegraphen, in Paris patentiert hat, nimmt das Verfahren über den Grossen Teich mit. Der Leipziger Optiker *Dauthendey* gehört zu denen, die es östlich des Rheins populär machen.
1847 sind bereits 2000 Apparate und rund 500 000 Platten verkauft, 1853 zählt man 10 000 Daguerreotypisten in Amerika, die in diesem Jahr allein drei Millionen Platten belichten. An der Universität London findet 1856 der erste Kurs für Fotografie statt, überall entstehen Fotografen-Vereine, die die Forschung weitertreiben. Schon unmittelbar nach *Aragos* Vortrag prophezeit der Porträtmaler *Paul Delaroche:* «Von heute an ist die Malerei tot!» In der Tat: Porträtmaler, Kupferstecher, Lithographen, Silhouettenmaler sehen sich mit einem Schlag überholt; man hat ausgerechnet, dass rund die Hälfte von ihnen sofort Fotografen geworden sind.
Die Daguerreotypie erweist sich freilich schon nach knapp zwanzig Jahren als Sackgasse – vor allem weil sie keine Reproduktionen erlaubt. Praktisch gleichzeitig mit *Daguerre* hat nämlich der englische Aristokrat *William Henry Fox Talbot* (1800–1877) ein besseres System entwickelt: die sogenannte *Kalotypie* (bald auch *Talbotypie* genannt). *Talbot* gehört dem englischen Landadel an, ist Parlamentarier, Wissenschaftler und Hobby-Zeichner. Er benutzt zum Zeichnen auch eine *Camera obscura* und träumt schon 1833 davon, «wie hübsch es doch wäre, wenn man erreichen könnte, dass sich diese natürlichen Bilder dauerhaft dem Papier mitteilten und darauf verblieben».
Er experimentiert ab 1834 zuerst nach *Wedgwoods* Manier mit Silhouetten und lichtempfindlich gemachtem Papier. Dann entdeckt er, dass das Bild mit konzentrierter Salzlösung (später mit Natriumthiosulfat) dauerhaft gemacht werden kann und nicht mehr weiterdunkelt. Seine eigentliche zukunftsweisende Idee besteht aber darin, statt eines einmaligen Positivs ein Negativ herzustellen, von dem aus man beliebig viele Abzüge herstellen kann. Er presst dazu ein bereits einmal belichtetes und ein unbelichtetes Papier unter einer Glasscheibe zusammen und setzt beide dem Sonnenlicht aus. So zeichnen sich dunkle Gegenstände auf dem zweiten Papier dunkel ab, und zwar seitenrichtig (Daguerreotypien sind seitenverkehrt). Das Verfahren wird bis heute noch bei den sogenannten «Kontaktkopien» angewandt.

Die Technik wird verbessert

Die Technik der Fotografie wird im 19. Jahrhundert Schritt für Schritt vervollkommnet. Dabei geht es einmal darum, die Belichtungszeit zu verkürzen – *Niepce* hat seine Platten noch mehrere Stunden lang belichten müssen, um ein Abbild zu erhalten. Schon *Daguerre* verkürzt die Belichtungszeit auf 10 bis 12 Minuten. Immer lichtempfindlichere Substanzen und bessere Objektive erlauben mit der Zeit den Verzicht auf die ulkigen Kopfstützen und die steifen Körperhaltungen, die bei den langen Belichtungszeiten der frühzeitlichen Fotografie noch unabdingbare Werkzeuge der Fotografen sind. Die Momentfotografie wird geboren, das Blitzlicht erfunden, die Belichtungszeiten werden schliesslich so klein, dass Bewegungen in einzelne Bilder zerlegt werden können – die Voraussetzung für die Filmkamera.
Greifen wir ein paar zum Teil amüsante Marksteine der Entwicklung heraus:
– Schon 1841 stellt *Charles Wheatstone* dreidimensionale Kalotypien her.
– 1847 überzieht ein Neffe von *Niepce* erstmals Glasplatten mit einer Silberverbindung. Er verwendet dazu schaumig geschlagenes Eiweiss: *Niepce* junior ist Koch. Das Verfahren erlaubt zwar schärfere Bilder als jenes von *Talbot* (dessen Papiernegative immer einen Schleier hinterlassen); aber die Fotografen können sich mit dem empfindlichen Eiweiss nicht befreunden.
– 1850 braucht ein englischer Chemiker namens *Robert Bingham* statt der Hühnereier erstmals Kollodium – einen filmartigen, harten, durchsichtigen Stoff, den bis dahin die Ärzte zur Wundverbindung benutzt haben. *Frederick Scott Archer* (1813–1857) entwickelt das Verfahren weiter, das die Daguerreotypie zur veralteten Technik macht. Kollodiumplatten werden nass entwickelt und reduzieren die Belichtungszeit auf wenige Sekunden.

– Mitte der fünfziger Jahre empfiehlt eine Londoner Fotofachzeitschrift Honig oder Himbeersirup, um den nassen Platten längere Lebensdauer zu verleihen.

– Im Jahre 1856 schnipselt der Schwede *Oscar Rejlander* (1813–1875) dreissig Negative von ganz oder gar nicht bekleideten Damen und Herren zu einer Allegorie mit dem Titel «The Two Ways of Life» (Zwei Lebenswege) zusammen, die einen Skandal erregt. «Wo hat er all die Mädchen her, die sich nackt fotografieren lassen?» munkelt das Volk. Immerhin: Die als prüde geltende *Queen Victoria* kauft den Helgen für ihren *Albert.* Das Bild ist für die Fotografietechnik insofern wichtig, als es ein sehr frühes Beispiel für die Manipulationsmöglichkeiten in der Fotografie darstellt.

– 1859 berichtet der Heidelberger Professor *Robert Wilhelm Bunsen* (1811–1899) von der extremen Lichtstärke von brennenden Magnesiumdrähten. Bald nutzen die Fotografen das Metall für zischendes Blitzlicht.

– 1864 führen zwei Amateure aus Liverpool die Trockenplatten ein. (Amateure spielen übrigens in der Fotografiegeschichte eine hervorragende Rolle.)

– Der englische Arzt *Richard Leach Maddox* (1816–1902) ersetzt im Jahre 1871 *Archers* Kollodium erstmals durch Gelatine und reichert sie mit Bromsilber als lichtempfindlicher Schicht an. Die auf dieser Grundlage entwickelten Bromsilberpapiere liefern in Sekundenschnelle Abzüge von Negativen. Dies ist die eigentliche Geburtsstunde der heute noch üblichen Verfahren.

– In den achtziger Jahren fertigt ein amerikanischer Selfmademan namens *George Eastman* mit Gelatine Trokkenplatten in Rochester (USA) bereits industriell an.

– Im Jahre 1887 reicht ein amerikanischer Geistlicher namens *Hannibal Goodwin* eine Patentanmeldung für einen Rollfilm aus Kollodium und Zelluloid ein. Das Patent erhält er freilich erst 1898.

– *George Eastman* kommt *Goodwin* 1889 zuvor, als er seinerseits ein Rollfilmpatent einreicht und es mit seiner neuen «Kodak»-Kamera über die Eastman Company zu vertreiben beginnt. Der Streit mit *Goodwin* über die Urheberschaft der revolutionären Erfindung endet erst nach dem Tod des Geistlichen mit dessen Sieg.

– Im 20. Jahrhundert erlebt die Fotografie eine ständige technische Verbesserung. Die Emulsionen werden empfindlicher, die Kameras automatisiert. Elektronik und Fotozellen steuern die Belichtungszeiten.

– 1932 kommt der Farbfilm für Amateure auf. Die Vorarbeiten dazu haben die beiden Franzosen *Louis Ducos du Hauron* (1837–1920) und *Charles Cros* (1820–1891) sowie der Schotte *James Clerk Maxwell* (1831–1879) bereits im 19. Jahrhundert geleistet.

– 1947 erfindet *Edwin H. Land* das Polaroid-Verfahren für die Sofortentwicklung eines Bildes – ein technischer Nachfahre der Daguerreotypie, denn Polaroid-Bilder sind ebenfalls Unikate.

Den grössten Sprung nach vorn macht die Fotoindustrie zweifellos mit der Kodak-Rollfilmkamera. Der «amerikanische Film», wie man die neue Technologie in Europa nennt, erobert sich nicht nur die Welt der Profis, sondern macht das Fotografieren zu einer Sucht, die alt und jung, arm und reich weltweit erfasst. Die Firma Kodak hat ausgerechnet, dass 1983 allein in den USA jährlich an die 12 000 000 000 mal auf den Auslöser gedrückt worden ist – meist durch Amateure!
Auf solche Zahlen kommt das 19. Jahrhundert natürlich noch nicht. Dennoch erobert sich die neue Art, die Natur abzubilden, schon bald sämtliche Bereiche des täglichen Lebens.
Der legendäre französische Fotograf *Nadar* (1820–1910) steigt schon 1855 mit einem Ballon in die Luft und wird so zum Pionier der Luftaufnahmen. Kaum eine Familie, die sich nicht fotografieren lässt – das Fotoalbum und die fotografische *carte de visite* stimulieren bald eine riesige Industrie. 1852 macht das eidgenössische Justiz- und Polizeidepartement von sich reden, als es die ersten *Fahndungsfotos* von Vagabunden bestellt. Berufsfotografen reisen in die ganze Welt, um Reportagen nach Hause zu bringen. Der Krimkrieg zwischen England und Russland wird dank der Fotografie zum ersten Krieg, den ein Fotografenteam systematisch verfolgt. Allerdings hält sich *Roger Fenton* – der britische Hoffotograf und Leiter des Unternehmens – zurück. «Keine Leichen!» hat ihm *Queen Victorias* Ehemann *Albert* befohlen – die Fotografien sollen den Krieg als eine Art Frühstück im Grünen darstellen. *Fenton* hält sich daran – anders als die zwanzig Mitarbeiter des amerikanischen Fotografen *Matthew B. Brady* (1823–1896), die mit ihren fahrenden Labors den amerikanischen Unabhängigkeitskrieg dokumentieren und den Bürgern zu Hause zum erstenmal auch die Greuel des Krieges durch die Linsen ihrer unbestechlichen Kameras vor Augen führen.
Aber nicht nur zum Leid – auch zur Lust ist die Fotografie geboren. Wen wundert's, dass Paris auch zur Geburtsstätte einer Branche wird, die bis heute die Linse der Kamera mit einem Schlüsselloch verwechselt: Unter dem hochtrabenden Namen «Studien» oder gar «Akademien» lichten schon die ersten Daguerreotypisten nackte Mädchen ab – mit den ersten Stereokameras...

Wie druckt man Fotos?

Das Merkwürdigste an der ganzen Pioniergeschichte der Fotografie ist, dass das eigentliche Ziel, das *Niepce* mit seiner Erfindung verfolgt hat, während langer Zeit nicht erreicht wird: die präzise, billige und problemlose *Vervielfältigung von Abbildern im Druck.*
Erstaunlicherweise fehlen nämlich während des ganzen 19. Jahrhunderts die Fotos in der Presse. Nicht dass es am Bedürfnis gefehlt hätte, Bilder in den Text einzufügen: Die ersten illustrierten Zeitungen entstehen bereits um die Mitte des letzten Jahrhunderts: die «Illustrated London News» 1842 in England, die «Illustrirte Zeitung» 1843 in Leipzig, «L'Illustration» 1843 in Paris und «Frank Leslie's Illustrated Newspaper» in New York Anfang der fünfziger Jahre. Indes: Die dort publizierten Bilder können der Fotografie während langer Zeit nur indirekt nutzen: Fotografien dienen als Vorlage für Stiche, wobei man merkwürdigerweise wieder auf das Holz zurückgreift. Der Engländer *Thomas Bewick* stichelt sei-

Grosse Namen aus der Geschichte der Bildreproduktion

Albrecht Dürer (1471–1528)

Der grösste deutsche Maler der Renaissance ist auch der erste grosse Name in der Geschichte der Bild-Vervielfältigung. Er ist nicht nur ein hervorragender Holzschnittkünstler, Kupferstecher, Buchillustrator, Schriftenerfinder und Lehrmeister; als einer der ersten betreibt Dürer auch die präzise Abbildung der Natur mit wissenschaftlicher Akribie.
So beschreibt er Projektionssysteme, die zur genauen Berücksichtigung der perspektivischen Gesetze dienen und die als frühe Vorläufer der Fotokamera gelten. Er arbeitet zeitweise mit einem ganzen Team zusammen, versucht aber trotzdem, sich vor Kopisten zu schützen, indem er seine Werke mit seinem berühmten AD-Signum ziert.
Tätig ist Dürer vor allem in den grossen Kommunikationszentren seiner Zeit, in Venedig, Basel und Nürnberg.

Matthaeus Merian (1593–1650)

Oberhaupt einer berühmten Kupferstecherfamilie. Der Vater wird vor allem durch seine «Topographien» (Städteansichten) bekannt. 1615 ist er auch für die Illustration der Merian-Bibel verantwortlich. Sohn Matthaeus und Tochter Maria Sibylla treten in die Fussstapfen des Vaters, wobei die Tochter vor allem durch ihre naturwissenschaftlichen Werke mit kolorierten Stichen berühmt wird.
Vater Merian, in Basel geboren, in Zürich ausgebildet, arbeitet auch in Frankreich, Holland und Deutschland und wird schliesslich Bürger von Frankfurt am Main. Seine berühmten Ansichten – die schönsten davon über die Eidgenossenschaft – schafft er zum grösseren Teil auf Grund von Vorlagen. Merian und dessen Nachkommen sind erste grosse Beispiele für professionelle Bild-Medientätigkeit: Sie arbeiten auf Auftrag und leben von ihrer Reproduktionstätigkeit.

Jakob Christof LeBlon (1667–1741)

Der Frankfurter Maler und Kupferstecher gilt als Pionier des Vierfarbendrucks. Er wendet schon 1710 das noch heute gültige Prinzip an, indem er für die drei Grundfarben Magenta (Rot), Gelb und Blau sowie Schwarz je eine deckungsgleiche Druckvorlage herstellt. Der Physiker Isaac Newton hat die Farbtheorie zu dieser Technik geliefert. Stolz führt LeBlon seine Erfindung mit einem Porträt von Louis XV. einer Fachkommission vor.
Er gelangt freilich damit auf keinen grünen Zweig. Bei seinem Tode ist er bankrott.

Johann Heinrich Schulze (1687–1744)

Bereits die mittelalterlichen Alchemisten haben entdeckt, dass sich bestimmte Silbersalze unter der Einwirkung der Sonne verfärben.
Der deutsche Anatomieprofessor entdeckt 1725 durch einen Zufall, dass die Schwärzung nicht auf Wärme, sondern auf die Lichtenergie zurückzuführen ist. Er schneidet nun Buchstaben aus einem Blatt Papier heraus und stellt eine mit lichtempfindlicher Flüssigkeit (Kreide und Silbernitrat) gefüllte Flasche eine Zeitlang an die Sonne. Als er die Schablone entfernt, sind die Buchstaben schwarz auf dem Flascheninhalt «abgebildet».
Schulzes Erkenntnisse bilden die Grundlage zur Erforschung lichtempfindlicher Substanzen.

Aloys Senefelder (1771–1834)

Die Erfindung des Münchner Schauspielersohns und Möchtegern-Theatermannes gilt als eine der umwälzendsten Neuerungen im Druckwesen seit Gutenberg: Senefelder, der zum Metier gelangt, weil kein anderer Unternehmer seine Stücke drucken will, führt die Chemie in die Druckkunst ein.
Er entdeckt, dass geschliffener Schiefer aus Solnhofen, der mit Fettkreide oder -tinte beschrieben wird, nur an den fettigen Stellen Druckfarbe annimmt. Im Jahre 1800 erhält er in London für diese Erfindung, die Lithographie (griechisch: «Steinschreiben»), ein Patent.
Das chemische Prinzip der Abstossung von Fett und Wasser spielt fortan im sogenannten «Flachdruck» vor allem dank Rubels Entdeckung des Offsetdrucks eine grosse Rolle. Die Lithographie wird daneben aber auch eine sehr beliebte Reproduktionsform im Bereich der grafischen Künste und der Musikpartituren.

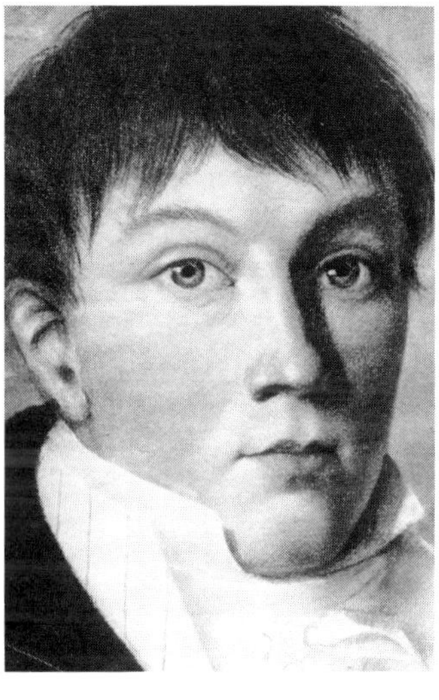

Joseph Nicéphore Niepce (1765–1833)

Schon als Kind verfertigt der Franzose mit dem possierlichen griechischen Vornamen (Nicéphore heisst «Siegbringer») kleine Modelle von den verschiedenartigsten Maschinen. Mit seinem Bruder teilt er zeitlebens die Leidenschaft für die Wissenschaften, die beide an den Rand des Ruins bringt. So erfinden die beiden Niepces auch eine Vorstufe des Explosionsmotors.
Auf die Fotografie kommt Niepce 1813 beim Experimentieren mit dem neuen Druckverfahren der Lithografie: Niepce, der schlechte Augen hat und nicht zeichnen kann, will sich das mühsame Übertragen der Zeichnung auf den Stein ersparen und pröbelt deshalb mit lichtempfindlichem Material. Aus seinem Briefwechsel mit seinem Bruder ist uns der Ablauf der Entwicklung genau überliefert.
Die erste Nachricht über zwei gelungene Fotografien mit einer genauen Beschreibung des Verfahrens datiert bereits aus dem Jahre 1816: Es handelt sich um die Herstellung eines Abbildes in einer schwarzen Kiste, wobei das Licht durch ein Objektiv einfällt. «Was du vorausgesagt hast, ist eingetroffen», schreibt Nicéphore. «Der Hintergrund ist schwarz, und die Objektive sind heller abgebildet.»
1816 muss Niepce auch bereits das Fixieren des Papiers gelungen sein sowie die Herstellung der Schärfe mit Hilfe einer einfachen Blende. Dies alles geschieht 20 Jahre vor den Erfolgen Talbots, Bayards und dem Tamtam, das Daguerre mit seinen Bildern veranstaltet!
In den folgenden Jahren richtet Niepce auf seinem Landgut in Chalon-sur-Saône ein eigentliches Labor ein. Bereits denkt er auch an die Farbfotografie. 1824 gelingt ihm auf einer Glasplatte nach achtstündiger Belichtung die erste richtige Fotografie – ein Stilleben. Das historische Dokument ist im Jahre 1890 von einem Unbekannten geklaut worden, als es ausserhalb Frankreichs ausgestellt werden sollte. 1826 – in dem Jahr, aus dem die älteste erhaltene Platte von Niepce stammt – tritt Louis Daguerre mit Niepce in Kontakt, 1829 schliesst der bescheidene Erfinder – dessen Bruder inzwischen verstorben ist – eher widerwillig, aber wohl durch finanzielle Schwierigkeiten gedrängt, mit dem mondänen Daguerre einen Gesellschaftsvertrag, der festhält, dass Niepce der eigentliche Erfinder der Fotografie sei. Daguerre besucht Niepce ein einziges Mal, wobei er Niepces Verfahren genau kennenlernt.
1833 stirbt der Erfinder der Fotografie an einem Schlaganfall – in seinem Labor.

Sir John Frederick William Herschel (1792–1871)

«Hier sehen wir wahrhaftig Wunder», ruft der grosse englische Chemiker und Astronom aus, als er die erste Daguerreotypie sieht. Herschel hat selbst Anteil an der Erfindung der Fotografie: Er entdeckt die leichte Lösbarkeit von Silbersalzen in Schwefelverbindungen schon um 1815 und ermöglicht so das Fixieren der «Lichtbilder». Zudem gebraucht er als erster den Begriff «Fotografie» und prägt die Ausdrücke «Positiv» und «Negativ».

William Henry Fox Talbot (1800–1877)

Der reiche englische Landedelmann und Privatgelehrte erfindet eine zukunftsträchtige Form der Fotografie auf seiner Hochzeitsreise in Italien. Da er nur schlecht zeichnen kann, kommt ihm die Idee, eine Camera obscura zu Hilfe zu nehmen, um Landschaften auf Papier abzubilden. Er taucht ein Blatt in eine Meersalzlösung, trocknet es und bringt es anschliessend in eine Silbernitratlösung. So entsteht im Papier eine Schicht von Silberchlorid.

Schon 1835 habe er – so beschreibt es Talbot später in einem 1844 publizierten, erstmals mit «Fotos» illustrierten Buch («The Pencil of Nature») – auf diese Weise Papierbilder (u. a. von einem Fenster) hergestellt und auch zu fixieren vermocht.

Indem er die belichteten Papiere auf den Rat von Sir John Herschel mit Wachs tränkt, gelingt es dem ehrgeizigen Engländer auch, durchsichtige Negative und damit Reproduktionen herzustellen. Talbot hält sein Verfahren geheim, bis Daguerre mit «seiner» Erfindung an die Öffentlichkeit tritt. Jahrelang versucht Talbot hernach, seine Prioritätsansprüche zu beweisen und Nachahmer von der Nutzung seines Verfahrens auszuschalten.

Die braunvioletten «Kalotypien», wie Talbot seine Aufnahmen nennt (das Publikum spricht bald einmal von «Talbotypien»), sind anfänglich lange nicht so erfolgreich wie die silbern glänzenden Daguerreotypien.

Als Scott Archer dann mit dem Kollodiumverfahren an die Öffentlichkeit tritt, bezeichnet Talbot diesen zweiten Positiv-Negativ-Prozess als eine blosse Weiterentwicklung seiner eigenen Erfindung. Im Jahre 1852 beschreibt er selber seine Entdeckung der Lichtempfindlichkeit von Chromkolloiden, die eine wichtige Grundlage für die Pigmentpapierverwendung im Tiefdruck werden. In dieser Arbeit schildert er auch bereits die Rastertechnik zur Vervielfältigung von Halbtonbildern.

Hippolyte Bayard (1801–1887)

Eine andere eher unglückliche Gestalt in der Reihe der Erfinder der Fotografie: Der Pariser Buchhalter stellt bereits im Jahre 1837 mit der Camera obscura fotografische Versuche an und beschreibt sein Verfahren in einem Bericht, den er verschlossen bei der Akademie der Wissenschaften hinterlegt.

Er hat erfolgreich die Windmühlen am Montmartre auf Papier abgelichtet – drei Monate vor Aragos Rede über Daguerres Erfindung. Aber Daguerres Schutzpatron Arago will sich seine sorgfältig vorbereitete Show nicht durch einen Provinzler vermiesen lassen und verschweigt Bayards Pionierleistung. Bayard stirbt als völlig vergessener Pionier und wird erst im 20. Jahrhundert als eigenständiger Erfinder einer fotografischen Technik rehabilitiert.

Louis Jacques Mandé Daguerre (1789–1851)

Eine von rund 20 Personen, die für sich in Anspruch genommen haben, entscheidend an der Erfindung der Fotografie beteiligt gewesen zu sein. Daguerre ist es nicht, auch wenn die nach ihm benannte Daguerreotypie zur ersten weltweit kommerziell genutzten fotochemikalischen Abbildungsmethode wird.

Daguerre besitzt in Paris ein «Diorama» und führt da grosse Schaubilder mit optischen Trompe-l'œuil-Effekten vor. Er sucht Hilfe bei Niepce, der mit ihm nach anfänglichem (und nicht unbegründetem) Misstrauen und aus Geldnot einen Vertrag abschliesst.

Auf der Grundlage der Vorarbeiten seines Partners und nach dessen Tod gelingt Daguerre im Jahre 1837 mit Hilfe einer einfachen Kochsalzlösung die Fixierung eines Bildes auf einer Kupferplatte, die mit Silbersalzen und Joddämpfen imprägniert worden ist. 1839 lässt er die Erfindung als seine eigene verkünden. Der französische Staat kauft ihm (und Niepce) die Erfindung ab – aber der schlaue Daguerre hat sich fünf Tage vor der Bekanntmachung der Erfindung dafür in England ein Patent erworben. Daguerreotypien bleiben bis in die sechziger Jahre hinein beliebt, obwohl sie nicht kopierfähig sind.

Frederick Scott Archer (1813–1857)

Englischer Bildhauer und Fotopionier. Im Jahre 1851 erfindet er ein Verfahren, das die Belichtungszeit auf 2 bis 3 Sekunden verkürzt. Dabei löst er Baumwollzellstoff in Äther und Alkohol auf. Die schleimig-durchsichtige Lösung («Kollodium») reichert Archer mit lichtempfindlichen Silberprodukten an. Wird nun in diese Lösung eine Glasplatte getaucht, so bildet sich darauf ein Häutchen («Film»). Kollodiumglasplatten müssen

nass in die Kamera gelegt werden (deshalb heisst dieses Verfahren auch «Nassfotografie») und liefern auf dunklem Untergrund ein Positiv. Obwohl Archer, ein bescheidener, einfacher Mann, mit seiner Erfindung die Fotografie revolutioniert – sie gilt 30 Jahre lang als Standardtechnik – stirbt er in Armut.

Nadar (Gaspard Félix Tournachon) (1820–1910)

Der wirblige Franzose mit dem berühmten Kurznamen ist einer der ersten «rasenden Reporter» im modernen Sinn.

Neugierig und vielseitig, treibt er sich in allen möglichen Berufen herum, wird Medizinstudent, Sekretär, Karikaturist, Journalist, Ballonfahrer – vor allem aber Fotograf. 1853 eröffnet er in Paris sein erstes Atelier und wird bald berühmt durch seine Porträtfotografien der Künstlerszene in der französischen Hauptstadt. So lichtet er beispielsweise Sarah Bernhardt, Franz Liszt, Alexandre Dumas, George Sand oder Honoré Daumier ab – ursprünglich nur, um sich ein Archiv für seine Karikaturen anzulegen! Dank seiner raffinierten Lichtführung (mit dem nassen Kollodiumverfahren) gelingen ihm echte Meisterwerke.

Berühmt wird Nadar auch durch seine Abenteuer im Ballonkorb, wo er sich ein kleines Fotolabor einrichtet und damit für die ersten Luftaufnahmen der Geschichte sorgt (Paris 1856). Mit seinen Aufnahmen der Katakomben in Paris (1860) kann Nadar auch als erster Anwender einer Art Blitzlichtverfahren (Nadar braucht Bunsenbrenner als künstliche Lichtquelle) angesehen werden. Zu Lebzeiten ist Nadar so berühmt, dass man ihn «Nadar le Grand» nennt und er selbst zur beliebten Zielscheibe der Karikaturisten wird.

Mit der Aufnahmeserie, die er von einem Gespräch mit dem berühmten Chemiker M. Chevreuil am Vorabend von dessen 100. Geburtstag durchführt, erwirbt sich Nadar zudem den Ruhm des Erfinders des Fotointerviews. Der alte Mann prägt den bemerkenswerten Satz: «Bis zu meinem 97. Lebensjahr war ich ein Feind der Fotografie. Aber vor drei Jahren habe ich kapituliert.»

Matthew B. Brady (1823–1896)

Einer der ersten und grössten Reporter der Fotogeschichte. Nachdem der Schüler des Telegrafen-Erfinders und Fotopioniers Samuel F. B. Morse lange Zeit in Amerika berühmte Persönlichkeiten verewigt hat, (Abraham Lincoln bezeugt, er verdanke seine Wahl Bradys Porträt), macht er sich einen Namen als fotografischer Berichterstatter des amerikanischen Sezessionskrieges (1861–1865).

Der extrem kurzsichtige Brady, der kaum schreiben kann, verfolgt das Kriegsgeschehen mit einer Equipe von 20 Fotografen auf dem Schlachtfeld und führt erstmals einem Massenpublikum den Kriegsalltag vor Augen. Die Bilder entwickeln Brady und sein Team in mitgeführten Laborwagen, unter den Soldaten als «What-is-it-wagon» bekannt.

Nach dem Krieg wollen die Amerikaner freilich nicht mehr an die Greuel erinnert werden. Die Bilder, die Brady im Oktober 1862 an einer Ausstellung zeigt (nur wenige erscheinen als Holzstiche in «Harpers Weekly») werden verdrängt, der Pionier der Kriegsfotografie muss sie später für eine lumpige Summe verkaufen, um sich vor dem Bankrott zu retten.

ne Bilder als erster in die Stirnseite von Holzblöcken; als *Xylografie* wird diese Technik zum Standardverfahren der Bildproduktion in den frühen illustrierten Zeitschriften.
Parallel zur – freilich weit publikumswirksameren Entwicklung der Fotografie arbeiten allerdings auch schon die ersten Daguerreotypisten am Problem herum, wie man aus *Niepces* Asphaltplatten technisch brauchbare Druckvorlagen aus Fotografien herstellen könnte. Schon im September 1839 legt ein gewisser *Alfred Donné* der Akademie der Wissenschaften in Paris geätzte Daguerreotypieplatten mit Papierabzügen vor.
1841 verkündet der *Daguerre*-Fan *Arago,* dass es dem Physiker *Hippolyte Fizeau* gelungen sei, Faksimile-Druckplatten auf dem Wege der Elektrotypie zu erzeugen. Dieser Prozess, der auch unter dem Namen *Galvanisierung* bekannt wird, erlaubt es, unter dem Einfluss von Säuren und Strom gezielt bestimmte Strukturen in Metallen herzustellen. In einem 1842 erschienenen Buch werden tatsächlich zwei Daguerreotypien erfolgreich gedruckt.
Der Fotopionier *Fox Talbot* bastelt dann weiter an dieser Technik herum und kann vom November 1858 an in der Fachzeitschrift «The Photographic News» regelmässig gedruckte Fotos veröffentlichen. *Talbot* gilt auch als einer der Erfinder des modernen Rasterverfahrens, ohne das die ganze moderne Fotopresse undenkbar wäre. 1852 meldet er ein Patent an, in dem er vorschlägt, zwischen die belichtete Schicht und das Negativ ein feines Netz (z.B. auf Glas) anzubringen, um so das Bild in lauter winzige Punkte aufzulösen.
Aufgrund dieser Vorarbeiten entwikkelt der Wiener Unternehmer *Paul Pretsch* (1808–1873) im Jahre 1854 den ersten industriereifen Bilddruck nach dem Tiefdruckprinzip. Seine galvanisierten Druckstöcke vermögen Auflagen bis zu 500 Exemplaren zu drukken; die Bildermappen, die *Pretsch* 1856 herausbringt, werden ein grosser Erfolg.
Noch weiter vorangetrieben wird die Bilddrucktechnik von dem gebürtigen Tschechen *Karl Klic* (1841–1926). Er entwickelt im Jahre 1879 eine neue Möglichkeit der Fotografie-Reproduktion: Von einem Diapositiv gelangt das Bild auf ein chromiertes Gelatinepig-

James Clerk Maxwell (1831–1879)

Ein Schottenmuster wird zur ersten Vorlage für eine Farbfotografie, die der Physiker James Clerk Maxwell im Jahre 1855 erstmals vorzeigen kann.
Der grosse Schotte, der in seinem kurzen Leben wesentliche Grundlagen für die Erklärung von Licht und Elektrizität liefert und auch für die Geschichte der technischen Entwicklung von Radio und Fernsehen grundlegende Entdeckungen macht, beweist mit einem verblüffend einfachen Versuch die Machbarkeit täuschend ähnlicher farbiger Abbildungen: Er nimmt das Schottenmuster nacheinander mit einem Rot-, einem Gelbgrün- und einem Blaufilter auf eine gewöhnliche Schwarzweissplatte auf. Von den drei Platten stellt Maxwell nun ein Diapositiv her und schiebt sie in drei Projektoren, vor deren Linse er wiederum die Filter schraubt. Als Maxwell die drei Bilder auf der weissen Leinwand zur Deckung bringt, erscheint ein völlig farbechtes Bild des Schottenstoffes.
Praktisch nutzbar wird Maxwells Demonstration erst durch die Filmpioniere Louis und Auguste Lumière, die 1907 ein Verfahren mit beschichteten Glasplatten vorstellen, die rote, grüne und blaue Stärkekörner enthalten und so wie kleine Filter wirken. Ab 1932 gibt es die ersten Farbfilme von Agfacolor.

Louis Ducos du Hauron (1837–1920)

Der Franzose beschreibt im Jahre 1862 erstmals ein Verfahren zur Herstellung von Farbfotografien. Er kennt die Arbeiten von LeBlon und hat sich ausgiebig mit den Farbtheorien von Isaac Newton beschäftigt.
Das Prinzip von Ducos ist einfach: Er schiebt zwischen Objekt und lichtempfindliches Papier Glasfilter, die die Grundfarben aus dem Bild herausfiltern. Seine Schwierigkeit besteht darin, lichtempfindliche Schichten zu erfinden, die in der Lage sind, die herausgefilterten Farben naturgetreu wiederzugeben. 1869 gelingt es Ducos, durch Aufeinandermontieren dreier Farbauszüge auf einer weissen Unterlage die ersten Farbbilder herzustellen.
Ducos hat einen Konkurrenten, den Landsmann Charles Cros (1842–1891), der genau zur gleichen Zeit dasselbe Verfahren entwickelt. Die beiden werden Freunde – aber die übrigen Konkurrenten setzen Ducos so zu, dass er schliesslich verarmt und vergessen stirbt.

Karel Klic (1841–1926)

Der tschechische Maler und Grafiker schreibt sich auch Karl Klietsch und geht als Erfinder der Heliogravure («Licht-Tiefdruck») und des Rakeltiefdrucks in die Geschichte ein.
Der geschäftstüchtige Tüftler (er erfindet auch das Linoleum) ist damit einer der Väter der modernen Druckverfahren. 1879 gelingt es ihm, Fotos auf Kupferplatten zu bannen und diese so zu ätzen, dass sie als Druckplatten für Papier dienen können. Das Verfahren wird um die Jahrhundertwende durch die auf Klics Anregung gegründete englische Firma Rembrandt Intaglio Printing Company (Klic wird später selbst Teilhaber) maschinell vervollkommnet und tritt von da an als Zylindertiefdruck («Rotogravure») den Siegeszug für hochklassige Grossauflagen durch die ganze Welt an.
«The Illustrated London News» geht als erste Zeitung 1895 mit diesem Verfahren in Druck, von 1912 an erscheint sie regelmässig mit 8 Bildseiten nach dem Klic-Prinzip.

Georg Meisenbach (1841–1912)

Der Nürnberger Kupferstecher erfindet im Jahre 1881 die Autotypie und macht damit die Fotografie druckfähig.
Meisenbach belichtet einen Negativfilm durch einen Raster und ein Diapositiv (der ursprünglichen Aufnahme) hindurch. Das Negativ wird nun als Vorlage für die Belichtung eines Zinkblocks eingesetzt, der mit einer lichtempfindlichen Schicht versehen ist. Durch Ätzung entsteht ein Klischee nach dem Hochdruck-Prinzip. Die Rasterpunkte bleiben stehen und liefern, da sie sehr klein sind, den Eindruck von Grautönen.
Die erste Fotografie nach dem Autotypie-System erscheint 1883 in der «Leipziger Illustrirten».

George Eastman (1854–1932)

Der kaufmännische Angestellte (Bild Seite 201) ärgert sich als 22jähriger darüber, dass die zu seiner Zeit übliche Fotografie mit Glasplatten noch so kompliziert und pannenanfällig ist.
Im Stil amerikanischer Self-made-Männer beschliesst er, «die Fotografie für Amateure wie mich zu vereinfachen». In der Folge entwickelt Eastman die Trockenfotografie, dann (nach einer Erfindung von Hannibal Goodwin aus dem Jahre 1889) den Rollfilm, baut eine einfache Boxkamera (Werbespruch: «Sie drücken auf den Knopf, wir besorgen das übrige»), ersetzt den Papierfilm durch Zelluloid (später durch die schwerer brennbare Acetylzellulose) und wird als Gründer der Eastman Kodak Company in Rochester (USA) zum Vater des weltweiten Amateur-Fotografen-Booms – und ein schwerreicher Mann.
Auf der Höhe seines Ruhms aber endet er durch Selbstmord.

Fotografien bildeten die ersten Vorlagen für die Bilder in den ersten Illustrierten, die in die Stirnseite von Holzblöcken gestichelt wurden. Das Bild vom Attentat auf Queen Victoria aus der ersten Ausgabe der «Illustrated London News» aus dem Jahre 1842 dürfte allerdings der Fantasie des Künstlers entsprungen sein. Die Holzstiche oder «Xylografien» wurden erst im Jahre 1881 durch das Autotypie-Verfahren von Georg Meisenbach langsam abgelöst. Das Negativ stellt die erste Druckplatte Meisenbachs, das Positiv deren Abdruck dar. Erst die Autotypie verschaffte dem Pressefoto den Durchbruch.

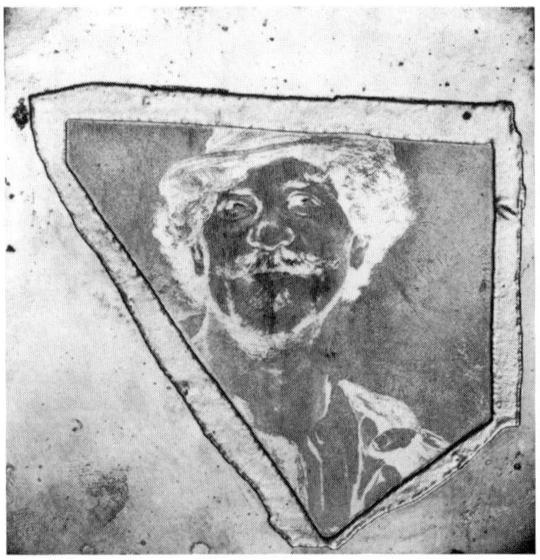

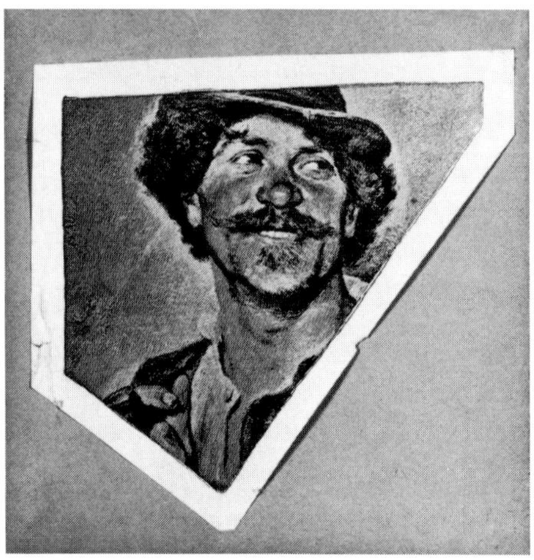

mentpapier, das wiederum fotografisch auf eine Kupferplatte übertragen wird. Die druckenden Stellen werden aber nun ausgeätzt. Dunkle Stellen im Original ergeben tiefe Näpfchen, hellere weniger tiefe. Entsprechend abgestuft erscheint das Bild im Druck.

Die Methode, die von *Klic* auch für Rotationsmaschinen weiterentwickelt wird, bringt sehr schöne Resultate.

Klic druckt mit ihr sogar *Rembrandts* differenzierte Radierungen. Das Unternehmen, für das *Klic* tätig ist, wird bald zu einer grossen Firma. Zehn Jahre dauert es, bis die Konkurrenz die gleiche Qualität wie *Klic* erreicht. *Klics* Technik hält sich über Jahrzehnte hinweg. Die «Farbnäpfchen» werden bei den modernen Maschinen allerdings auf elektronischem Wege durch einen *Scanner* abgetastet und mit einem automatisch fahrenden Stift in die Metallunterlage eingraviert. Solche Abtaster-Maschinen gibt es seit den dreissiger Jahren dieses Jahrhunderts.

Pretschs und *Klics* Drucktechniken sind im Hinblick auf den Tiefdruck entwickelt worden. Auch im Flachdruckverfahren sind damals schon Fotos reproduzierbar. Buchdruck und Zeitschriften setzen beide Methoden von den sechziger Jahren an für Illustrationen ein – aber ähnlich wie früher bei den Kupferstichen können die Reproduktionen nur ganzseitig angefertigt werden. Die Kombination mit gesetztem Text macht noch Mühe. Das mag mit ein Grund dafür sein, dass sich die Zeitungen noch eine ganze Generation lang dagegen sträuben, ihre Bildinformation auf fotografischem Weg weiterzugeben. Die Londoner «Illustrated News», die ab 1895 *Klics* «Rotogravuren» bringt, ist vorerst ein einsamer Vorkämpfer für die Pressefotografie.

Erst die Entwicklung einer Hochdruck-Bildtechnik durch den Deutschen *Georg Meisenbach* (1841–1912) verschafft dem Pressebild den Durchbruch – wenn auch nur langsam. 1883 erscheint das erste Pressefoto nach *Meisenbachs* Autotypieverfahren in der «Leipziger Illustrirten». Die Gebrüder *Max* und *Louis Levy* führen die Methode 1890 zur kommerziellen Reife. Die erste Zeitung, die vollständig auf den Autotypiedruck umstellt, lässt aber immer noch Jahre auf sich warten: Es ist der neue «Daily Mirror» in London, der sich 1904 zu der Pionierleistung entschliesst. Die sonst so fortschrittlichen Amerikaner steigen dagegen erst nach dem Ersten Weltkrieg ein. Im Juni 1919 erscheint die «Illustrated Daily News» als erste Tageszeitung der USA mit Autotypien; die «New York Times» setzt 1922 die Fotografie eines Zeppelins auf die Frontseite.

Es ist erstaunlich, dass die Fotografie so lange gebraucht hat, um als Druckverfahren für Bilder technologisch genutzt zu werden. Noch erstaunlicher aber ist es, dass es genau 100 Jahre seit der Ankündigung von *Daguerres* Erfindung dauerte, bis die Reproduktionstechnik mit lichtempfindlichen Schichten auch für die Vervielfältigung von Text eingesetzt werden konnte.

Gutenbergs Grundgedanke von der druckenden Letter steckte so tief in den Händen und Köpfen der Setzer und Drucker, dass sie die Chance, die ihnen die Fotografie mit ihrer bereits entwickelten Vergrösserungs- und Reproduktionstechnik bot, gar nicht wahrnahmen. Der Gedanke, dass man nicht nur Bilder, sondern auch Text rastern und fotografisch zur Druckvorlage verarbeiten könnte, wurde jahrzehntelang verdrängt – obwohl er technisch schon zu *Talbots* Zeiten ausführbar gewesen wäre. Sowohl die Fotosetzmaschine des Engländers *W. Friese-Greene* aus dem Jahre 1898 (bei ihr wurde der Satz zeilenweise fotografiert) wie auch die vom Ungarn *Edmund Uhers* 1928 entwickelte Luminotype-Maschine blieben eher bizarre Versuche von Aussenseitern.

Erst als der Amerikaner *William C. Huebner* im Jahre 1939 den Text auf lichtempfindliches Papier überträgt, das nach der Entwicklung zu einer ganzen Druckvorlage zusammengeklebt und auf fotografischem Wege zu einer Druckplatte umgewandelt werden kann, zeichnet sich das ab, was heute als «Neue Technik» in allen grösseren Druckereibetrieben der westlichen Industriestaaten Einzug gehalten hat.

Industriell brauchbare und wirtschaftlich konkurrenzfähige Geräte tauchen allerdings erst nach dem Zweiten Weltkrieg auf. Die ersten Maschinen ersetzen im Prinzip einfach die Giessanlage durch fotografische Einrichtungen. Sie sind indes noch nicht schneller als die traditionellen Linotype-Maschinen.

Erst als die «Fotosetter» mit Lochstreifen ausgerüstet werden, kann die Satzmenge gegenüber den alten Rattergeräten verdreifacht werden. 1957 gelangt die erste wirklich erfolgreiche Fotosetzmaschine, die englische «Monophoto», auf den Markt. Sie belichtet das Fotopapier durch einen Schriftrahmen mit durchsichtigen Negativzeichen.

All diese Vorläufer werden in der heutigen Drucktechnik als «erste Generation» bezeichnet. Es sind im Prinzip alles mechanische Geräte. Die zweite Generation der Fotosatzanlagen setzt den Computer zur Steuerung des Setzvorgangs ein. Die beiden Franzosen *Higonnet* und *Moyroud* kommen auf die Idee, als Schablonen runde Schriftscheiben zu verwenden. In ihrer 1956 eingeführten «Photon»-Maschine wird der Text mit einer Schreibmaschinentastatur getippt und bis zur vollständigen Zeile gespeichert. Diese Maschine schafft nun bereits 30 000 Buchstaben in der Stunde – viermal mehr als die gute, alte Linotype.

In der dritten, der rein elektronischen Generation wird der Buchstabe gar nicht mehr materialisiert. Die von dem Kieler Ingenieur *Rudolf Hell* 1966 erstmals zur Serienreife gebrachte «Digiset»-Lichtsatzanlage arbeitet mit einer Kathodenstrahlröhre und löst die einzelnen Buchstaben in Punkte auf, die im Computer gespeichert werden. Mehrere Millionen Belichtungen pro Stunde sind heute mit den fortgeschrittensten, laserbestückten Maschinen möglich geworden.

Licht- und Fotosatz haben den alten *Gutenberg*-Techniken endgültig den Todesstoss versetzt. Zwar werden heute weiterhin Hochdruckmaschinen verwendet; der Tiefdruck ist für hohe Auflage und hohe Druckqualität immer noch konkurrenzlos. Aber die Off-

"All the News That's Fit to Print."

The New York Times.

THE WEATHER

VOL. LXXI ... No. 23,405. NEW YORK, WEDNESDAY, FEBRUARY 22, 1922. TWO CENTS

GIANT ARMY DIRIGIBLE WRECKED; 34 DEAD, 11 ARE SAVED; VICTIMS PERISH WHEN ROMA BURSTS INTO FLAMES AFTER FALL; COLLAPSE OF RUDDER CAUSES TRAGEDY ON SHORT TRIAL FLIGHT

FOUR-POWER TREATY WILL BE REPORTED WITH RESERVATION

Brandegee's Modification of the Compact Favored by Senate Committee.

HARDING AND LODGE AGREE

Legal or Moral Obligation to Defend Rights of Other Nations in Pacific Excluded.

MAY BE REPORTED TODAY

THE DIRIGIBLE ROMA, 410 FEET LONG, BUILT BY ITALY FOR THE UNITED STATES, BURNED AT NORFOLK YESTERDAY.

HITS HIGH TENSION WIRES

Hydrogen Ignites in Norfolk Flight and Flames Sweep Huge Structure.

FEW SAVED BY LEAPING

One Lieutenant Breaks Neck in Jump—Other Victims Buried in Wreckage.

SAFE HELIUM GAS REMOVED

Rescuers Baffled by Intense Heat—Commander Mabry Stuck to Wheel Till Death Came.

MELLON BACKS UP HARDING ON BONUS

Again Warns Ways and Means Committee That Treasury Cannot Stand the Outlay.

SALES TAX ONLY SOLUTION

Senator Calder Announces in Speech Here He Will Refuse to Vote for Bonus.

Lloyd George Going to Paris For Conference With Poincare

SINN FEIN BLOCKS SPLIT OF LEADERS

Insistence of Delegates Forces de Valera and Griffith to Seek a Compromise.

NO VOTE ON THE TREATY

Parish Priests Take the Lead in Demanding Long Delay Before Elections Are Held.

List of the Dead and Survivors In the Wreck of the Big Dirigible

THE DEAD.

THE SURVIVORS.

Survivor Says Roma Often Sailed With a Tilt

WASHINGTON WAITS FOR A FULL REPORT

General Patrick Flies to Scene to Take Charge of Army Investigation.

AIR MEN NOT DISCOURAGED

Effect of the Disaster on the Future of Military Aviation Is Doubtful.

INJURED SURVIVORS TELL OF DISASTER

Officers Coolly Remained at Their Posts of Duty Until the Roma Struck.

EXPLOSION FOLLOWED FALL

Flames, Eating Fabric, Opened a Way for Some Imprisoned Men to Escape.

STRIKERS SHOT DOWN IN PAWTUCKET RIOT

Police Fire on Mob Fighting to Bar Textile Workers From Mills.

ONE KILLED, SEVEN INJURED

Troops Rushed From Providence Now on Guard—Other Strike Centres Quiet.

BOTH HOUSES PASS PORT PROJECT BILL

Democrats Fail in Effort to Have Hylan Appoint Two Commissioners.

MILLER WILL APPROVE

Senator Straus Breaks Away From Party, Calling Plan Essential to Cheap Food Supply.

Hughes, Mellon, Hoover, Smoot, Burton, Named on Foreign Debt Commission

Die immensen Kosten, die neue Technologien vor allem bei Zeitungen mit hohen Auflagen verursachen, sind bis heute mit ein Grund dafür, dass sich neue Verfahren nur langsam durchsetzen. Die «New York Times» liess sich bis nach dem Ersten Weltkrieg Zeit zur Einführung der Autotypie. Als eines der ersten Pressefotos erschien der abstürzende Zeppelin am 22. Februar 1922 auf der «front page» des Weltblattes.

settechnik setzt sich immer mehr durch.
Bei allen Druckverfahren hat der Fotosatz als die schnellste, billigste und flexibelste Methode der Textherstellung den alten Bleisatz verdrängt. Mit der neuen Technik sind nun auch Bild und Text wieder technisch völlig gleichwertig geworden. Schriften können beliebig gestaltet, vergrössert, verkleinert, verzogen und verzerrt, mit Fotografie oder Grafik kombiniert werden, ohne dass das Papier zweimal durch die Maschine laufen muss. Die fertige Druckvorlage wird einfach fotografiert und zur Druckplatte verarbeitet.
Ganz still und leise und von der Öffentlichkeit kaum bemerkt, geschieht dabei heute bereits die nächste Revolution: die direkte Herstellung der Druckvorlage auf dem Bildschirm. Schon stehen einige der Nachfahren *Gutenbergs,* die ihren Beruf noch als *Metteure* begannen und bleischweren Satz zu Zeitungsseiten umbrachen, die später die *Klebspalten* und *Copyproofs* der gerasterten Fotos zu Papiermaquetten zusammenklebten, an ihrem dritten Arbeitsplatz – dem Bildschirm. Jetzt gestalten sie die Seite ohne materialisierte Elemente direkt auf dem *Screen* – ein Knopfdruck, und die fertige Druckvorlage verlässt den *Printer!*
Freilich: Es hat Jahrzehnte gedauert, bis die neue Technik das Geratter der Setzmaschinen in den Druckereien zur Erinnerung an ein glorreiches Zeitalter werden liess. Erst in den siebziger Jahren wagen es die Unternehmer, endgültig auf Fotosatz umzustellen – nicht zuletzt auf Drängen der Werbung, die nach immer schöneren und besseren Reproduktion. (Bezeichnenderweise wird die nicht auf Konsumgüterwerbung angewiesene «Prawda» heute noch im Bleisatz produziert!)
Der jüngste Wandel allerdings vollzieht sich in atemberaubendem Tempo. Wie dramatisch sich der Wandel von der *Gutenberg*-Technik zur Computer- und Fototechnologie in den letzten Jahren vollzogen hat, zeigen einige Zahlen aus Amerika:
– 1963 waren in sämtlichen Druckereien der USA noch 11175 Zeilengussgeräte in Betrieb. 1978 waren es bloss noch 1158.
– Die Zahl der Fotosatzgeräte stieg von 265 (im Jahre 1963) innerhalb 15 Jahren auf 3090 an.
– Die ersten Bildschirmgeräte tauchen 1971 auf. Da sind es noch 155. Bis 1978 ist deren Zahl auf 15841 angestiegen, die Zahl der Computer von 11 auf 1982. Heute dürften es noch weit mehr sein. 95 Prozent der Zeitungen verwenden heute in Amerika Fotosatzanlagen, 7 von 10 Zeitungen werden auf Offsetmaschinen gedruckt.
Auch die Korrekturen sind heute auf rein elektronischem Wege durchführbar: Kein Ersetzen von Buchstaben oder Zeilen, kein Neugiessen ganzer Zeilen ist mehr nötig. Die Schreibmaschinentastatur hat auch – trotz des Widerstands der Gewerkschaften – die Daktylos an die Setzmaschinen geholt; die alten Setzer mussten sich umschulen lassen und einen komplett neuen Beruf erlernen. Bei den alten Linotype-Maschinen hatte es noch verschiedene Alphabete für Gross- und Kleinbuchstaben gegeben, völliges Blindschreiben wie bei der Schreibmaschine war kaum möglich gewesen.
Ein Zahlenvergleich vermag einen Begriff von der Überlegenheit der neuen Technik zu vermitteln: Die erste Satzmaschine, die mit Laserstrahlen operierte, die DLC-1000, schrieb pro Minute 1000 Zeilen. Auf 250000 Zeilen machte sie durchschnittlich einen Fehler. Ein Linotype-Setzer dagegen schaffte pro Minute etwa 5 Zeilen – alle 10 Zeilen aber haute er daneben...
Die Mikroprozessoren sorgen seit einigen Jahren für laufende Verbesserungen in der neuen Technik. Bereits ist es möglich, alle denkbaren Schriften in jeder beliebigen Schriftart und Darstellungsweise auf dem Bildschirm und der Druckvorlage erscheinen zu lassen.
Die Computer-Technologie hat die Vervielfältigung von Text und Bild in einem Masse beschleunigt, dass heute nur noch *ein* Bremsfaktor im ganzen Ablauf als Störfaktor wirkt: der Mensch. Durch den Sucher der Kamera muss nämlich immer noch ein menschliches Auge blicken, das Motiv muss ein Fotograf auswählen, den Text ein Autor verfassen, die Druckvorlagen müssen menschliche Hände setzen.
Beim Tempo der technologischen Entwicklung ist die Zukunft kaum abzuschätzen. Vor allem kleinere Betriebe tun sich heute schwer mit dem Entscheid, neue Maschinen anzuschaffen, denn das Neuste von heute kann morgen schon museumsreif sein.
Der Zeitpunkt ist bereits gekommen, wo die Zeit zwischen dem Gedanken, den der Autor zu einer Nachricht in seinem Kopf formt, bis zum Empfang dieser Nachricht durch ein Millionenpublikum den Umweg über materialisierte Bilder, Symbole, Alphabete, Drucklettern, Stereotype, Walzen, Papier und Zeitung gar nicht mehr zu nehmen braucht, sondern wo das gesprochene Wort direkt die Druckform prägt – oder auch darauf verzichtet wird.
Im Fernsehen ist die Utopie bereits Realität geworden, und Maschinen, die gesprochenen Text in *Print* (wie man in der Nach-*Gutenberg*-Ära sagt) umwandeln, gibt es bereits. Die Vorstellung, dass ein *gesprochener* Text direkt in *Schrift* umgewandelt und ab Bildschirm beim Empfänger als *Print* abrufbar wird, ist heute keine Utopie mehr. Selbst die Illustration – ab Stehbild vom Fernsehschirm – könnte die heutige Technik bereits mitliefern: Der Leser wird sich vielleicht in Zukunft seine eigene Illustrierte vom Bildschirm holen!
Ob die Vervielfältigung und die Materialisierung der Reproduktionen in Papier oder Kunststoff in einigen Jahrhunderten aber überhaupt noch als nötig erachtet werden – daran zweifeln gewisse Zukunftsforscher heute schon. Dies wäre dann freilich nicht nur das Ende der *Gutenberg*-Ära, es wäre das Ende der gesamten Schriftkultur.
Ob es dazu kommt, vermag heute niemand mit Sicherheit zu sagen. Immerhin: Wo ein Markt ist, ist in der Regel auch ein Weg. Sicher ist – das erkennt man heute immer klarer an der technologischen Entwicklung – dass die *Gutenberg*-Epoche in der menschlichen Kulturgeschichte eine vergängliche Episode war – selbst in der Geschichte des Druckens. Es war die Zeit, in der die beweglichen Lettern den Bilddruck für eine Weile von 500 Jahren ablösten – um wieder einzugehen in die Bilddrucktechnik, wie sie vom ersten Stempelmacher erfunden wurde und wie sie heute mit Lichtsatz und Offsetrotation, mit Bildschirm und Bildfunk Alltag in den Druckereien der westlichen Welt geworden ist.

Die Reise ins Land der Unmöglichkeit

**Fernab von der Schrift und in stummer Sprachlosigkeit entwickelt sich aus der Fotografie am Ende des neunzehnten Jahrhunderts das vorläufig letzte Werkzeug auf mechanischer Grundlage, das die Kommunikation zwischen den Menschen revolutioniert: der Film.
Vom verpönten Jahrmarktzauber wird die Technik der laufenden Bilder binnen weniger Jahrzehnte zum grössten Massenmedium, das die Welt bislang gekannt hat – einem Träger von Informationen und Träumen, der auch jene Menschen erreicht, die weder des Lesens noch des Schreibens kundig sind.**

Junger Mann, diese Erfindung ist unverkäuflich. Für Sie wäre sie nur der Ruin. Vielleicht kann man sie eine Zeitlang als technische Kuriosität nutzen, sonst aber hat sie keine wirtschaftliche Zukunft.

Der Vater der Brüder Lumière zum Spielfilmpionier Georges Méliès

Es gehört zu den Mängeln unseres Alltagswissens über die Kulturgeschichte der Massenmedien, dass wir deren Informationsträger für viel jünger halten, als sie es in Wirklichkeit sind. Die meisten sogenannten Pioniere der Mediengeschichte haben wichtige Vorläufer gehabt, deren Namen meist nur mühsam aus dem Müll der einst für weniger erinnerungswürdig befundenen Geschichte ausgegraben werden können. Aber oft haben die Vorläufer entscheidende Gedanken gehegt, die später allein dem ruhmreichen Pionier zugerechnet wurden.
Diese Feststellung trifft in ganz besonderem Masse auf die letzte technologische Neuerung auf dem weiten Feld der Massenkommunikation zu, die wir in diesem ersten Band unserer Kulturgeschichte beschreiben wollen: auf den Film.
So wie der französische Romancier *Tiphaigne de la Roche* die Erfindung der fotografischen Aufzeichnung eines Bildes zwei Generationen vor dessen Realisierung durch *Niepce* in einem utopischen Roman erstaunlich präzise beschrieb, so gibt es auch schon vor der Projektion der ersten Flimmerbilder durch die Brüder *Lumière* im Jahre 1895 eine verblüffend genaue Beschreibung einer Filmprojektion durch einen anderen französischen Schriftsteller, den Okkultismus-Freund und Freimaurer *Comte Jean-Marie Mathias Philippe-Auguste Villers de l'Isle-Adam* (1838–1889). Ein ganzes Jahrzehnt vor der Geburt des Kinos beschreibt er in seinem futuristischen Roman «L'Eve future» eine Vorführung, die für ihn

damals noch reine *Science-fiction* gewesen sein muss:
Ein langes Plättchen aus gummiertem Stoff, mit einer Vielzahl von winzigen farbigen Gläsern eingelegt, spannte sich seitlich zwischen zwei Eisenstangen vor der Lichtquelle einer Lampe. Dieses Stoffplättchen wurde am einen Ende durch ein Uhrwerk gezogen und begann, sehr schnell zwischen der Linse und einem starken Reflektor zu gleiten. Plötzlich zeigte dieser – auf der grossen, weissen Leinwand, welche gegenüber aufgespannt war – die Erscheinung einer sehr schönen und jungen, rothaarigen Frau, und zwar in ihrer ganzen Körpergrösse.
Die Erscheinung aus durchsichtigem Fleisch, auf wunderbare Art wiedergegeben, tanzte in mit Pailletten besetztem Kleid eine Art mexikanischen Volkstanz. Die Bewegungen traten hervor mit den Farbabstufungen des Lebens selber dank dem Verfahren der aufeinanderfolgenden Fotografie, die auf einem Band von sechs Ellen zehn Minuten lang Bewegungen eines Wesens auf winzigen Gläsern festhalten kann, welche man nachher mit einem starken Lichtapparat (Lampascope) wiedergeben kann.
Plötzlich hörte man eine farblose, gleichsam verstärkte Stimme, eine dumme und harte Stimme: Die Tänzerin sang den Alza und den Olé ihres Fandango. Die baskische Trommel begann unter ihrem Ellbogen zu knattern, und die Kastagnetten begannen zu klappern. Die Gesten, die Blicke, die Lippenbewegungen, das Spiel der Hüften, der Schlag mit den Augenlidern, die Absicht zu lächeln, wurden wiedergegeben.

Dieser Text liest sich nicht nur wie das Drehbuch einer Handlung, die vierzig Jahre später in dem berühmten Film «Metropolis» (1926) von *Fritz Lang* zu einer wirklichen Filmszene werden sollte, es ist auch eine präzise Beschreibung einer Tonfilmprojektion und des in Einzelbildern auf dem Film aufgezeichneten Bewegungsablaufs.

Dem Massenmedium Film gelingt es, Realität mit phantastischer Genauigkeit in der künstlichen Rekonstruktion vorzuführen: Das elfminütige Wagenrennen in «Ben Hur» (1959) gehört zu den spektakulärsten Szenen der Filmgeschichte.

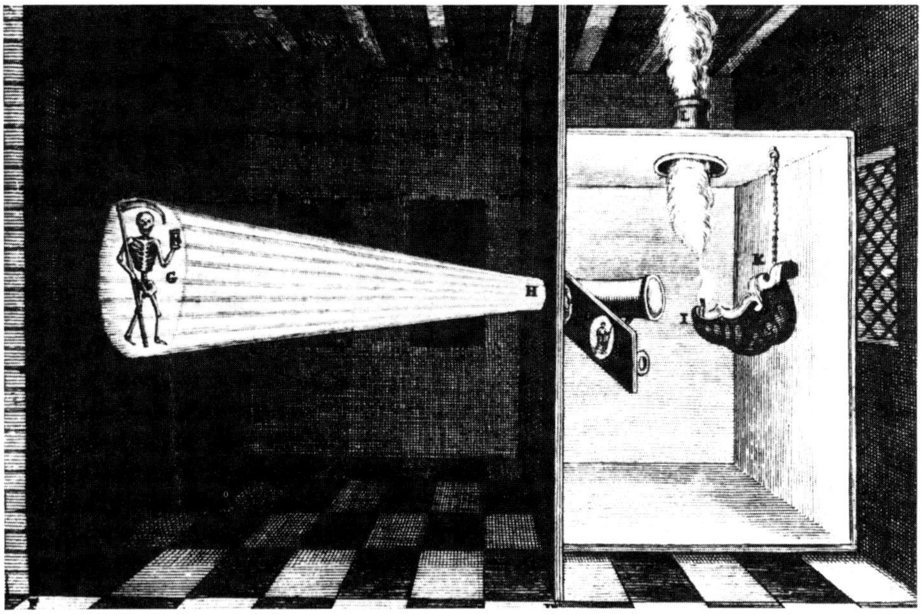

Athanasius Kircher baute als erster eine Linse in eine «Camera obscura». Weil er seine Zuschauer erschreckte, indem er furchterregende Teufel, Skelette oder riesig vergrösserte Fliegen an die Wände projizierte, nannte man seine Zauberlampe «Laterna magica».

Auch damit haben wir indessen den Anfang der Filmgeschichte noch lange nicht erfasst. Der Menschheitstraum, visuelle Eindrücke nicht bloss im eingefrorenen «Steh-Bild», sondern mitsamt der Eigenschaft «Bewegung» aufzuzeichnen, die Bilder also gewissermassen das Laufen zu lehren und Handlungen mit der Dimension der Zeit reproduzierfähig zu machen, muss schon weit vor der im Grunde geistig anspruchsvolleren Erfindung der Schrift in den Köpfen der Urmenschen herumgespukt haben.

Drehen wir das Rad der Geschichte wieder einmal um mehrere zehntausend Jahre zurück: Auch in dieser Frühperiode der Steinzeit sind bereits Urboten der «bewegten Bilder» zu sehen. Schon damals versuchte man anhand von Büffelzeichnungen an Höhlenwänden verschiedene Bewegungsphasen für die Umwelt festzuhalten, etwa so, wie es die heutige Technik bei Trickfilmen noch immer verlangt: Gezeichnete Figuren beginnen mittels unzähliger aneinandergereihter Bildaufnahmen durch Projektion zu laufen.

Die berühmten Höhlenmalereien von Altamira in Spanien zeigen auch seltsame Tiere mit sechzehn und mehr Beinen. Übertragen in die Filmtechnik, stellen sie übereinanderprojizierte *Phasenbilder* dar, die einen Bewegungsablauf ergeben sollten.

Im alten China, rund fünftausend Jahre vor Christus, bediente man sich ebenfalls der Tiere, um lebende Bilder vortäuschen zu können. Aus einer Büffelhaut wurden Figürchen geschnitten, die man auf weissem Pergamentpapier mit Hilfe der Sonne als *Schattenbilder* tanzen liess. In Java müssen solche Vorführungen mit künstlichem Licht auch bereits in Höhlen – den Urahnen der Kinosäle – stattgefunden haben. Und wer hätte nicht noch heute seine Freude daran, neben einer Lampe zu stehen und mit den beiden Händen einen Hasen, einen Hund oder ein Huhn als übergrosses bewegliches Schattenbild an die Wand zu zaubern? Dies sind die Urformen der Kinovorführung.

Die alten Ägypter versuchten gleichfalls einen Bewegungsablauf zu rekonstruieren: Sie hämmerten als Dokument arbeitende Sklaven in ihren Körperbewegungen in den Stein ihrer Prunkgräber. Auch solche Phasenbilder hat es seither in der Kunstgeschichte immer wieder gegeben: Von der berühmten Trajanssäule in Rom über die Bildgeschichten in mittelalterlichen Büchern bis zu den modernen *Comic strips* erfreuten sie sich unsterblicher Beliebtheit.

Die alten Griechen (übrigens auch die Chinesen und Ägypter) kannten bereits den *Spiegel* und seinen Effekt. Mit Lichteinfall zauberten sie Figuren in übergrossen Dimensionen an die Wand. *Platos* Höhlengleichnis, von dem im Kapitel über die Symbolsprache («Am Anfang war das Feuer») bereits die Rede war, mag hier eine realistische Vorlage gehabt haben. Im klassischen Altertum wusste man um die Faszination vorgetäuschter Wirklichkeit: Die Herrschenden nutzten diese optischen Effekte geschickt aus, um Unwissende zu betören oder zu schokkieren.

Das Projektionsverfahren ist nur eine von vielen verschiedenen Wurzeln der Filmtechnologie. Auch die anderen Elemente und Apparaturen, die gegen Ende des vergangenen Jahrhunderts den Beginn des Zelluloid-Zeitalters markierten, haben eine mitunter lange Vergangenheit hinter sich.

Dazu gehört auch die *Linse.* Geschliffene Gläser, die dank der Lichtbrechung eine Vergrösserung eines Bildes auf der menschlichen Netzhaut zu erzeugen vermögen, gab es zwar schon zu Zeiten des römischen Kaisers *Nero.* Er vertrieb sich die Zeit damit, seine nackte Gattin während ihres Bades durch ein Monokel in vergrösserter Form zu betrachten.

Der Thüringer Jesuitenpater, Mathematiker und Naturforscher *Athanasius Kircher* (1601–1680) war es dann, der auf die Idee kam, eine Linse in eine *Camera obscura* einzubauen. So konnte er nachts scharfe Bilder auf die Papierfenster eines gegenüberliegenden Hauses projizieren. Als Lichtquelle verwendete *Kircher* eine Kerze. Er taufte das Gerät, das bereits auch über einen Reflektor (Hohlspiegel) verfügte, *Magica catroptica.* Er belustigte – und erschreckte – seine Zuschauer, indem er furchterregende Teufel oder etwa auch riesig vergrösserte Fliegen an die Wände projizierte. Mit seinem Projektor brachte er sogar einen ersten, wenn auch sehr hastigen Bewegungsablauf zustande. Dazu benutzte er einen Hampelmann, der an der Wand mit seinen Armen und Beinen herumruderte. Den Zuschauern kam das Ganze wahrscheinlich nicht sehr geheuer vor: Die unheimliche Maschinerie segelte bald einmal unter dem Namen *Zauberlampe (Laterna magica).*

Ein Traum nimmt Gestalt an

Die hohe Kunst von Licht und Schatten besitzt im 17. Jahrhundert bereits einen beachtlichen Stammbaum und ist als *die* Attraktion in unzähligen Jahrmarktbuden zu bestaunen. Sie muss aber noch mehrere Schönheitsoperationen von verschiedenen Forschern über sich ergehen lassen, bis Anfang des 19. Jahrhunderts der wohl wichtigste chirurgische Eingriff an ihr gelungen ist und sie – dank der *Stroboskopie* – zum «Lebensrad», zur «Wunderscheibe» oder «Wundertrommel» wird.
Wie viele neuere Erkenntnisse kannte man auch das Prinzip der Stroboskopie bereits in der Antike. Es handelt sich dabei im Grunde um ein physiologisches Phänomen: Bilder verbinden sich zu einer kontinuierlichen Bewegung, wenn man sie nur schnell genug vor dem menschlichen Auge abrollen lässt. Der Ablauf der Bilder muss dabei rascher als in einer Zehntelsekunde erfolgen.
Zwar hatte schon *Ptolemäus* (85 bis 160 n.Chr.) – einer der ersten Optiker der Weltgeschichte – die Trägheit der Netzhaut entdeckt. Doch wissenschaftlich und praktisch erhielt die Stroboskopie erst im 19. Jahrhundert ihr richtiges Gesicht. 1824 demonstrierte ein gewisser *Peter Mark Roget,* dass ein Bild wegen der Trägheit der Netzhaut für den Bruchteil einer Sekunde «stehen bleibt». Die Theorie hatte rasch praktische Folgen. 1825 erfand ein *Dr. John Paris* als erster eine Maschine, bei der stehende Bilder in schneller Folge vor dem Auge des Betrachters vorbeiflitzten. Er nannte seine Erfindung *Traumatrop.*
Nicht minder exotisch klangen die Bezeichnungen, die ein Belgier und ein Österreicher ihren Täuschungsmaschinen gaben: 1832 konstruierte *Joseph Plateau* ein *Phenakitiskop,* im selben Jahr brachte *Simon Ritter von Stampfer* sein *Stroboskop* auf den Markt. Sie versetzten die Menge mit ihren Apparaten in helles Erstaunen.
Auf einer runden Scheibe malten sie

1872 behauptete der kalifornische Gouverneur und Eisenbahnmagnat Leland Stanford, dass ein Rennpferd in gewissen Momenten «fliege», also den Boden mit den Hufen nicht mehr berühre. Der Fotograf Eadweard James Muybridge erhielt den Auftrag, die These auf fotografischem Wege zu beweisen. Mit 12 nebeneinander am Rande der Rennbahn aufgestellten Kameras gelang ihm ein fotografischer Film.

beispielsweise die Bewegungsphasen eines Tieres in mehreren Bildern. Dank einer Spiegelvorrichtung oder einer gekoppelten Schlitzscheibe konnte man den Bewegungsablauf nahtlos verfolgen. *Stampfer* und *Plateau* gelten noch heute als die ersten wirklichen Väter der Kinematographie.

In der Zeitspanne von 1830 bis etwa 1870 schossen dann Varianten der *Laterna magica* wie Pilze aus dem Boden. Die damals neuste Entdeckung – ein Nachläufer der *Laterna magica* – waren Abblätterbücher *(Filoskope)*, welche Phasenbilder ohne jeden Apparat zum Leben erwecken konnten. Aufeinanderfolgende Bilder klebte oder druckte man auf festes Papier und liess dieses durch leichtes Biegen mit den Fingern rasch abblättern. Dem Auge wurde so jedes Bild nur ganz kurz sichtbar, und schon folgte das nächste. Nach diesem Prinzip soll schon ein römischer Bastler namens *Titus Lucretius Carus* laufende Bilder hergestellt haben: Er zeichnete sie auf ein kleines Paket von Lederblättern.

Wie so oft spielte in der Geschichte des Fortschrittes und der Erfindungen auch bei den «laufenden Bildern» der Zufall eine entscheidende Rolle. Viele Erfinder, vom Pionier der Fotografie *Louis Daguerre* bis zum genialen «Allround»-Erfinder *Thomas Alva Edison*, befassten sich fast ausnahmslos wechselwirkend mit dem Bild – ob es nun stand oder lief.

1872 behauptete der kalifonische Gouverneur und Eisenbahnmagnat *Leland Stanford*, dass sich ein Pferd im Galopp in gewissen Momenten mit allen vier Hufen gleichzeitig in der Luft befinde, also den Boden überhaupt nicht berühre. Der englische Fotograf und USA-Emigrant *Eadweard James Muybridge* (1830-1904) sollte dem Rennstallbesitzer *Stanford* beweisen, dass dieser mit seiner Behauptung recht hatte.

In Kalifornien stellte *Muybridge* 12 Kameras nebeneinander am Rande

Muybridges fotografische Reihenaufnahmen gelten als die erste Projektion von bewegten, fotografischen Bildern. Nach seinen detaillierten Analysen der Pferdegangarten fotografierte Muybridge auf ähnliche Weise (mit bis zu 40 Kameras) noch viele andere Tiere und erforschte ebenso gründlich die Bewegungen von Menschen. Sein erklärtes Ziel war es, für die Künstler ein Nachschlagewerk menschlicher und tierischer Bewegungen zu schaffen.

einer Rennbahn auf. An den Auslösern wurden Fäden befestigt und quer über die Rennbahn gespannt. Die Schnüre wurden von dem vorübergaloppierenden Pferd zerrissen – *Stanford* und die Welt hatten ihren Beweis. Momentaufnahme folgte auf Momentaufnahme, und es liess sich einwandfrei feststellen: Der Vierbeiner «hängt» tatsächlich für einen kurzen Moment in der Luft!

Muybridges erste Vorführungen mit dem *Zoopraxinoskop* fanden 1880 vor der San Francisco Art Association statt. Sie gelten als die erste Projektion von bewegten, fotografischen Bildern überhaupt – auch wenn *Muybridge* noch kein Filmer im strengen Sinn des Wortes war, weil er seine Bilder mit bis zu 40 verschiedenen Kameras auf separaten Glasplatten nach dem Nassverfahren aufnahm.

In dieser Zeit purzelten die Erkenntnisblitze kundiger Erfinder nur so durcheinander: Der französische Physiologe *Etienne-Jules Marey* (1830–1904) etwa konstruierte eine «fotografische Flinte», mit der die Flugbewegung eines Vogels in zwölf Bildern pro Sekunde und einer Belichtungszeit von 1/720 Sekunde aufgenommen werden konnte. Er machte – in den achtziger Jahren des letzten Jahrhunderts – seine Aufnahmen zum erstenmal mit einem perforierten Filmstreifen.

Der deutsche Fotograf *Ottomar Anschütz* erregte Aufsehen mit seinem «elektrischen Schnellseher»: Durch kurze Lichtblitze liess er kranz- oder scheibenförmige Bilder beleuchten, und durch den Schlitzverschluss seines *Tachyskops* vermittelte er einen weit realistischeren Bewegungseindruck als *Marey* oder *Muybridge*. Seinen Dank musste *Anschütz* unter anderem seinem Landsmann *Heinrich Geissler* abstatten. Der Physiker hatte nämlich eine gasgefüllte Röhre entwickelt, deren Platindrähte mit einer elektrischen Batterie verbunden waren. Die «Geisslersche Röhre» erzeugte einen periodischen Blitz von noch nie erreichter Helligkeit.

Als man das Jahr 1887 schrieb, waren eigentlich alle Voraussetzungen zur Kinematografie vorhanden. Bis auf eine: Was nützten Aufnahmekameras, Bilder und Projektor, wenn durch das rucklig-zucklige Vorführen den Zuschauern bald einmal die Lust am Sehen verging? Bis anhin wurde in der Fotografie vornehmlich mit Glasplatten gearbeitet. Dieses Verfahren war schwierig und umständlich.

Das menschliche Auge lässt sich aber nur dann eine wirklich lebensechte Bewegung vortäuschen, wenn ihm mindestens sechzehn Bewegungsphasen pro Sekunde sukzessive vorgezeigt werden.

Die Erfindung des Zelluloidfilmes im Jahre 1887, wegen der sich in den Vereinigten Staaten *Hannibal Goodwin* und der mächtige *George Eastman* mit seiner Kodak-Firma im Rücken bis weit nach der Jahrhundertwende in den Haaren liegen sollten, bot sich nun erfolgreich als Ausweg an.

1889 nahm ein anderer Vater der Kinematographie ein unrühmliches Ende: der Franzose *Louis Aimé Augustin Le Prince*. Dieser Fotograf tüftelte an einem Apparat herum, der zuerst 12, dann sogar 20 Bilder pro Sekunde aufnehmen konnte – und zwar mit einem einzigen Objektiv! Seine Apparatur wollte *Le Prince* nicht nur in den Vereinigten Staaten, sondern auch in Europa patentieren lassen. Er kam nicht mehr dazu, denn er verschwand während einer Geschäftsreise in Frankreich spurlos samt seinem Gerät und allen Konstruktionsplänen, und zwar unter reichlich mysteriösen Umständen.

Völlig verarmt und unbekannt starb auch der Engländer *William Friese-Greene* (1855–1921), der ein völlig neuartiges Aufnahmegerät entwickelt hatte. Seine Filmkamera fotografierte Reihenbilder auf einem fortlaufenden Zelluloidband. Für dieses Gerät und den dazu gehörenden Projektor wurde *Friese-Greene* das erste Patent erteilt. Doch statt seine Erfindung auszuwerten, arbeitete er weiter an ihrer Perfektionierung. Er drehte schon im Januar 1889 im Londoner *Hyde Park* einen Film von etwa 100 Metern Länge. Nach seinem Tod im Jahre 1921 erinnerte sich die englische Filmindustrie des genialen Erfinders und ehrte ihn mit der Grabinschrift «Der Erfinder der Kinematografie».

Wie Herr Dickson den Herrn Edison begrüsste

Es ist schwierig zu sagen, ob der Engländer *Friese-Greene* wirklich *der* Erfinder in der Geschichte der Kinematographie gewesen ist. Seit der amerikanische *Eastman*-Konzern mit seiner Rohfilmproduktion von sich reden machte, war es nur noch eine Frage der Zeit, bis sich die unzähligen Tüftler in Europa und Amerika mit ihren gebrauchsfertigen Filmapparaturen gegenseitig die Ränge ablaufen sollten.

Jedenfalls schreibt die Geschichte knapp vor der Jahrhundertwende vier berühmte Namen, die sich ihre Anerkennung hart erkämpft und die ihren Erfolg wohl verdient haben: *Thomas Alva Edison,* die Brüder *Max* und *Erich Skladanowsky,* die Brüder *Louis* und *Auguste Lumière* und *Oskar Messter.* Diesen Köpfen vor allem ist es zu verdanken, dass die Filmtechnik vor fast hundert Jahren langsam den Kinderschuhen entschlüpfte und in die «Flegeljahre» kam.

Thomas Alva Edison (1817–1931), der Mann, der mit der Glühbirne die elektrische Zukunft erfand, arbeitete seit einiger Zeit an seinem Lieblingskind, der ersten Sprechmaschine – dem *Phonographen.* Der geniale Erfinder aus New Jersey liess aber in seinem Leben noch mehr als 1300 Geräte patentieren, vom elektrischen Stimmenzähler über den Börsenfernschreiber bis zum *Kinetoskop,* dem Guckkasten. Dieser Apparat war der erste Beweis dafür, dass *Edison* mit seinem Ideenreichtum auch vor dem Problem der laufenden Bilder nicht haltmachte.

Edison, der sich schon in zahlreichen Berufen bewährt hatte (so auch als Zeitungsredakteur), erhielt vom «Bewegungsablauf-Experten» *Muybridge* den Vorschlag, dessen *Zoopraxinoskop* mit dem *Kinetoskop* zu kombinieren. *Muybridge* wollte «sprechende Bilder» vorführen. *Edison* selbst begeisterte diese Idee nicht gross. Er war der Meinung, dass Film bloss für simple Unterhaltung gut war. So meldete er denn auch den Beitrag seines eigenen Labors zum «Aufschreiben von Bewegungen» bloss in den Vereinigten Staaten zum Patent an – ein Umstand, der ihn später Millionen von Dollars und jahrelange, fruchtlose Prozesse kosten sollte.

Dennoch liess sich *Edisons* Labor 1891 ein *Kinetoskop* (wörtlich: «Bewegungs-Seher») und eine dazugehörige Kamera, den *Kinetographen* (wörtlich: «Bewegungs-Schreiber»), patentieren. Beim *Kinetoskop* handelte es sich nicht um einen Projektor, sondern um ein Ein-Mann-Betrachtungsgerät, wie es mitunter heute noch in Bahnhöfen oder Sexshops zu kurzweiliger Unterhaltung für einsame Gemüter angepriesen wird. Die Erfindung wies einige entscheidende Neuerungen auf, vor allem den noch heute üblichen 35 mm breiten Zelluloidfilm, der an beiden

Das Kinetoskop, das erste Betrachtungsgerät, aus dem später die Filmprojektoren entwickelt wurden: die bahnbrechende Erfindung des genialen Thomas Alva Edison.

Schon während die ersten Kinetoskope die Zuschauer faszinierten, gab es auch noch ältere Guckkasten nach dem Abblätterungs-Prinzip der Filoskope.

Dieser Kuss – für 5 Cents in jedem Edison-Guckkasten zu sehen – brachte den Protest von Geistlichen und Frauenvereinen und führte zu einer Zensur: Bis 1911 waren Küsse und Grossaufnahmen im amerikanischen Filmrepertoire tabu.
637.67 Dollar bezahlte Edison für den Bau dieses Studios im Jahre 1893: In diesem nach der Sonne drehbaren schwarzen Blechkasten wurden die ersten Filmszenen aufgenommen.

Seitenrändern mit einer Perforation versehen war. Endgültig war es nun aus mit den verwackelten, ruckhaften Bildern und dem augenschmerzenden Flimmern, Merkmale der Vorführungen von *Edisons* Vorgängern.
Zwar liefen die Bilder im Kinetoskop immer noch mit der zackigen Geschwindigkeit von 48 Bildern pro Sekunde (heute: 24), und ein einzelner Film (ein Endlosstreifen) dauerte nur runde 15 Sekunden – mehr Zelluloid passte nicht in das komplizierte Rollensystem. Dennoch wurde der Filmgucker in mehreren Ländern an unzählige Kinetoskopsalons vertrieben, obwohl nach dem Geldeinwurf jeweils nur eine einzige Person in den kurzen Genuss der laufenden Bildbetrachtung gelangen konnte.
Edison hatte stets seine treuen Vasallen um sich, die bei den Erfindungen des Meisters als wichtige Zuträger dienten. Einer davon war *William Kennedy Laurie Dickson* (1860–1935). Dieser ergebene Mitarbeiter – später sollten die beiden sich spinnefeind werden – schaltete und waltete als Techniker immer im Hintergrund seines Arbeitgebers. Nach Auffassung etlicher Filmhistoriker war *Dickson* sogar der eigentliche Erfinder des Kinetoskops.
Als *Edison* 1889 von einer Reise aus Europa zurückkehrte, staunte er nicht schlecht, als er in sein geliebtes Forscherzimmer «Nummer 5» eintrat: Von einer zeichenbrettgrossen Leinwand lächelte ihm sein Mitarbeiter *Dickson* mit Gehrock und Zylinder entgegen. Sich artig verneigend, grüsste *Dickson* seinen Chef mit den Worten: «Guten Tag, Herr Edison. Ich bin glücklich, dass Sie zurückgekehrt sind. Ich hoffe, dass Sie mit dem Kinephonographen zufrieden sind.» Der erste Film, der auf eine Leinwand projiziert wurde, war also bereits ein Tonfilm!
Die Lorbeeren für *Dicksons* Fertigstellung der Bild-und-Ton-Kombination blieben aber aus, denn für *Edison* war die Projektionsqualität zu schlecht. Dies war auch der Grund, weshalb sich *Edison* vorerst dem Kinetoskop widmete. Nicht zu unrecht, denn zehn dieser Bildkästen, aufgestellt am New Yorker Broadway, brachten 153 Dollar pro Tag ein – eine Rekordsumme für die damalige Zeit, wenn man bedenkt, dass der einzelne Betrachter bloss einige lumpige Cents in den Münzschlitz zu werfen brauchte.
Obwohl *Edison* der (irrigen) Meinung war, dass das Interesse für lebende Bilder sehr bald nachlassen würde, richtete er auch das erste Filmatelier ein – eine mit Dachpappe bestückte, innen schwarz ausgekleidete «Bretterbude» mit aufklappbarem Dach. Das kuriose Gebäude liess sich mittels Drehscheibe bewegen, je nachdem, wie das Sonnenlicht genutzt werden musste.
Natürlich griff *Edison* auch auf seine eigene Erfindung, die Glühbirne, zurück und verhalf seinen Filmen so zu einer künstlichen Beleuchtung. Und wie es damals noch Brauch war, zeichnete er bei seinen Filmproduktionen sowohl als Drehbuchautor wie als Regisseur, Kameramann, Beleuchter, Requisiteur – kurz, als «Mädchen für alles». «Tanzende Girls», «Geistertanz der Sioux», «Buffalo Bills Kunstschiessen», «Die Hinrichtung von Mary Stuart» hiessen nur einige der sensationsträchtigen Titel, die zu jener Zeit ans noch anspruchslose Publikum über Kinetoskope verbreitet wurden.

Zwei Brüderpaare begründen die Filmgeschichte

Niemand liegt auf der faulen Haut, wenn es darum geht, in einem brodelnden Kessel von lukrativen Filmgeschäftsideen mitzumischen. So auch nicht die Brüder *Max* und *Emil Skladanowsky* (1863–1939 bzw. 1859–1945). Die beiden Deutschen hatten bemerkenswerte Erfahrungen in der Filmtechnik hinter sich. *Max* filmte *Emil* auf dem Dach eines Fotoateliers bei Gymnastikübungen. Doch reichte diese Erfahrung vorerst nur zur Produktion eines Filoskops aus. Eine Vorführ-Apparatur fehlte noch gänzlich. Die *Skladanowskys* gaben sich damit nicht zufrieden.
Das als nächstes von ihnen erfundene Gerät, unter dem Namen *Bioskop* auf den Markt gebracht, war für die damaligen Umstände erstaunlich modern: Die Erfinder verwendeten zwar einen 50-mm-Rollfilm (die Perforation war mit Metallösen verstärkt worden) und hielten sich nicht an *Edisons* (bzw.

An der Spitze des ersten amerikanischen Filmtrusts: der Rohfilmlieferant George Eastman (links) und Kamera-Erfinder Thomas Alva Edison.

Dicksons) 35-mm-Grösse. Doch besass das Bioskop bereits eine Zahntrommel, eine Bildverstellvorrichtung, einen Feuersicherheits-Schieber und eine 9-Ampère-Kohlebogenlampe.

Am 1. November 1895 war es soweit: Die Brüder und Schausteller zeigten im Berliner «Wintergarten» öffentlich ihre ersten Filme: neun Stücke von je 20 Metern Länge. Dauer des gesamten Programmes: 15 Minuten. Die Titel und Zwischentitel wurden noch mit der altehrwürdigen *Laterna magica* eingeblendet. Der Erfolg war eklatant, das Berliner Publikum verblüfft.

Keine zwei Monate später, am 28. Dezember 1895, zeigten im Nachbarland Frankreich die Brüder *Auguste* und *Louis Lumière* (1862–1954 bzw. 1864–1948) in einem Kellertheater des Pariser «Grand Café des Capucines» elf Kurzfilme. «Hilfe, Zauberei», schrie die von den laufenden Bildern überraschte Menge. Die Zuschauer vermuteten des Rätsels Lösung hinter dem Stoff, auf den die neuen Illusionen projiziert wurden. Mit solchen Tricks hatte ja schon der Fotopionier *Louis Daguerre* die Zuschauer in seinem «Diorama» genarrt. Doch auch als sie hinter die Leinwand guckten, entdeckten sie nichts Ungewöhnliches – und waren um so mehr überzeugt, es handle sich um einen Höllenspuk.

Dabei hatte das Publikum gar keine sensationellen Theaterszenen wie bei *Edison* gesehen – sondern lediglich Szenen aus dem Alltag: Arbeiter, die aus der Fabrik der *Lumières* in Lyon strömten, die Familie *Lumière* beim Essen, einen Turner bei seinen Übungen, einen Schmied bei der Arbeit, Strassenbilder aus der Stadt: Die doppelte Nutzung des Mediums Film als hergestellte und wiedergegebene Wirklichkeit, als Spiel- und Dokumentarfilm, zeichnete sich schon bei den ersten Pionieren, bei *Edison* und den *Lumières*, ab.

Die Brüder *Lumière* hatten – im Gegensatz zu andern Erfindern – einen grossen Vorteil: Sie mussten sich ums Geld keine Sorgen machen. Sie besassen dank der Filmplattenfabrik ihrer Eltern genügend finanzielle Abstützung, um sorgenlos an neuen Apparaturen herumzupröbeln.

Mit dem *Cinématographe* gelang ihnen die Konstruktion eines Universalgerätes, das zugleich Aufnahmekamera, Kopiergerät und Projektor war. Die wichtigste Neuerung gelang dabei *Louis Lumière*, als er eines Nachts wegen Migräne nicht schlafen konnte und einen Einfall hatte: Er konstruierte einen exzentrisch angetriebenen Greifer, der sowohl in der Kamera wie im Projektor den Zelluloidstreifen in Zukunft in gleichmässigem Tempo und ohne Ruckbewegungen passieren lassen sollte.

Die *Lumière*-Brüder, deren Filme mit der Geschwindigkeit von 16 Bildern pro Sekunde aufgenommen wurden, besassen auch als Geschäftsleute eine überaus «goldene Nase». Statt die in aller Welt von ihren technisch gewieften Kameramännern gedrehten Dokumentar- und Unterhaltungsfilme zu verkaufen, vermieteten sie diese und damit alles, was es darum herum brauchte.

Die ersten Filmvorführungen fanden noch vor erlauchtem Publikum in vornehmen Häusern statt. Pioniere wie *Etienne-Jules Marey* und *Auguste Lumière* hatten sich den Film sogar als reines Instrument der wissenschaftlichen Forschung gedacht.

Ein Projektorbrand im Mai 1897, der einige Damen der guten Pariser Gesellschaft auf ungebührliche Weise einräucherte, und die Furcht der Bourgeoisie vor den verderblichen Folgen der sensationslüsternen Produktionen der ersten Jahre, trugen aber dazu bei, dass das neue Medium vorerst rasch an Prestige verlor und zum Jahrmarktzauber von Schaustellern wie *Max Skladanowsky* herabsank.

Zwar wurden Filme auch weiterhin in den Salons, Casinos und sogar in den Folies Bergères vorgeführt – ihr Hauptpublikum aber fanden sie auf Jahrmärkten und in Warenhäusern: Der Film wurde zur Unterhaltung des kleinen Mannes in der Stadt; im Zirkus und im Variété waren die «laufenden Bilder» im Preis inbegriffen; zu den Gelehrten gesellten sich die Gaukler als Väter des Films.

Gerade dieser soziale «Fall» des neuen Mediums trug zu seiner Verbreitung bei: Kino war, da es noch ohne Sprache auskam, auch den wenig gebildeten Schichten unmittelbar zugänglich. Im Gegensatz zum Buch, bei dem zwar

Pioniere der Filmgeschichte

Eadweard James Muybridge (1830–1904)

Generationen von Kupferstechern und Illustratoren hatten galoppierende Pferde mit elegant horizontal ausgestreckten Beinen dargestellt. Im Jahre 1880 mussten sie sich belehren lassen, dass Momentaufnahmen dieser Art Unsinn waren: Da präsentierte die Kunstgesellschaft von San Francisco erstmals die Serienbilder eines exzentrischen Fotografen, der als 22jähriger von England her nach Amerika gekommen war und sich da zuerst als Landschaftsfotograf im spektakulären Yosemite Valley einen Namen machte.

1872 bat Exgouverneur Leland Stanford Eadweard Muybridge, sein Pferd «Occident» im Galopp aufzunehmen. Der Gouverneur hatte – so eine allerdings zweifelhafte Legende – eine Wette darauf abgeschlossen, dass ein Pferd während des Galoppierens einmal alle vier Beine vom Boden abhebe. Muybridge sollte dies fotografisch beweisen. Die Bilder gelangen zwar nicht zur vollen Zufriedenheit, weil die Belichtungszeit noch zu kurz für Muybridges Nassplattenverfahren war. Muybridge hatte indessen der Ehrgeiz gepackt, und er wollte die Bewegung unbedingt fotografisch einfangen. Seine Arbeit wurde jedoch für einige Jahre unterbrochen, weil er inzwischen einen Liebhaber seiner Frau erschossen hatte und deshalb Amerika für eine Weile verlassen musste.

1878 konnte Leland Stanford dann wieder die Presse einladen, um seine fixe Idee zu beweisen. Muybridge hatte inzwischen ein raffiniertes Verfahren entwickelt, bei dem das galoppierende Pferd der Reihe nach zwölf Kameras auslöste, indem es über Fäden galoppierte, die über den Boden gespannt waren. Zwei Jahre später führte die Kunstgesellschaft San Franciscos die Aufnahmen in projektierter Form vor.

Die ersten brauchbaren Aufnahmen von Bewegungsabläufen in fotografischer Form gelangen Muybridge vor allem dank besserer Belichtung: Die Kollodiumschicht war empfindlicher als früher, zudem hellte Muybridge den Hinter- und Untergrund mit reflektierendem Kalk auf.

Die Zuschauer in San Francisco wähnten sich in einer neuen, wiedererschaffenen Welt: «Es fehlt nun noch der Lärm der Hufe», schrieb ein Journalist zu Muybridges Pferdebildern. Muybridge erfand auch ein Gerät, mit dem er die Bewegung sichtbar machen konnte: das «Zoopraxinoskop». Zwischen 1872 und 1885 stellte Muybridge über 100 000 Bewegungsbilder von allen möglichen Tieren – und auch von Menschen – her. Gegen Ende seines Lebens, das er wieder in seiner alten Heimat England beschloss, stand der nackte Mensch im Zentrum seiner Studien.

William Friese-Greene (1855–1921)

William Friese-Greene gehört zu den unglücklichsten Erfindern in der Geschichte der Filmtechnik. Er hatte nicht weniger als 79 Erfindungen patentieren lassen, darunter auch zahlreiche aus der Fotografie. Aber er erfand auch spezielle Zigarrenanzünder und neue Druckmethoden.

Schon im Januar 1889 hatte er im Londoner Hyde Park einen rund 100 Meter langen Film aufgenommen, liess Kamera und Projektor patentieren. Doch statt diese Erfindungen kommerziell auszuwerten, pröbelte und bastelte er weiter: mit dem Tonfilm, dem Farbfilm und auch gleich mit dem dreidimensionalen Film.

Nach seinem Tod entstand in England der Friese-Greene-Mythos, nicht zuletzt seiner Grabinschrift wegen: «Sein Genius schenkte der Menschheit die Wohltat der kommerziellen Kinematographie, deren erster Erfinder und Patentanmelder er war.»

Eine blumengeschmückte Filmkamera und der Schlusstitel «The End» über dem Sarg des völlig verarmt verstorbenen William Friese-Greene. Erst nach dem Tod des Pioniers im Jahre 1921 entstand der Friese-Greene-Mythos.

Auguste Lumière (1862–1954)
Louis Lumière (1864–1948)

Die beiden französischen Erfinder und Filmpioniere aus Lyon arbeiteten in der Fotoartikelfabrik ihres Vaters Antoine Lumière, der allem Fortschritt gegenüber sehr positiv eingestellt war. Als 1894 Edisons Kinetoskop in Paris vorgestellt wurde, war Louis Lumière Feuer und Flamme und ging gleich an eine Weiterentwicklung.

Schon ein Jahr später meldete er den «Cinématographe» (Kamera und Projektor gemeinsam) zum Patent an. Bedeutendste Neuerung: Lumières Kinematograph hatte Greifzähne zum Transportieren des Filmes. Am 22. März 1895 zeigten die Brüder Lumière ihre neue Erfindung vor der «Societé d'Encouragement à l'Industrie Nationale» in Paris, wobei sie mit dem 17 Meter langen Bilddokument «Die Arbeiter verlassen die Fabrik Lumières» die erste wirkliche Filmszene gedreht hatten. Während die beiden Brüder eher darauf tendierten, ihre Erfindung in den Dienst der Forschung und Wissenschaft zu stellen, sah Vater Antoine eine Marktlücke: Er war überzeugt, dass die lebenden Bilder das Interesse für die fotografische Kunst fördern würden – und schliesslich war er Besitzer einer Fabrik zur Herstellung fotografischer Artikel.

Die von Vater Lumière angeordnete erste öffentliche Vorführung von Filmen – darunter der filmgeschichtlich berühmte erste Sketch mit Handlung, «Der begossene Rasensprenger», wurde zum grossen Erfolg. Nach der Vorführung am 28. Dezember 1895 im «Indischen Salon» des Grand Café am Boulevard des Capucines in Paris erhielt Lumière Angebote bis zu 50 000 Francs für den Verkauf des Kinematographen.

Doch Lumière verkaufte nicht: Er richtete den Saal als Kino ein und erzielte nach wenigen Wochen Tageseinnahmen von 2500 Francs. Das 20minütige Programm bestand aus 10 Filmen; pro Tag fanden etwa 20 Vorstellungen statt.

Louis Lumière engagierte für die Filmproduktion rund 100 Kameraleute, die quer durch Europa reisten und Lumières Kino mit Aktualitäten versahen. 1900 wollte Lumière während der Pariser Weltausstellung mit einer riesigen Leinwand am Eiffelturm und einer 70-mm-Projektion für das Filmgeschäft werben, doch die Behörden verweigerten ihm das Spektakel. Lumière musste auf eine kleinere Leinwand neben dem Eiffelturm ausweichen.

Als das Publikum an den relativ einfallslosen Lumière-Filmen das Interesse verlor, gaben die Brüder die Filmproduktion auf und wandten sich der Entwicklung von Rohfilmmaterial, von Farbfilmverfahren und dem stereoskopischen Film zu und stellten Kameras und Projektoren her. Während des Ersten Weltkrieges befasste sich Louis Lumière mit der Heizung von Flugzeugen. 1919 wurde er Mitglied der «Académie des Sciences».

Georges Méliès (1861–1938)

Als 1895 die erste öffentliche Filmvorführung der Gebrüder Lumière stattfand, war auch Georges Méliès, Direktor des Zaubertheaters «Robert-Houdin», unter den Besuchern. Er war von der Vorführung derart begeistert, dass er Lumière gleich 10 000 Francs für den Kinematographen bot. Doch Antoine Lumière lehnte ab: «Junger Mann, diese Erfindung ist unverkäuflich. Für Sie wäre sie nur der Ruin. Vielleicht kann man sie eine Zeitlang als technische Kuriosität ausnutzen, sonst aber hat sie keine wirtschaftliche Zukunft.»

Doch Méliès, der als Schuhfabrikant im Familienunternehmen begonnen hatte, sich aber später von der Kunst der Magie angesprochen fühlte, gab so schnell nicht auf. Er verwandelte sein Zaubertheater in ein Kino, kaufte sich einen Vorführapparat in London und baute in der Nähe von Paris das erste Filmstudio.

Seine ersten Filme unterschieden sich nicht stark von den Produktionen der Gebrüder Lumière. Erst durch Zufall wurde Georges

Méliès zum Zauberer unter den Filmschaffenden: Als er im Oktober 1896 in Paris ein Strassenmotiv festhalten wollte, streikte seine Kamera. Der Film hatte sich festgehakt, Méliès konnte die Kurbel nur noch mühsam drehen. Als er die Aufnahmen entwickelte, war er verblüfft: Vor seinen Augen verwandelte sich ein Autobus in einen Leichenwagen, aus Frauen wurden plötzlich Männer. Weil er beim Kurbeln den festgehakten Film angehalten hatte und erst später weiterdrehte, hatte der Leichenwagen den Platz des Autobusses eingenommen: der Trickfilm war «erfunden».

Von nun an spezialisierte sich Méliès auf Kunstgriffe, um magische Effekte zu erzielen: Er arbeitete mit dem Stopptrick, der Zeitlupe und der Doppelbelichtung, zudem kolorierte er seine Filme von Hand. Er begann Geschichten und Märchen zu erzählen, er wurde zum ersten Regisseur der Filmgeschichte, der die Kamera als Gestaltungsmittel benutzte. In seinem «Jeanne d'Arc» (1900) beschäftigte er bereits 500 Statisten, und im «L'Homme-Orchestre» (1900) spielte er in einem Einmann-Orchester sämtliche Instrumente zugleich. Mit der Jules-Verne-Parodie «Die Reise zum Mond» (1902) drehte er den ersten Abenteuerfilm. 1903 gründete er eine Firma in New York, die Western produzierte und die französischen Méliès-Filme in den USA verlieh. Doch nach Ausbruch des Ersten Weltkrieges machte Méliès Konkurs: Sein statischer Theater-Filmstil war durch die amerikanischen Montage-Filme überholt worden, und Méliès hatte es unterlassen, sich der schnell wachsenden Konkurrenz anzupassen.

Seine 1200 Filme wurden zu einem Rohstoff für die Schuhfabrikation verarbeitet; nur einige wenige Filme konnten für die Nachwelt gerettet werden.

Méliès war einer der bedeutendsten Filmkünstler der Geschichte. Er schrieb seine Drehbücher, stand an der Kamera, war für die Tricks verantwortlich und spielte meist selbst die Hauptrollen.

Max Skladanowsky (1863–1939)

Max Skladanowsky gilt als der Pionier unter der deutschen Kinematographie. Er arbeitete meist mit seinem Bruder Emil (1859–1945) zusammen, der wesentlich weniger innovativ war.

Max Skladanowsky hatte sich als Foto- und Glasmaler ausgebildet, war aber bald einmal von der Idee besessen, lebende Bilder zu projizieren. Schon 1892 entwickelte er einen ersten «Kurbelkasten», daraus entwikkelte er das Bioskop. Nachteil seiner Erfindung (im Vergleich zu den Projektoren Lumières): Er konnte höchstens zwei Filmrollen hintereinander vorführen, von denen jede nicht mehr als 48 Bilder enthielt (Laufzeit: 8 Bilder pro Sekunde).

Am 1. November 1895 führte Skladanowsky im Berliner Wintergarten zum erstenmal «Momentphotographien» mit seinem Bioskop vor, «Die amüsanteste und interessanteste Erfindung der Neuzeit» (wie er in einem Inserat ankündigte). 1500 Zuschauer nahmen an dieser ersten öffentlichen Vorführung der Filmgeschichte teil. Als Filme zeigte er Aufnahmen, die er mit Berliner Künstlern in seinem Filmatelier gemacht hatte.

In späteren Filmen trat der dritte Skladanowsky-Bruder, Eugen (1859–1945), als «erster deutscher Filmschauspieler» auf. Die Apparaturen Skladanowskys hatten ein sogenanntes «Schneckenradgetriebe» (ruckweiser Filmtransport mit Abdeckung auf umlaufender Scheibe). Sie wurden aber bald von den Apparaten der Gebrüder Lumière überholt. Geld für weitere Entwicklungen fehlte, die Skladanowskys gerieten bald einmal in Vergessenheit.

Mit diesem Gerät und dem für den ruckfreien Filmtransport eingebauten «Malteserkreuz» ermöglichte der Filmpionier Oskar Messter erstmals die Projektion eines flimmerfreien Bildes.

Oskar Messter (1866–1944)

Oskar Messter, der Erfinder des für die Filmtechnik bedeutungsvollen Malteserkreuzes (es garantierte einen gleichmässigen Filmtransport), hatte sich bei den Gebrüdern Skladanowsky die ersten Filme angesehen. Schon im Frühling 1896 – also wenige Monate nach der Skladanowsky-Weltpremiere – eröffnete der Fabrikant Messter im 4. Stock eines Berliner Mietshauses das erste «Kunstlicht-Atelier». Als erfolgreicher Hersteller von Filmprojektoren versorgte er seine Kundschaft auch gleich mit kleinen, selbstgedrehten Spielfilmen. 1897 beispielsweise brachte er nicht weniger als 84 eigene Filme auf den Markt. Er verfilmte auch Sängerarien, wobei er das Grammophon synchron zum Film einschaltete, um so sprechende Tonbilder herzustellen, die er Biophon nannte.

Vor dem Ersten Weltkrieg war die Messter Film GmbH zur Produktionsgesellschaft geworden, u. a. produzierte sie auch die «Messter Woche», eine Wochenschau von Aktualitäten. Mit Henny Porten brachte Messter zudem den ersten deutschen Star auf die Leinwand. 1917 gingen Messters verschiedene Gesellschaften in der UFA (Universum Film Aktiengesellschaft) auf, an der das Deutsche Reich mit 30 Prozent beteiligt war.

Charles Pathé (1863–1957)

Der Industrielle Charles Pathé scheffelte ein Vermögen, indem er den Phonographen in den Jahrmarktbuden aufstellte. 1895 entwickelte er seinen ersten Kinematographen und machte den Gebrüdern Lumière sowohl mit dem Apparat wie auch mit Filmen Konkurrenz.

Mit seinen Brüdern zusammen gründete er die Pathé Frères Gesellschaft, die sich zu einer Art Trust als Filmorganisation entwikkelte. Während des Ersten Weltkrieges verlor Pathé das investierte Geld. 1929 musste er seine Produktions- und Verleihfirma verkaufen. Sein Name lebt aber noch heute im Produktions- und Verleihgeschäft weiter.

Walt Disney (1901–1966)

Der mit den meisten Preisen (darunter 20 Oscars) ausgezeichnete Filmschaffende hat es – ähnlich wie Edison – verstanden, gute Mitarbeiter zu finden, die dann massgeblich an seinen Erfolgen beteiligt waren. So war vor allem seine Begegnung mit Ub Iwerk, einem hervorragenden Zeichner, von grundlegender Bedeutung. Iwerk zeichnete ihm die Mickey Mouse, mit der Disney weltberühmt wurde.

Walt Disney, in Chicago geboren, hatte schon sehr früh sein Talent zum Zeichnen entdeckt. Als er 1918 als Chauffeur beim Roten Kreuz in Europa tätig war, fuhr er eine Ambulanz, die vom Kühler bis zum Nummernschild mit Disney-Zeichnungen übersät war.

Nach dem Krieg arbeitete Disney vorerst in Kansas City, wo er für eine Reklamegesellschaft landwirtschaftliche Geräte zeichnete. Dann entwarf er Werbe-Lichtbilder, die am Abend in den Kinos gezeigt wurden, und da kam ihm die Idee, gezeichnete Filme herzustellen. In dieser Zeit lernte er Ub Iwerk kennen, und gemeinsam zog man nach Kalifornien und eröffnete in Hollywood ein erstes Studio.

Noch in den zwanziger Jahren schuf das Disney-Team den ersten Tontrickfilm. Anfang der dreissiger Jahre experimentierte Disney als einer der ersten mit dem Technicolor-Farbverfahren. Gleichzeitig gelang es ihm, ein unangefochtenes Monopol im Animations-Film aufzubauen, wobei er nach industriellen Produktionsprinzipien arbeitete: 1934 hatte er bereits 700 Mitarbeiter, die für ihn die Zeichnungen entwarfen, und besass Vertriebsbüros in Europa.

Als erster Filmschaffender stiess Disney auch in andere Gebiete vor: Er verkaufte beispielsweise als Begleitartikel zu seinen Filmen Uhren, Spielzeug und T-Shirts. Allein im Weihnachtsgeschäft 1933 wurden über 250 000 Mickey-Mouse-Lokomotiven verkauft.

Drei Jahre arbeitete das Disney-Studio an der Kreation des ersten abendfüllenden Tontrickfilmes. Dabei entwickelte wiederum Ub Iwerk die Multiplan-Kamera, die die Trickarbeiten wesentlich erleichterte und Disney einen besonderen Oscar einbrachte.

Heute gehören die Disney-Studios in Nord-Hollywood zu den grössten Filmateliers der Welt. Sie produzieren seit den fünfziger Jahren auch Dokumentar- und Spielfilme. Zum Disney-Imperium zählen die beiden Vergnügungsparks Disneyland (Kalifornien) und Disneyworld (Florida), die heute zu den bedeutendsten Touristik-Attraktionen der Welt gehören.

Henry Chrétien (1879-1956)

Henry Chrétien verstarb drei Jahre, nachdem seine um 25 Jahre zurückliegende Erfindung der anamorphischen Linse endlich ihren Siegeszug angetreten hatte: Als CinemaScope sollte sie den Film revolutionieren und die Leinwand verbreitern.

Chrétien war Physiker und Professor für Optik an der Sorbonne. Während des Ersten Weltkrieges konstruierte er ein optisches Gerät, mit dem man durch den schmalen Sehschlitz französischer Panzer einen grösseren Blickwinkel gewinnen konnte. Die Linse übernahm er später für eine Standkamera, mit der er Luftaufnahmen ökonomischer machen konnte. 1927 liess er diese anamorphische Linse unter dem Namen Hypergonar patentieren.

Durch diese Linse wird das Bild bei der Aufnahme zusammengedrückt, bei der Projektion durch eine gleiche Linse wieder entzerrt: dadurch lassen sich breitere und grössere Bilder auf den 35-mm-Streifen bannen. 1952 kaufte ihm die amerikanische Filmgesellschaft Twentieth Century Fox das System ab und brachte es als CinemaScope auf den Markt.

die (Druck-)Technologie, nicht aber der Inhalt sprachunabhängig war, musste sich das einzelne Werk jetzt auch nicht mehr über den mühsamen Umweg der Übersetzung Nation für Nation erobern. Die Gebrüder *Lumière*, die bald einmal über einen Katalog von mehr als tausend Filmen verfügten, konnten ihre Streifen problemlos auch jenseits des Grossen Teichs anbieten: Kino war eine internationale Kunst, und vorab die Millionen von Einwanderern, die noch wenig Englisch verstanden, strömten in Amerika begeistert in die Stummfilm-Vorführungen.
Der Weltmarkt schien den einfallsreichen Franzosen vor allem auch deshalb sicher, weil der *Cinématographe* die *Edison*-Geräte überrundet hatte. Doch auch die amerikanischen Geschäftsleute erkannten bald, wie man die aufsehenerregende Neuheit in bare Münze umwerten konnte. Die auf amerikanischem Territorium agierenden *Lumière*-Leute waren ihnen deshalb ein Dorn im Auge: Wegen angeblicher «Gesetzesverletzungen» wurden *Lumière*-Angestellte kurzerhand ausgewiesen und die ausländische Konkurrenz damit ausgeschaltet! Amerika konnte in den europäischen Fussstapfen seine eigene Filmgeschichte entfalten.

Der erste grosse Meister: Filmmagier Georges Méliès

Kurz vor der Jahrhundertwende begann so der Übergang von den Pionierleistungen zur veritablen Filmindustrie. Der Weg für den Spielfilm war frei. Eigentliche «Spielszenen» waren bereits 1894 gedreht worden – und hatten genau das zum Inhalt, was noch heute zu den Anziehungspunkten des Kinos gehört: Sex und Sensation. *Edisons* Darstellung von «Maria Stuarts Hinrichtung» (1894) roch förmlich nach Blut, und seine Grossaufnahme der Kuss-Szene zwischen den Broadwayschauspielern *May Irwin* und *John Rice* schockierte das amerikanische Publikum in höchstem Masse. «Da diese Szene ins Riesenhafte vergrössert und dreimal hintereinander wiederholt wird, ist das Ganze absolut widerlich», mäkelte eine literarische Revue in Chicago. Schon schrie man

Mit diesem Plakat warb Georges Méliès 1902 für seinen Film «Le voyage dans la lune» (Die Reise zum Mond).

lauthals nach der Zensur – bis 1911 waren Küsse und Grossaufnahmen im amerikanischen Filmrepertoire tabu.
Mit dem «Malteserkreuz», einer Leistung des Berliner Optikers *Oskar Messter* (1866–1943), fasste auch die deutsche Filmindustrie erstmals Fuss im sich anbahnenden Riesengeschäft. Neben Perforier- und Entwicklungsmaschinen und kommerziellen Filmproduktionen beschäftigte sich der deutsche Filmpionier mit allen möglichen Zweigen der frisch erblühten Filmindustrie, seine ab 1914 produzierten *«Messter*-Wochenschauen» sollten für die Kinogänger seines Landes lange Zeit zum Begriff werden.
Zum Begriff für Filmtechniker war *Messter* jedoch durch sein einige Jahre zuvor konstruiertes «Malteserkreuz» geworden, das erstmals ein richtig flimmerfreies Bild ermöglichte. Die geschlitzten Arme der kleinen, kreuzförmigen Scheibe, die auf der einen Seite in die Filmperforation griff, rasteten gegenüber pro Bild einmal in den Ausschnitt einer Sperrscheibe ein. Dank des Malteserkreuzes transportierte der Apparat die Filmbilder nun ruckweise, aber exakt periodisch und «stossfrei» vorwärts. Die «deutsche Schaltung», wie man die umwälzende Verbesserung auch nannte, ermöglichte erstmals einen Bildlauf nach den auch heute noch geltenden Begriffen.
Technisch hatte man in den damals führenden Filmländern USA, Frankreich und Deutschland (wenig später auch England) bald einmal gleichgezogen. Jetzt hing alles von den Filmemachern ab, die mit immer grösseren, sensationelleren und spektakuläreren Filmen die Zuschauer zum Besuch der neuen Kinotheater zu verführen versuchten.
Bald einmal flimmerten auch die ersten Tricks über die Leinwand, ausprobiert vom französischen Magier und Theatermann *Georges Méliès* (1861 bis 1938). Er hatte immer an die unerschöpflichen Möglichkeiten der sich bewegenden Bilder geglaubt – man musste sie nur auszunutzen wissen.
In seinen vielen hundert Filmen deckte *Méliès* ein unglaubliches Spektrum von Möglichkeiten des neuen Mediums auf. Er begann mit Aktualitäten im Stil der Gebrüder *Lumière*. Den Schritt zur Inszenierung machte er mit einer Methode, die bis heute oft vom Fernsehen angewandt wird: Er rekonstruierte wirkliche Begebenheiten. Damit war im Grunde bereits der Schritt zur Inszenierung getan. 1902 buchte *Méliès* einen Grosserfolg mit einem Film, der ein Ereignis sogar zum voraus schilderte: Im Auftrag der englischen Regierung lichtete er die Krönung *Eduards VII.* ab, bevor sie überhaupt stattfand. Den König spielte ein Metzger.
Laiendarsteller setzte er auch später ein, als er den Boden der Wirklichkeit vollends verliess und mit dem Film seinen fantastischen Träumereien Gestalt verlieh. Nicht zufällig hiess einer seiner (*Jules Verne* nachempfundenen) Filme «Die Reise ins Land der Unmöglichkeit» («Le voyage à travers l'impossible», 1904): Für *Méliès* war ein Filmemacher ein Mensch, «der den seltsamsten Träumen, den unwahrscheinlichsten Erfindungen der Fantasie ein Aussehen von Wirklichkeit geben muss». So wurde der Pariser Zauberkünstler, der Eisenbahnzüge durch die Luft fliegen und Revuegirls eine Rakete zum Mond abschiessen liess, zum Vorläufer der Muppets-Erfinder und von *Steven Spielberg*. Schon 1912 baute er in seinem Filmatelier in Montreuil riesige, bewegliche Figuren wie den schrecklichen König Bore («La conquête du

Pôle», 1912), der seine Augen rollen konnte und eine Schar Entdeckungsreisender samt Haut und Haaren verschlang. Er entdeckte nicht nur, dass man durch Anhalten der Kamera Kaninchen aus dem Hut zaubern, sondern sogar Hüte aus dem absoluten Nichts auftauchen lassen konnte, und setzte bereits optische Tricks wie die geteilte Leinwand (*split screen*) oder Überblendungen durch mehrfaches Belichten des gleichen Films ein.
Doch auch *Méliès* erlitt, wie so viele geniale Erfinder vor ihm, Schiffbruch: Im Ersten Weltkrieg wurde sein Atelier für militärische Zwecke beschlagnahmt, *Méliès* musste seine Kulissen und Filme zu Schleuderpreisen veräussern und machte schliesslich Konkurs. Erst 1936 entdeckten Filmfreunde den einstigen Hexenmeister als verarmten Verkäufer in einem Kiosk eines Pariser Bahnhofs. Durch eine Sammlung verschafften sie ihm einen Platz in einem französischen Altersheim für Künstler. *Méliès'* Trickfilme blieben lange Zeit unerreicht. Erst 1933, mit dem Film «King Kong», setzten dann die Amerikaner für den Trickfilm neue Massstäbe. Von diesem Augenblick an waren die Trick-Erfindungen eine reine Sache der Amerikaner – ob sie die Eroberung des Mondes zeigten, ob sie Superman fliegen liessen oder das Rote Meer teilten und die Moses und sein Volk verfolgenden Ägypter darin umkommen liessen.

Ein Dorf wird zum Filmmekka

Dass in den Jahrzehnten nach der Jahrhundertwende die wichtigsten und revolutionärsten Schritte in der Filmtechnik in den USA gemacht werden sollten – dafür war vor allem *eine* Tatsache verantwortlich. Die gesamte amerikanische Filmindustrie sollte sich während Jahrzehnten auf einen einzigen Ort konzentrieren: auf Hollywood. Dass es Hollywood überhaupt gibt – auch das ist *Thomas Alva Edison,* seinem Machtwahn und Geschäftssinn zuzuschreiben. Nachdem er während zehn Jahren in über 500 Prozessen einen unerbittlichen Patentkrieg gegen seine Nachahmer geführt hatte, trommelte *Edison* 1908 die neun führenden Filmproduktionsgesellschaften und bisherigen Konkurrenten zusammen und gründete die «Motion Pictures Patents Company» (MPPC), in der auch der damals einzige Rohfilmlieferant, *George Eastman,* vertreten war. Dieser neue Trust an der Ostküste Amerikas bestand auf dem alleinigen Recht, sämtliche Filme herstellen und auswerten zu dürfen. Und Film war damals schon ein riesiges Geschäft: Allein 1908 besuchten fast 30 Millionen Zuschauer jede Woche die amerikanischen Lichtspieltheater.
Wie immer bei einem rücksichtslosen Monopol entstanden auch hier Gegenkräfte, die sich gegen die Unterdrükkung des freien Filmschaffens vehement zur Wehr setzten. Diese *Independents* (Unabhängigen) hätten dank ihres Ideenreichtums (sie führten u. a. das Filmstar-System ein, das heisst, sie machten ihre stummen Darsteller zu Idolen und Kultfiguren) auch tatsächlich die Chance gehabt, dem mächtigen Edison die Stirn zu bieten.
Doch die MPPC-Trust-Gesellschaft ging daran, mit weiteren Prozessen und Gewalthandlungen das Rückgrat der Freien zu brechen. Das begann mit Materialzerstörungen im Atelier und reichte über Filmsabotage bis hin zum hinterhältigen Revolverattentat. Die «Unabhängigen» waren gezwungen, ihre Zelte in New York abzubrechen und möglichst weit weg zu fliehen – auf die andere Seite Amerikas. Aus dieser Flucht heraus entstand in Kalifornien aus einem kleinen Dorf in der Nähe von Los Angeles das Filmmekka Hollywood, die gigantische Filmfabrik

1923 errichtete sich die Filmstadt Hollywood ihr eigenes Symbol. Fast 200 Meter lang und 15 Meter hoch war der Schriftzug «Hollywoodland», der am Mount Lee prangte und meilenweit (nachts beleuchtet) zu sehen war.
1932 stürzte sich zum erstenmal ein erfolgloses Filmstarlet in selbstmörderischer Absicht vom Buchstaben H aus in den Tod. Nach dem Zweiten Weltkrieg wurde das Zeichen auf «Hollywood» zusammengestutzt, die einzelnen Buchstaben begannen zu zerfallen. Als Wind und Sturm in den siebziger Jahren die Buchstaben weiter zerfetzten, sich der Rost durchfrass und «Hollywood» gar nur noch als «Hullywod» zu lesen war, schien der Untergang der Filmmetropole nahe.
Doch 1978 raffte sich eine alte Hollywood-Garde noch einmal auf. Ein Hilfskomitee wurde aus dem Boden gestampft. Mittels Helikopter wurden die Stahlgestelle am nördlichen Berghang von Los Angeles neu justiert. Und dann durften die Reichsten der Reichen und die Berühmtesten der Berühmten je einen neuen Buchstaben spenden – für 25 000 bis 50 000 Dollar das Stück. Die heute makellos über der Millionenstadt glänzende neue Buchstabenfront soll die Illusion vermitteln, nach Hollywood sei der einstige grosse Glanz zurückgekehrt.

mit ihren Hunderten von Studios, deren Filme noch heute Millionen von Zuschauern gegen ein kleines Eintrittsgeld für kurze Zeit im Kino träumen lassen. 1919 produzierte Südkalifornien bereits 80 Prozent aller Filme in der ganzen Welt.
Das erste Hollywood-Jahrzehnt brachte keine gewaltigen Neuerungen in der Filmtechnik. Dafür begannen die Regisseure die bereits vorhandenen technischen Mittel immer besser zu nutzen. Während man in den ersten Jahren noch mit einer auf Stativ fixierten und unbeweglichen Kamera aufgenommen hatte, wurde nun die Kamera geschwenkt, die ersten Fahraufnahmen (*Travellings*) entstanden, die Kameras verliessen die Studios und nutzten die ewige Sonne Kaliforniens – man schöpfte also die ureigenen technischen Möglichkeiten des neuen Mediums aus. Noch *Méliès* hatte seine Aktionen wie vom Zuschauerraum eines Theaters aus gefilmt, mit starrer Kamera; jetzt begannen nicht nur die Bilder, sondern auch die Kameras zu laufen, der Film wurde zum portablen Theater.
Auf dem Montagetisch entdeckten die Realisatoren, dass die Filmszenen nicht mehr wahllos in der Reihenfolge der Drehbuch-Einstellungen aneinandergeklebt werden mussten, sondern dass auf dem Schnittisch neue Möglichkeiten der künstlerischen Gestaltung gefunden werden konnten.
In England sorgte im ersten Jahrzehnt des neuen Jahrhunderts eine oft nach dem Seebadeort benannte Gruppe von Filmemachern (die *School of Brighton*) mit zunehmend bewusster eingesetzter Kameraführung dafür, dass sich der Film vom Handwerk der Jahrmarktmagier zur Kunst mauserte. 1914 brachte *David Wark Griffith* (1875 bis 1948) mit dem Film «The Birth of a Nation» den ersten künstlerischen Film in die Kinos. Er entdeckte die Faszination der Grossaufnahme und das eigentümliche Gefühl der Nähe, das sie zu vermitteln vermag. In der Sowjetunion demonstrierte nach der Revolution von 1917 der Filmtheoretiker *Lew Kuleschow,* wie dasselbe, fast ausdruckslose Gesicht des Schauspielers *Mosjukin* einmal Hunger, einmal Angst, einmal Begierde zu signalisieren vermochte – je nachdem, ob man in die Aufnahme eine dampfende Suppe auf einem Tisch, einen mit dem Kopf nach unten liegenden, regungslosen Mann oder eine halbnackte Frau auf einem Sofa montierte.
Film war von nun an nicht mehr nur eine Sensation zur Unterhaltung, sondern eine neue Kunstrichtung. Filmklubs entstanden, Filmzeitschriften kamen auf den Markt, und die ersten Filmbücher gingen über den Ladentisch.
Gleichzeitig wurde der Film auch auf breitester Basis kommerzialisiert. Noch 1905 gab es in den USA keine zehn Kinos. 1910 waren es 10 000. Zum Vergleich: Frankreich kam mit 300 aus. Die stationären «Kinematographen-Theater» und «Nickelodeons» (wie sie in Amerika wegen des Eintrittspreises – der Fünf-Cent-Nickelmünze – hiessen) hatten längst die herumziehenden Schausteller abgelöst.
Allerdings: Etabliert war das Filmbusiness noch lange nicht. In Frankreich waren es Provinzler wie *Charles Pathé* und *Léon Gaumont,* in Amerika Einwanderer wie der bankrotte Färber und Clown *William Fox* (Vater der *Twentieth Century Fox*), der Kleiderhändler *Carl Laemmle* (Chef der *Universal Pictures Company*) oder der ungarische Hasenfellhändler *Adolph Zukor* (Gründer der *Paramount*), die ins immer noch reichlich dubiose Risikogeschäft einstiegen. Um 1908 besassen sie bereits Ketten von über 100 Nickelodeons – die von den Zeitungen als Brutstätten des Lasters verschrien wurden.
Während die Schausteller ihrem Publikum immer die gleichen, weil gekauften, Filme vorgeführt hatten, wollten die Theater nun ihren Kunden immer neue Streifen zeigen. Sie waren also auf einen ständigen Programmwechsel angewiesen. In Frankreich legte *Charles Pathé* (1863–1957) im Jahre 1907 mit dem «Verleih» von Filmkopien den Grundstein zu dem noch heute gültigen Dreiecks-Partnergeschäft von Produktion, Verleih und Lichtspieltheater. Damit wurde das Filmgeschäft endgültig vom Handwerk zur Industrie. *Pathé* blieb bis zum Ersten Weltkrieg der grösste Verleiher der Welt.

«Hey, Mom, listen to this!»

Die nächste revolutionäre Neuheit in der Filmgeschichte sollte die Einführung des *Tons* sein. Bereits *Edisons* Geselle *Dickson* hatte mit dem Ton operiert, und an der Pariser Weltausstellung 1900 gehörten die mit Ton gekoppelten Riesenprojektionen zu den Hauptattraktionen.
Der deutsche Erfinder des Malteserkreuzes, *Oskar Messter,* stellte dann 1903 seine ersten «Tonbilder» vor, eine Kombination von Film und Schallplatte. Sein *Biophon* begeisterte schon in der ersten Vorführung im Berliner Apollo-Theater. *Messter* hatte als erster Filmschaffender Dialoge zur Filmhandlung auf Schallplatten aufgenommen und spielte sie nun, zusammen mit Musik, über Lautsprecher hinter der Leinwand ab. Innerhalb von zehn Jahren verfügten mehr als 500 deutsche Kinos über Biophon-Anlagen, und 1500 Filme wurden nach dem neuen System gedreht. Dennoch gab *Messter* auf: Ton und Bild konnten ab Schallplatte nicht genügend gut synchronisiert werden, zudem waren Tonqualität und Lautstärke mangelhaft. Mit der Zeit hatte das Publikum die Filme satt, bei denen Bild und Ton nicht übereinstimmten. Es blieb den Kinos fern oder kehrte zum bewährten Stummfilm mit dem Pianisten unter der Leinwand zurück.
Ein besseres Tonsystem fanden 1922 die drei deutschen Ingenieure *Hans Vogt, Joseph Masolle* und *Joseph Engl.* Es basierte auf dem sogenannten «Licht-Ton»: Die Stromschwankungen der in elektrische Signale transformierten Schallwellen produzierten eine mehr oder weniger dicke Spur am Rande des Filmstreifens, die bei der Projektion wieder in akustische Signale umgewandelt wurden. Die drei Ingenieure verbesserten auch Mikrophone und Lautsprecher, kamen mit einer neuen Verstärkereinheit und erfanden eine trägheitslos arbeitende Glimmlampe, die die Stromschwankungen in Lichtschwankungen umwandelte. Der Kameramann arbeitete in einem schalldicht gepolsterten Gehäuse. Doch das von ihnen entwickelte «Triergon»-Verfahren, zu dem sie zwei Demonstrationsfilme lieferten, vermochte weder das Publikum noch die

Al Jolson singt im ersten Tonfilm der Geschichte («The Jazz Singer», 1927): Das Publikum war von der suggestiven Einheit von Bild und Ton überwältigt.
Buster Keaton schaffte den Sprung in den Tonfilm nicht, der Stummfilmkomiker Charles Chaplin (hier mit Sophia Loren) dagegen wurde auch ein Meister des Tonfilmes. Er schrieb nicht nur die Drehbücher, führte Regie und spielte die Hauptrollen, sondern er komponierte auch die Filmmusik.

Filmindustrie zu überzeugen. Einmal mehr war eine Erfindung zu früh und im falschen Land gemacht worden.
Mit einer ähnlichen Methode nämlich revolutionierte fünf Jahre später, im Oktober 1927, der Film «The Jazz Singer» die Geschichte des Kinos. Dieser erste wirkliche Tonfilm war zwar zum grossen Teil noch stumm, doch sprach der Sänger *Al Jolson* die filmhistorischen Worte *«Hey, Mom, listen to this»* («Hallo, Mamma, hör dir das an») lippensynchron und so echt, dass das Publikum überzeugt war, *Al Jolson* stünde während der Filmvorführung direkt hinter der Leinwand. Nachdem *Al Jolson* – synchron – auch noch einige Lieder gesungen hatte, war das Publikum von der suggestiven Einheit von Bild und Ton überwältigt.
Produziert wurde der erste berühmte Tonfilm von den *Warner Brothers,* einer Produktionsgesellschaft, die noch 1925 dem Bankrott nahe gewesen war und das System einer andern Gesellschaft abkaufte, die vergeblich versucht hatte, es einem der Filmgiganten Hollywoods anzudrehen.
Mit dem Durchbruch des Tonfilmes – binnen zweier Jahre waren alle namhaften Studios mit *Sound* ausgerüstet – standen viele Stars, die zu Stummfilmzeiten die höchsten Stufen der Ruhmesleiter erklommen hatten, mit einem Schlag auf der Strasse. Entweder war ihre Stimme unbrauchbar, oder aber dem Publikum gefiel sie einfach nicht. Einer dieser Verlierer war der grosse Komiker *Buster Keaton,* der sich – anders als sein Kollege *Charles Chaplin* – im Tonfilm nicht mehr durchzusetzen vermochte und ein Stummfilm-Klassiker blieb.
Die akustische Neuerung zog ungeheure Investitionen in modernere Einrichtungen und Apparate mit sich. Wie einst bei *Edison* entflammte erneut ein rücksichtsloser Streit um den besten Platz an der Sonne. Zahlreiche Regisseure und nicht wenige Produzenten wurden ausgebootet, erneut ballte sich die Macht der Gesellschaften zusammen. 1929 beherrschten die fünf Giganten «Warner Brothers», «Fox Film Corporation» (später: «Twentieth Century Fox»), «Paramount», «Universal Pictures» und «Metro-Goldwyn-Mayer» das Filmbusiness. Ihre Machtposition haben sie bis auf den heutigen Tag verteidigen können.

Das neue Medium Tonfilm stiess vorerst aber auch auf Opposition. «Solange der Kinematograph stumm war, hatte er ausserfilmische, nämlich seelische Möglichkeiten», erklärte der österreichische Publizist und Schauspieler *Egon Friedell.* «Der Tonfilm aber hat ihn entlarvt; und vor aller Augen und Ohren breitet sich die Tatsache aus, dass wir es mit einer rohen, toten Maschine zu tun haben.» In der Sowjetunion verfassten die drei legendären Regisseure *Sergej M. Eisenstein* (1898–1948), *Wsewolod L. Pudowkin* (1893–1953) und *Grigorij Alexandrow* (1903) ein Manifest, mit dem sie vor einer gedankenlosen Verwendung des Tonfilmes warnten. Und in Frankreich beschimpfte der berühmte Filmemacher *René Clair* den Tonfilm als ein «denaturiertes Monstrum, das das Kino endgültig zum Arme-Leute-Theater machen wird».

Vom Farbfilm zur Breitleinwand

Die Filmhistoriker haben immer wieder darauf hingewiesen, dass fast sämtliche späteren Entwicklungen der Filmtechnologie bereits in den ersten Jahren technisch gelöst waren. Die Pariser Weltausstellung 1900 war bereits ein Eldorado der Neuerungen: Tonfilm, Farbfilm, Grossleinwandprojektion, Cinerama – alles konnte man damals schon bestaunen. Nur: Industriell nutzbar wurden diese Erfindungen erst im Laufe der kommenden Jahrzehnte, wobei sich die Neuerungen häufig dann durchsetzten, wenn das Kino wieder einmal in eine Krise geraten war. Erst die wirtschaftliche Nutzungsmöglichkeit einer Neuerung verhalf ihr jeweils zum Durchbruch.
Dies gilt insbesondere auch für die nächsten Versuche zur Annäherung an die Wirklichkeit – die Farbe und die Dreidimensionalität.
Schon *Georges Méliès* hatte seine Filme (z. B. 1899 «Le Cendrillon») von Hand koloriert – eine bewundernswerte Miniaturmalerei. Der Zauberer *Méliès* hatte erkannt, dass die Farbe den Eindruck der Unwirklichkeit und des Fantastischen noch verstärken würde. Bei den kurzen Filmen war es noch möglich gewesen, die Bilder einzeln zu kolorieren. Als aber die Filme länger wurden und auch in zahlreichen Ko-

Der Film wird farbig. Obschon bereits während der Jahrhundertwende mit Farbfilmen experimentiert wurde und auch Georges Méliès seine Streifen bisweilen einfärbte, gelang der Durchbruch des Farbfilmes erst kurz vor dem Zweiten Weltkrieg. Walt Disneys «Schneewittchen und die sieben Zwerge» (erster abendfüllender farbiger Animationsfilm) und das fast vierstündige Monumentalwerk «Vom Winde verweht» (mit Clark Gable und Vivien Leigh) waren die beiden ersten Farbfilm-Klassiker. Im CinemaScope-Verfahren werden die Bilder auf dem Film «zusammengequetscht» und im Projektor wieder entzerrt. So kann mit normalem Film ein Breitleinwandeffekt erzielt werden.

pien auf den Markt kamen, wurde das Kolorieren unrationell. Man begann, ganze Filmkomplexe einzufärben: Feuerszenen rot, Nachtszenen blau, Innenaufnahmen gelb. Oder aber man fotografierte den Film durch rotierende Grün-Rot-Filter und projizierte ihn durch einen besonderen Projektor.

Inzwischen aber waren die Filmerfinder nicht untätig geblieben. Der Amerikaner *Herbert T. Kalmus* arbeitete an einem Verfahren, das er *Technicolor* nannte. Dieses System bestand ursprünglich darin, dass zwei nebeneinander laufende Filme mit dem gleichen Objektiv, aber durch verschiedene Filter aufgenommen wurden. Die beiden Zelluloidstreifen wurden nachher rot und grün gefärbt und zusammengepresst. In den zwanziger Jahren wurden bereits einige kleinere Filme nach diesem vorerst noch teuren und komplizierten Farbverfahren gedreht.

In den folgenden Jahren verbesserte *Kalmus* sein Technicolor-System: Er entwickelte Negative, die für verschiedene Farbtöne empfindlich waren. Es gelang ihm schliesslich, den noch relativ unbekannten *Walt Disney* (1901 bis 1966) von seinem Farbverfahren zu überzeugen. *Disney* zeichnete Anfang der dreissiger Jahre erstmals einige Folgen seiner Trickfilmserie «Silly Symphonies» im Technicolor-Verfahren. Der wirkliche Durchbruch des Farbfilmes erfolgte aber erst mit dem *Disney*-Klassiker «Snow White and the Seven Dwarfs» (1938) und dem fast vierstündigen Monumentalwerk «Gone with the Wind» (1939) von *David O. Selznick.*

Besass der Film nun Ton und Farbe, fehlte ihm eigentlich nur noch eine dritte Komponente – die Plastizität. Dreidimensionale Fotos hatte es auch schon zur Zeit von *Daguerre* gegeben. So lag es nahe, das Prinzip auch auf den Film zu übertragen. 1927 hatte der Franzose *Abel Gance* (1889–1981) seinen historischen «Napoleon» mit drei Kameras gleichzeitig aufgenommen und dann mit drei Projektoren auf drei nebeneinanderliegende Leinwände projiziert, um damit einen plastischen Eindruck zu schaffen. Doch seine Idee der grossräumigen Projektion («Polyvision») verschwand von der Bildfläche, weil die Installation für die Kinos zu kostenintensiv war.

Eine Neuauflage dieses Cinerama-Verfahrens fand Anfang der fünfziger Jahre statt. Auf einer riesigen Leinwand projizierte der Erfinder *Fred Waller* in New York Bilder von grosser Tiefenschärfe und so breit, dass sie das gesamte Gesichtsfeld des Publikums zu decken schienen: Der Zuschauer fühlte sich mitten in die Handlung versetzt. Der Film, der beispielsweise eine spektakuläre Achterbahnfahrt zeigte, war mit drei synchronisierten Kameras aufgenommen und mit drei synchronisierten Projektoren übers Kreuz auf die Breitleinwand projiziert worden, wobei die Nahtstellen auf der Leinwand elektronisch ausgesteuert wurden. Neu waren die konkav gebogene Leinwand (die den Zuschauer ins Geschehen hineinzog) und die acht hinter der Leinwand verteilten Lautsprecher, die eine stereofonische Tonwiedergabe ermöglichten.

Zwar blieb die Vorstellung von «This is Cinerama» (1952) über zwei Jahre lang am New Yorker Broadway ausverkauft. Doch an eine Einrichtung der technischen Installationen in andern Kinos war nicht zu denken: Die Kosten für die Anlage beliefen sich auf 300 000 Dollar.

Ein anderes plastisches System, das weder spezielle Projektoren noch eine überdimensionierte Leinwand forderte, erwies sich ebenfalls als wenig erfolgreich: das dreidimensionale Kino (3-D). 1952 drehte *Arch Oboler* den Abenteuerstreifen «Bwana Devil», 1953 *André de Toth* den Gruselschokker «House of Wax». Beide Filme waren bei Normalprojektion nur verschwommen zu sehen, wobei Figuren und Objekte von zweifarbigen Konturen umgeben waren. Betrachtete man die Bilder aber durch eine Polaroid-Brille (mit zwei verschiedenfarbigen Plastikgläsern), so wurde die Szene gestochen scharf, und die Figuren bewegten sich wie im dreidimensionalen Raum. Die Filme waren mit einer stereoskopischen Kamera aufgenommen worden. Das Publikum zuckte erschrocken zurück, als ihm aus der Tiefe der Leinwand vermeintlich eine afrikanische Lanze ins Gesicht geschleudert wurde.

Hollywood hatte diesen 3-D-Film auf den Markt gebracht, um einer unerwartet aufgetauchten Konkurrenz die Stirn zu bieten: dem Fernsehen. Das kleine «Pantoffelkino» sorgte nämlich nach dem Zweiten Weltkrieg rasch dafür, dass der Film seine Rolle als grösstes Massenmedium verlor. Zwischen dem absoluten Boom-Jahr 1946 (90 Millionen Eintritte pro Woche in Amerika) und 1960 reduzierte sich in Amerika die Zahl der Kinobesuche um rund 50 Prozent.

Der neue Sinnenreiz mit dem dreidimensionalen Verfahren war indessen kein Erfolg. Die Pappbrillen waren dem Zuschauer lästig, und nach einigen 3-D-Filmen geriet das Experiment in Vergessenheit. Es wird – gewissermassen als Kuriosität – etwa alle zehn Jahre wieder ans Licht geholt. So schreckte etwa *Andy Warhol* 1974 mit einem dreidimensionalen «Frankenstein», wobei er menschliche Innereien, auf einem Speer aufgespiesst, in den Zuschauerraum schwenkte.

Einen längeren, besseren und stärkeren Atem als der 3-D-Film hatte das 1952 lancierte *CinemaScope*-Verfahren, das auf eine Idee des Franzosen *Henri Chrétien* (1879–1956) zurückgeht. Der französische Wissenschaftler hatte bereits in den zwanziger Jahren zusammen mit dem Regisseur *Claude Autant-Lara* verschiedene Kurzfilme in dieser neuen Technik gedreht, ohne sie kommerziell auswerten zu können. Hollywood, immer noch vom Fernsehen bedrängt, erinnerte sich nun an die kuriosen Experimente des Franzosen und kaufte die Rechte an der Erfindung: Durch eine sogenannte «anamorphische» Linse (Versuche mit solchen Linsen gehen bis ins Jahr 1860 zurück) in der Kamera wird das aufgenommene Bild auf dem 35-mm-Streifen zusammengequetscht (Objekte und Figuren erscheinen in die Höhe gezogen), eine entsprechende Optik im Projektor entzerrt es wieder und wirft es in seiner ganzen Breite auf die Leinwand. Und gerade diese Breite war es, die dem *CinemaScope* zum Erfolg verhalf. Länge und Breite der Leinwand standen jetzt nicht mehr im traditionellen Verhältnis von 1,33:1 zueinander, sondern im Verhältnis 2,35:1. Das hatte zur Folge, dass der Blickwinkel des Zuschauers weniger in einen Guckkasten gezwängt wurde, sondern sich dem viel weiteren natürlichen Blickwinkel der menschlichen Augen annäherte. Das projizierte Bild wirkte nun fast doppelt so breit wie beim Normalfilm.

Auch im Ton brachte der neue Breitwandfilm Verbesserungen: Er verfügte über vier Magnettonspuren und ermöglichte eine Tonwiedergabe über mindestens drei Lautsprecher hinter der Leinwand und weitere Lautsprecher im Zuschauerraum. Der erste Film in *CinemaScope* (für das Verfahren änderten die meisten grösseren Lichtspieltheater auf der ganzen Welt Projektion und Leinwand) war 1953 das geschichtliche Epos «The Robe» (Das Gewand), aber als erster *CinemaScope*-Film, der auch künstlerische Massstäbe auf der Breitwand setzte, gilt «East of Eden» (1954) von *Elia Kazan*.

Der grosse und weltweite Erfolg des *CinemaScope*-Verfahrens brachte es mit sich, dass bald einmal eine Reihe ähnlicher Verfahren den Filmmarkt überschwemmte.

Doch die einzige wirkliche Neuerung war der 70-mm-Film, der aus dem in den fünfziger Jahren entwickelten *Todd-AO-Verfahren* stammte. Der 1958 bei einem Flugzeugabsturz tödlich verunglückte Hollywood-Filmproduzent *Michael Todd* hatte 1956 den dreistündigen Klassiker «Around the World in 80 Days» hergestellt, in dem der 70 mm breite Film eingesetzt wurde und optisch brillante Wirkungen erzielte: Noch nie war ein Filmbild von dieser Schärfe und Tiefenschärfe im Kino gesehen worden.

Bis heute haben sich neben dem normalen 35-mm-Film nur die Vorführungen mit dem 70-mm-Film und dem Anamorphot *(CinemaScope)* durchgesetzt. Alle andern Systeme sind mehr oder weniger in Vergessenheit geraten. Zwar hat die Filmtechnik auch in den letzten Jahrzehnten immer wieder mit Kuriositäten aufgewartet oder mit neuen Tricks verblüfft - revolutionäre Verbesserungen resultierten daraus aber nicht. Zu diesen Kuriositäten gehört beispielsweise der Versuch eines *Geruchfilmes:* Den Zuschauerstühlen im Kino entströmten bei der *Smell-O-Vision*-Vorführung verschiedene Düfte, die bei bestimmten Filmstellen über Leitungskabel transportiert wurden. So ging das feine Parfum einer Rose in einen dezenten Käseduft über, schliesslich strömten Auspuffgase durch den Zuschauerraum.

Etwas mehr Glück als dem Geruchsfilm, der bloss in einigen wenigen Kinos in den USA «genossen» werden konnte, war dem ohrenbetäubenden *«Sensorround»*-System beschieden. Das patentierte Verfahren erschliesst dem Zuschauer neben Bild und Ton eine weitere Sinneswahrnehmung: das *Gefühl.* Der erste Film, der in diesem Verfahren den Kinosaal erschütterte, hiess «Earthquake» (1974) und verschaffte den Zuschauern im Kinoparkett die Illusion, an einer beispiellosen Naturkatastrophe, die die Stadt Los Angeles verwüstet, unmittelbar teilzunehmen. Um diesen Effekt zu ermöglichen, entwickelten Hollywoods Techniker ein Tonverfahren, das die Erde im Kino buchstäblich erzittern liess. Die aus einer Anzahl Doppellautsprechern vor der Leinwand und im Kinosaal bestehende, mit mehreren Tausend Watt Leistung arbeitende Anlage erzeugte mit sehr hohem Pegel, aber niedriger Frequenz, Schallwellen und ermöglichte es dem Publikum durch ihre Abstrahlung, das Zittern des Bodens und das Vibrieren der Luft körperlich wahrzunehmen.

Das Reich der Sinne

Dieser Apparat, von den Herren Auguste und Louis Lumière erfunden, erlaubt es, durch Serien von Momentaufnahmen alle Bewegungen festzuhalten, die während einer gegebenen Zeit vor dem Ojektiv abgelaufen sind, und dieser Apparat ermöglicht es, diese Bewegungen nachher wiederzugeben, indem er ihre Bilder in Naturgrösse vor einem ganzen Saal auf eine Leinwand projiziert.

So lautete der Text des Programms, mit dem die Gebrüder *Lumière* Ende 1895 ihre sensationelle erste Filmvorführung ankündigten. Der scheinbar unbeholfen formulierte Text verrät, was zu jener Zeit den Hauptreiz des neuen Mediums ausmachte: die präzise visuelle Wiedergabe von Bewegung, von «Leben».

Die Verblüffung, die die blosse Reproduktion von lebendigen Abläufen bei unseren Vorfahren ausgelöst haben muss, ist heute nur noch schwer nachzuvollziehen. Fernsehalltag und Kinogewohnheiten haben uns die Sprache des Films zur Selbstverständlichkeit werden lassen.

Dass sie dies zu Beginn unseres Jahrhunderts noch nicht so war, geht aus zahlreichen Zeugnissen hervor. Nicht zufällig priesen sich fast alle der vielen neuen Filmsysteme mit einem Begriff an, in dem die Wörter «Leben» (griech. *bios,* lat. *vita)* oder «Bewegung» (griech. *kinein,* lat. *movere* = bewegen) steckte: *Bioskop, Biograph, Vitaskop, Vitagraph, Vitaphone, Kinematograph, Kinetoskop, Kinetophone, Movietone, Motion Picture* sind nur einige Beispiele dafür.

Den Reiz des Lebendigen formulierten Pioniere wie die Gebrüder *Lumière* oder auch *Jeanne Roque* (1889–1957), die als «Musidora» eine der berühmtesten Schauspielerinnen und «femme fatale» des frühen französischen Kinos wurde. An ihren ersten grossen Film, «Vicenta» (1919), aus Spargründen im Freien gedreht, erinnerte sie sich später mit den Worten:

«Der Film, das war das Leben selbst, überrascht und aufgezeichnet durch ein intelligentes Auge.»

Der grosse deutsche Stummfilmregisseur und Darsteller *Erich von Stroheim* (1885–1957) erklärte gar kurz und bündig:

«Der Film ist das einzige Mittel, das fähig ist, das Leben wiederzugeben, wie es ist.»

Man darf in diesem Zusammenhang nicht vergessen, dass der Film – als Fiktion – sozusagen nahtlos an die naturalistische Tradition des europäischen Theaters anknüpfte, dem es auf der Bühne ebenfalls um die möglichst präzise Wiedergabe von «Natur» ging. Der Film war das «Totalkunstwerk», von dem man im 19. Jahrhundert so geschwärmt hatte. *Georges Méliès* etwa meinte:

«Ich zögere nicht zu sagen, dass er die anziehendste aller Künste ist, denn er verwendet beinahe alle andern. Dramatische Kunst, Zeichnen, Malen, Bildhauerei, Architektur, Mechanik, handwerkliche Arbeiten aller Art, alles wird in gleicher Weise angewendet in diesem aussergewöhnlichen Beruf.»

Wenn der Film sich binnen weniger Jahrzehnte zum dominierenden Massenmedium entwickeln konnte, so hat er dies zweifellos jenen Szenen zu verdanken, in denen es ihm – wie im legendären Wagenrennen in «Ben Hur» (1959) – gelang, Realität mit fantastischer Genauigkeit in der künstlichen Rekonstruktion vorzuführen.

Was für die Sender der «lebendigen» Botschaften gilt, das trifft auch auf deren Empfänger zu: Das Publikum der ersten Jahre zeigte sich absolut fasziniert von der neuen, lebensechten Reproduktionstechnik. Die ersten Filme müssen dabei einen geradezu magischen Effekt vermittelt haben – ähnlich wie die ersten Fotografien zwei Generationen zuvor. Der dunkle Raum des Kinosaals, die Leinwand, die den Blick nach oben zog, mochten auf die ersten Betrachter fast wie Hypnose gewirkt haben. Der sogenannte «Carpenter-Effekt», den man oft bei Kindern beobachten kann (das unwillkürliche Nachahmen der Bewegungen des Schauspielers auf der Leinwand), muss damals auch Erwachsene erregt haben. Das zeigt eine Geschichte aus späteren Jahren, als der Film bereits Fuss gefasst hatte. Ein Zuschauer sah sich im Kino jeden Abend den gleichen Kurzfilm an: Aus einem Zug war ein Haus gefilmt worden, und bei der Durchfahrt erkannte man hinter einem Fenster eine Frau, die soeben im Begriff war, sich auszuziehen. Auf seinen allabendlichen Besuch angesprochen, erklärte der Zuschauer: «Ich hoffe, der Zug fahre einmal etwas später.»

Der Film ist seit jener Zeit das Medium geblieben, das den Zuschauer im Wortsinn am meisten «fesselt», das ihn immobilisiert, das nicht nur auf den Verstand einwirkt, sondern sämtliche Emotionen auslösen kann und den Zuschauer vom Betrachter zum Miterlebenden macht.

Trotz seiner suggestiven Wirkung ist der Film aber natürlich nie die Natur selber, sondern stets ein Kommunikationswerkzeug – eine hergestellte Botschaft, selbst als Dokumentarfilm. Er hat im Laufe seiner Geschichte auch seine eigene «Sprache» entwickeln müssen. Von dem Moment an, da die frühsten Cinéasten ihre Kamera zu bewegen begannen und mit verschiedenen Brennweiten den Blickwinkel und die scheinbare Distanz zum abgebildeten Sujet veränderten, mussten sie auch die Erfahrung machen, dass das menschliche Gehirn nicht jede beliebige Schnittfolge akzeptiert. Ein blosser Winkelsprung von einer Einstellung zur anderen etwa wird ebenso als störend empfunden wie ein Überspringen der unsichtbaren Linie («Achse») zwischen zwei abgebildeten Gesprächspartnern (wodurch «links» zu «rechts» wird).

Der plastische Effekt des 3-D-Filmes war nur durch eine Pappbrille mit zwei Farbgläsern erzielbar. Das Publikum empfand die Brille als störend, der 3-D-Film verschwand nach wenigen Jahren von der Bildfläche und taucht nur hie und da als Kuriosum wieder auf.

Diese Eigenheiten der Filmsprache mussten mit der Zeit auch vom Publikum erlernt werden. Zwar ist die Filmsprache als Bild- und Symbolsprache kein derart abstraktes Zeichensystem wie Sprache oder Schrift – die Zeichen der Filmemacher sind nicht willkürliche Lauteinheiten oder zufällig geformte Buchstaben. Dennoch stellen die Zeit- und Raumsprünge, die die Kamera (das «Auge des Zuschauers») im Film durchführen kann, recht hohe Anforderungen an die Vorstellungskraft.

Richtig gehandhabt, vermag die Filmsprache auch heute noch ihre unmittelbare suggestive Kraft auszuspielen. Obwohl Kinder im Durchschnitt täglich zwischen 1 und 2 Stunden vor dem Flimmerkasten sitzen und die Sprache des Films dabei früh und unbewusst erlernen, bleibt es trotz der Bemühungen von Legionen von Medienpädagogen ein Problem, sie von der unterschiedlichen Qualität einer Filmwirklichkeit und der aktuellen Wirklichkeit zu überzeugen. Die Magie der laufenden Bilder ist stärker als die Theorie der Fernseherzieher.

Dazu haben die Technologen der Filmgeschichte natürlich selber kräftig beigetragen, indem sie das Produkt, das von der Leinwand (und mit Einschränkungen vom Bildschirm) herunterkommt, immer mehr dem natürlichen Empfangen von Botschaften angeglichen. Der Schritt vom Schwarzweiss- zum Farbfilm, der Versuch dreidimensionaler Abbildung, die Angleichung ans menschliche Gesichtsfeld durch das *CinemaScope*-Verfahren, die Einführung von Ton und Stereophonie, schliesslich auch der bislang allerdings eher unbeholfene Einbezug jener Kanäle, die vorher in der gesamten Menschheitsgeschichte kaum bewusst zur Übertragung von Botschaften genutzt worden waren (Geruch und Tastsinn), stellen im Grunde nichts anderes dar als eine stetige *Annäherung der Filmerfahrung an die Erfahrung natürlicher Ereignisse.*

Die Anthropologen haben aufgezeigt, wie der Urmensch sich im Laufe seiner Evolution im Hinblick auf die immer bessere Anpassung an seine Umwelt auch ein Instrumentarium von Antennen erwarb, das der Natur immer mehr Informationen zu entlocken vermochte. Die Augen etwa entwickelten sich von blossen Registriergeräten für Hell-Dunkel-Kontraste zu farbempfindlichen Sensoren, die mit der Zeit nach vorne rutschten und so auch räumliche Strukturen zu unterscheiden und zu beurteilen vermochten. Auch das menschliche Ohr vermag – dank der Fähigkeit, die Geschwindigkeit von Schallwellen unbewusst und präzise zu beurteilen – die Richtung, aus der Geräusche kommen, zu registrieren. Die Fingerkuppen erfassen minuziöse Strukturunterschiede auf dem taktilen Kanal, Geruchs- und Geschmackssinn können sehr verschiedene Beschaffenheiten von Stoffen analysieren. Biologisch gesehen, vermag der Mensch in seiner langen Geschichte im Kopf ein immer präziseres Abbild der Welt zu rekonstruieren.

Der Film stellt gewissermassen eine Wiederholung und gleichzeitig die Krönung dieses Prozesses dar: Der Mensch des Zeitalters der technologischen Kommunikation versucht, das, was ihm die Natur als *Empfänger* mit auf den Lebensweg gegeben hat, sozusagen auch als *Sender* selbständig zu entwickeln und zu nutzen: Mit dem Film schafft er sich eine Technik, Vorstellungen, die in seinem Kopf stecken, seinen Mitmenschen so mitzuteilen, dass sie auf immer mehr Kanälen empfangen werden können und sich deshalb immer mehr natürlichen Informationen angleichen. Darin – und nicht im blossen Abbilden von Bewegung – liegt eigentlich die kulturgeschichtliche Leistung des Mediums Film: *So wie sich das Wesen Mensch die Natur mit immer präziseren Empfangsorganen erobert hat, so nutzt es in der Entwicklung der Kommunikationstechnologien diese Organe, um damit selber zum Sender zu werden.* Der Film stellt mit seiner magischen Suggestivwirkung in dieser Entwicklung den vorläufigen und bislang auch vom Fernsehen nicht erreichten Höhepunkt dar.

Als Filmemacher ist der Mensch, so blasphemisch und überheblich das auch klingen mag, mit den Worten des amerikanischen Medienexperten *Tony Schwartz,* auf dem Bereich der Kommunikation, im Reich der Sinne, in der Tat ein Stückchen weit zum «zweiten Gott» geworden …

Zwischenstation

Auf unserer Bootsfahrt ans Ufer der Gegenwart, wie wir sie am Anfang beschrieben haben, legten wir in diesem ersten Band der Geschichte der Massenkommunikation das Schwergewicht auf die Beobachtung jener Spuren und Werkzeuge, die die Entwicklung der Kommunikationstechnik im Sand der vergangenen Jahrhunderte und Jahrtausende hinterlassen hat. Die Geschichte der Kommunikationskanäle, mit denen sich die Menschen auf dieser Welt und untereinander eingerichtet haben, stand also im Brennpunkt unseres Interesses.

Wenn wir an dieser Stelle von der Zwischenstation zum zweiten Band aus einen Moment lang zurückblicken auf die Reise, die hinter uns liegt, dann drängen sich ein paar zusammenfassende und gleichzeitig weiterführende Beobachtungen auf.

Im Hintergrund der gesamten Entwicklung des menschlichen Informationsaustauschs steht ein Prozess, der in der ganzen natürlichen Evolution einmalig dasteht: die phänomenale Verbreitung des Menschen auf unserem Planeten.

In den ersten drei bis vier Millionen Jahren ihrer Entstehung hatte sich die menschliche Bevölkerung auf etwa 10 Millionen Einzelwesen vermehrt. Soweit man dies aus den spärlichen Funden und Zeugnissen schliessen kann, wohnten jene Menschen zum Teil bereits in Sippenverbänden von fünf oder sechs Familien zusammen, ordneten sich innerhalb von bescheidenen hierarchischen Strukturen ein, lebten mit Sicherheit von der Jagd, wussten mithin auch, was «Teilen» und «Arbeitsteilung» heisst, und verfügten aus all diesen Gründen mit an Sicherheit grenzender Wahrscheinlichkeit bereits über die Urformen aller menschlichen Kommunikation: Körper-, Symbol- und Wortsprache.

Man wird annehmen dürfen, dass sich unsere Urahnen auch schon Gedanken über die Vergänglichkeit des Daseins, über den Tod, aber auch über die Beschaffenheit des Universums oder die Herkunft der Wettererscheinungen machten und sich darüber in Geschichten, Märchen und Mythen unterhielten. Sie werden sich auch geschminkt und bekleidet haben, verfügten über ein Ich-Bewusstsein und versuchten, mit ihrer Triebwelt immer bewussteren Umgang zu pflegen.

Im Laufe ihrer langsamen, aber stetigen Entwicklung hatten sie sich von Afrika aus auf die anderen Kontinente verbreitet und pflegten schon eine Art Handel miteinander. Sie verloren aber auch den Kontakt zu ihren früheren Urverwandten in einem Masse, dass sich verschiedene Kulturen und Kulturstufen hätten unterscheiden lassen, wäre jemand dagewesen, der einen Sinn darin gesehen hätte, solche Unterschiede festzustellen.

Plötzlich aber, vor 12 000 Jahren etwa, müssen äussere Umstände – Klimawechsel, rauhere Umgebung oder Krankheiten – den Drang zur Landwirtschaft, zum Säen von besonders fruchtbarem Mais und anderem Getreide, zur Speicherung von Nahrungsmitteln, zur Viehzucht, zum Austausch von Waren und zur Sesshaftigkeit verstärkt haben. Von diesem Moment an, wo der Mensch sich vom Sammler und Jäger zum Bauern wandelt, beginnt sich das aufrecht gehende Tier mit dem grossen Hirn mit einemmal auf geradezu unheimliche Art zu vermehren.

Aus den zehn Millionen ums Jahr 12 000 v. Chr. sind um die Zeit von Christi Geburt bereits 300 Millionen Menschen geworden. 1000 Jahre später sind es 410 Millionen. Etwa um 1700 hat sich die Bevölkerung seit dem Beginn unserer Zeitrechnung bereits verdoppelt, zu Beginn des 19. Jahrhunderts wird die Zahl der Menschen auf der Erde erstmals zehnstellig. Um 1850 schätzt man die Weltbevölkerung auf 1,1, um 1900 auf 1,6, um 1950 auf 2,5 Milliarden. Die Dreimilliardengrenze wird kurz nach 1960 überschritten, die Viermilliardenbarriere kaum 20 Jahre später. Überall, wo Leben überhaupt möglich ist, hat sich das Naturprodukt Mensch mit seiner erstaunlichen Anpassungsfähigkeit festgesetzt.

Betrachtet man die Entwicklung der Kommunikationsformen auf dem Hintergrund dieser Bevölkerungsexplosion, dann macht es fast den Anschein, als ob die Menschen sich stets dagegen hätten wehren wollen, den Kontakt untereinander zu verlieren. Mit der Zahl der Menschen scheint auch der Hunger nach Information gewachsen zu sein. Die neuen, umfassenderen Formen des Zusammenlebens in Dörfern, Städten, Völkern, Nationen und Kontinenten, ja das Entstehen eines Bewusstseins von globaler gegenseitiger Abhängigkeit an der Schwelle zum dritten

Jahrtausend hat den menschlichen Erfindergeist immer wieder dazu gedrängt, sich neue Werkzeuge anzueignen, um sich mit Information zu versorgen, aber auch um die Kontrolle ganzer Völker besser in den Griff zu bekommen – kurzum: Kommunikation mit den Massen möglich zu machen.

Und so wie sich die Menschheit in immer kürzeren Intervallen verdoppelt hat, so erobern sich auch die neuen Kommunikationstechnologien die Welt in immer kürzeren Zeiträumen. Die Schrift, die erstmals eine differenzierte Kommunikation ohne den Kontakt von Angesicht zu Angesicht möglich macht, entwickelt sich noch relativ gemächlich über einen Zeitraum von einigen tausend Jahren hinweg, bis sie von einem neuen «Kanal» ergänzt wird: dem Druck. Das handwerklich vervielfältigte Wort aber erhält bereits nach wenigen Jahrhunderten Konkurrenz durch die Druckmaschine, die es möglich macht, mehr Menschen gleichzeitig binnen kürzerer Frist zu erreichen. Parallel zu dieser Entwicklung hat sich auch die Reproduktionstechnik der wortlosen Kommunikation angepasst und verbessert im Hinblick auf eine raschere und genauere Vervielfältigung von Bildern. Die Fotografie entsteht – und daraus, nun innerhalb von Jahrzehnten, plötzlich mit dem Fotosatz auch eine Möglichkeit, gedruckten Text noch einmal rascher und in grösseren Mengen zu vervielfältigen.

Hat der Druck noch relativ lange gebraucht, um sich die Massen zu erobern (die Alphabetisierung der westlichen Kulturnationen ist erst etwa mit dem Ersten Weltkrieg weitgehend abgeschlossen) –, so erobert sich der Film, der aufs Alphabet im Grunde verzichten kann, die Welt geradezu im Nu: Er wird in der Zwischenkriegszeit zum Medium, von dem ein Mann, der es wissen muss, nämlich *Josef Stalin,* sagen kann: «Er ist das gewaltigste Mittel zur Einwirkung auf die Massen.»

Aber noch während der Film sich anschickt, die Welt zu erobern, lauert bereits die nächste technologische Revolution, deren Entstehung und Auswirkungen ein Teil unserer Thematik des zweiten Bandes werden muss: die Entdeckung der Möglichkeit, Informationssignale auf elektromagnetischen Trägerwellen mit unvorstellbarer Geschwindigkeit und ohne Verzögerung von einem Punkt der Erde praktisch an jeden andern Ort hinzusenden.

So finden wir uns heute gegen Ende des zweiten Jahrtausends unserer modernen Zeitrechnung verstrickt in ein ganzes Netz von Kommunikationskanälen, das unsere Sinne zunehmend mehr in Anspruch nimmt und das den Primärinformationen aus unserer natürlichen Umwelt mächtig Konkurrenz macht. Ein Drittel unseres Lebens, so haben wir im ersten Kapitel vorgerechnet, verbringen wir heute mit dem Konsum von Botschaften, die uns jenes Arsenal von Werkzeugen vermittelt, das wir im Laufe der letzten Jahrtausende entwickelt haben.

Wir haben in diesem ersten Band versucht, das komplex gewordene Geflecht der Kommunikationskanäle etwas zu entwirren und einzelne Linien blosszulegen. Immer wieder sind wir dabei auf Verästelungen und Verknotungen gestossen, immer wieder ist eine Entwicklung aus der vermeintlich voraussehbaren Linie ausgeschert: Eine Geste erhält plötzlich Signalcharakter, ein Symbol ändert seine Bedeutung unvermittelt. Das ursprüngliche Bild an der Höhlenwand wandelt sich unversehens zum abstrakten Buchstaben und bildet eine Schrift. Aus dem Abdruck von Bildern entwickelt sich der Druck mit beweglichen Lettern, die Lithographie gebärt die Fotografie, und aus der neuen Bildervervielfältigungsmethode erwächst in unserem Jahrhundert mit dem Fotosatz auch dem Handwerk *Gutenbergs* unerwartet Konkurrenz.

So kompliziert dieses Netz geworden ist, so zeichnen sich in der Übersicht doch auch einige recht prägnante Tendenzen ab:

Eine erste Entwicklungslinie ist ein Trend zu Kommunikationsformen, bei denen das direkte Gegenüber der beiden Kommunikationspartner, des Senders und des Empfängers also, nicht mehr nötig ist. Die Schrift schafft diese Stufe als erstes Werkzeug – und alle neueren Kommunikationsformen, zum mindesten des «mechanischen», also vor-elektronischen Zeitalters, stellen im Grunde nichts anderes dar als immer raffiniertere Methoden für die Kommunikation über Raum und Zeit hinweg.

Dabei zeigt sich, dass die übermittelten Botschaften im Laufe der Zeit immer informationsreicher, immer «redundanter» (wie die Kommunikationstheoretiker sagen) werden: Eine urtümliche Form der kontaktlosen Kommunikation wie der Staffettenstab oder das Rauchsignal vermag noch bloss ganz einfache Botschaften zu senden – kaum mehr als sie auch schon höhere Tiere in ihrem Repertoire führen.

Die Schrift bricht diese Grenzen auf – mit diesem Werkzeug lässt sich prinzipiell schon eine unendliche Menge von Informationen übermitteln, allerdings nur auf einem Kanal, der noch eine gehörige Zahl von Fragen offen lässt. Die Sprache kann zwar Gefühle, Gerüche und andere sinnliche oder psychische Wahrnehmungen *beschreiben;* aber diese Umsetzung in Sprache beinhaltet immer auch eine Zurück-Überset-

zung beim Empfänger, die nicht zur selben Vorstellung wie im Kopf des Senders führen muss: Wer «Liebe» sagt, löst in jedem Menschen andere Geschichten aus...
Die Abbildung auf dem visuellen Kanal ermöglicht da bereits präzisere, umfassendere, auf mehr Kanälen laufende Information, zumal von dem Moment an, wo die fotografische Technik die menschliche Interpretation zusehends auszuschliessen beginnt. Wenn Farbe, Ton, Bewegung und Nahaufnahmen möglich werden, schränkt sich mit dem zunehmenden «Realismus» der Abbildung auch die Gefahr des Missverständnisses immer mehr ein: Immer mehr Menschen können immer mehr gleiche Informationen empfangen, wenn sich die Vervielfältigungstechniken neue Kanäle erobern.
Gleichzeitig wächst auch die Distanz zwischen Sender und Empfänger. Ein Briefschreiber ist dem Empfänger meist noch persönlich bekannt; einen Redner kann man noch sehen, auch wenn man ihn vielleicht nicht mehr zu betasten und zu beschnüffeln vermag. Den Autor eines Films hingegen bekommt der Empfänger der Botschaft wahrscheinlich in seinem Leben gar nie zu Gesicht.
Anders gesagt: Mit fortschreitender Entwicklung der Kommunikationstechnik wird die Information auch immer asymmetrischer: Wenigen Sendern stehen viele Empfänger gegenüber, die sich weitgehend nur noch passiv-konsumierend verhalten können. Der Dialog wird immer schwieriger, der Sender immer anonymer, er entfernt sich immer weiter vom Empfänger und stellt zusehends schwerer zu überwindende Barrieren auf. Die terroristensicher abgeschotteten Bunker der modernen Fernsehanstalten sind ein aussagekräftiges Symbol für diesen Trend.
Mit der wachsenden Entfremdung zwischen Sender und Empfänger gewinnt die Information aber auch schon früh ein Eigenleben. Der Kontakt zwischen Sender und Empfänger verliert an Bedeutung, wenn die Information zur Handelsware wird. Dieser Prozess setzt schon beim Buch ein, dem klassischen Informationsmittel, das über Jahrhunderte hinweg Informationen senden kann und zur käuflichen Ware wird.
Zum Warencharakter der Information gehört auch ihre Speicherfähigkeit. Schon mit den ersten Bibliotheken hat sich die Menschheit Datenbanken errichtet, die die Kapazitätsgrenzen eines einzigen menschlichen Gehirns bereits vor Jahrhunderten gesprengt haben. Mit den modernsten optischen Aufzeichnungsverfahren wäre es gegenwärtig möglich, das gesamte Weltwissen (dessen Umfang man auf etwa 3 Milliarden Bücher oder 10^{16} Zeichen schätzt) in einem einzigen Kubikmeter abzuspeichern. Und alle drei bis fünf Jahre verdoppelt sich heute dieser Kubikmeter...
Wer über dieses Wissen, wer also über Kommunikationskanäle, Vervielfältigungstechnologie und Datenbanken verfügt, der besitzt damit auch Macht. Wie wir im Kapitel über die Schrift gezeigt haben, ist diese Erkenntnis schon im ausgehenden Mittelalter – etwa von *Francis Bacon* – formuliert worden. Die Konsequenzen der zunehmenden Machtballung unter den «Wissenden» zeichnen sich heute ebenfalls ab: Die Menschheit klafft nicht nur immer mehr in immer reichere und immer ärmere Gruppen auseinander – auch das Gefälle zwischen Informierten und Unwissenden wird immer bedrohlicher.
Wenn der kanadische «Medienguru» *Marshall McLuhan* das griffige Schlagwort vom globalen Dorf, in das sich unsere Welt dank der modernen Kommunikationstechnologie verwandle, prägte, dann vergass er dabei die Kehrseite der Medaille: Die modernen Kommunikationskanäle reichen zwar heute bis in den letzten Winkel der Erde (und sogar weit darüber hinaus) – aber die Sender sind nur für wenige verfügbar, und auch die Empfangsmöglichkeiten sind auf dieser Welt vorläufig noch sehr unterschiedlich verteilt. Ein Beispiel: Das populäre amerikanische Fernsehprogramm *Sesame Street,* das ursprünglich die Chancengleichheit unterprivilegierter Kinder verbessern sollte, vergrösserte in Wirklichkeit die Bildungschancen der ohnehin Bevorteilten: Sie sahen sich das Programm, wie die Zuschauerforschung ergab, eindeutig häufiger an.
Kontaktlose Information benötigt in der Regel mehr Zeit als ein Gespräch von Angesicht zu Angesicht. Im Gespräch kann der Partner die Botschaft unmittelbar empfangen und darauf antworten. Aber schon wer einen Brief schreibt, verlängert die Dauer, die der Kommunikationsprozess in Anspruch nimmt. Der Brief muss ja erst geschrieben, dann transportiert und gelesen, die Antwort ebenfalls wieder geschrieben und verschickt werden.
Die Geschichte der Kommunikationstechnologie ist auch eine Geschichte der zunehmenden zeitlichen Distanz zwischen Sende- und Empfangsvorgang. Das Drucken der ersten Bücher nahm Jahre in Anspruch. Bis eine Nachricht den Leser via Zeitung erreichte, konnten früher Monate vergehen. Die Herstellung eines Films nimmt noch heute mitunter enorm viel Zeit in Anspruch – an seinem heute zum Kultfilm unter Cinéasten avancierten Werk «Eraserhead»

(1977) etwa drehte der amerikanische Regisseur *David Lynch* geschlagene fünf Jahre.

Nicht immer spielt die Herstellungszeit, die die Vervielfältigung und die Übermittlung einer Botschaft beanspruchen, für den Empfänger eine Rolle. Gerade beim Film ist sie oft nahezu belanglos. Aber dort, wo Tempo zählt, hat die Verkürzung der «Informationsverarbeitung» in der Geschichte der Kommunikationstechnik stets eine ganz wesentliche Rolle gespielt. Dies gilt vorab für die Arbeit der Journalisten, bei deren Produkten der Faktor «Neuigkeit» ja einen wesentlichen Wert darstellt. Der Erfolg der Druckmaschinen gründete denn auch nicht bloss in den höheren Auflagen, die sie mit einem Schlag möglich machten, sondern ebensosehr in der Verkürzung der Zeitspanne zwischen Abgang und Ankunft einer Botschaft. Das Zeitalter der Nutzung von elektromagnetischen Wellen zur Nachrichtenübermittlung hat in dieser Beziehung ganz neue Massstäbe gesetzt.

Propheten, die das Gras wachsen hören, auf dem die neuen Kommunikationstechnologien gedeihen, haben zu allen Zeiten immer wieder die Verdrängung der alten durch die neuen Medien vorausgesagt und – zumal wenn sie ein eigenes Interesse am Weiterbestehen eines alten Mediums besassen – die dräuenden Gefahren beschworen, die dem neuen Werkzeug innewohnten. So wie schon *Sokrates* dem damals neuen Schreiben spinnefeind war, so predigten fromme Rhetoriker wider die «Zeitungswuth», zweifelten Fotografen am Wert des Films, gaben Behördemitglieder dem Radio keine Chance oder wetterten Schulmeister gegen das augenverderbende Fernsehen. Es hat in kaum einem Zeitalter ein Massenmedium gegeben, dem nicht vor seiner Verbreitung bereits der Tod vorhergesagt worden wäre. Gestorben sind die Medien darob selten, und gefruchtet haben die Warnungen kaum je etwas.

Als scheinbar chancenlos wurden dabei in der Regel jene Medien bezeichnet, die noch näher bei der ursprünglichen Kontaktsituation lagen, sich älterer Technologie bedienten und mehr Aufwand (Reisen, körperliche Arbeit, geistige Vorbereitung) für den Empfänger forderten. So schien schon das Pferd den zu Fuss reisenden Boten, später der Brief das persönliche Treffen, die Fotografie das gemalte Bild vollständig ablösen zu können.

Es ist nicht geschehen. Die alten Medien leben, auch wenn sie frische Konkurrenz erhalten, munter weiter, allenfalls mit einer beschränkten oder spezialisierten Funktion.

Medien sind – das lässt sich jetzt schon feststellen und wird uns im zweiten Band noch intensiver beschäftigen – äusserst zählebige Begleiter des Menschen, von denen er sich kaum zu trennen vermag: Die Körpersprache hat dem viel eleganteren Werkzeug der Wortsprache ebenso standgehalten wie der Brief dem Telefon (obwohl zum Beispiel ein Schweizer Oberpostdirektor nach dem Zweiten Weltkrieg das sichere Ende des Briefverkehrs binnen fünf Jahren verkündete). Der Film lebt neben dem Fernsehen weiter, die Zeitung und das Buch haben sich durch die Errungenschaften der Elektronik nicht ins Bockshorn jagen lassen. Handzeichen schaffen, trotz Funk und Fotografie, im modernen Verkehr immer noch Klarheit, und auch wenn es heute theoretisch möglich wäre, die meisten Konferenzen und Sitzungen über ein Fernmeldenetz laufen zu lassen: So viel gereist worden wie im Zeitalter von Auto, Jet und Eisenbahn ist noch in keiner Epoche der Menschengeschichte.

Die Massenmedien vermögen offensichtlich der urtümlichen Schwatzhaftigkeit des menschlichen Wesens überhaupt nichts anzuhaben. Eher trifft das Gegenteil zu: Neue Medien stimulieren die alten Instrumente. Die Rechnung fürs Telefongespräch wird per Brief zugestellt, das Fernsehen braucht Filme, um sein Programm zu füllen. Und der eifrige Flugblattverteiler in New York, der auf dem Titel unseres ersten Bandes prangt, vertraut noch immer auf die älteste Technik der Massenkommunikation: die Rhetorik.

Kommunikation und Massenkommunikation, das legen diese Beobachtungen nahe, bilden ein Ganzes: ein Netz von Interdependenzen, ein System von gegenseitigen Abhängigkeiten, ein kunstvoll gewirktes und komplex gewachsenes Gefüge von Medien und Kanälen, in dem sich Sender und Empfänger jeglicher Herkunft immer wieder neue Standorte suchen. Diesen Gedanken vom wechselseitigen Einfluss der Medien untereinander noch weiter zu vertiefen, wird das Anliegen des zweiten Bandes unserer Geschichte der Massenkommunikation sein.

Bildquellennachweis

Aargauer Tagblatt (Archiv) Aarau: 157 (Offset), 165 (Stereotypie) (2), 166
Aargauer Tagblatt (Grafik) Aarau: 16/17, 31, 42
Adhémar: La Lithographie: 179 (2)
Ammann Jost: 135 (Holzschnitt), 154 (Ständebuch 1568)
Archiv Uwe H. Breker Köln: 137
Associated Press Frankfurt: 21
Baumann Bildagentur: 12, 15 (2), 69, 84 (Olympiaringe), 142 (Karl der Grosse), 169 (Tennisspieler)
Bayerische Staatsbibliothek München: 86
Bergström Theo: 8/9
Bildarchiv Preussischer Kulturbesitz Berlin: 136 (v. Soest)
Bildarchiv Büro Cortesi (vgl. Cortesi, Etienne, Hadorn, Neeser Sutter): 45, 59, 87, 111 (Mao), 122, 139 (3), 182 (Kriminalistik), 193, 194/195, 196, 200 (2), 202 (Friese-Greene), 203 (3), 205, 207 (3), 208 (3), 211
Blick Zürich: 66 (2)
Le Boulevard, Mai 1862, Honoré Daumier: 188 (Nadar)
Brill David (c): National Geographic Society 11 (Sekelettfund)
British Museum London: 129
Bruggmann Maximilien: 76 (Antilope), 76 (Frauenfigur)
Campbell Bob: 13
Cinémathèque Lausanne: 19 (Reagan), 102, 199 (Kinetoskop Edison), 201, 202 (2) (Gebr. Lumière, Méliès), 204 (Méliès-Plakat)
Colgate-Palmolive AG: 89
Collection Janine Niepce Paris: 187 (Niepce)
Cooper Union Museum Library: 198
Cortesi Mario: 10/11, 83 (Miss Liberty)
Daily Mirror London: 172
Danse macabre, Lyon 1499: 156
De Jorio (aus: La Mimica degli Antichi, Neapel 1832): 123
Dell'Acqua Gian Alberto: (aus: Il Caravaggio e le sue grandi opere da San Luigi dei Francesi Milano 1971) 71
Deutscher Taschenbuch Verlag München: (aus: Lexikon politischer Symbole von Arnold Rabbow): 83 (Adler, Antiatomtod-Zeichen, Chi-Rho, Friedenstaube), 84 (Victory)
Deutsches Museum München: 177, 190 (2) (Autotypien)
Dürer: Sämtliche Kupferstiche (München o.J.): 173
Etienne Patrick: 50, 54 (2), 163
Europa-Film Locarno: 48/49, 74/75
Falter Karl London: 189
Financial Times London: 124 (Indianerschrift)
Fischer Taschenbuch Verlag Frankfurt: 140 (Postman)
Forberg: Das Albrecht Dürer Hausbuch: 187 (Dürer)
Geck: Johannes Gutenberg: 148, 153 (2)
George Eastman House, Rochester New York: 180 (Daguerre), 187 (Schulze), 188 (Daguerre), 197
Gernsheim Collection, University of Texas: 180 (2) (Niepce, Schlachtfeld), 182 (Luftaufnahme Paris), 183 (Gemma-Frisius, 1544), 188 (Brady), 202 (Muybridge)
Gutenberg-Museum Mainz: 145
Gutmann Oskar (aus: Gymnastik der Stimmen): 99
Hachfeld Rainer: 93 (Kind und TV)
Hadorn Werner: 14, 22, 26/27, 51 (Molcho), 56, 64 (Spucknapf), 80 (3), 84 (Heiliger Griechenland), 81 (Chinesisches Denkmal), 82 (Hl. Maria mit Schirm), 127
Halle Antiquariat, Katalog 70, München 1929 (ed. Dresler): 150 (Maria Stuart, Betrüger, Bischof, Türken)
Hebeisen Heinz: 118/119 (2)
Hess Jörg: 7, 101 (Schimpanse)
Historia-Photo Hamburg: 37 (Kleist), 73, 110, 111 (Demosthenes, Augustinus, Danton) (3), 128 (Champollion), 161 (Stanhope, Mergenthaler)
Holford Michael: 76/77 (Büffel) 126, 131 (Griechische Vase)
Illustrated London News, 1842: 190 (Attentat Queen Victoria)
Institut für Zeitungsforschung Dortmund: 108 (Zuhörer)
Jackson (aus: Die Geschichte vom Schreiben): 130
Le Journal Illustré Paris (5. September 1886): 182 (Chevreul) (3)
Kage Manfred: 38 (Nervenzellen, Mikrochips) (2)
Kain Peter/Sherma B.V.: 11 (Schädel)
Karmeyer (um 1830): 124 (Gaunerzinken)
Karte Hermann, Suhrkamp Verlag Frankfurt: 140 (Elias)
Keystone-Press AG Zürich: 43 (Jagger, Borg) (2)
Keystone Pressedienst Hamburg: 84 (Schleyer), 85, 106/107
Koenig & Bauer AG Würzburg: 146, 161 (Koenig)
Kongelige Bibliothek Kopenhagen: 133 (3)
Kunsthistorisches Museum Wien: 128 (Ägypter)
Kurpfälzisches Museum Heidelberg: 91
Landesbibliothek Bern: 58 (Foto: Rolf Neeser)
Lechène: L'imprimerie de Gutenberg à l'électron: 174
Len Sirman Press Genf: 144
MAGNUM Photos Paris (Foto: Paul Fusco): 101 (Tierpsychologe)
Major/Gradmann: Urs Graf: 176
Musei Vaticani Rom: 131 (etruskische Vase)
Museo Archeologico Neapel: 132
Museum für Hamburgische Geschichte Hamburg: 181 (Ruinen Hamburg)
Mynott Lawrence: 134
NASA, Johnson Space Center Houston Texas: 84 (Flagge auf Mond), 90, 168/169
National Gallery of Art Washington D.C.: 175 (Jesus)
Neeser Rolf: 38 (Telefonzentrale), 40 (Hund), 51 (Eisenbahn), 78 (Karneval), 82 (Justitia-Brunnen), 89 (5 Automarken), 199 (2) (Filoskope)
The New York Times, New York: 191
Öffentliche Kunstsammlung, Kunstmuseum Basel: 141
Okapia Tierbildarchiv Frankfurt: 29, 30/31, 43 (Tiere) (3)
ORF/SRG/ZDF: 66/67 (Foto: Rolf Neeser)
SA Panorama: 53 (Südafrika)
Papas William: 63
Pflanzenphysiologisches Institut der Universität Bern: 169 (Borkenkäfer)
Philadelphia Museum of Art: 187 (Senefelder)
Plambeck & Co Druck und Verlag GmbH Neuss: 121
P.M.-Magazin (Foto: Manus Hüller): 95
Reist Dölf: 149
Rijksmuseum Amsterdam: 175 (Rembrandts Mutter)
Ringier Dokumentationszentrum: 19 (UNO, Davis) (2), 31 (von Frisch), 33, 35 (Weissmann), 43 (Hussein), 44, 57, 62, 68 (2), 81 (Tell), 83 (Braunhemden), 83 (Olympiasieger), 84 (Kreuz), 89 (Olympiastadion), 89 (Marlboro), 98, 108 (Sportpalast), 111 (Churchill, de Gaulle, Jefferson, Lassall, Castro, Cicero, Rosa Luxemburg, Carnegie (8), 114, 116, 142 (Paracelsus), 155
Royal Photographic Society Collection London: 181 (Two Ways of Life), 187 (Talbot)
Sammlung Burg Kreuzenstein, nach Holländer: 150 (Missgeburt)
Schwartz Tony: 18
Science Museum London: 188 (Archer)
Seekatz J.C.: 120 (Stich aus dem 18. Jh.)
Seiler Charles: 34/35 (Genmanipulation)
Seitz: The James Gordon Benetts Faver and Son: 164
Sempé: (aus: Von den Höhen und Tiefen. c: Diogenes Verlag AG Zürich, 1972) 93 (Stadt)
Société Française de Photographie Paris: 188 (Bayard)
Der Spiegel Hamburg: 92
Spiller, Willy: (Umschlag)
Staatliche Landesbildstelle Hamburg: 167
St. Bride Printing Library London: 157 (Stanhope-Presse, 1831), 165 (Linotype)
Stede Clark: 78 (2 Onge), 112/113
Stern Hamburg: 40/41, 52/53 (Foto: Drinkwitz)
Studiengruppe für Biologie und Umwelt München: 34 (Vester)
Suhrkamp-Archiv Frankfurt: 97
Sutter Andreas: 46/47, 60/61, 64/65 (Italiener), 105
Talbot Mathilda and White Harold: 180 (Fox Talbot)
The Times London: 171
Trust Violanda, Hexham: 136 (Griffel)
Tschichold und Schwitter: 152
Vertut Jean, Issy-les-Moulineaux: 125 (Handabdrücke)
Waugh Denis (c: Presseagentur Dukas): 83 (Nazi-Zimmer)
Welke (Sammlung): 111 (Napoleon), 151, 156 (2), 159
Williams: Contact: Human Communication and its history: 125 (Perlenketten)
Wolf: Schwarze Kunst: 157 (Frauen an Druckerei), 160 (3), (Manutius Stich 16. Jh.)
Zentralbibliothek Zürich: 37 (Keller)

Umschlag: Nyffenegger & Co., Werbeagentur, Aarau
Gesamtherstellung: Grafische Betriebe Aargauer Tagblatt AG, Aarau, Printed in Switzerland
ISBN 3-85502-206-2